제3판

형사소송실무

[기록형 형사법]

차 정 인

신 조 사

제 3 판 머리말

로스쿨이 출범한 지 7년째로 접어든 지금, 로스쿨의 실무교육은 빠른 속도로 정착되어 가고 있다.

형사법의 경우, 변호사시험의 기록형 시험에서 사실인정론을 비중 있게 출제하자 로스쿨의 강의실에서도 사실인정론을 점차 많이 다루게 되었다. 금년 제4회 변호사시험에서는 사실인정론의 비중이 거의 절반 이상으로 커졌다. 이제 증거능력 배제, 법리무죄, 소송조건만이 주요 논점인 비현실적인 모의기록을 가지고 강의를 하고, 또 그런 논점만 찾아내어 알아맞히고는 만족하던 수업은 올바른 실무교육이라 하기 어렵고 그것만으로는 변호사시험 대비도 되지 않을 것이다.

이번 제3판에서는 사실인정론의 논점이 더욱 풍부한 문제를 추가하고, 중점강의에서 증거조사절차와 증거법 부분을 대폭 보완하였다.

이번에 제1부에서 달라진 주요 내용은 다음과 같다.

첫째, 변론요지서 작성요령을 추가하고, 무죄변론의 기본틀을 제시하였다.

둘째, 검토의견서 작성요령을 추가하였다.

셋째, 사실심리의 핵심인 증거조사절차에 대한 이의신청과 증인신문에 대하여 보완하였다.

넷째, 전문법칙에서 전문증거와 전문증거 아닌 것의 구별에 관하여, '전문증거에서의 원진술의 특징'을 중심으로 설명하였다.

다섯째, 전문서류 중 감정서, 압수 · 수색조서의 증거능력을 추가하고, 검증조서 부분을 보완하였다.

여섯째, 디지털증거에 대하여 중점적으로 보완하였다. 형사증거법에서 디지털증거의 비중이 점점 커지고 있으므로 그 특수성, 종류, 증거능력 인정요건에 관하여 설명하였다.

일곱째, 전문법칙을 난해한 것으로 만드는 요인 중 하나가 용어의 문제라고 보고, 신빙성, 신용성, 신용력 등의 비슷한 개념어로 인한 혼동을 피할 수 있도록 설명하였다.

여덟째, 자백의 보강법칙을 추가하였다.

제2부에서는 분량이 많은 문제 하나를 삭제하고, [제7문]과 [제8문]을 추가하였다. [제7문]은 사실인정론의 비중이 8할 정도이며, [제8문]은 제4회 변호사시험 문제인데 사실인정론의 논점이 풍부하고 검토의견서 작성의 모델이 되는 문제이다.

이번에 추가하는 [제7문]과 [제8문]은 출판사와 상의하여 실제문제의 판형을 축소하여 그대로 실었다. 독자들이 변호사시험의 현장감을 느끼고 문제형식을 눈에 익히는 것이 좋겠다고 판단하여 그렇게 하였다.

최근 수년 간의 우리 형사사법의 현실을 보면서 사법절차를 통하여 공의를 세운다는 것이 지난한 과정임을 절감한다. 특히 정치권력이 수사와 재판의 대상이 되었을 때, 그 대상 앞에서 책무를 망각하고 실족하는 법조인들이 많다. 법조인이 결정적 사건에서 실패하면 공동체에 미치는 여파는 크고 오래 간다. 영국의 경험주의 철학자이자 판사이기도 한 프란시스 베이컨은 이렇게 말했다. "부당한 판결은 다른 부당한 사례보다 사회에 더 큰 해악을 끼치는데, 그 이유는 후자는 내(川)를 흐리지만 전자는 수원(水源)을 어지럽히는 까닭이다."

이 책의 독자들이 훗날 正金같이 빛나는 법조인이 되어 국민들의 사법정의에 대한 갈증을 깨끗이 해소하는 날이 온다고 믿는다.

교정을 보아준 제자 진경배, 이나리 재판연구원에게 고마움을 표한다. 더 좋은 책을 만들기 위해 정성을 쏟는 도서출판 신조사에 감사드린다.

2015년 2월

차 정 인

머 리 말

저자가 법학전문대학원(이하 로스쿨)에서 형법, 형사소송법을 가르쳐 본 소감은 이렇다. "3년 간의 교육으로 로스쿨 졸업생이 곧바로 실무를 잘 감당하도록 하는 것은 교수로서 벅찬 과업이다. 그러나 학생들의 목표의식이 뚜렷하여 수업을 잘 소화하므로 수업 내용을 좀더 고도화하면 얼마든지 가능한 일이다."

이런 평소 생각으로 '좋은 수업 자료'로서 틈틈이 만든 문제 4개와 변호사시험과 로스쿨 협의회 모의고사의 시험위원으로서 다른 분들과 공동 출제한 문제 2개를 모으고, 수업시간에 하던 변론 특강을 정리하니 한 권의 책이 되었다. 천학비재한 탓에 부족한 점이 많겠지만 '없는 것보다는 나을 것'이라고 위안하며 출간하기로 하였다. 이 책이 로스쿨의 형사법 수업과, 변호사시험의 형사법 기록형 시험 준비에 도움이 되기를 소망해본다.

사건기록 중심 학습은 로스쿨이 법과대학이나 일반대학원과 뚜렷이 구별되는 특징이다. 부산대학교 로스쿨의 형사법 과목을 예로 들면, 형사재판실무, 검찰실무 2에서 사건기록 중심으로 수업을 하고 있고, 저자가 맡고 있는 형사소송법 1 · 2, 형사법무종합 과목에서도 사건기록을 활용하고 있다.

사건기록 중심 학습은 실무를 담당하기 위하여 반드시 거쳐야 할 학습이다. 또, 이런 학습 방법을 통하여 형법, 형사소송법을 더욱 깊이 이해할 수 있게 된다.

로스쿨에서 사건기록 중심의 강좌는 학생들의 수업 부담이 크지만 강좌마다 수강생도 많고 또 열성적이다. 이처럼 사건기록 중심 학습이 조기에 정착해가는 것은 변호사시험에서 기록형 시험을 실시하기 때문이라고 생각한다.

저자는 올해 1월에 일본 큐슈대에서 「한일 양국의 법조인 양성제도 비교」라는 제목으로 발표를 한 적이 있다. 그 자리에서 일본 로스쿨의 교수들이 일본에서는 학생들이 실무과목을 외면하는 바람에 실무교육이 제대로 이루어지지 않는다고 걱정하는 말을 들었다. 이에 저자는 한국 로스쿨의 실무교육 현황을 소개하면서 일본에서도 신사법시험에서 기록형 시험을 실시하면 문제 해결에 도움이 될 것이라는 의견을 말하고 "한국의 제1회 변호사시험의 기록형 문제를 입수하여 참고해보시라."고 권유하기도 하였다.

이 책의 특징은 다음과 같다.

제 1 부 변론 특강 부분

변론사항 개관에서, 형사사건에서 변호사의 변론사항이 될 만한 것을 체계적으로 개관하였다. 정상관계 변론을 제외하고는, 변론사항은 거의 이 범주에서 벗어나지 않을 것이다.

형사소송절차의 이해에서, 제1심 공판절차와 특히 증거조사절차에 대하여 이해를 높이기 위하여 노력하였다.

전문증거의 증거능력 배제에서, 전문진술 못지않게 전문서류(각종 조서)도 '부정확한 전달의 위험'이 크다는 것을 이해하는 것이 중요하다. 이 '부정확한 전달의 위험' 차원에서 전문증거를 분류한 도표가 도움이 되기 바란다.

위법수집증거의 증거능력 배제에서, 자주 문제되는 위법수집증거를 분류하여 설명하였다.

사실인정론에서, 사실인정론은 그 범위가 넓지만 이 책에서는 피고인의 진술(자백)과 참고인의 진술로 나누어 그 신빙성 평가에 주력하였다.

공소사실의 동일성에서, 그 판단기준을 설명한 후 그 개념의 폭넓은 응용에 대하여 설명하였다.

제 2 부 문제 부분

문제(모의기록) 출제에서 유의한 점은 다음과 같다.

첫째, 변론문서를 작성하도록 출제하였다.

법무부 주관의 변호사시험 문제유형 연구위원회에서 형사법 기록형 문제는 '변호사가 작성하는 문서'에 한정하기로 합의하였으므로, 이 책에서는 변론요지서, 보석허가청구서를 작성하도록 하였다.

이 책에서는 변론문서 작성만 다루고 있고, 검사의 공소장과 불기소장, 법관의 판결문은 다루지 않았으므로 종합적인 형사법실무 교재라고는 볼 수 없다. 그러나 사건기록 검토와 변론문서 작성 과정에서 형사법의 전반적인 사항을 학습하게 되므로 검사와 법관으로 첫발을 내딛는 사람들에게도 도움이 될 수 있을 것이다.

둘째, 사실인정론(증명력 판단)을 중요 쟁점으로 포함하였다.

이 점이 이 책의 대표적인 특징이다. 형사재판에서 증거의 증거능력 판단은 물론 중요하지만 오히려 실제 형사법정에서 가장 첨예하게 다투어지고 소송의 승패를 좌우하는 부분은 증거의 증명력 판단 부분이다. 그런데도 이 부분은 문제를 구성하기 어렵고 오답시비가 있을 수 있다는 이유로, 혹은 그 중요성에 대한 인식부족으로 잘 출제되지 않았다. 만약, 기록형 문제 속에 증거능력 다툼만 있고 증명력 다툼이 없다면 그 시험은 반쪽짜리 시험에 불과하다.

또 형사법의 선택형과 사례형 문제에서는 형사소송법에 관한 한, 주로 증거능력 판단만을 묻게 되므로(짧은 지문 속에 증명력 판단 사항을 포함시키기는 어렵다) 문제유형 간에 역할을 분담하여 기록형 시험에서는 오히려 증명력 판단에 더 비중을 두어 평가하는 것이 바람직하다고 본다. 제1회 변호사시험에서 출제위원들은 이러한 출제방향이 바람직하다는 데 충분히 공감한 바 있다.

제 3 부 모범문안 부분

이 책의 목적에 따라 요약형(변호사시험 모범답안형)으로 작성하였다. 다만, 제1회 변호사시험 문제에 대해서는 요약형과 실무형, 2개의 모범문안을 실어서 비교해보도록 하였다. 저자는 최선의 변론이란 “법원을 설득할 수 있는 변론”, “성공 확률이 높은 변론”이어야 한다고 보고 모범문안을 작성하였다.

이 책의 출간을 도와준 제자들에게 감사를 표하고 싶다. 부산대학교 로스쿨 1기인 박상현 변호사, 신정수, 김희동 검사, 최현정 재판연구원, 부산대학교 법학사인 사법연수생 이상운 군, 전지숙, 이유경 양이 교정을 맡아 주었고, 때로는 독자의 입장에서 좋은 의견을 제시해 주어 큰 도움이 되었다. 늘 성찰하고 정진하여 공의를 정오의 빛같이 드러내는 법조인이 되길 바란다.

좋은 책을 만들기 위해 정성을 쏟아주신 신조사 이명재 사장님과 송일근 주간님, 이종은 부장님께 감사드린다.

2012. 8.

차 정 인

[일러두기]

1. 문제에 대한 해설은 싣지 않음 — 각 문제에 대하여, 모범문안과 해설은 중복되므로 해설은 별도로 싣지 않았다. 모범문안을 정독하면 충분하다. 추가 설명이 필요한 경우에는 모범문안에 간략한 각주를 달아 두었다.

2. 이 책의 활용방법
   (1) 제1부 중점강의 부분을 먼저 정독하기를 권한다. 중점강의에 실린 내용은 해당 주제에 관한 한, 사례형 시험에 대비하는 학습용으로도 충분하다고 본다.
   (2) 각 문제는 실제 시험처럼 시간을 정하여 읽고, 오직 법전만을 참고하여 변론문서 작성(또는 초안 작성)을 연습하기를 권한다. 그 후 모범문안을 확인해보면 되겠다.
   (3) [제1문]부터 [제8문]까지 순서대로 학습하면 되지만, 각 문제의 학습이 선후관계에 있는 것은 아니므로 일부 문제만 골라서 학습해도 무방하다. 보석허가청구서는 [제5문], 검토의견서는 [제8문]으로 학습하면 된다. 사실인정론의 논점이 7할 이상을 차지하는 문제는 [제6문]과 [제7문]이다.

3. 이 책에서 법명을 생략한 조문은 형사소송법 조문이다. "규칙"은 형사소송규칙이다.

[중요 참고문헌]

[단행본]

김재환: 형사소송법	법문사	2013
배종대/이상돈/정승환/이주원: 신형사소송법(제4판)	홍문사	2011
백형구: 알기쉬운 형사소송법(제4판)	박영사	2007
법무연수원: 검찰실무 I	법무연수원	2011
법원행정처: 법원실무제요(형사 I, II)	법원행정처	2014
사법발전재단: 법관의 의사결정, 이론과 실무	사법발전재단	2010
사법발전재단: 형사재판의 쟁점과 과제	사법발전재단	2008
사법연수원: 검찰실무 1, 2	사법연수원	2014
사법연수원: 형사실무강의	사법연수원	2013
송광섭: 형사소송법	형설출판사	2010
손동권/신이철: 새로운 형사소송법	세창출판사	2014
신동운: 신형사소송법(제5판)	법문사	2014
신양균: 형사소송법	화산미디어	2009
심희기/양동철: 쟁점강의 형사소송법(제3판)	삼영사	2012
이상돈: 사례연습 형사소송법	법문사	2006
이영란: 한국형사소송법(개정판)	나남	2008
이은모: 형사소송법	박영사	2011
이재상: 신형사소송법(제2판)	박영사	2009
임동규: 신형사소송법(제5판)	법문사	2008
정웅석/백승민: 형사소송법(전정제1판)	대명출판사	2007
Arthur Best: Evidence(Examples and Explanations) (미국증거법, 대표번역: 이완규, 백승민)	탐구사	2009

[논문]

강구욱, "위법수집증거배제법칙", 형사재판의 쟁점과 과제, 사법발전재단, 2008

권기훈, "형사소송에 있어서의 올바른 증인신문 방법", 재판자료 제110집,

법원도서관, 2006

김윤섭 · 박상용, “형사증거법상 디지털 증거의 증거능력”, 대검찰청 법무 · 법제 전문검사 커뮤니티 세미나 자료집, 2014. 12.

박이규, “판례를 통하여 생각해보는 형사재판의 증거평가와 사실인정”, 『법관의 의사결정, 이론과 실무』, 사법발전재단, 2010

조원철, “심급별로 사실인정이 달라진 사건의 원인분석(형사)”, 『법관의 의사결정, 이론과 실무』, 사법발전재단, 2010

최정렬, “피의자 자백의 임의성과 신빙성”, 재판자료 제110집, 법원도서관, 2006

탁희성, “디지털 증거의 증거능력에 관한 소고”, 대검찰청 법무 · 법제 전문검사 커뮤니티 세미나 자료집, 2014. 12.

하태영, 개정 형사소송법 제308조의2 위법수집증거배제법칙의 의미와 적용범위, 형사법연구 2007 겨울호

차 례

제 1 부 중점강의

제 2 부 문 제

제 3 부 모범문안

[제 1 문] 변론요지서

[제 2 문] 변론요지서

[제 3 문] 변론요지서

중점강의

1 변론문서 개관

Ⅰ. 변론문서

1. 의의와 종류

변론문서는 형사사건의 변호인이 피의자 · 피고인을 변호하기 위하여 작성하는 서면이다. 체포적부심사청구서, 구속적부심사청구서, 보석허가청구서, 변론요지서, 항소이유서, 상고이유서 등이 여기에 해당한다. 그 외 검토의견서(검토보고서)는 법률이 규정한 변론문서는 아니지만, 소송대응전략 수립을 위하여 담당변호사가 작성하여 상급변호사에게 보고하는 문서이다.

2. 기록형 시험의 경우

법무부가 주관한 〈변호사시험 문제유형 연구위원회〉에서, 형사법 기록형 시험은 '변호사가 작성하는 문서'에 한하며, '형사변호사로서 반드시 알아야 할 기본적인 서식'에 한정하여 출제하기로 합의하였다. 변론문서 중에서 변론요지서는 수사와 공판의 전 과정을 마친 후에 종합적인 변론을 담는 문서이므로 형사법 기록형 시험의 서식으로서 가장 적합하다. 이에 비하여 체포 · 구속적부심사청구서는 수사단계에서 작성하는 문서이고, 보석허가청구서는 대개 법원의 사실심리가 종료하기 전에 작성하는 문서이므로 종합적인 변론을 담기 어렵다. 검토의견서는 공소사실 가운데 결론이 유죄인 것이 포함된 경우에 수험생의 증거관계와 법리에 관한 지식 정도를 평가하기에 용이하다.

Ⅱ. 변론요지서

1. 의 의

변론요지서는 변호인이 법정에서의 최종변론을 위하여 작성하는 서면이다. 변론종결기일에 마지막 증거조사(보통은 증인신문)와 피고인신문을 하고 곧바로 최종변론으로 이어지므로 변호인은 완결된 형태의 변론요지서를 작성하지 못한 채 구두변론을 하게 된다. 이 경우에 변호인은 이날(변론종결기일) 이후에 별도로 변론요지서를 작성하여 법원에 제출한다. 간혹 피고인신문까지 마친 다음 변호인이 '변론준비를 위한 속행'을 구하여 별도의 변론기일이 지정되는 경우도 있다. 이때에는 변호인은 완결된 변론요지서를 미리 작성하여 그 내용을 보면서 구두변론을 한 후 그 변론요지서를 법정에서 법원에 제출한다.

2. 변론사항

변론요지서에서 주장할 사항은 검사의 공소장에 대한 반박이다. 즉, 不告不理의 原則상 검사가 공소제기한 사실만 법원의 심판대상이 되므로 변론요지서는 정확히 공소사실에 대응하여야 한다. 따라서 변론요지서는 공소사실 하나하나에 대하여 반박할 사항을 사건기록 속에서 찾아내어 주장하는 문서이다. 변론사항(반박사항, 방어사항)은 다음 Ⅵ. 변론사항 개관과 같다.

3. 작성요령

(1) 변론요지서의 양식

문서의 표제, 사건명, 피고인 성명, 본문, 문서 제출 일자, 변호사의 이름과 날인, 제출받는 법원으로 구성된다. 기록형 시험에서는 시간 제약으로 인하여 본문만 작성하도록 요구하며, 본문 중에서도 공소사실의 요지, 정상관계는 생략하도록 지시하는 것이 보통이다.

(2) 변론요지서의 본문 구성

변론요지서의 본문은 판결문이나 공소장, 불기소장과는 달리 일정한 형식이 없고 담당변호사가 자유롭게 구성할 수 있으나, 공소장의 죄명별로 작성하며, 변론사항을 빠뜨림 없이 설득력 있게 논리적으로 서술해야 한다.

(3) 공소장변경의 경우

공소제기 후 검사의 공소장변경으로 변론사항이 증가하는 경우가 있다. 공소장변경 중 예비적 추가나 택일적 추가의 경우에는 당초의 공소사실과 추가된 공소사실 모두에 대하여 변론해야 한다. 교환적변경의 경우(철회와 추가를 동시에 행하는 경우)에는 철회된 공소사실은 변론할 필요가 없다.

(4) 형식재판 변론

면소 판결, 공소기각 판결, 공소기각 결정 등 형식재판을 구하는 변론의 경우에는 형식재판 사유(판결의 확정, 공소시효 완성, 고소의 적법 요건 불비, 공소사실의 불특정, 피고인 사망 등)를 적시하여 비교적 간략하게 변론하면 된다.

형식재판 사유가 있는 경우에는 유·무죄의 실체재판을 하지 않고 실체관계 심리를 진행하지도 않는다. 그러므로 기록형 시험에서는 어떤 공소사실에 대하여 형식재판 사유가 있는 경우에는 기록문제의 지면 절약을 위하여 사실관계는 충분히 인정되는 방향으로, 즉 검사의 증거는 그 증거능력이나 증명력을 다툴 사유가 없도록 출제하는 것이 보통이다.

(5) 제325조 전단 무죄 변론

제325조 전단의 '피고사건이 범죄로 되지 아니하는 때'란 공소사실의 사실관계가 모두 증명되더라도 범죄의 구성요건해당성이 없는 경우이다. 또, 공소장에 기재된 형벌법규가 헌법에 위반되어 무효인 경우, 위법성조각사유나 책임조각사유가 있는 경우도 여기에 해당한다. 이 중 구성요건해당성이 없는 경우는 형법각칙이나 특별형법의 구성요건해당성에 관한 지식으로 비교적 간단하게 변론할 수 있다.

기록형 시험에서는 이러한 변론 사유가 있는 경우에는, 형식재판 사유가 있는 경우와 마찬가지로, 검사의 증거는 다툴 사유가 없도록 출제하는 것이 보통이다.

(6) 제325조 후단 무죄 변론

제325조 후단의 '범죄사실의 증명이 없는 때'란 검사가 제출한 각 증

거가 증거능력이 없거나, 증거능력이 있더라도 증명력이 없거나 부족하여 유죄의 심증을 형성할 수 없는 경우이다. 이 변론에서는 검사가 제출한 증거를 하나하나 빠짐없이 배척하는 것이 중요하다.

해당 공소사실과 관련한 동일인의 진술(피고인, 공동피고인, 목격자, 피해자의 진술)이 여러 형태로 존재하는 경우에는 그 여러 형태의 증거를 빠짐없이 적시하면서 배척해주어야 한다. 가령, '목격자 김○○의 진술' 식으로 묶어서 표현할 것이 아니라 '김○○의 법정증언', '검사가 작성한 김○○의 진술조서', '사법경찰관이 작성한 김○○의 진술조서' 식으로 하나하나 적시하여야 한다. 다만 변론의 앞부분에서 언급한 동일인의 진술 전부를 반복하여 언급할 때에는 '목격자 김○○의 진술' 식으로 묶어서 표현해도 무방하다.

제325조 후단 무죄 변론은 다음의 틀(기본구조)을 따르면 작성이 용이하다.

[제325조 후단 무죄 변론의 틀]

- ○ 서론(제목: 공소사실의 요지/ 쟁점/ 검사 측 증거의 개요)
- ○ 증거의 증거능력 배척
- ○ 증거의 증명력 배척
- ○ 피고인에게 유리한 자료, 객관적 정황 등

1) 서 론

서론에서는 공소사실의 요지를 쓰고 검사와 변호인이 다투는 핵심 쟁점을 쓴 다음 증거서류, 증거물, 법정진술 등 검사 측 증거를 열거한다.

기록형 시험의 경우에는 시간 제약으로 인하여 서론을 생략하기도 한다. 만약 위 세 가지 중 하나만 서술한다면 '검사 측 증거의 개요'를 쓰는 것이 좋다. 해당 공소사실에 대한 검사 측 증거들을 서론에 나열해두면 그다음의 증거 배척 과정에서 판단하여야 할 증거를 실수로 누락하지 않는 데 도움이 된다([제7문], [제8문] 변론요지서 참조).

2) 증거의 증거능력 배척

자백배제법칙, 전문법칙, 위법수집증거배제법칙을 적용하여 증거능력 없는 증거들을 배척한다.

3) 증거의 증명력 배척

증거능력을 배척하지 못한 증거들은 그 증명력을 배척한다. 증거의 증명력은 신빙성(증거 자체가 진실일 가능성)과 협의의 증명력(증거가 요증사실을 추인하는 논리법칙 또는 경험법칙상의 힘, 추인력)으로 구성된다. 증명력 배척은 이 두 요소 중 어느 하나를 배척하면 되는데 경우에 따라서는 "신빙성이 없으며, 신빙성이 인정된다고 하더라도 협의의 증명력이 없다"는 식의 서술이 필요한 경우도 있다. 협의의 증명력이 부족한 경우에는 '부족증거'라는 제목으로 서술할 수도 있다.

4) 피고인에게 유리한 자료, 객관적 정황 등

소송기록에는 여러 가지 의미 있는 변론 자료들이 있다. 변호인이 제출한 자료, 검사가 제출한 자료 중 오히려 피고인에게 유리한 것, 범행시각과 장소, 범행을 둘러싼 주변 여건, 범행 전후의 상황 등을 종합적으로 분석해야 한다. 이 분석에는 논리법칙과 경험법칙이 동원된다. 변호인은 무죄 증명을 해야 하는 것이 아니라 공소사실에 합리적 의심을 제기하면 족하다. 이 부분 변론의 제목으로는 '피고인에게 유리한 자료들' '합리적 의심을 제기하는 객관적 정황' '제3자의 범행 가능성' 등을 사용할 수 있다.

(7) 정상변론

정상변론은 유죄판결을 전제로 하는 변론이므로 형식재판이나 무죄판결을 구하는 경우에는 정상변론을 하지 않는 것이 원칙이다. 그러나 변호인이 형식재판이나 무죄판결을 구하는 변론을 하면서도 유죄판결이 선고될 경우에 대비하여 "가사 유죄로 판단하더라도(또는, 가사 소송조건을 구비하였고 유죄라고 판단하더라도) 피고인에게는 ~~한 정상이 있다."는 식의 변론을 하기도 한다. 이러한 변론은 법관에게 변호인마저 피고인의 무죄를 확신하지 못하고 있다는 인상을 줄 우려가 있지만, 소송절차가 사실인정절차와 양형절차로 이분화되지 않은 우리 형사소송절차에서는 불가피한 변론방법이다. 기록형 시험의 경우에는 이런 식의 변론을 할 필요가 없다.

변호사시험의 기록형 시험에서는 공소장의 모든 공소사실이 무죄 또는 형식재판으로 결론이 나는 문제가 출제되어왔고, 유죄로 결론이 나는 공소사실이 포함되어 있는 경우라도 이 부분은 변론사항에서 제외하도록 지시하거나 정상관계는 평가에서 제외되므로 답안지에 작성하지 말라고 지시해왔다. 그러나 이러한 기존의 출제방식은 변론대상이 되는 공소사실은 모두 무죄 또는 형식재판임을 암시하게 되므로 유죄로 결론이 나는 공소사실도 변론사항에 포함시켜 출제해야 한다는 문제제기가 있다.[1)]

(8) 대법원판례와 다른 견해에 따른 변론

대법원판례(다수의견)가 피고인에게 불리할 때는 피고인에게 유리한 대법원판결의 소수의견이나 학설을 취하여 변론할 수 있다. 이러한 변론은 성공확률이 높지 않지만 변호사의 책무에 속하며 새로운 판례를 만드는 과정이기도 하다. 다만 기록형 시험에서는 대법원판례(다수의견)에 관한 지식이 평가요소이므로 대법원판례와 다른 견해를 취하여 변론을 하더라도 대법원판례의 취지는 적시해야 한다.

Ⅲ. 검토의견서

1. 의 의

검토의견서(검토보고서)는 형사사건의 담당변호사가 피의자나 피고인을 접견하거나 사건 기록을 검토한 후 향후 예상되는 소송진행과 판결결과에 관한 의견을 기재하여 법률사무소의 대표변호사나 상급변호사에게 제출하는 서면이다. 법률사무소는 이 검토의견서를 근거자료로 내부토론을 거쳐 소송대응전략을 수립하게 된다.

검토의견서는 법률상의 변론문서는 아니지만 법률사무소의 규모가 대형화하고, 업무처리방식이 분업화하면서부터 형사사건의 변론실무에서 보편화하였다. 참고로, 민사사건에서도 담당 변호사의 검토의견서가 작성되

---

1) 저자는 기존의 출제방식에 따르더라도 형법과 형사소송법의 지식과 기록독해 능력 평가에 부족함이 없다고 본다. 만약 법 지식과 기록 독해 능력이 부족하면 무죄나 형식재판 사유를 기록 속에서 찾을 수 없고 찾는다고 하더라도 설득력 있게 서술할 수 없기 때문이다. 다만 기존의 출제방식에 대한 문제제기를 받아들인다면 일부 유죄로 판단될 사항이 있는 피고인에 대하여 검토의견서를 작성하도록 출제하면 된다. 검토의견서는 제3회, 제4회 변호사시험에서 출제되었다. 이 책 제8문(제4회 변호사시험 문제) 참조.

며, 법원에서 재판연구원이 작성하여 재판부에 제출하는 검토의견서도 있다.

[기록형 시험의 경우]

변호사시험의 기록형 시험에서 변론요지서와 함께 검토의견서를 작성하라는 문제가 연이어 출제되었다(제3회, 제4회). 검토의견서를 요구하는 문제는 결론이 유죄인 공소사실이 출제되는 경우 변론요지서에 비하여 보다 많은 것을 평가할 수 있는 장점이 있다. 그 이유는 공소사실이 유죄일 때, 변론요지서에서는 정상관계에 대하여만 변론하며 유죄의 이유에 대하여는 언급하지 않지만(변론요지서에 유죄의 이유를 쓰는 것은 부적절함), 검토의견서에서는 유죄의 이유인 증거관계와 법리를 설명해야 하기 때문이다.

그러나 제한된 시간 내에 변론요지서와 검토의견서, 두 개의 문서를 작성하는 것이 수험생에게 과중한 부담으로 작용하는 경우에는 오히려 적정한 평가를 그르칠 수도 있는 단점이 있다. 그렇다고 하여 변호사시험에서 검토의견서 하나만 작성하라고 요구하는 것은 검토의견서가 법률상의 변론문서가 아니라는 점에서 적당하지 않다.

결국 변론요지서와 검토의견서, 두 개의 문서 작성을 요구하는 문제를 출제할 때는 기록의 분량을 더욱 줄여야 할 것이다.

2. 검토사항

검토의견서는 변론요지서에 비하여 객관적 시각으로 작성하는 문서이지만, 기본적으로 변호인이 변론을 위하여 작성하는 문서이다. 그러므로 검사의 공소사실 하나하나에 대한 비판적 검토가 기본이 되므로 다음 Ⅵ. 변론사항 개관은 검토의견서의 검토사항이 된다.

다만, 변론요지서가 판단자인 법원에 제출하는 대외적 문서인 데 반하여 검토의견서는 내부보고용 문서이므로, 보다 객관적 시각으로 피고인에 대한 불리한 검토결과도 포함하여 작성하는 점이 특징이다.

3. 작성요령[2)]

검토의견서는 공소장의 죄명별로 작성되며, 형식재판 변론, 무죄변론의 작성요령도 변론요지서와 내용면에서는 같다. 특히 제325조 후단 무죄의 경우 증거의 증거능력과 증명력을 순서에 따라 충실히 판단해야 하는 점도 변론요지서와 같다. 대법원판례(다수의견)가 피고인에게 불리할 때, 피고인에게 유리한 대법원판결의 소수의견이나 학설이 있다면 검토의견서에 제시해야 한다.

변론요지서와 다른 점은 다음과 같다.

(1) 문장형식

변론요지서는 완전한 문장형식으로 작성하며 문투도 경어체를 쓰는 반면, 검토의견서는 관공서 보고서 형식으로 작성하며 예삿말을 쓴다(예: 입증이 부족합니다. → 입증 부족 또는 입증이 부족함).

(2) 쟁 점

검토의견서는 상급변호사의 이해의 편의를 위하여 죄명별로 쟁점을 언급하는 것이 보통이다. 사실관계가 쟁점인 경우에는 피고인의 주장(부인의 취지)을 쓰고, 검사의 증거를 소개한 다음 핵심 증거의 증거능력이나 증명력이 문제된다고 쓴다. 법리가 쟁점인 경우에도 쟁점만을 간략히 언급한다(예: "불법원인급여와 횡령죄의 성부가 쟁점임").

(3) 유죄인 경우

피고인이 범행을 부인하는 경우라고 하더라도, 검사가 제출한 증거의 증거능력과 증명력을 검토하여 유죄판결이 예상된다고 쓴다. 피고인 주장의 문제점에 대하여도 냉정하게 분석한다. 검토 결과 유죄판결이 예상되면서 동시에 피고인에게 유리한 중요 정상관계자료(양형자료)가 있는 경우에는 정상관계변론의 방향도 제시한다.

기록형 시험의 경우에는 대개 정상관계는 평가대상으로 삼지 않으므로 정상관계자료는 그것이 명백하고 중요한 경우에만 언급한다.

---

2) 이 책 [제8문](제4회 변호사시험 문제)의 모범문안을 참고하기 바란다.

Ⅳ. 기타 변론문서

1. 종 류

(1) 보석허가청구서

보석허가청구서는 피고인이나 변호인 등이 보증금의 납부 등을 조건으로 구속된 피고인의 석방을 구하는 서면이다. 보통은 공소제기 후 제1회 공판기일 사이에 청구하지만 몇 회의 공판기일이 진행된 후에 청구하는 경우도 있다.

(2) 체포 · 구속적부심사청구서

체포 · 구속적부심사청구서는 수사기관에 의하여 체포 또는 구속된 피의자나 그의 변호인 등이 법원에 대하여 체포 또는 구속이 부적법하거나 부당한 경우에 피의자의 석방을 구하는 서면이다.

(3) 항소이유서와 상고이유서

1) 의 의

항소이유서는 제1심법원의 판결에 대하여 법령위반, 사실오인, 양형부당 등의 항소이유(제361조의5)를 기재한 서면이다.

상고이유서는 제2심법원의 판결에 대하여 법령위반 등의 상고이유(제383조)를 기재한 서면이다. 대법원은 법률심이지만 예외적으로 사실오인과 양형부당도 상고이유로 하고 있다. 즉, 중한 형이 선고된 사건에 있어서 중대한 사실의 오인이 있어 판결에 영향을 미친 때 또는 형의 양정이 심히 부당하다고 인정할 현저한 사유가 있는 때는 상고할 수 있다(동조 4호).

2) 상소기간과 상소이유서제출기간

항소와 상고에 있어서 변호인은 법정기간의 준수에 특별히 유의해야 한다.

항소제기기간, 상고제기기간은 각 7일이다(제358조, 374조). 항소기간도과 후 항소의 제기가 있는 경우에는 원심법원은 항소기각결정을 하여야 한다(제360조 1항). 상고기간 도과의 경우에도 마찬가지다(제376조 1항).

항소이유서는 항소법원으로부터 소송기록 접수통지를 받은 날로부터 20일 이내에 항소이유서를 항소법원에 제출해야 하며(제361조의3 제1항),

상고이유서도 마찬가지다(제379조 제1항). 항소이유서 제출기간을 도과한 경우에는 항소법원은 결정으로 항소를 기각하여야 한다(제361조의4 제1항). 상고이유서 제출기간 도과의 경우도 마찬가지다(제380조).

2. 작성요령

보석허가청구서, 체포·구속적부심사청구서, 항소이유서, 상고이유서는 변론요지서와 다를 바 없이 공소사실(체포·구속적부심사청구서의 경우에는 영장범죄사실 또는 피의사실) 하나하나에 대한 변론사항으로 구성하면 된다. 다만 각 변론문서에 고유한 기재사항(예: 보석허가청구서의 경우에는 필요적 보석 사유 등)이 추가될 뿐이다.

V. 기록 검토의 순서

변론은 공소사실에 대한 반박이자 방어이므로 변론문서 작성을 위한 기록검토의 첫 순서는 공소장 읽기이다. 그 다음으로는 수사기록을 공판기록보다 먼저 읽는 것이 좋다. 그 이유는 수사가 공판보다 시간상 앞서고 수사 과정 진술에 대한 인정 여부, 동의 여부가 공판정 진술의 주요 내용이 되므로 이런 순서로 읽어야 전체적 흐름을 이해하기 쉽다.

다만 시험용 기록을 읽을 때는 공판기록 중 '제1회 공판조서'만은 수사기록보다 먼저 읽어야 한다. 그 이유는 변호사의 실제 업무에서는 변호사가 먼저 피고인을 만나 공소사실에 대한 자백, 부인 등의 입장을 확인한 후 수사기록을 검토하는데, 시험에서는 피고인을 만나 입장을 듣는 절차가 없기 때문이다. 그러므로 제1회 공판조서를 통하여 피고인의 입장을 확인하는 것이 가장 선행되어야 한다.

결국, 사건 기록은 〈공소장 → 제1회 공판조서 → 수사기록 → 나머지 공판기록〉의 순서로 검토한다. 순서에 따라 부연해 설명하면, ① 공소장을 정독한다. ② 제1회 공판조서의 모두진술, 쟁점정리 진술에서 각 공소사실에 대한 피고인의 입장(자백, 부인)을 확인하고 사건의 쟁점을 이해한다. ③ 피고인의 입장에서 수사기록을 비판적으로 읽는다. 이 수사기록은 대부분 증거로 제출되므로 그 증거서류나 증거물 하나하나에 대하여 증거능력 배척(내용 부인, 실질적 진정성립 부인, 자백의 임의성 다툼, 위법수집증거 주장 등)이나 증명력 배척의 사유를 검토한다. ④ 제2회 이후의 공판조서, 증인신문조서 등을 검토한다. 피고인에게 불리한 공판정 진술(공동피고인의 진술이나 증언)에 대하여 증거능력 배척이나 증명력 배척의 사유를 검토한다.[3]

Ⅵ. 변론사항 개관

형법적 검토 • • • • • • • •

1. 구성요건해당성

(1) 주관적 구성요건

- 고의를 인정할 수 없으므로 무죄/과실범이다.
- 결과적 가중범에서 중한 결과에 대한 과실(예견가능성)이 없으므로 기본범죄만 성립한다. (예: 상해치사죄 → 상해죄)

(2) 객관적 구성요건

- 공소사실이 증명되더라도 범죄의 구성요건에 해당하지 않는다.[4]
- 공소사실이 증명되지 않았다.[5]

2. 위 법 성

- 피고인의 행위가 정당방위, 긴급피난, 자구행위, 정당행위에 해당하므로, 또는 피해자의 승낙이 있으므로 위법성이 조각된다.

---

3) 공판정 진술은 증거능력과 증명력 중 주로 증명력이 문제된다. 증거능력이 문제되는 경우는 다음과 같은 것이 있다. 즉, 증언이 전문진술이라면 원진술의 특신상태(제316조 1항의 경우) 또는 원진술자의 진술불능과 원진술의 특신상태(제316조 2항의 경우)의 요건을 검토해야 한다. 또 공범인 공동피고인은 증인적격이 없음에도 증인신문을 실시한 경우에는 이 점을 다투는 변론을 해야 한다.

4) 제325조 전단 무죄. 아래 위법성조각사유, 책임조각사유가 있는 경우에도 제325조 전단 무죄가 된다.

5) 제325조 후단 무죄.

- (명예훼손죄의 경우) 피고인의 행위가 진실한 사실로서 오로지 공공의 이익에 관한 것이므로 위법성이 조각된다.

3. 책 임

- 형사미성년자, 심신상실자, 강요된 행위에 해당하므로 책임이 조각된다.
- 법률의 착오로서 오인에 정당한 이유가 있으므로 책임이 조각된다.
- 적법행위의 기대가능성이 없으므로 책임이 조각된다.

4. 미 수 론

- 실행의 착수가 없으므로 예비죄만 성립한다.
- 실행의 착수가 없고 예비죄 처벌규정도 없으므로 무죄다.
- 실행의 착수 이후 실행중지 또는 결과방지를 하였고, 자의성이 인정되므로 장애미수가 아니고 중지미수다.
- 사실적 · 자연과학적으로 결과발생 가능성이 없으므로 불능미수다.
- 사실적 · 자연과학적으로 결과발생 가능성이 없고 위험성도 없으므로 불능범으로서 무죄다.

5. 공 범 론

(1) 가담형태

- 정범과 공범의 구별에 관한 행위지배설을 적용하여, 기능적 행위지배가 없으므로 공동정범이 아니고 종범이다.
- 정범과 공범의 구별에 관한 행위지배설을 적용하여, 의사지배가 없으므로 간접정범이 아니고 교사범이다.
- 교사행위가 없거나 교사의 고의(이중의 고의)가 없으므로 무죄다.
- 방조행위가 없거나 방조의 고의(이중의 고의)가 없으므로 무죄다.

(2) 책임범위

(공모자 중 1인이 공동의사의 범위를 초과한 경우, 예를 들어 갑과 을이 강도를 공모한 후 을이 강도상해를 실행한 때)

- 갑은 을이 저지른 상해에 대하여 고의, 예견가능성이 모두 인정되지 않으므로 공모범위 내에서 강도죄만 성립한다.
- 갑은 을이 저지른 상해에 대하여 고의가 없고 예견가능성만 인정되므로 강도치상죄만 성립한다.[6]

(피교사자의 실행행위가 질적 초과인 경우)

- 질적 초과이므로 교사자는 책임을 지지 않는다(다만, 교사행위 자체가 예비·음모죄가 될 수 있음에 유의).

(피교사자의 실행행위가 양적 초과인 경우)

- 양적 초과이므로 교사자는 초과 부분에 대하여는 책임을 지지 않는다.

6. 죄 수 론

- ○○죄와 법조경합 관계이므로 별도의 범죄가 성립하지 않는다.
- 경합범이 아니고 상상적 경합 또는 포괄일죄다.

---

6) 공모자 중 일부가 공모의 범위를 초과 실행한 경우, 다른 공모자의 죄책에 대한 대법원 판결의 경향은 형법상 책임주의의 관점에서 볼 때 판결 주문 또는 판결 이유에 문제가 있다. 이 경우에 변호인은 대법원 판례를 비판하며 변론해야 한다.
대법원 1998. 4. 14. 선고 98도356 판결 [강도상해]
강도 합동범 중 1인이 피고인과 공모한 대로 과도를 들고 강도를 하기 위하여 피해자의 거소를 들어가 피해자를 향하여 칼을 휘두른 이상 이미 강도의 실행행위에 착수한 것임이 명백하고, 그가 피해자들을 과도로 찔러 상해를 가하였다면 대문 밖에서 망을 본 공범인 피고인이 구체적으로 상해를 가할 것까지 공모하지 않았다 하더라도 피고인은 상해의 결과에 대하여도 공범으로서의 책임을 면할 수 없다. → 이 판결은 피고인에게 강도상해의 죄책을 인정하고 있는데, 이러한 결론에 이르기 위해서는 "사실관계에 비추어 피고인에게 상해의 결과에 대하여 최소한 미필적 고의가 인정된다."는 취지의 설시가 있어야 한다. 이 판시는 기초적 형법이론을 간과한 것이며, 개별책임주의에 어긋난다.
대법원 1983. 4. 26. 선고 83도210 판결 [특정범죄가중처벌등에관한법률위반 등]
공동하여 강도의 죄를 범한 이상 범행 시 피해자를 폭행하거나 상해를 입힌 바가 없다 하더라도 강도상해죄의 책임을 면할 수 없는 것이다. → 이 판시도 결합범인 강도상해죄를 인정하면서도 상해의 고의에 대하여 아무런 설시가 없다.

형사소송법적 검토 • • • • • • • •

1. 면소 주장

- 확정판결의 기판력이 미치므로 면소판결을 해야 한다(제326조 1호).
- 공소시효가 완성되었으므로 면소판결을 해야 한다(제326조 3호).

2. 공소기각 판결 주장

(1) 공소제기절차의 법률위반(제327조 2호)

친고죄의 경우

- 친고죄인데도 공소제기 시에 고소가 없었으며, 이후 고소의 추완은 인정될 수 없으므로 공소기각 판결을 해야 한다.
- 친고죄에 대하여 범인을 알게 된 날로부터 6월을 경과하면 고소하지 못하는데(제230조 1항), 고소기간 도과 후의 고소임이 曆數상 명백하므로 공소기각 판결을 해야 한다.
- 간통죄의 고소인이 갑에 대한 이혼소송을 취하하여 고소취소로 간주되므로(제229조 2항) 공소기각 판결을 해야 한다.
- (갑, 을이 간통죄의 공범일 때 을의 변호인) 간통죄의 고소인이 갑에 대한 이혼소송을 취하하여 고소취소로 간주되므로(제229조 2항) 고소불가분의 원칙상 을에게도 효력이 있다. 그러므로 을에 대하여도 공소기각 판결을 해야 한다.[7]

재산범죄 피해자가 형법 제328조 2항의 친족관계일 때

- 상대적 친고죄인데 고소가 없으므로 공소기각 판결을 해야 한다. (동조 1항의 경우는 형 면제 판결 사항임)

함정수사의 경우

- 수사관이 피고인에게 적극적으로 범행을 교사하여 범의를 유발하였으므로 이는 이른바 '범의유발형 함정수사'로서 위법하므로 공소기각 판결을 해야 한다.

---

7) 갑, 을이 모두 제1심판결 선고 전인 경우이다.

공소사실의 불특정

- 이 사건 공소사실은 그 일시(장소, 대상, 수법)가 특정되지 않아 피고인의 방어권 행사를 침해하므로 공소기각 판결을 해야 한다.

공소장일본주의 위반

- 이 사건 공소사실에는 법관에게 예단을 줄 수 있는 동종전과, 피고인의 악성격 등이 기재되어 있으며, 공판과정에서 법원이 삭제를 명하는 등의 적절한 조치도 없었으므로, 결국 이 사건 공소제기는 공소장일본주의 위반으로서 공소기각 판결을 해야 한다.

(2) 이중기소(제327조 3호)

- 공소사실은 이미 기소된 사건의 공소사실과 상습범으로서 포괄일죄 관계인데 이 경우 공소장 변경을 통하여 범죄사실을 추가해야 하는데 별소를 제기했으므로 공소기각 판결을 해야 한다.[8]

(3) 고소취소(제327조 5호)

- 공소제기 후에 고소가 취소되었으므로 공소기각 판결을 해야 한다.

(4) 반의사불벌죄(제327조 6호)

명예훼손죄의 경우

- 공소제기 후 피해자가 처벌불원하므로 공소기각 판결을 해야 한다.[9]

교통사고의 경우

- 이 사건 교통사고는 교통사고처리특례법 제3조 2항 단서의 예외사유(중앙선 침범 등), 제4조 1항 단서의 예외사유(불구 등 중상해)에 해당하지 않고 자동차종합보험에 가입(또는 자동차공제조합 가입, 합의)되어 있으므로 공소기각 판결을 해야 한다.

3. 공소기각 결정 주장

- 공소취소(제328조 1항 1호)

---

8) 이러한 경우는 실무에서는 발생할 수 있으나 기록형 시험에서는 분량의 제약으로 인하여 문제를 구성하기 어렵다.

9) 명예훼손, 출판물에 의한 명예훼손죄는 반의사불벌죄, 사자명예훼손과 모욕죄는 친고죄다(형법 제312조).

- 피고인 사망 등(제328조 1항 2호)
- 관할 경합의 경우 등(제328조 1항 3호)
- 공소사실에 범죄가 될 만한 사실이 포함되지 아니한 때(제328조 1항 4호)[10]

4. 무죄 주장

(1) 증거능력이 없다는 주장

1) **자백배제법칙**

- 자백의 임의성을 의심할 만한 사유가 있으므로 증거능력이 없다.

2) **위법수집증거배제법칙**(제4강 참조)

- 위법수집증거이므로 증거능력이 없다.
- 위법수집증거에 의하여 발견된 2차 증거(독수의 과실)이므로 증거능력이 없다.

3) **전문법칙**(제3강 참조)

- 전문증거인데 전문법칙의 예외에 해당하지 않으므로 증거능력이 없다.

(2) 증명력이 없다는 주장

1) **자백의 신빙성이 없다**

2) **증인(참고인) 진술의 신빙성이 없다**

- 증인(참고인) 진술의 자체 모순관계
- 여러 증인(참고인) 진술 간의 모순관계
- 증인(참고인)과 피고인과의 적대관계
- 증인(참고인)과 피해자와의 우호관계

---

10) 이 사유는 공소장 기재 자체에 의하여 죄가 되지 아니함이 명백한 경우를 말하는 것으로서 흔하지 않다. 범죄가 되는지 조금이라도 의문이 있는 경우에는 실체심리를 거쳐 무죄의 판결을 해야 한다. 가령, 횡령죄의 공소사실이 불법원인급여물을 횡령하였다는 내용일 때, 불법원인급여물인지 여부는 심리를 요하는 것이 보통이다. 그러므로 이때는 실체심리를 다 마친 후 횡령의 목적물이 불법원인급여물이라고 판시하면서 무죄(제325조 전단의 무죄, 공소사실이 범죄가 되지 아니하는 때에 선고하는 무죄)를 선고하여야 한다.

- 증인(참고인)의 목격 상황, 시력, 청력의 문제
- 사건 전후의 증인의 태도에서 공정성을 의심할 만한 사유 등

3) 협의의 증명력(추인력) 부족

- '부족증거'라는 제목으로 분류하여 서술하면 된다.
- 증거물, 감정결과로써 공소사실을 추인하기에 부족하다(논리와 경험법칙 동원).
- 증인의 증언(참고인의 진술)이 사실이라고 하더라도 공소사실을 추인하기에 부족하다(논리와 경험법칙 동원).

4) 피고인에게 유리한 자료가 있는 경우

- 피고인의 주장을 뒷받침하는 진술이나 자료가 있다.
- 검사 측 증거와 모순되는 진술이나 자료가 있다.
- (피고인에게 유리한 진술이나 자료를 제시하며) "오히려 ~~한 사실을 인정할 여지가 있다."

(3) 종합 결론

- 공소사실에 대하여 합리적 의심을 배제할 수 없으므로 무죄판결을 해야 한다.
- (간혹, 피고인이 자백하고 보강증거 없는 경우) 자백에 대한 보강증거가 없으므로 무죄판결을 해야 한다.

2

공판절차 개관

Ⅰ. 제 1 심 공판절차

제 1 심 공판절차의 개요는 다음 [표 1]과 같다.

[표 1] 제1심 공판절차의 개요

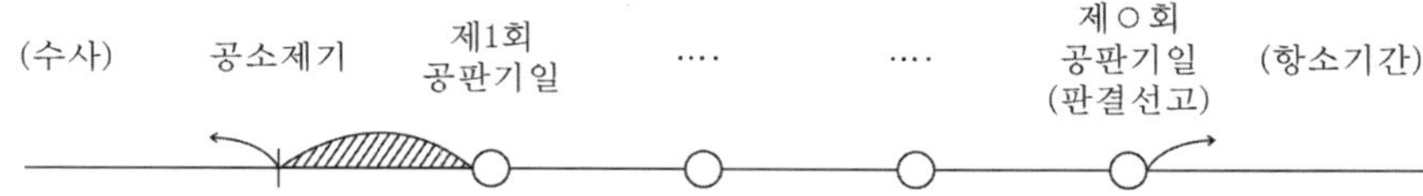

공판기일 절차의 순서는 다음 [표 2]와 같다.

[표 2] 공판기일 절차의 순서

<table>
<tr><td>冒頭節次</td><td colspan="2">진술거부권 고지(283의2 ②) ↘
인정신문(284)↘
검사의 모두진술(285) ↘
피고인의 모두진술(286 ①) ↘
재판장의 쟁점정리, 검사·변호인의 증거관계 등에 대한 진술(287 ①·②)</td></tr>
<tr><td rowspan="2">事實審理節次</td><td>증거조사[11]</td><td>증거신청 → 증거결정 → 협의의 증거조사 → 의견진술</td></tr>
<tr><td>피고인신문[12]</td><td>검사 → 변호인 → 재판장</td></tr>
<tr><td>最終辯論</td><td colspan="2">검사의 의견진술(논고) → 변호인의 의견진술(변론) → 피고인의 최종진술</td></tr>
<tr><td>判決宣告</td><td colspan="2">변론종결기일 선고가 원칙임</td></tr>
</table>

1. 공소제기

검사가 공소를 제기하면 공소장일본주의에 따라 공소장과 첨부서류(규칙 제118조 1항)만 법원에 접수한다. 그 외의 수사기록과 증거물은 수사검사의 캐비닛에 그대로 보관한다. 복잡한 사건은 공판검사가 수사검사로부터 수사기록과 증거물을 넘겨받아 미리 검토한다.

2. 공소제기 후 제1회 공판기일까지

공소제기 후 제1회 공판기일까지, 변호인은 검사가 보관 중인 수사기록에 대하여 기록열람·등사(증거개시)를 청구하여 수사기록을 검토하고, 구속된 피고인을 접견하여 방어준비를 하며, 법원[13]은 복잡한 사건일 경우 공판준비절차를 통하여 쟁점정리와 증거정리를 하기도 한다. 그러나 이 기간에는 공소장일본주의가 적용되므로 공판준비기일이 열린다고 하더라도 법원은 공소장만을 읽을 수 있고 증거(증거서류나 증거물)를 접할 수는 없다.

3. 제1회 공판기일

제1회 공판기일은 형사소송절차에서 특별한 의미가 있는 날이다. 공소장일본주의가 해제되어 비로소 법원이 증거를 접할 수 있는 날이다. 검사가 보관 중인 수사기록과 증거물이 증거조사절차를 통하여 법원으로 이전되기 시작하는 날이다.

제1회 공판기일에는, 피고인이 무죄를 주장하는 사건의 경우, 대개 [표 2]의 '증거결정' 절차 중에서 변호인의 증거의견 진술(증거의견서 제출)과 검사의 증인신청까지 진행되며 협의의 증거조사는 그다음 공판기일로 넘어간다. 피고인이 자백하는 경우에는 이날 증거조사절차를 모두 마치고 피고인신문, 최종변론까지 진행하기도 한다.

---

11) 1. 증거서류, 증거물에 대한 증거조사 절차이다(증인신문은 별도로 설명한다).
2. 당사자의 신청에 의한 증거조사이다(직권에 의한 증거조사도 있다).

12) 피고인신문의 순서는 증인신문에 관한 규정이 준용된다(제296의2 3항).

13) 受訴法院을 말한다. 공소제기 직후 법원의 사건배당절차에 의하여 그 사건의 종국판결까지 담당할 재판부(수소법원)가 정하여진다.

4. 제2회 이후의 공판기일

협의의 증거조사 — 피고인이 무죄를 주장하는 사건의 경우, 출석한 증인(진술조서의 진술자가 대부분임)을 상대로 증인신문을 하고 증거서류에 대한 진정성립 여부를 확인한다. 이어서 진정성립이 인정되거나 증명된 증거서류, 피고인이 증거동의를 한 증거서류에 대하여 협의의 증거조사(낭독, 내용고지, 열람)를 한다(제292조 1-5항). 증거물에 대하여도 협의의 증거조사(제시)를 한다(제292조 1-3항).

피고인신문과 최종변론 — 법원은 증거조사가 충분히 이루어졌다고 판단되면 증거조사절차를 종료하고 피고인신문과 최종변론절차를 진행한 후 변론을 종결한다.

판결선고 — 판결선고는 원칙적으로 변론을 종결한 기일에 하여야 한다.[14)]

5. 판결선고와 항소

제1심의 판결선고 후 항소에 의하여 제2심(항소심)의 공판절차가 같은 방식으로 진행된다. 다만 항소심에서는 공소장일본주의가 적용되지 않는다. 제1심에서 제2심으로 소송계속이 이전하는(移審) 시기에 대하여는 견해 대립이 있다(이른바 移審의 效力에 관한 상소제기기준설, 소송기록송부기준설).

---

14) 판결선고에 대하여, 제318조의4(판결선고기일)는 "판결의 선고는 변론을 종결한 기일에 하여야 한다. 다만, 특별한 사정이 있는 때에는 따로 선고기일을 지정할 수 있다."라고 하여 변론종결기일 선고(즉일선고라고도 함)를 원칙으로 하고, 선고기일을 별도로 정하는 것을 예외로 규정하고 있는데, 형사재판실무에서는 원칙과 예외를 뒤바꾸어 운용하고 있다. 변론종결기일 선고 규정은 공판중심주의 실현과 밀접한 관련이 있다. 즉, 법이 정한 대로 변론종결기일 선고를 하기 위해서는 법관이 법정에서 유무죄와 양형에 관한 심증형성을 마쳐야 하며 그러기 위해서는 소송관계인이 출석한 기회에 활발하고도 충분한 공방을 진행하여 법관의 의문이 법정에서 해소되어야 한다. 이렇게 하면 공판중심주의가 실현된다.

Ⅱ. 증거조사절차

1. 증거서류, 증거물에 대한 증거조사

(1) 개 관

증거서류나 증거물에 대한 증거조사는 [표 2]와 같이 증거신청(제294조) → 증거결정(제295조) → 협의의 증거조사(제291조, 제292조, 제292조의2, 제292조의3) → 의견진술(제293조)의 순서로 진행된다. 이의신청은 증거조사절차의 전 과정에서 수시로 할 수 있다(제296조). 이러한 일련의 증거조사절차 전체는, 협의의 증거조사(법관이 증거의 내용을 五官으로 인식하는 과정)와 구별하여 광의의 증거조사절차라고 한다.

이 증거조사절차를 증거법과 관련하여 설명하면, 증거결정 단계에서는 증거의 증거능력을 판단하며, 협의의 증거조사 단계에서는 증거의 증명력을 판단한다. 이렇듯 증거의 증거능력과 증명력은 개념상 峻別될 뿐 아니라 그 판단의 선후가 분명하다.[15)]

(2) 증거신청

모두절차를 마친 다음 증거조사절차의 첫 순서로서 검사의 증거신청이 시작된다(물론 피고인과 변호인도 증거신청을 할 수 있다). 증거신청을 위하여 공판검사는 증거서류나 증거물을 소지하고 법정에 출석하여야 한다.[16)] 증거신청은 특별한 사정이 없는 한 필요한 증거를 일괄하여 신청하여야 한다(규칙 제132조). 다만 증거서류나 증거물이 수사기록의 일부인 때에는 검사는 이를 특정하여 개별적으로 제출하여 증거신청을 하여야 한다(규칙 제132조의3 1항).[17)]

---

15) 증거능력과 증명력의 관계를 다음과 같은 비유로써 설명할 수도 있다. 즉, "상한 반찬은 판사의 밥상에 올리지 말라."는 비유이다. 반찬이 판사의 밥상에 올라갈 수 있는 자격은 증거능력에 대응하며, 그 반찬의 맛과 영양은 증명력에 대응한다. 상하지 않아서 판사의 밥상에 올라갈 수 있으나 전혀 맛과 영양이 없는 반찬(증거능력은 있으나 증명력이 없는 증거)도 있고, 그 반대의 경우(증명력 유무와 관계없이 증거능력이 없는 증거)도 있다. 전자는 협의의 증거조사 단계에서, 후자는 증거결정 단계에서 걸러진다.

16) 보통 공판검사가 수사검사가 보관 중인 증거서류와 증거물을 받아서 법정에 간다.

17) 검사가 증거신청을 하는 단계는 증거능력 인정 여부가 확정되지 않아 법원으로서

(3) 증거결정

증거결정 단계는 변호인의 증거의견 진술로부터 시작된다. 변호인은 증거서류에 대하여, 피고인 본인의 진술이 기재된 서류(보통은 피의자신문조서)에 대하여는 진정성립 인정 · 부인, 내용 인정 · 부인, 임의성 인정 · 부인으로 답하고, 타인(상피고인 포함)의 진술에 대하여는 동의 · 부동의로 답한다. 증거물에 대하여도 동의 · 부동의로 답한다.

변호인의 증거의견 진술은 대개 증거의견서를 작성하여 제출하는 방식으로 한다. 증거의견서 작성은 변호인이 공소제기 후 제1회 공판기일 전에 증거서류를 등사하여 읽고 피고인접견을 마친 후 작성한다. 피고인이 법정에서 자백할 것으로 예정된 경우에는 변호인이 구두로 "(검사 제출 증거에 대하여) 모두 동의합니다."라고 진술하기도 한다.[18]

법원은 증거의견을 들은 다음 증거결정[19]을 한다. 법원은 변호인이 부인하거나 부동의한 각종 증거서류에 대하여는 진정성립 등이 증명된 후에야 증거결정을 할 수 있다. 가령, 변호인이 검사 작성의 피의자신문조서의 실질적 진정성립을 부인한다면 검사는 그다음 기일에 조사과정을 촬영한 영상녹화물로써 실질적 진정성립을 증명할 수 있고(제312조 2항), 변호인이 검사 또는 사법경찰관이 작성한 진술조서(공동피고인의 피의자신문조서도 포함됨)를 부동의한 경우에는 검사는 그 진술자를 증인신청하여 그의 공판정 진술로써 진정성립을 증명하거나 영상녹화물로써 증명할 수 있다. 이렇게 하여 증거능력이 인정되면 법원은 그 증거서류에 대하여 증거결정(증거채택 결정)을 한다.

다만 유의할 것은 증거능력이 인정되는 모든 증거가 증거결정(증거채택 결정)되는 것은 아니라는 점이다. 증거채택이 되기 위해서는 증거의 증

는 증거서류의 내용이나 증거물의 형상을 알아서는 안 되는 단계이다. 그러므로 검사가 증거신청을 하고 상대방에게 제시하여 증거의견을 묻는 과정에서 증거서류의 내용이나 증거물의 형상이 법원에 공개되지 않도록 하여야 한다.

18) 대법원 1983. 3. 8. 선고 82도2873 판결
개개의 증거에 대하여 개별적인 증거조사방식을 거치지 아니하고 검사가 제시한 모든 증거에 대하여 피고인이 증거로 함에 동의한다는 방식으로 이루어진 것이라 하여도 증거동의로서의 효력을 부정할 이유가 되지 못한다.

19) 증거결정은 증거채택 결정과 증거불채택 결정을 총칭하는 표현이지만, 증거채택 결정만을 의미하기도 한다.

거능력 외에 증거조사의 필요성이 인정되어야 한다. 판례도 증거의 채택 여부는 법원의 재량으로서 법원이 필요하지 않다고 인정할 때에는 조사하지 않을 수 있다고 한다(대법원 2003도3282 판결). 가령, 같은 범행 장면을 목격한 참고인의 진술조서가 여러 개가 있다면 최우량증거의 원칙에 따라 그 중 하나만 증거채택하고 나머지는 증거채택을 하지 않을 수 있다.

(4) 협의의 증거조사

협의의 증거조사는 증거조사절차의 핵심절차이다. 증거서류에 대하여는 낭독, 내용고지, 열람의 방식으로 하고(제292조 1-5항), 증거물에 대하여는 제시의 방식으로 한다(제292조 1-3항). 도면 · 사진 등에 대한 증거조사 방법은 증거서류에 준하는 것은 낭독, 요지의 고지, 열람 방식으로 하고, 증거물에 준하는 것은 제시의 방식으로 한다(규칙 134조의9).

이 절차에서 법원은 五官으로(귀로 듣거나 눈으로 보며, 때로는 촉각이나 후각을 사용하여) 증거서류의 내용이나 증거물의 형상을 인식하게 된다. 법원은 이 단계에서 증거의 증명력을 판단하여 요증사실에 대한 심증형성을 한다. 그 이전의 증거조사절차는 이 단계를 위한 것이다.

(5) 의견진술

재판장은 피고인에게 각 증거조사의 결과에 대한 의견을 묻고 권리를 보호함에 필요한 증거조사를 신청할 수 있음을 고지하여야 한다(제293조).

이 규정에 의한 피고인의 의견진술은, 법원이 각 증거서류나 증거물에 대한 협의의 증거조사를 마치고 심증형성을 하기 전에 피고인의 의견을 듣는 절차로서, 법원의 독단적 심증형성을 방지하기 위한 절차이자 피고인의 권리이다. 의견진술은 증거조사절차 전체에 대하여가 아니라 각 증거에 대한 증거조사 하나하나에 대하여 개별적으로 할 수 있다.

(6) 이의신청[20]

1) 이의신청의 의의

검사, 피고인 또는 변호인은 증거조사에 관하여 이의신청을 할 수 있다(제296조 1항). 이의신청은 증거조사절차의 맨 뒤 순서가 아니라 증거조

20) 이의신청에 대하여는, 설명의 편의상 증거서류, 증거물에 대한 증거조사의 경우와 다음에서 다룰 증인신문의 경우를 이 항에서 함께 설명한다.

사절차의 전 과정에서 수시로 하는 것이다. 이 제도는 사실심리의 핵심인 증거조사절차에 위법·부당이 끼어드는 것을 방지하기 위하여 법원 이외의 소송주체가 적극적으로 시정을 구할 수 있도록 한 것으로 형사소송법상 당사자주의의 발현이다.

증거조사절차는 판결 전의 소송절차이므로 증거조사절차에서 발생한 위법·부당만을 이유로 상급법원에 독자적으로 불복할 수 있는 장치는 없다(제403조 1항). 단지 증거조사절차의 위법으로 인하여 법원이 사실을 오인하고 이것이 판결에 영향을 미쳤을 경우에 한하여 상소를 하여 다툴 수 있을 뿐이다(제361조의5 1호, 제383조 1호). 따라서 증거조사에 대한 적시의 이의신청은 실체적 진실발견과 피고인의 방어권행사를 위하여 그만큼 더 실제적인 중요성을 가진다.[21]

2) 이의신청의 대상과 사유

이의신청의 대상은 증거조사에 관한 모든 절차와 처분이다. 증거신청, 증거결정, 증거능력 유무, 협의의 증거조사의 순서와 방법 등에 대하여 이의신청을 할 수 있다. 재판장의 행위, 합의부원의 행위, 상대방 당사자의 행위를 모두 포함하며 작위와 부작위를 가리지 않는다.[22]

이의신청의 사유로는 법령위반(예: 증거능력이 없는 증거를 채택하는 증거결정, 증인에 대한 유도신문)뿐만 아니라 상당하지 아니함을 이유로 하는 것도 가능하다. 다만 증거결정에 대한 이의신청은 법령위반의 사유로만 할 수 있다(규칙 135조의2 단서).

3) 이의신청의 시기와 방법

이의신청은 개개의 행위, 처분 또는 결정시마다 그 이유를 간결하게 명시하여 즉시 이를 하여야 한다(규칙 제137조). 이의신청은 절차상의 하자를 즉석에서 시정하여 절차를 공정·신속하게 진행시키기 위하여 소송관계인에게 부여된 권리이기 때문에 즉석에서 행사하지 않으면 실효가 없게 되거나 절차상의 혼란이 초래될 수 있기 때문이다.[23]

이의신청의 방법은 서면 또는 구술에 의하여 한다(규칙 제176조). "검사의 신문은 유도신문이므로 이의를 신청합니다." 등의 방식으로 이의신

---

21) 신동운, 917쪽 참조.
22) 법원실무제요 형사Ⅱ, 289쪽.
23) 법원실무제요 형사Ⅱ, 289쪽.

청이 이루어진다.

4) 이의신청에 대한 결정

이의신청에 대한 결정은 그 이의신청이 있은 후 즉시 하여야 한다(규칙 138조). 그러나 증거조사를 마친 증거의 증거능력이 없다는 이유로 이의신청을 한 경우와 같이 판단에 시간을 요하는 경우에는 법원은 그 판단이 가능하게 된 때에 결정을 하면 된다.[24]

이의신청에 대한 결정은 다음과 같은 것이 있다.

i) 기각결정 시기에 늦은 이의신청, 소송지연만을 목적으로 하는 것임이 명백한 이의신청은 결정으로 이를 기각하여야 한다. 다만, 시기에 늦은 이의신청이 중요한 사항을 대상으로 하고 있는 경우에는 시기에 늦은 것만을 이유로 하여 기각하여서는 안 된다(규칙 139조 1항). 이의신청이 이유 없을 때에도 기각결정을 한다(동조 2항).

ii) 인용결정 이의신청이 이유 있다고 인정되는 경우에는 결정으로 이의신청의 대상이 된 행위, 처분 또는 결정을 중지, 철회, 취소, 변경하는 등 그 이의신청에 상응하는 조치를 취하여야 한다(동조 3항).

iii) 증거배제결정 증거조사를 마친 증거가 증거능력이 없음을 이유로 한 이의신청을 이유 있다고 인정할 경우에는 그 증거의 전부 또는 일부를 배제한다는 취지의 결정을 하여야 한다(동조 4항).

5) 공판조서에의 기재

이의신청이 있었다는 사실, 그 사유 및 이에 대한 결정 등은 공판조서에 기재하여야 한다(제51조 11호, 14호). 증거조사절차의 위법여부에 대한 상급심의 심사가 가능하도록 하기 위한 규정이다. 기재례는 다음과 같다.[25]

24) 법원실무제요 형사Ⅱ, 290쪽.

25) 법원실무제요 형사Ⅱ, 293쪽.

[증거조사에 대한 이의신청]

변호인

사법경찰관이 작성한 ○○○에 대한 진술조서 중 공소사실 1항 관련 부분에 대하여 부동의하였음에도 진술조서 전부를 증거로 하는 것은 위법하므로 이의를 신청

재판장

변호인의 이의신청은 이유 있으므로 위 조서에 대한 증거채택결정을 취소한다고 결정 고지

[증인신문 중의 이의신청]

검사

변호인의 신문은 유도신문이라고 이의신청

변호인

반대신문에는 유도신문도 허용되므로 검사의 이의신청은 이유 없다고 진술

재판장

검사의 위 이의신청은 이유 없으므로 기각한다고 결정 고지

[또는 변호인의 위 신문의 변경(철회)을 명한다고 결정 고지]

2. 정보저장매체에 대한 증거조사[26)]

개정 형사소송법은 디지털 증거의 증거조사방식에 관한 규정을 신설하였다. "도면 · 사진 · 녹음테이프 · 비디오테이프 · 컴퓨터용디스크, 그 밖에 정보를 담기 위하여 만들어진 물건으로서 문서가 아닌 증거의 조사에 관하여 필요한 사항은 대법원규칙으로 정한다."(제292조의3)

26) 정보저장매체에 대하여는 증거조사절차 외에 위법수집증거배제법칙(압수 · 수색 절차의 위법 여부), 전문법칙(여기에 적용할 전문법칙 규정) 면에서 별도로 설명되어야 한다. 위법수집증거배제법칙 차원의 설명은 이 책 94쪽에, 전문법칙 차원의 설명은 이 책 70쪽에 실려 있다.

(1) 문자정보매체의 경우

증거신청은 그 문자정보매체를 법원에 제출하는 방식으로 한다. 증거신청을 하는 당사자는 증거신청을 할 때 정보저장매체 대신에 읽을 수 있도록 출력하여 인증한 등본을 낼 수 있다(규칙 제134조의7 1항).

증거결정(진정성립의 증명)을 위하여 증거신청을 한 당사자는 법원이 명하거나 상대방이 요구한 때에는 컴퓨터디스크 등에 입력한 사람과 입력한 일시, 출력한 사람과 출력한 일시를 밝혀야 한다(규칙 제134조의7 2항).

협의의 증거조사는 문자정보를 출력한 다음 낭독, 요지의 고지, 열람의 방법으로 하면 된다(제292조 1항 · 2항 · 3항 · 5항).

(2) 녹음 · 녹화매체의 경우

증거신청은 그 녹음 · 녹화매체를 법원에 제출하는 방식으로 한다.

증거결정(진정성립의 증명)을 위하여 증거신청을 한 당사자는 음성이나 영상이 녹음 · 녹화된 사람, 녹음 · 녹화한 사람 및 녹음 · 녹화를 한 일시 · 장소를 밝혀야 하고(규칙 제134조의8 1항), 법원이 명하거나 상대방이 요구한 때에는 녹음 · 녹화매체 등의 녹취서, 그 밖에 그 내용을 설명하는 서면을 제출하여야 한다(규칙 제134조의8 2항).

협의의 증거조사는 녹음 · 녹화매체 등을 재생하여 청취 또는 시청하는 방법으로 한다(규칙 제134조의8 3항).

(3) 도면 · 사진등매체의 경우

컴퓨터디스크 등에 기억된 정보가 도면 · 사진 등에 관한 것인 때에는 문자정보매체에 관한 규정을 준용한다(규칙 제134조의7 3항).

3. 증인신문

(1) 개 관

1) 증인의 의의와 절차 개관

증인(Zeuge, witness)이란 법원 또는 법관에 대하여 자기의 과거의 경험사실에 대하여 진술하는 제3자를 말하고, 증인신문은 증인으로부터 그의 경험사실에 관한 진술을 듣는 절차, 즉 증인에 대한 증거조사절차이다. 형사소송법은 증인신문의 절차에 관하여, 앞의 증거서류나 증거물에 대한 증거조사 절차와 동일하거나 이에 상응하는 규정을 두고 있다. 절차를 개관하면, 증인신청(증거신청에 해당함, 제294조) → 증인채택(증거결정에 해당함, 제295조) → 증인신문(협의의 증거조사에 해당함, 제161조의2-165조의2) → 의견진술(제293조)의 순서로 진행된다. 이의신청은 증인신문의 전 과정에서 수시로 할 수 있다(제296조).

2) 증인적격

증인신청, 증인채택 단계에서는 특히 증인적격이 문제된다. 법원은 누구든지 증인으로 신문할 수 있으나(제146조), 다음의 예외가 있다.

㈎ 공무원 또는 전직공무원

공무원 또는 공무원이었던 자가 그 직무상 알게 된 사실에 관하여 그 본인 또는 소속관청이 직무상 비밀에 속한 사항임을 신고한 때에는 그 소속관청 또는 감독관청의 승낙 없이는 증인으로 신문하지 못한다(제147조 1항). 그러나 관청은 국가의 중대한 이익을 해하는 경우를 제외하고는 승낙을 거부하지 못한다(동조 2항).

㈏ 당해 사건의 법관 또는 법원사무관 등

법관 또는 법원사무관 등이 심리에 관여하는 중에는 증인적격이 없으며, 증인이 된 때에는 제척사유가 된다(제17조 4호, 25조 1항).

㈐ 공판관여 검사, 피고인

공판관여 검사와 피고인은 당사자로서 증인의 핵심 요소인 제3자성이 없으므로 증인적격이 없다. 공판관여를 하지 않는 수사검사는 증인적격이 있는가. 수사검사는 소송의 당사자라고 할 수 없으며 제316조 1항은 조사자의 증언을 허용하고 있으므로 증인적격이 있다고 해야 한다.

㈑ 변호인

변호인의 증인적격에 대하여 견해대립이 있다. 긍정설은 변호인의 증인적격을 부정하는 명문 규정이 없으며, 증인적격을 인정하는 것이 피고인의 이익보호에 도움이 된다고 하나, 부정설은 변호인은 당해 소송에서 제3자가 아니며, 변호인이 증인의 지위를 겸하면 역할의 혼동이 된다고 한다.

생각건대, 변호인의 증인적격 문제는 변호인의 진실의무와 보호자 지위의 상충의 문제이다. 변호인이 피고인에게 불리한 증언을 하는 것은 변호인의 보호자 지위와 상충하므로 결국 피고인에게 유리한 증언만 예정되거나 강제되는 결과가 될 수 있다. 그러므로 부정설이 타당하다. 다만 변호인이 사임을 한 경우에는 증인적격이 있으며 검사나 새로 선임된 변호인이 사임한 변호인을 증인으로 신청할 수 있다.

㈑ 공동피고인

공동피고인의 증인적격에 대하여는 후술한다[89쪽, (4) 공동피고인의 증언(증인적격 문제)].

참고로, 증언거부권(제148조-150조)은 증인적격 있는 자의 증언거부의 문제로서 증인신문 실시 단계의 문제이며 증인적격과는 별도로 다루어져야 한다.

(2) 증인신문의 준비

1) 증인의 소환 등

㈎ 소 환

증인의 소환은 소환장의 송달, 전화, 전자우편, 모사전송, 휴대전화 문자전송 그 밖의 적당한 방법으로 할 수 있다(제150조의2 1항, 규칙 제67조의2 1항). 증인을 신청하는 자는 증인의 소재, 연락처와 출석 가능성 및 출석 가능 일시 그 밖에 증인의 소환에 필요한 사항을 미리 확인하는 등 증인 출석을 위한 합리적인 노력을 다하여야 한다(제150조의2 2항, 규칙 제67조의2 2항).

㈏ 동행명령

동행명령은 법원에 출석해 있는 증인에 대하여 법원 밖의 증인신문 장소까지 재판부 또는 수명법관과 함께 갈 것을 명하는 결정이다(제166조 1항). 법원이 신문 장소를 법원 내에서 법원 외로 바꾼 경우에 활용하는 제도이다.

㈐ 구 인

증인이 정당한 이유 없이 소환에 불응하거나(제152조) 동행명령에 따른 동행을 거부한 때(제166조 2항)에는 증인에 대한 구속영장을 발부하여 구인한다. 구인은 증인의 출석을 확보하는 직접강제수단이다.

㈑ 과태료 및 소송비용의 부담

소환장을 송달받은 증인이 정당한 사유 없이 불출석한 때에는 그 불출석으로 인한 소송비용을 증인이 부담하도록 명하고, 500만 원 이하의 과태료를 부과할 수 있다. 증인이 기일에 출석한다는 서면을 제출하거나 출석한 증인에게 다음 기일을 정하여 출석을 명한 때, 증인이 교도관으로부터 소환통지를 받고 불출석한 때에도 같다(제151조). 과태료와 비용배상제도는 증인의 출석을 확보하는 간접강제수단이다.

(마) 감 치

증인이 불출석으로 인하여 과태료 재판을 받고도 정당한 사유 없이 다시 출석하지 아니한 때에는 결정으로 7일 이내의 감치에 처한다(제151조 2항). 증인의 출석을 확보하는 추가장치이다.

(바) 소재탐지

소재탐지란 증인의 소재지를 관할하는 관청(주로 경찰서)에 대하여 증인의 현재지, 공부상 주거 이동 현황, 직장, 증인의 가족 · 친지 등의 진술 기타 증인의 소재파악에 필요한 자료를 조사하여 회보할 것을 촉탁하는 행위로서, 사실조회(제272조)의 한 종류에 속한다.[27]

2) 당사자에 대한 참여권 부여

검사, 피고인 또는 변호인은 증인신문에 참여할 수 있다(제163조 1항). 법원은 증인신문의 시일과 장소를 참여권자에게 통지하여야 한다. 단, 불참의사를 명시한 때에는 예외로 한다(동조 2항). 그러나 공판기일에 증인신문을 행하는 보통의 경우는 항상 공판기일 통지와 참여권 보장이 이루어진다. 결국 이 규정은 공판기일 외에서의 증인신문의 경우를 위한 것이다.

3) 신문사항을 기재한 서면제출명령

재판장은 피해자 · 증인의 인적사항의 공개 또는 누설 방지나 안전을 위하여 필요하다고 인정할 때에는 증인신문을 청구한 자에 대하여 사전에 신문사항을 기재한 서면의 제출을 명할 수 있다(규칙 제66조). 서면으로 제출된 신문사항에 따라 그대로 신문하는 경우 피해자의 인적사항 공개 등이 우려되면 법원은 소송지휘권의 행사로서 일부삭제나 수정을 명할 수 있다.[28]

---

27) 법원실무제요 형사Ⅱ, 212쪽.
28) 법원실무제요 형사Ⅱ, 215쪽.

(3) 증인신문의 실시

1) 동일성 확인

증인이 출석한 경우 재판장은 증인으로부터 주민등록증 등 신분증을 제시받거나 그 밖의 적당한 방법으로 증인임이 틀림없음을 확인하여야 한다(규칙 제71조). 증인의 사생활 보호를 위하여 증인에 대한 인정신문은 하지 않고 신분증에 의한 동일성 확인만 한다.

2) 위증의 벌의 경고, 증언거부권의 설명, 선서

재판장은 증인의 선서 전에 위증의 벌을 경고하여야 하고(제158조), 증인이 형사소송법 제148조, 149조의 증언거부권자인 경우에는 재판장은 신문 전에 증언을 거부할 수 있음을 설명하여야 한다(제160조).

증인에게는 신문 전에 선서하게 하여야 한다(제156조). 선서거부권에 관한 명문 규정을 두고 있는 민사소송법(동법 제324조)과 달리 형사소송법에는 그러한 규정이 없으므로, 증언거부권이 있더라도 선서거부권은 인정되지 않는다.[29]

3) 신 문

㈎ 교호신문

형사소송법은 증인신문의 방식으로 交互訊問을 원칙으로 하고 있다. 즉, 당사자가 증인신청을 한 경우에는 신청한 자가 최초로 신문하고 상대방이 다음에 신문하며 그 다음으로 재판장이 신문한다(제161조의2 1 · 2항). 다만 재판장은 필요하다고 인정하면 어느 때나 신문할 수 있으며 교호신문의 순서를 변경할 수 있다(동조 3항, 재판장의 증인신문 개입권과 순서변경권). 법원이 직권으로 채택한 증인이나 피해자가 신청한 증인은 재판장이 정하는 방식에 따라 신문할 수 있다(동조 4항). 합의부원은 재판장에게 고하고 신문할 수 있다(동조 5항). 형사소송규칙은 위 교호신문 방식에 대하여 더 구체적인 규정을 두고 있다(규칙 제75-81조).

㈏ 포괄적 신문 기타 부당한 신문의 금지

재판장은 가능한 한 증인으로 하여금 개별적이고 구체적인 내용을 진술하게 하여야 한다(규칙 제74조 1항). 또 위협적이거나 모욕적인 신문은 어떠한 경우에도 허용되지 않으며(규칙 제74조 2항 1호), 전의 신문과 중복

---

29) 법원실무제요 형사Ⅱ, 218쪽.

되는 신문, 의견을 묻거나 의논에 해당하는 신문, 증인이 직접 경험하지 아니한 사항에 해당하는 신문은 정당한 이유가 없는 한 금지된다(동항 2-4호).

㈐ 유도신문의 금지

i) 금지의 원칙과 예외 주신문에 있어서는 유도신문을 하여서는 안 된다. 다만 이 원칙에는 몇 가지 예외가 있고(규칙 제75조 2항), 반대신문에서도 필요한 때에는 유도신문을 할 수 있다(규칙 제76조 2항).

ii) 유도신문의 전형적인 예 증인은 대개 다음 두 가지 경우가 있다. 피고인이 참고인 진술조서를 부동의하여 검사가 참고인을 증인신청한 경우(검사 측 증인)와, 피고인에게 유리한 참고인을 변호인이 증인신청한 경우(피고인 측 증인)이다.

검사 측 증인을 예로 들면, 검사가 참고인 진술조서의 내용을 그대로 인용하여 만든 신문사항에 대하여 증인이 "예"로 답하고 나면 변호인의 반대신문에 대하여는 "아니오"로 답할 뿐 진실발견에 한 발짝도 더 나아갈 수 없다. 검사가 주신문에서 유도신문을 하면, 증인은 수사기관에서 진술한 내용을 상기하면서 이에 심리적으로 구속되고, 주신문의 내용은 당일 법정에서 말해야 할 정답으로 받아들여지기 때문이다. 피고인 측 증인에 대한 변호인의 주신문에서도 유도신문의 폐해는 마찬가지다. 주신문에서의 유도신문은 법정의 진실발견의 가능성을 차단한다. 주신문에서 유도신문을 하면 재판장은 법규에 따라 첫 질문부터 제지하여 바로잡아야 한다.

유도신문은 대부분 장문단답형 신문이다. 유도신문을 엄격히 금하고 단문장답형의 올바른 신문을 해야 하며,[30] 이것은 공판중심주의적 법정심리를 실현하는 길이다. 올바른 증인신문의 진실발견의 힘은 유도신문을

---

30) 가장 좋은 질문 방식은 "증인이 그날 목격한 내용은 무엇입니까?"라고 물어서 증인이 자유롭게, 자기의 표현 방식으로 말하게 하는 것이다. 개방적 질문이라고 할 수 있다. 이렇게 물으면 조서의 내용과는 다른 내용을 진술하게 되는데(최소한 용어라도 달라진다), 이때 상대방이나 법원이 조서 내용과 증언 내용의 차이에 착안하여 신문하면 진실발견의 단서를 잡을 수 있다. 검사와 변호인으로서는, 자기 측 증인이 예상하지 못한 엉뚱한 증언을 하게 될까 염려하여 유도신문을 하는 경향이 있다. 이를 역으로 생각하면, 변호인과 검사로서는 상대방의 유도신문을 즉각 시정하여 '예상 밖의 증언', '각본에 없는 증언'을 이끌어 내어야 한다.

엄격히 금하고 올바른 신문을 실천해보아야 실감할 수 있다.

iii) 요증사실 신문과 조서의 진정성립 신문의 순서　수사과정의 진술자가 증인으로 출석한 경우에는 요증사실에 관한 실질적 신문을 먼저 한 다음 조서의 진정성립에 관한 신문을 해야 한다. 종전의 잘못된 관행처럼, 이 순서를 뒤바꾸어 신문을 하면, 증인으로서는 '조서의 진정성립을 인정했기 때문에' 조서의 내용과 같은 취지로 답하려는 경향을 갖게 되고 결국 전체적으로 일종의 유도신문이 되고 만다.

4. 증거조사의 기록과 변론

(1) 증거목록

증거목록은 공판기록의 앞부분에 "증거목록(증거서류 등)"과 "증거목록(증인 등)"으로, "신청인: 검사"와 "신청인: 피고인 및 변호인"으로 구분하여 편철된다.

(2) 공판조서

공판조서에는 다음과 같이 기재된다.

"재판장

　　증거조사를 하겠다고 고지

증거관계 별지와 같음(검사, 변호인)."

증인신문조서는 공판조서의 일부로 첨부된다.

(3) 변론문서에서 배척해야 할 증거

1) 검사 측 증거

변론문서에서는 "신청인: 검사"로 된 목록에 나타나는 증거서류와 증인의 증언, 증거물에 대하여, 그 증거능력을 배척하거나 증명력을 배척해야 한다.

검사 측 증거 중에는 증거배척을 할 필요가 없고 오히려 변론에서 활용할 것도 있다. 즉, 피고인이 공소사실을 부인하는 사건에서, 범행을 부인하는 내용의 피의자신문조서는 증거로서의 가치가 없지만, 피고인이 범행을 부인하는 취지를 이해하는 데 도움이 되므로 검사가 증거로서 제출하는 것이 보통이다. 변호인으로서는 이 조서에 나타나는 피고인의 범행 부인의 취지를 변론에서 활용하면 된다. 또, 정상관계 자료이거나, 공소 기각, 면소 판결의 사유와 관련된 증거자료도 변론에서 활용하면 된다.

2) 공판정 진술

i) 공동피고인의 진술　　피고인신문에서 공동피고인이 '나는 피고인과 공범이다.'라는 취지로 진술하면, 이 법정진술(공판조서에 나타남)을 배척해야 한다. 이 법정진술은 당해 피고인[31]에게 반대신문권을 보장하면 증거능력이 인정되므로 그 증명력을 배척해야 한다.

ii) 증　언　　증언의 신빙성을 배척해야 한다. 증언이 전문진술인 경우에는 제316조 제1항 또는 제2항의 요건을 검토하여 증거능력을 배척해야 하는 경우도 있다.

Ⅲ. 증거의견의 기록

1. 제1회 변호사시험 문제의 예[32]

31) 증거관계를 설명할 때, 검사가 그 증거로써 범죄를 입증하고자 하는 피고인을 다른 피고인과 구별하여 '당해 피고인'이라고 부르는 것이 좋다.

32) 증거목록 하단의 ※증거의견 표시 부분은 2013년 변경된 서식을 따랐음.

증 거 목 록 (증거서류 등)

2011고합1234

① 김토건
② 이달수

2011형제53874호 신청인: 검사

순번	증거방법: 작성	쪽수(수)	쪽수(증)	증거명칭	성명	참조사항 등	신청기일	증거의견: 기일	증거의견: 내용	증거결정: 기일	증거결정: 내용	증거조사기일	비고
1	검사	(생략)		피의자신문조서	김토건		1	1	① ○ ② ○	기재 생략			기재생략
2	〃	(생략)		피의자신문조서	이달수		1	1	① × ② ○				
3	사경	28		진술조서	박대우		1	1	① ○ ② ○				
4	〃	30		피의자신문조서	이달수		1	1	① × ② ○				
5	〃	33		진술조서	정미희		1	1	② ×				
6	〃	35		진술조서 (제2회)	정미희		1	1	② ×				
7	〃	37		압수조서 및 압수목록(신발)			1	1	② 진정 성립만인정				
8	〃	39		교통사고보고 (실황조사서)			1	1	② ○				
9	〃	40		진술서	조범생		1	1	② ○				
10	〃	(생략)		진단서	조범생		1	1	② ○				
11	〃	41		진술서	장희빈		1	1	② ○				
12	〃	(생략)		영수증			1	1	② ○				
13	〃	42		피의자신문조서	김토건		1	1	① ○ ② ○				
14	〃	45		피의자신문조서 (제2회)	이달수		1	1	② ○				
15	〃	48		감정서(신발)			1	1	② 진정 성립만인정				
16	〃	49		조회회보서	이달수		1	1	② ○				
17	〃	(생략)		조회회보서	김토건		1	1	① ○				

※ 증거의견 표시 - 피의자신문조서: 인정 ○, 부인 ×
(여러 개의 부호가 있는 경우, 적법성/실질성립/임의성/내용의 순서임)
- 기타 증거서류: 동의 ○, 부동의 ×
- 진술이 특히 신빙할 수 있는 상태하에서 행하여졌다는 점 부인: "특신성 부인"(비고란 기재)

※ 증거결정 표시: 채 ○, 부 ×

※ 증거조사 내용은 제시, 낭독(내용고지, 열람)

2. 해 설

(1) 증거방법

검사가 제출한 증거서류와 증거물이다.

(2) 신청기일

증거신청을 한 기일이다.

(3) 증거의견

- 증거의견란의 기일은 증거의견을 진술한 기일이다. 이 사건에서는 모두 제1회 공판기일에 진술하였다.
- 증거의견은 증거에 대한 피고인(당해 피고인)의 입장이다.
- 증거의견은 기본적으로, 피고인 본인의 진술에 대하여는 인정 · 부인으로, 타인의 진술에 대하여는 동의 · 부동의로 답한다.
- 피고인 본인의 피의자신문조서에 대하여는 적법성 인정 · 부인, 실질적 진정성립 인정 · 부인, 임의성 인정 · 부인, 내용 인정 · 부인으로 답한다(다만 검사작성 피의자신문조서의 경우에는 내용 인정 · 부인으로 답하지 않는다). 피고인이 공소사실을 부인하는 사건에서, 피의자신문조서의 내용이 범행을 전부 부인하는 내용이라면 증거의견은 인정으로 답하면 된다.

  피고인 본인의 진술서에 대하여는 진정성립 인정 · 부인으로 답한다.
- 타인의 진술이 기재된 서면(타인의 진술조서와 진술서, 공동피고인의 피의자신문조서)에 대하여는 동의 · 부동의로 답한다. 증거물에 대하여도 동의 · 부동의로 답한다.
- 증거의견은 변호인이 수사기록을 미리 읽고 피고인을 접견한 다음 증거의견서를 미리 작성하여 법정에 제출하거나 법정에서 개별적으로 진술한다. 피고인이 전부 자백하는 사건에서는 변호인이 법정에서 "증거는 모두 동의한다."고 진술하기도 한다.[33]
- 증거목록상의 증거의견 내용 부분은 변호인의 증거의견을 듣고(또는

---

33) 피고인 본인의 피의자신문조서에 대하여는 인정 또는 부인으로 답해야 하는데도, "동의한다."고 답하기도 하며 이것도 유효하다(앞의 대법원 1983. 3. 8. 선고 82도2873 판결 참조).

증거의견서를 읽고) 법원사무관 등이 기재한다.

- 기록형 시험에서는, 증거의견을 공란으로 둔 기록을 제시하고 "변호인의 증거의견서를 작성하라."고 질문할 수 있다. 이때에는 제1회 공판조서에 나타나는 피고인의 모두진술(공소사실에 대한 피고인의 인정 · 부인)과 증거(증거서류 · 증거물의 내용)를 대조하여 작성하면 된다.

(4) 증거결정

- 위 문제에서는 각 증거(증거서류와 증거물)의 증거능력 유무를 판단하는 것이 중요한 논점이므로 증거결정 란을 일부러 생략해두고 변론에서 각 증거의 증거능력을 배척하는 주장을 하도록 요구하고 있다.
- 그러나 소송의 실제에서는 증거조사 절차에서 증거의 증거능력 유무에 관하여 당사자 간 충분한 다툼이 있고 이어서 법원이 증거능력 유무를 판단하여 그 판단이 증거결정 란에 "○(채), ×(부)"로 표시된다. 그러므로 증거능력에 대한 다툼과 판단은 증거조사 절차에서 끝나며 최종변론단계까지 가지 않는다. 또 증거능력이 없는 것으로 판단된 증거서류와 증거물은 증거기록에 편철되지도 않는다. 그럼에도 불구하고 기록형 시험에서는 이런 증거서류와 증거물도 증거기록에 편철해둔 채 변론을 하도록 요구하는데 이는 순전히 시험의 편의를 위한 것이다.

  이 점에 관한 수험생의 오해를 불식하기 위하여 변호사시험에서는 【작성요령】에서

  "증거능력이 없는 증거는 실제 소송에서는 증거로 채택되지 않아 증거조사가 진행되지 않지만, 이 문제에서는 시험의 편의상 증거로 채택되어 증거조사가 진행된 것을 전제하였음. 따라서 필요한 경우 증거능력에 대하여도 변론할 것."

  이라고 해두고 있다.

3

전문증거의 증거능력 배제

Ⅰ. 전문증거와 전문법칙

1. 전문증거의 의의

전문증거(hearsay evidence)란 요증사실의 경험자가 그 경험사실을 법원에 직접 진술한 것이 아니라 그 경험자의 경험사실에 대한 진술(원진술)이 간접적인 형태로 법원에 제출된 것이다. 이러한 간접적인 형태로는 ① 경험자로부터 경험사실을 들은 타인이 법원에 진술하는 것(전문진술)과 ② 경험자의 진술을 서류 등에 기록하여 법원에 제출하는 것(진술기록물) 두 가지가 있다. 전문증거의 반대개념은 원본증거(또는 본래증거)이다. 원본증거는 요증사실의 경험자가 그 경험사실을 법원에 직접 진술한 것이다.

2. 전문법칙의 의의, 이론적 근거

전문법칙이란 전문증거는 증거능력이 인정될 수 없다는 원칙이다. 그 이론적 근거는 부정확한 전달의 위험(danger of error in transmitting)과 반대신문의 결여(lack of cross examination)에 따른 **신용성의 결여**(lack of trustworthiness)에 있다고 보아야 한다.

이를 부연하여 설명하면, 전문증거는 원진술이 간접적인 형태로 법원에 전달되는 과정에서 부정확한 전달의 위험이 있으며, 또 원진술자가 법관의 면전에 나타나지 않으므로 반대 측 당사자(그 원진술로 인하여 불리한 판단을 받게 될 당사자, 증거제출자가 검사인 경우에는 피고인)가 원진술자를 상대로 원진술의 내용에 대하여 반대신문을 할 기회를 갖지 못하게 된다. 이 두 가지 요소로 인하여 전문증거의 신용성이 결여된다.

전문법칙 학습에서는 전문증거에 내포된 부정확한 전달의 위험을 이

해해야 한다. 위의 전문증거 중에서 전문진술에 내포된 부정확한 전달의 위험에 대하여는 쉽게 이해한다. 그러나 각종 조서(대표적인 전문서류)에 내포된 부정확한 전달의 위험에 대하여는 잘 이해하지 못하거나 최소한 전문진술에 비하여 그 위험이 크지 않다고 여기는 사람이 많다.

여기서 진술전달매체로서의 조서에 내포된 부정확한 전달의 위험을 분석해볼 필요가 있다. 진술자의 진술을 조서에 기재하여 법원에 제출하는 과정은 ① 진술자의 진술 → ② 조사자가 진술자의 진술을 듣고 이해 → ③ 그 이해한 내용을 취사선택 → ④ 조서에 문장으로 표현(이후 조서의 단순보관) → ⑤ 검사의 낭독 → ⑥ 법관의 인식으로 진행된다.

원본증거가 ①과 ⑥만으로 진행되는 데 반하여, 조서는 ②, ③, ④, ⑤의 과정이 개입하는데 이 중 ②, ③, ④의 과정은 부정확성이 개입될 위험이 상당히 높다(사실관계를 다투는 복잡한 사건을 상상해 보라!). ②에서 조사자가 진술 내용을 정확하게 이해하지 못할 수 있으며, ③에서 조사자가 진술 내용 중 범죄의 성립요소와 피의자에게 불리한 양형자료만 취하고 그 밖의 중요한 내용(법관이라면 중요시할 내용)을 버릴 수 있으며, ④에서 조사자의 문장력의 한계로 인하여 조서에 정확하게 표현하지 못하는 경우도 얼마든지 있다. 그러므로 전문증거가 전문법칙 예외의 요건을 충족하지 못하는 한, 전문진술보다 각종 조서(특히 피의자신문조서와 진술조서)가 부정확한 전달의 위험성이 더 클 수 있다.

3. 전문증거의 종류

전문증거의 부정확한 전달의 위험 요소는 두 가지로 분류된다. 원본증거(경험자의 법관 면전 진술)와 비교할 때, 위험 요소 중 하나는 경험자 아닌 타인이라는 점에 기인하고, 다른 하나는 진술 아닌 진술기록물이라는 점에 기인한다. 이 둘을 각각 세로축, 가로축으로 하여 전문증거를 분류하면 다음 [표 3]과 같다.

[표 3]에서 화살표(⌒)는 원본증거와 대비하였을 때의 한 단계의 전문성(傳聞性)을 나타낸다. 이 전문성이 2단계 이상이면 재전문이 된다.

[표 3]

	진술[34]	진술기록물
경험자[35]	(원본증거)	◦전문서류 법관면전조서(제311조) 검사작성 피의자신문조서(제312조 1항 · 2항) 사경작성 피의자신문조서(제312조 3항) 진술조서(제312조 4항) 수사과정에서 작성한 진술서(제312조 1-4항 준용) 검증조서(제312조 6항) 진술서(제313조) ◦서류 아닌 진술기록물 문자정보저장매체, 녹음 · 녹화매체 등
타인[36]	전문진술 (제316조 1항 · 2항)	전문진술이 기재된 진술기록물[37]
제2의 타인[38]	재전문진술	재전문진술이 기재된 진술기록물[39]

4. 전문법칙의 예외

전문증거는 증거능력이 없지만(제310조의2) 예외인정의 요건을 충족하면 증거능력이 인정된다(제311-316조). 예외인정의 요건은 전문증거에 내

34) 법관 앞에서 진술하는 것을 의미한다.

35) 요증사실의 경험자를 말한다. 요증사실의 경험자는 피의자, 피해자, 목격자, 간접사실의 경험자 등을 모두 포함한다.

36) 요증사실의 경험자로부터 그 경험사실에 대하여 들은 타인을 말한다.

37) 여기서의 전문진술은 '검사나 사법경찰관 앞에서의 전문진술'을 의미한다. 이 전문진술이 조서에 기재되므로 '이중의 전문'이 된다.

38) 위의 타인이 들은 내용을 그로부터 전해들은 '제2의 타인'을 말한다.

39) 여기서의 재전문진술은 '검사나 사법경찰관 앞에서의 재전문진술'을 의미한다.

재하는 신용성의 결여를 해소할 수 있는 요건이다.

[표 3]의 여러 형태의 진술기록물에 대하여 적용할 전문법칙 예외규정은 전문서류에 준하여 '원진술자와 작성주체에 따라' 정해진다.

5. 전문증거에 대한 변호인의 주장

피고인이 공소사실을 부인하는 사건에서, 검사가 제출한 증거가 전문증거인 경우에, 변호인은 ① 증거능력이 없는 전문증거에 대하여는 증거능력 배제 주장을 하고, ② 증거능력이 있는 전문증거에 대하여는 증명력 다툼(증명력 없음 내지 증명력 부족 주장)을 해야 한다.

이 장에서는 증거능력 배제 주장만 다룬다. 증거능력 배제 주장은 각 전문증거에 적용될 전문법칙 예외규정(제311-316조)상의 예외인정 요건의 불비를 주장하는 것이다.

6. 전문증거의 성립요소

(1) 전문증거에서의 원진술의 특징

전문증거에서의 원진술(위 [표3]의 타인의 진술이나 진술기록물의 내용인 원진술)은 다음과 같은 특징이 있다.

첫째, 진술이다. 범행도구, 지문과 같은 증거물, 피해자의 상처부위를 촬영한 사진 등이 타인의 진술이나 진술기록물의 내용이라고 하더라도 그 타인의 진술 등은 전문증거가 아니다.

둘째, 요증사실에 관한 경험 내용의 진술이다. 요증사실 그 자체, 또는 요증사실을 구성하는 언어는 전문증거에서의 원진술이 아니다. 환언하면, 검사가 증명하고자 하는 것이 원진술의 내용의 진실이지 원진술의 존재 자체가 아니다. 전문증거에서의 원진술이 아닌 것의 예로는 다음과 같은 것을 들 수 있다.

ⅰ) 협박죄에서 협박의 말 갑이 A에게 문자메시지를 보내어 협박하였다는 공소사실로 공소제기된 경우에, 검사가 그 문자메시지("나는 네가 B녀와 놀아나는 것을 보았다. 앞으로 까불면 사회적으로 매장시키겠다."라는 내용)가 담긴 문자저장매체를 증거로 제출하였다면 검사가 증명하고자 하는 것은 그 문자메시지(언어)의 내용의 진실이 아니라 그 문자메시지의 존재

자체이므로 그 문자저장매체는 전문증거가 아니다.

ii) 알선수재죄에서 금품을 요구하는 말 알선수재 피고사건에서 증인이 법정에 출석하여 피고인의 금품요구의 말을 들었다고 증언하는 경우에, 피고인의 금품요구의 말은 알선수재죄에서 요증사실이며 이 말의 존재 자체가 검사가 입증하려고 하는 것이므로 전문증거에서의 원진술이 아니다. 그러므로 이 부분 증인의 진술은 제316조 1항의 전문진술이 아니며 원본증거가 된다.[40]

iii) 사기죄에서 기망의 말 사기 피고사건에서 증인이 법정에 출석하여 피고인의 기망의 말을 들었다고 증언하는 경우에, 그 기망의 말은 요증사실 그 자체이므로 전문증거에서의 원진술이 아니다. 그러므로 이 부분 증인의 진술은 제316조 1항의 전문진술이 아니며 원본증거가 된다.[41]

iv) 범행 모의의 말, 장물 처분의 말 증인이 법정에 출석하여 피고인 갑이 "A의 집에 가서 강도를 하자."라고 말하고, 피고인 을이 "같이 하겠다."라고 말하는 것을 들었다고 증언하는 경우나(범행 모의의 말에 관한 증언),[42] 피고인 갑이 증인에게 "1캐럿짜리 다이아몬드 반지(도품)를 팔겠

---

40) 대법원 2008. 11. 13. 선고 2008도8007 판결 [특정범죄가중처벌등에관한법률위반(알선수재)등]
사안: 증인이 법정에서 피고인이 "담당공무원이 외국연수를 가는데 사례비를 주어야 한다."고 말하였다고 진술함.
판단: 타인의 진술을 내용으로 하는 진술이 전문증거인지 여부는 요증사실과의 관계에서 정하여지는바, 원진술의 내용인 사실이 요증사실인 경우에는 전문증거이나, 원진술의 존재 자체가 요증사실인 경우에는 본래증거이지 전문증거가 아니다… 피고인의 원진술의 존재 자체가 이 사건 알선수재죄에 있어서의 요증사실이므로, 이를 직접 경험한 증인이 피고인으로부터 위와 같은 말을 들었다고 하는 진술은 전문증거가 아니라 본래증거에 해당된다.

41) 대법원 2012. 7. 26. 선고 2012도2937 판결 [특정경제범죄가중처벌등에관한법률위반(사기) 등]
사안: 증인이 제1심 법정에서 피고인이 "88체육관 부지를 공시지가로 매입하게 해주고 KBS와의 시설이주 협의도 2개월 내로 완료하겠다."고 말하였다고 진술함.
판단: 피고인의 위와 같은 원진술의 존재 자체가 이 부분 각 사기죄 또는 변호사법 위반죄에 있어서의 요증사실이므로, 이를 직접 경험한 증인이 피고인으로부터 위와 같은 말을 들었다그 하는 진술은 전문증거가 아니라 본래증거에 해당한다.

42) 참고로, 이 경우 피고인 갑과 을의 말은 특수강도의 실행행위에 대하여는 간접증

다."라고 매수 제의를 하였다고 증언하는 경우에(장물 처분의 말에 관한 증언) 피고인들의 원진술은 이 말의 존재 자체가 검사가 입증하려고 하는 것으로서 요증사실 그 자체이므로 전문증거에서의 원진술이 아니다. 그러므로 이 증인의 진술은 모두 제316조 1항의 전문진술이 아니며 원본증거가 된다.

(2) 전문증거는 상대적 개념

전문증거는 이를 통하여 검사가 증명하고자 하는 것이 원진술의 내용의 진실이지 원진술의 존재 자체가 아니라는 점으로 인하여, 원진술을 담고 있는 타인의 진술이나 진술기록물이 전문증거인지 여부는 요증사실과의 관계에서 결정되는 상대적 개념이 된다.

가령, A가 B를 살해하였다는 내용의 살인 피고사건에서 을이 법정에 증인으로 출석하여 갑이 "A가 사람을 죽이는 것을 보았다."라고 말하는 것을 들었다고 증언하였다면, 갑의 말(원진술)은 그 존재 자체가 아니라 내용의 진실이 입증사항이므로 을의 증언은 전문증거(제316조 2항의 전문진술)가 된다. 그러나 갑의 A에 대한 명예훼손 내지 무고 피고사건에서는 갑의 말(원진술)은 존재 자체가 입증사항이므로 을의 증언은 원본증거가 된다.

Ⅱ. 전문증거의 증거능력

1. 법원 또는 법관의 면전조서

공판준비 또는 공판기일에 피고인이나 피고인 아닌 자의 진술을 기재한 조서와 법원 또는 법관의 검증의 결과를 기재한 조서는 증거로 할 수 있다. 제184조 및 제221조의2의 규정에 의하여 작성한 조서도 또한 같다(제311조).

(1) 공판조서와 증인신문조서

'공판기일에 피고인이나 피고인 아닌 자의 진술을 기재한 조서'는 공판조서를 말한다. '공판준비기일에 피고인이나 피고인 아닌 자의 진술을

거이지만, 특수강도의 공모에 대하여는 직접증거가 된다.

기재한 조서'는 공판기일 전의 증거조사 절차(제273조 1항) 또는 공판준비절차(제266의8 5, 6항)[43] 에서 피고인이나 관련자의 진술이 있은 경우에 작성한 조서를 말한다. '피고인 아닌 자'는 증인이나 공동피고인을 말한다. 특히 증인의 진술에 대하여는 증인신문조서를 작성하여 공판조서에 첨부하며 공판조서의 일부로 취급된다.

유의할 것은 보통의 공판조서나 증인신문조서는 제311조가 규정하는 전문증거가 아니라는 점이다. 법정에서의 피고인의 진술이나 증인의 증언, 공동피고인의 진술은 법원이 그 진술을 직접 청취하였으므로 그 자체가 원본증거이지 전문증거가 아니다. 그래서 법원은 원본증거인 피고인의 진술이나 증인의 증언, 공동피고인의 진술 그 자체를 증거로 사용하며 진술기록물인 공판조서나 증인신문조서는 증거로 사용하지 않고 판결문에 설시하지도 않는다.[44]

그러므로 공판조서나 증인신문조서가 제311조에 의하여 증거능력이 인정되는 경우란, 법관 인사이동 등으로 인하여 판결을 선고할 법원이 피고인의 진술이나 증인의 증언을 직접 청취하지 못하여 그 진술기록물인 공판조서나 증인신문조서를 읽고 판단해야 하는 경우이다. 이런 경우로는 공판절차 갱신 전의 공판조서, 파기환송이나 이송 전의 공판조서가 있다.

한편, 제311조는 당해 피고사건의 공판조서 등에만 적용된다. 다른 사건의 공판조서는 제315조 3항의 '기타 특히 신용할 만한 정황에 의하여 작성된 문서'로서 증거능력을 인정할 수 있다(다수설).

(2) 법원 또는 법관의 검증조서

'법원 또는 법관의 검증의 결과를 기재한 조서'는 법관이 오관으로 사물의 존재와 상태를 인식한 결과를 기재한 서면이다. 법관에 의하여 작성되므로 신용성이 보장되고 검증조서는 가치판단을 포함하지 않는 記述的 성격을 띠므로 당연히 증거능력이 인정된다.

---

43) 공판중심주의의 취지상 공판준비절차에서 피고인이 사건의 실체에 관한 진술을 하는 것은 바람직하지 않지만 공소사실에 관한 주장정리, 쟁점정리 과정에서 행한 피고인의 진술이 공판준비기일조서에 기재되어 증거로 제출될 수 있다.

44) 판결문에서는 '증거의 요지' 항목에 1. 피고인 ○○○의 법정진술 2. 증인△△△의 법정진술…로 설시한다. 즉, 1. 피고인 ○○○의 진술이 기재된 공판조서 2. 증인 △△△의 증언이 기재된 증인신문조서라고 설시하지 않는다.

유의할 것은, 위 공판조서의 경우와 마찬가지로, 수소법원이 직접 검증을 행하면 법원의 인식 내용 자체가 증거로 되므로 보통의 검증조서는 제311조가 규정하는 전문증거가 아니라는 점이다. 그러므로 검증조서가 제311조의 전문증거로서 증명에 사용되는 경우는, 수소법원 이외의 법관이 검증을 행하고 수소법원이 그 검증조서를 읽고 증거로 사용하는 경우이다.[45] 수소법원의 공판정 외의 검증은 대개 수명법관이 행한 후 검증조서를 작성하게 되는데 이때 검증에 참여하지 못한 다른 법관에게는 이 검증조서는 제311조에 의하여 증거능력이 인정되는 전문증거가 된다.

한편, 제311조는 당해 피고사건의 검증조서에만 적용된다(다수설).

(3) 수사상 증거보전절차에서 작성한 조서

증거보전절차(제184조)에 의하여 작성된 조서와 수사상 증인신문절차(제221조의2)에 의하여 작성된 조서는, 이 절차들이 법관이 주재하는 절차이며 특히 증인신문에서는 참여권이 보장되는 등으로 높은 신용성이 인정되므로 당연히 증거능력이 있다.

2. 검사 작성 피의자신문조서

검사가 피고인이 된 피의자의 진술을 기재한 조서는 적법한 절차와 방식에 따라 작성된 것으로서 피고인이 진술한 내용과 동일하게 기재되어 있음이 공판준비 또는 공판기일에서의 피고인의 진술에 의하여 인정되고, 그 조서에 기재된 진술이 특히 신빙할 수 있는 상태하에서 행하여졌음이 증명된 때에 한하여 증거로 할 수 있다(제312조 1항).

제1항에도 불구하고 피고인이 그 조서의 성립의 진정을 부인하는 경우에는 그 조서에 기재된 진술이 피고인이 진술한 내용과 동일하게 기재되어 있음이 영상녹화물이나 그 밖의 객관적인 방법에 의하여 증명되고, 그 조서에 기재된 진술이 특히 신빙할 수 있는 상태하에서 행하여졌음이 증명된 때에 한하여 증거로 할 수 있다(제312조 2항).

---

45) 신동운, 1154쪽 참조.

(1) 예외인정의 요건

1) 제312조 1항

피고인이 조서의 실질적 진정성립을 인정하는 경우에는 조서작성의 적법성, 특신상태 증명이 예외인정의 요건이다.

여기서 실질적 진정성립이란 '조서의 기재내용과 진술자의 진술내용의 일치'를 의미한다.

조서작성의 적법성은 형식적 진정성립과 조사과정의 적법절차(제243조의 단독 조사의 금지, 제243조의2의 변호인의 피의자신문참여권 보장, 제244조의4의 수사과정 기록 등)를 의미한다. 형식적 진정성립은 조서 형식에 의하여 판단하며, 조사과정의 적법절차는 피고인의 이의가 없으면 실제상 문제가 되지 않는다.

특신상태가 증명되어야 하는데 이 요건은 피고인이 실질적 진정성립을 부인하는 경우에 주로 문제되므로 아래(2)제312조 2항 (나)특신상태)에서 서술한다.

2) 제312조 2항

피고인이 조서의 실질적 진정성립을 부인하는 경우에는 조서작성의 적법성, 실질적 진정성립 증명, 특신상태 증명이 예외인정의 요건이다.

㈎ 실질적 진정성립 증명

실질적 진정성립 증명은 영상녹화물이나 그 밖의 객관적인 방법에 의할 것을 요구하고 있다. 영상녹화물은 조사의 개시부터 종료까지의 전 과정 및 객관적 정황을 영상녹화하는 등 피의자진술의 영상녹화에 관한 규정(제244조의2)을 준수한 것이어야 한다. '그 밖의 객관적 방법'에 대하여 대법원은 녹음 등 과학적 · 기계적 방법에 한정하는 입장이다.[46]

---

46) 대법원 2016. 2. 18. 선고 2015도16586 판결[마약류관리에관한법률위반(마약)·마약류관리에관한법률위반(향정)]

실질적 진정성립을 증명할 수 있는 방법으로서 형사소송법 제312조 제2항에 예시되어 있는 영상녹화물의 경우 형사소송법 및 형사소송규칙에 의하여 영상녹화의 과정, 방식 및 절차 등이 엄격하게 규정되어 있는데다(형사소송법 제244조의2, 형사소송규칙 제134조의2 제3항, 제4항, 제5항 등) 피의자의 진술을 비롯하여 검사의 신문 방식 및 피의자의 답변 태도 등 조사의 전 과정이 모두 담겨 있어 피고인이 된 피의자의 진술 내용 및 취지를 과학적 · 기계적으로 재현해 낼 수 있으므로

(나) 특신상태

특신상태는 '특히 신빙할 수 있는 상태'의 줄임말로 특신정황이라고도 한다.

특신상태의 의미내용에 대하여, i) 진술내용의 신빙성으로 보는 견해, ii) 조사과정의 적법절차가 준수되는 상황으로 보는 견해,[47] iii) 신용성의 정황적 보장으로 보는 견해가 있다. 살펴보면 i) 견해는 증거능력의 요소인 특신상태와 증명력의 요소인 신빙성을 구별하지 않는 문제가 있고, ii) 견해는 동 조항의 진술이 수사기관의 조서 작성 시의 진술이라는 특성을 반영한 유력한 견해이지만 적법절차 준수 여부는 조사과정 자체만을 기초로 하여 판단하는 것이므로 조사 전후의 정황을 고려사항에서 누락할 수 있다.[48] 결국, 이 조항의 특신상태는 진술전후의 정황과 조사과정의 적법절차를 함께 고려하는 의미에서 넓은 개념인 신용성의 정황적 보장이라고 보아야 하므로 iii) 견해가 타당하다. 신용성의 정황적 보장은 "진술 내용이나 조서작성에 허위 개입의 여지가 거의 없고, 진술 내용의 신빙성이나 임의성을 담보할 구체적이고 외부적인 정황이 있는 것"을 의미한다(다수설, 판례). 다만 이 학설도 용어상의 난점이 있다.[49]

조서의 내용과 검사 앞에서의 진술 내용을 대조할 수 있는 수단으로서의 객관성이 보장되어 있다고 볼 수 있으나, 피고인을 피의자로 조사하였거나 조사에 참여하였던 자들의 증언은 오로지 증언자의 주관적 기억 능력에 의존할 수밖에 없어 객관성이 보장되어 있다고 보기 어렵다. 결국 검사 작성의 피의자신문조서에 대한 실질적 진정성립을 증명할 수 있는 수단으로서 형사소송법 제312조 제2항에 규정된 '영상녹화물이나 그 밖의 객관적인 방법'이란 형사소송법 및 형사소송규칙에 규정된 방식과 절차에 따라 제작된 영상녹화물 또는 그러한 영상녹화물에 준할 정도로 피고인의 진술을 과학적 · 기계적 · 객관적으로 재현해 낼 수 있는 방법만을 의미하고, 그 외에 조사관 또는 조사 과정에 참여한 통역인 등의 증언은 이에 해당한다고 볼 수 없다.

47) 신동운, 신형사소송법(제5판), 1177쪽.

48) 검사의 피의자신문 전 과정에서 적법절차가 준수되었더라도 만약 피의자가 검찰청 조사실에 출석하기 직전에 사건 배후의 유력자나 공범을 만나 허위자백을 요구받은 사실이 공판과정에서 드러났다면 검사작성의 피의자신문조서는 피의자의 진술정황이 신빙성을 담보할만한 정황이 아니므로 특신상태를 배척해야 할 것이다. 즉, 증명력 판단 단계에 가서 신빙성을 배척할 수도 있지만 그 전에 증거능력 판단 단계에서 배척하는 것이 증거법의 취지에 부합한다.

49) 영미법에서 신용성의 정황적 보장(circumstantial guarantee of trustworthiness)

특신상태의 증명에 대하여, 검사증명책임설과 특신상태추정설이 있다. 검사증명책임설은 "(특신상태가) 증명된 때에 한하여 증거로 할 수 있다"라는 법문에 충실한 견해이며, 특신상태추정설은 진술자가 진정성립을 인정하는 이상 특별한 사정이 없는 이상 특신상태가 추정된다는 견해이다.[50] 대법원은 "'특히 신빙할 수 있는 상태'는 증거능력의 요건에 해당하므로 검사가 그 존재에 대하여 구체적으로 주장 · 증명하여야 하지만, 이는 소송상의 사실에 관한 것이므로 엄격한 증명을 요하지 아니하고 자유로운 증명으로 족하다."라고 판시하여 거증책임에 대하여는 검사증명책임설, 증명의 방법에 대하여는 자유로운 증명설의 입장이다(대법원 2012.7.26. 선고 2012도2937 판결).

특신상태추정설은 형사소송의 실무 관행을 반영한 견해이지만 증거능력 요건 중 하나인 특신상태를 사실상 사문화하는 문제점이 있다. 검사증명책임설이 타당하며 이에 부합하는 실무가 요청된다.

(2) 입법론

제312조 2항은 2007년 형사소송법 개정 과정에서 가장 첨예하게 견해 대립을 보인 조항이었다. 이 조항의 입법에 대한 반대견해는 검사가 작성한 피의자신문조서에 대하여 피고인이 실질적 진정성립을 부인하면 곧바로 그 조서는 증거능력이 없는 것으로 하자는 입법론으로서, 검사의 '영상녹화물이나 그 밖의 객관적인 방법'에 의한 증명, 이른바 대체적 증명방법을 허용하지 말자는 입법론이다. 이 입법론에 따라 이 조항을 두지 않는다면 피고인이 검사작성의 피의자신문조서에 대하여 실질적 진정성립을 부인하는 것은 사법경찰관 작성 피의자신문조서에 대하여 내용부인을 하는 것과 증거법상의 효과는 같게 된다.

그러나 검사작성 피의자신문조서에 대하여 실질적 진정성립을 요건으로 하는 한, 이 요건에 대한 검사의 증명을 허용하지 말자는 견해는 타당하지 않다고 본다. 왜냐하면 실질적 진정성립은 조서 내용과 진술 내용의

은 임종 시의 진술, 범행 직후에 범행을 깊이 뉘우치며 한 말, 어떤 자극에 의하여 반사적으로 한 말 등 이례적 상황을 전제한 것이다. 국내의 학설과 판례가 말하는 신용성의 정황적 보장은 이러한 이례적 상황을 전제하지 않는 것이다.

50) 법무부, 개정형사소송법, 2007, 237쪽; 정웅석 · 백승민, 633쪽.

일치라는 객관적 사실(소송법적 사실)에 관한 개념이다. 증거법의 일반 원칙상 당사자의 일방이 객관적 사실을 다툴 때 그 상대방 당사자에게 그것을 증명하지 못하도록 할 수는 없다. 객관적 사실은 객관적 증명의 대상이다.

사법경찰관 작성 피의자신문조서의 경우에는 내용인정을 요건으로 하고 있으나 이것은 고문 등 강압수사 방지를 위한 우리나라 고유의 정책적인 조문이다. 검사는 법관과 동일한 자격을 가진 법률전문가이므로 검사의 조서를 이러한 정책적 고려의 산물인 사법경찰관의 조서와 실제상 같게 취급하는 것은 무리한 것이다. 결국 제312조 2항은 타당한 입법이다.

(3) 변호인의 주장

1) 실질적 진정성립 부분

피고인이 조서의 실질적 진정성립을 부인하는 경우에, 변호인은 검사의 실질적 진정성립 증명 여부에 대하여, 특히 대체적 증명방법이 적절한 것인지 검토해야 한다.

2) 특신상태 부분

특신상태의 증명에 대하여 판례가 검사증명책임설을 취하고 있다고 하여 변호인이 "검사가 특신상태를 증명한 바 없으므로 증거능력이 없다."라고 변론하더라도 그 변론은 성공확률이 높지 않다. 형사소송의 실무에서는 조서의 실질적 진정성립이 인정(증명)되면 특신상태는 특별한 사정이 없는 한 추정되는 것으로 운영되는 것이 관행이며, 한편 증명의 방법으로는 자유로운 증명으로 족하므로 기록에 등장하는 다양한 자료로써 특신상태가 증명된 것으로 판단될 가능성이 크다.

그러므로 형사소송 실무에서 변호인으로서는 피고인 면담을 통하여 특신상태를 의심할 만한 특별한 사유를 발견한 경우에는 특신상태 요건을 집중적으로 다투는 것이 좋지만, 그런 특별한 사유가 없는데도 이 요건에 치중하여 변론하는 것은 성공 확률이 높지 않으므로 적절한 변론이라고 할 수 없다.

이 점은 기록형 시험에서도 마찬가지다. 진정성립이 인정(증명)된 증거에 대하여는 기록상 특신상태를 의심할 만한 자료가 있는 경우에 한하여 이를 집중적으로 다툴 것이지만, 그렇지 않으면 그 증거의 증명력(신빙성과 협의의 증명력) 다툼으로 넘어가 여기에 변론을 집중해야 한다.

3. 사법경찰관 작성 피의자신문조서

검사 이외의 수사기관이 작성한 피의자신문조서는 적법한 절차와 방식에 따라 작성된 것으로서 공판준비 또는 공판기일에 그 피의자였던 피고인 또는 변호인이 그 내용을 인정할 때에 한하여 증거로 할 수 있다(제312조 3항).

(1) 예외인정의 요건

조서작성의 적법성, 내용인정이 법문상의 예외인정의 요건이며, 실질적 진정성립, 특신상태는 법문에 명시하지는 않았지만 이 조서가 검사작성 피의자신문조서에 비하여 증거능력의 요건을 강화한 것이라는 점에서 예외인정의 요건이 된다.[51]

여기서 내용인정이란 '조서의 기재내용과 객관적 사실의 일치'를 의미한다. 피고인이 법정에서 "조서는 내가 진술한 대로 기재되어 있다."라고 하여 실질적 진정성립을 인정하더라도 "그 내용은 객관적 사실이 아니다."라고 내용부인하면 증거능력이 없다. 또 피고인이 법정에서 범행을 부인하였다면 공판조서에 '내용인정'으로 기재되어 있더라도 증거능력이 인정되지 않는다(판례).[52]

그러므로 사법경찰관 작성 피의자신문조서는 검사 작성 피의자신문조서에 비하여 증거능력 면에서 현저히 취약하다. 즉, 검사작성 피의자신문조서는 실질적 진정성립 인정(피고인) 또는 증명(검사)을 요건으로 하므로 이 요건이 충족되기만 하면 피고인이 법정에서 범행을 부인하더라도(자백내용이 객관적 진실이 아니라고 주장하더라도) 증거능력이 인정되는 것과 구별된다.

---

51) 신동운, 1194쪽.

52) 대법원 1995.5.23. 선고 94도1735 판결
피고인이… 사법경찰리 앞에서의 자백이 허위였다고 일관되게 진술하고 있다면 결국 사법경찰리 작성의 피의자신문조서의 진술내용을 인정하지 않는 것이라고 보아야 하므로, (공판조서에 내용인정으로 기재되어 있으나)… 위 기재는 착오 기재였거나… 조서를 잘못 정리한 것으로 보아… 증거능력이 부여될 수 없다.

[사법경찰관 작성 자백 조서의 실제적 의미]

사법경찰관이 적법절차에 따라 피의자를 신문하여 범행일체에 관한 자백진술을 받는 것도, 나중에 법정에서 내용부인하기만 하면 조서의 증거능력이 부인되므로 무의미해 보인다. 그러나 사법경찰관이 작성한 자백조서에는 사건 전반의 경위가 나타나므로 이 조서는 이후 검사의 수사 계획 수립의 기초가 되고 피의자신문의 근거자료가 되며(검사의 수사는 법원의 증거조사절차가 아니므로 증거능력 인정여부와는 관계없이 검사는 사법경찰관이 작성한 조서를 모두 읽어 볼 수 있다), 공판기일에서는 그 피의자의 공판정 진술의 증명력을 다투기 위하여 탄핵증거로 제출할 수도 있다.

(2) 입법취지

제312조 3항은 자백편중의 수사관행을 타파하고 피의자신문 과정에서 고문 등 강압수사를 방지하기 위한 정책적 조문이다. 사법경찰관이 강압적 수사를 통하여 피의자로부터 자백 진술을 받더라도 피의자가 법정에서 내용부인하기만 하면 증거능력이 부정된다면 사법경찰관이 애당초 강압수사의 동기를 갖지 않게 되기 때문이다.

(3) 적용범위

제312조 3항이 규정하는 '검사 이외의 수사기관'은 사법경찰관과 특별사법경찰관을 의미한다. 검찰청 소속의 수사관도 형사소송법상 사법경찰관이므로 이에 포함된다.[53] 판례에 의하면 특별한 사정이 없는 한 외국의 권한 있는 수사기관도 사법경찰관에 포함되며,[54] 사법경찰리가 사법경찰관 사무취급으로 작성한 피의자신문조서도 제312조 3항의 적용 대상이 된다.[55]

---

53) 검찰청 수사과에서 수사관이 수사한 사건은 '사건 송치' 절차를 밟아 같은 검찰청사 내에 근무하는 검사에게 배당된다.

54) 대법원 2006.1.13. 선고 2003도6548 판결
미국 범죄수사대(CID), 연방수사국(FBI)의 수사관들이 작성한 수사보고서 및 피고인이 위 수사관들에 의한 조사를 받는 과정에서 작성하여 제출한 진술서는 피고인이 그 내용을 부인하는 이상 증거로 쓸 수 없다.

55) 대법원 1982.12.28. 선고 82도1080 판결

(4) 유사한 입증방법의 허용여부

사법경찰관 면전의 진술은 범행과 가장 근접한 시점의 진술로서 범죄의 증명에 결정적 자료가 되는 경우가 많으므로 수사기관으로서는 피의자신문조서에 관한 제312조 3항의 엄격한 증거능력 규정을 우회하기 위하여 이와 유사한 입증방법들이 시도되었다.[56]

i) 조사자증언 피의자를 조사하거나 조사에 참여한 경찰관을 증인으로 채택하여 피의자의 진술 내용을 증언하게 하는 방법에 대하여, 판례는 그동안 일관하여 제312조 3항의 취지에 비추어 증거능력이 없다고 판시하였다.[57] 그러나 2007년 형사소송법 개정에서 조사자증언 제도를 도입하여 이러한 입증방법을 명시적으로 합법화하였다. 그러므로 이에 관한 이전의 판례는 개정 법제하에서는 효력을 상실하였다.

ii) 조사과정의 진술을 들은 일반인의 증언 사법경찰관의 조사 당시 피의자의 진술을 '옆에서 우연히' 들은 일반인(경찰관 아닌 사람)이 피의자의 진술 내용을 증언하게 하는 방법에 대하여, 판례는 역시 제312조 3항의 취지에 비추어 증거능력이 없다고 판시하였다.[58] 2007년 형사소송법 개정으로 합법화한 것은 위 조사자(또는 조사참여자)의 증언에 한하므로

사법경찰리 작성의 진술조서 및 피의자신문조서는 형사소송법 제196조 제2항, 사법경찰관리집무규칙 제2조… 에 의하여 사법경찰리가 검사의 지휘를 받고 수사사무를 보조하기 위하여 작성한 서류라 할 것이므로 이를 권한 없는 자의 조서라 할 수 없다.

56) 신동운, 1185쪽 참조.

57) 대법원 2005. 11. 25. 선고 2005도5831 판결 [살인]
피고인을 검거한 경찰관의, 검거 당시 또는 조사 당시 피고인이 범행사실을 순순히 자백하였다는 취지의 법정증언이나 위 경찰관의 진술을 기재한 서류는, 피고인이 그 경찰관 앞에서의 진술과는 달리 범행을 부인하는 이상 형사소송법 제312조 제2항(현재의 제3항)의 취지에 비추어 증거능력이 없다고 보아야 한다.

58) 대법원 1983. 7. 26. 선고 82도385 판결 [살인]
증인 ○○○의 증언은 피고인의 경찰수사 때의 진술을 그 내용으로 하고 있는바, 피고인이 공판정에서 경찰의 진술내용을 부인하고 있는 이상 위 증언들은 증거능력이 없다고 할 것이다. 만일에… 이런 증언에 증거능력이 있다고 한다면 피고인의 경찰 진술은 증거능력이 없는데 반하여 그 진술을 들었다는 전문증거는 증거능력이 있다는 불합리하고도 기이한 결과가 될 뿐 아니라 위 형사소송법 제312조 제2항(현재의 제3항)의 규정은 결국 사문화 되고 말 것이다.

경찰관 아닌 일반인의 증언에 대한 위 판례는 개정법제하에서도 여전히 유효하다.

(5) 변호인의 주장

피고인이 내용을 부인하므로 증거능력이 없다고 주장하면 충분하다. 피고인이 법정에서 범행을 부인하기만 하면, 피고인의 자백이 기재된 사법경찰관 작성의 피의자신문조서에 대하여는 '내용부인'을 한 것이다. 변호인은 이 점을 주장하기만 하면 되며 왜 내용부인을 하는지 이유를 제시할 필요가 없다.

피고인이 내용부인을 한 경우에 법관이 공판관여 검사나 변호인에게 경찰에서의 피고인의 자백 내용이 무엇인지 묻는 것은 증거법의 취지에 반한다. 또 변호인이 피고인의 자백이 허위자백이라거나, 착오에 의한 자백이라고 하면서 그 이유를 설명하는 것이 필요한 경우도 있지만, 이러한 설명 과정에서 경찰에서의 자백 내용을 구체적으로 언급하는 것은 바람직하지 않다. 왜냐하면 증거법의 취지는 법관은 증거능력 있는 증거의 내용만을 인식해야 한다는 것인데 증거능력이 부정된 조서의 내용을 법관이 인식하는 것은 그 취지에 반하기 때문이다.

4. 진술조서

검사 또는 사법경찰관이 피고인이 아닌 자의 진술을 기재한 조서는 적법한 절차와 방식에 따라 작성된 것으로서 그 조서가 검사 또는 사법경찰관 앞에서 진술한 내용과 동일하게 기재되어 있음이 원진술자의 공판준비 또는 공판기일에서의 진술이나 영상녹화물 또는 그 밖의 객관적인 방법에 의하여 증명되고, 피고인 또는 변호인이 공판준비 또는 공판기일에 그 기재 내용에 관하여 원진술자를 신문할 수 있었던 때에는 증거로 할 수 있다. 다만, 그 조서에 기재된 진술이 특히 신빙할 수 있는 상태하에서 행하여졌음이 증명된 때에 한한다(제312조 4항).

(1) 전형적인 예

진술조서는 참고인(대개 피해자나 목격자 등 사건 관련인)이 수사기관에 출석하여 경험사실에 대하여 진술한 내용을 기재한 조서이다.

피고인이 공소사실을 부인하는 사건의 경우에, 제1회 공판기일의 증거조사절차에서 검사가 진술조서를 증거신청하면 변호인은 증거 부동의를 한다. 그러면 검사는 진술조서의 원진술자(참고인)를 증인신청하고 법원은 증인채택을 한다. 그리하여 제2회 공판기일에 원진술자가 증인으로 출석하면 검사는 원진술자를 상대로 그가 경험한 사실에 대하여 증인신문을 한 다음, 진술조서의 진정성립에 관한 신문을 한다.

검사는 이 증인을 상대로 두 가지를 얻는 셈이다. 경험사실에 관한 증언, 즉 원본증거인 증언과 전문증거인 진술조서에 대한 실질적 진정성립 인정 진술이다. 증인이 진술조서의 실질적 진정성립을 부인하는 경우도 있다("조서 내용이 내가 진술한 내용과 다릅니다"). 이 경우에 검사는 영상녹화물 등 객관적 방법으로 실질적 진정성립을 증명해야 한다.

이렇게 하여 진술조서의 증거능력이 인정되면 그 진술조서는 협의의 증거조사(낭독, 내용고지, 열람)의 대상이 되므로 검사가 진술조서를 낭독하는 등의 방법으로 법원은 사건의 실체에 관한 심증형성을 하게 된다.

(2) 예외인정의 요건

조서작성의 적법성, 실질적 진정성립, 반대신문 기회보장, 특신상태 증명이 예외인정의 요건이다.

조서작성의 적법성, 실질적 진정성립, 특신상태 증명의 요건은 검사작성 피의자신문조서의 예외인정 요건에서 살펴본 바와 같다.

판례는 "원진술자가 공판기일에 증인으로 나와 진술기재내용을 열람하거나 고지 받지 못한 채 단지 수사기관에서 사실대로 진술하였다는 취지의 증언을 한 경우 진술조서의 증거능력을 인정할 수 없다."고 한다. 또 "사실대로 진술하고 서명 · 날인한 사실이 있다."는 진술, "검찰 · 경찰에서 진술한 내용이 틀림없다."는 진술만으로는 실질적 진정성립을 인정할 수 없다고 한다.[59]

조서에 진술자의 실명을 밝히지 않은 가명조서라고 하더라도 조서작성의 적법성, 실질적 진정성립이 인정되는 경우가 있다. 즉, 「특정범죄신고자 등 보호법」에 따라 범죄신고자의 인적사항을 조서에 기재하지 않는 경우가 있으며,[60] 그 외에도 진술자와 피고인의 관계, 진술자 보호의 필

59) 이 책 351쪽의 정미희의 증언 참조. 검사와 정미희의 문답 내용은 진술조서의 실질적 진정성립에 관한 진술로서 충분하다.

60) 특정범죄신고자 등 보호법 제7조(인적 사항의 기재 생략)

요성 등 상당한 이유가 있을 때에는 진술자의 성명을 가명으로 기재하였다고 하더라도 그 이유만으로 그 조서가 적법한 절차와 방식에 따라 작성되지 않았다고 할 것은 아니다.61)

반대신문 기회보장은 그 기회를 부여하는 것으로 족하며 실제로 반대신문을 해야 하는 것은 아니다.

이 진술조서 규정상의 예외인정의 요건은 검사가 작성한 조서와 사법경찰관이 작성한 조서를 구별하지 않는다.

(3) 특수한 경우

1) 공소제기 후의 피고인조사의 경우

공소제기 후에 수사기관이 공소사실에 관하여 피고인을 소환하여 신문하는 경우에는 그 피고인은 이미 피의자가 아니므로 수사기관은 피의자신문조서를 작성하지 않고 진술조서를 작성한다. 이 진술조서의 증거능력은 공소제기 후의 수사의 적법성 여부에 달려있다.

판례는 "검사작성의 피고인에 대한 진술조서가 공소제기 후에 작성된 것이라는 이유만으로 곧 그 증거능력이 없다고 할 수 없다."고 하여 적극설의 입장이다.62) 또, 이 진술조서에 적용할 전문법칙 예외규정으로는 검

---

① 검사 또는 사법경찰관은 범죄신고등과 관련하여 조서나 그 밖의 서류(이하 "조서등"이라 한다)를 작성할 때 범죄신고자등이나 그 친족등이 보복을 당할 우려가 있는 경우에는 그 취지를 조서등에 기재하고 범죄신고자등의 성명 · 연령 · 주소 · 직업 등 신원을 알 수 있는 사항(이하 "인적 사항"이라 한다)은 기재하지 아니한다.

61) 신동운, 1193쪽.
대법원 2012.5.24. 선고 2011도7757 판결 [공갈·업무방해·협박]
「특정범죄신고자 등 보호법」 등에서처럼 명시적으로 진술자의 인적 사항의 전부 또는 일부의 기재를 생략할 수 있도록 한 경우가 아니라 하더라도, 진술자와 피고인의 관계, 범죄의 종류, 진술자 보호의 필요성 등 여러 사정으로 볼 때 상당한 이유가 있는 경우에는 수사기관이 진술자의 성명을 가명으로 기재하여 조서를 작성하였다고 해서 그 이유만으로 그 조서가 '적법한 절차와 방식'에 따라 작성되지 않았다고 할 것은 아니다. 그러한 조서라도 공판기일 등에 원진술자가 출석하여 자신의 진술을 기재한 조서임을 확인함과 아울러 그 조서의 실질적 진정성립을 인정하고 나아가 그에 대한 반대신문이 이루어지는 등 형사소송법 제312조 제4항에서 규정한 조서의 증거능력 인정에 관한 다른 요건이 모두 갖추어진 이상 그 증거능력을 부정할 것은 아니라고 할 것이다.

62) 대법원 1984.09.25. 선고 84도1646 판결 [사기]

사작성의 피의자신문조서에 관한 제312조 1, 2항을 상정하는 것으로 보인다.[63] 그러나, ① 제200조는 "검사 또는 사법경찰관은 수사에 필요한 때에는 피의자의 출석을 요구하여 진술을 들을 수 있다."라고 하여 피의자신문을 규정하고 있을 뿐이며, ② 수사기관이 피고인의 진술을 기재하는 방식에 관한 근거 조문도 없으며, ③ 공소제기 후에는 피고인은 소송의 주체로서 당사자의 지위를 가지므로 수사기관이 피고인을 신문하는 것은 당사자주의에 반하며, ④ 이를 허용하면 공정한 재판의 이념과 공판중심주의에 반한다고 보아야 한다(소극설, 다수설). 결국 이러한 진술조서는 조서작성의 적법성 요건을 충족하지 못하는 전문증거이거나 위법수집증거이므로 증거능력이 없다고 본다.

2) 공소제기 후의 참고인조사의 경우

참고인조사는 전형적인 임의수사이므로 공소제기 후에도 제1회 공판기일 전후를 불문하고 허용된다.

다만 특수한 경우로서, 검사가 법정에서 증언한 증인을 소환하여 그 증언내용을 번복하는 진술조서를 작성하여 제출한 경우에, 그 진술조서는 당사자주의 · 공판중심주의 · 직접주의를 지향하는 현행 형사소송법의 소송구조에 어긋나며 피고인의 '법관 면전에서 재판받을 권리'를 침해하는 위법수사의 결과물이므로 증거능력이 없다.[64]

---

63) 대법원 2009.8.20. 선고 2008도8213 판결 [국가보안법위반 등]
검사가... (피의자를)... 구속 기소한 후 다시 피의자를 소환하여 공범들과의 조직구성 및 활동 등에 관한 신문을 하면서 피의자신문조서가 아닌 일반적인 진술조서의 형식으로 조서를 작성한 사안에서, 진술조서의 내용이 피의자신문조서와 실질적으로 같고, 진술의 임의성이 인정되는 경우라도 미리 피의자에게 진술거부권을 고지하지 않았다면 위법수집증거에 해당하므로, 유죄인정의 증거로 사용할 수 없다고 한 사례.

64) 대법원 2000. 6. 15. 선고 99도1108 전원합의체 판결 [변호사법위반]
공판준비 또는 공판기일에서 이미 증언을 마친 증인을 검사가 소환한 후 피고인에게 유리한 그 증언 내용을 추궁하여 이를 일방적으로 번복시키는 방식으로 작성한 진술조서를 유죄의 증거로 삼는 것은 당사자주의 · 공판중심주의 · 직접주의를 지향하는 현행 형사소송법의 소송구조에 어긋나는 것일 뿐만 아니라, 헌법 제27조가 보장하는 기본권, 즉 법관의 면전에서 모든 증거자료가 조사 · 진술되고 이에 대하여 피고인이 공격 · 방어할 수 있는 기회가 실질적으로 부여되는 재판을 받을 권리를 침해하는 것이므로, 이러한 진술조서는 피고인이 증거로 할 수 있음

5. 진 술 서

전2조의 규정 이외에 피고인 또는 피고인이 아닌 자가 작성한 진술서나 그 진술을 기재한 서류로서 그 작성자 또는 진술자의 자필이거나 그 서명 또는 날인이 있는 것(피고인 또는 피고인 아닌 자가 작성하였거나 진술한 내용이 포함된 문자 · 사진 · 영상 등의 정보로서 컴퓨터용디스크, 그 밖에 이와 비슷한 정보저장매체에 저장된 것을 포함한다. 이하 이 조에서 같다)은 공판준비나 공판기일에서의 그 작성자 또는 진술자의 진술에 의하여 그 성립의 진정함이 증명된 때에는 증거로 할 수 있다(제313조 1항 본문).

단, 피고인의 진술을 기재한 서류는 공판준비 또는 공판기일에서의 그 작성자의 진술에 의하여 그 성립의 진정함이 증명되고 그 진술이 특히 신빙할 수 있는 상태하에서 행하여 진 때에 한하여 피고인의 공판준비 또는 공판기일에서의 진술에 불구하고 증거로 할 수 있다(동조 1항 단서).

제1항 본문에도 불구하고 진술서의 작성자가 공판준비나 공판기일에서 그 성립의 진정을 부인하는 경우에는 과학적 분석결과에 기초한 디지털포렌식 자료, 감정 등 객관적 방법으로 성립의 진정함이 증명되는 때에는 증거로 할 수 있다. 다만, 피고인 아닌 자가 작성한 진술서는 피고인 또는 변호인이 공판준비 또는 공판기일에 그 기재 내용에 관하여 작성자를 신문할 수 있었을 것을 요한다(동조 2항).

(1) 진술서의 의의

1) 의 의

진술서는 피고인, 피의자 또는 참고인이 직접 자신의 경험사실이나 사상 · 관념에 관한 진술을 기재하거나, 다른 사인(私人)이 그 진술을 듣고 기재한(받아 적은) 서면이다. 피의자신문조서와 진술조서는 그 작성자가 수사기관인 데 반하여 진술서의 작성자는 진술자 본인이거나 다른 사인이다.

에 동의하지 아니하는 한 그 증거능력이 없다고 하여야 할 것이고, 그 후 원진술자인 종전 증인이 다시 법정에 출석하여 증언을 하면서 그 진술조서의 성립의 진정함을 인정하고 피고인 측에 반대신문의 기회가 부여되었다고 하더라도 그 증언 자체를 유죄의 증거로 할 수 있음은 별론으로 하고 위와 같은 진술조서의 증거능력이 없다는 결론은 달리할 것이 아니다.

2) 적용범위

제313조의 적용 대상이 되는 것은 제311조와 제312조에 규정된 것 이외의 서류이다. 수사기관이 작성한 서류라고 하더라도 제312조의 적용대상이 되는 각종 조서가 아닌 것은 제313조의 적용대상이 될 수 있다.

수사기관이 작성하는 수사보고서가 증거로 사용될 수 있는지 문제된다. 판례는 수사보고서는 단지 수사의 경과를 내부적으로 보고하기 위하여 작성된 서류에 불과하여 증거로 사용될 수 없지만, 제313조의 요건을 갖추면 증거능력이 인정될 수 있다는 입장이다.[65)]

(2) 예외인정의 요건

1) 제313조 1항 본문

제313조 1항 본문은 진술자가 직접 작성하는 서면은 '진술서', 진술자의 진술을 듣고 작성자가 기재한(받아 적은) 서면은 '진술을 기재한 서류'로 규정하고 있다.

결국 제313조 1항 본문이 규정하는 진술서는 i) 피고인이 작성한 진술서, ii) 피고인 아닌 자가 작성한 진술서, iii) 피고인이 피고인 아닌 자의 진술을 기재한 서류(진술기재서류), iv) 피고인 아닌 자가 피고인의 진술을 기재한 서류(진술기재서류), v) 피고인 아닌 자가 피고인 아닌 자의 진술을 기재한 서류(진술기재서류)를 모두 포함한다. 이 진술서는 작성자 또는 진술자의 자필이거나 그 서명 또는 날인이 있고(형식적 진정성립), 그

---

65) 대법원 2013. 2. 15. 선고 2010도3504 판결 [국가보안법위반(찬양·고무등)]

사안: 전교조 교사들이 제작·반포한 '통일학교 자료집'이 이적표현물임을 입증하기 위하여 다수의 수사보고서가 증거로 제출된 사안임.

판단: 각 수사보고는 첨부 자료의 입수경위와 내용 등을 요약·설명한 서류로서 그 작성자의 공판기일 진술에 의하여 그 성립의 진정함이 증명되었으므로, 형사소송법 제313조 제1항에 의하여 증거로 할 수 있다.

대법원 2001. 5. 29. 선고 2000도2933 판결 [폭력행위등처벌에관한법률위반]

…위 수사보고서 중 "날이 밝으면 치료 후 진단서를 제출한다고 한다."라는 기재부분은 진술자인 피고인들이 각 상대방에 대한 피해자의 지위에서 진술한 것으로서 진술자들의 자필이 아닐 뿐만 아니라 그 서명 또는 날인도 없으며, 공판준비 또는 공판기일에서 진술자들의 진술에 의하여 그 성립의 진정함이 증명되지도 않았으므로 형사소송법 제313조 제1항의 요건을 갖추지 못하여 그 기재부분 역시 증거로 할 수 없다.

작성자 또는 진술자의 진술에 의하여 성립의 진정함이 증명된 때(실질적 진정성립) 증거능력이 인정된다.

이 때 공판정에서 실질적 진정성립을 진술할 자가 누구인가에 대하여 법문은 '작성자 또는 진술자의 진술에 의하여'라고 하고 있는데 진술서의 경우[i)과 ii)의 경우]에는 작성자와 진술자가 동일인이므로 문제되지 않지만 진술기재서류의 경우[iii), iv), v)의 경우]에는 작성자와 진술자가 별도로 존재하므로 해석이 필요하다. 생각건대 제313조 1항 본문 후단의 '작성자'는 진술서의 작성자, 즉 진술자를 말하며, '진술자'는 진술기재서류의 진술자를 말하므로 어느 경우에나 공판정에서 실질적 진정성립 여부에 관하여 진술해야 할 자는 진술자이다(통설, 판례).[66]

2) 제313조 1항 단서

(가) 진정성립의 요건

제313조 1항 단서의 진정성립 요건의 해석에 관하여 견해 대립이 있다.

① 완화요건설

피고인의 진술을 기재한 서류는 작성자의 진술에 의하여 실질적 진정성립이 인정되고 검사의 특신상태 증명이 있으면 피고인이 실질적 진정성립을 부인하더라도 증거능력이 인정된다고 한다. 이렇게 해석하면 원진술자인 피고인의 실질적 진정성립 인정 진술을 요하지 않으므로 이 조항 본문과 비교할 때 요건이 완화된다. 통설과 판례의 입장이다.[67]

---

66) 대법원 1997. 3. 28. 선고 96도2417 판결 [국가보안법위반 등]
피고인의 동료 교사가 학생들의 진술을 비밀녹음한 사안으로서 피고인 아닌 자가 피고인 아닌 자의 진술을 기재한 서류(진술기재서류)에 해당한다. 대법원은 이 경우 제313조 1항 본문을 적용하여 원진술자인 학생들의 공판정 진술에 의하여 그 진정성립이 인정되어야 한다고 판시하였다.

67) 신동운, 신형사소송법(제5판), 2014, 1220-1223쪽에서 저자는 종래의 견해(아래 가중요건설)를 변경하였다. 가중요건설을 선도적으로 주장해온 학자가 견해를 변경함에 따라 완화요건설은 통설적 견해가 되었다고 할 수 있다.
대법원 2001. 10. 9. 선고 2001도3106 판결 [간통]
고소인이 피고인과의 대화를 녹음하여 그 녹음테이프를 증거로 제출한 사안이다. 대법원은 녹음된 피고인의 진술 내용을 증거로 사용하기 위해서는 제313조 1항 단서에 따라 그 작성자인 고소인의 공판정 진술에 의하여 그 실질적 진정성립이 증명되고 특신상태가 인정되어야 한다고 판시하였다.

② 가중요건설

피고인의 진술을 기재한 서류는 피고인이 진정성립을 인정해야 하며, 나아가 작성자의 진정성립 인정과 특신상태가 추가로 인정되어야 증거능력이 인정된다고 한다. 이렇게 해석하면 이 조항 본문과 비교할 때 요건이 가중된다. 이 견해는 법문상 '피고인의 진술에 불구하고'의 의미를 '피고인이 내용부인 하더라도'라고 해석한다. 이 학설의 논거는 피고인의 진술서가 증거로 제출되는 경우는 대개 그 내용이 범행 자백이므로 강력한 유죄 증거가 되며, 진술서는 진술거부권의 고지(제244조의3) 등 수사기관의 신문절차에서 볼 수 있는 진술의 객관성을 담보할 장치가 없는 상황의 진술이므로 그 요건을 보다 가중하여야 한다는 데 있다.[68]

③ 검 토

제313조 1항 단서의 해석은 완화요건설에 따르는 것이 타당하다. 그 논거로는 첫째, 문리해석상 단서는 본문과의 관계에서 해석해야 한다. 본조 본문의 '진술'은 진정성립에 관한 진술을 의미하므로 단서의 '진술에 불구하고'는 '진정성립에 관한 진술에 불구하고'로 새겨야 한다. 둘째, 진술서의 작성과정에는 진술거부권고지 등의 절차가 없는 것은 사실이나 진술거부권 고지는 진술의 객관성을 담보하는 장치라기보다는 자백편중의 위법수사를 방지하는 장치이므로 진술의 객관적 진실성과 직접 관련된다고 할 수 없다.

다만, 제313조 1항 단서는 '피고인의 진술을 기재한 서류'라고 규정하고 있는바 피고인이 (직접) 작성한 진술서에도 이 단서가 적용되는지 문제된다. 제313조 1항 단서의 법문은 '피고인의 진술을 기재한 서류' (진술기재서류)라고 규정할 뿐 아니라 그 증거능력 요건에서도 진술자(피고인)외에 작성자가 별도로 존재하는 경우를 전제로 하고 있다. 그러므로 피고인이 (직접) 작성한 진술서의 경우에는 이 단서 조항이 요구하는 작성자의 진술에 의한 진정성립 인정이라는 요건을 원천적으로 충족할 수 없다. 결국, 피고인이 (직접) 작성한 진술서에는 이 단서가 적용되지 않는다고 보아야 한다(본문이 적용된다).[69]

---

68) 신동운, 신형사소송법(제4판), 1124쪽.
69) 아래 판례는 이와 결론을 달리하는 것으로서 납득하기 어렵다.

결론적으로 제313조 1항 단서는 완화요건설에 따라 해석하되, 그 적용범위는 피고인의 진술기재서류에 한정하여야 한다.

㈏ 특신상태의 요건

제313조 1항 단서가 규정하는 특신상태는 수사과정 이외의 상황에서, 피고인이 제3자(작성자, 녹음자)에게 경험사실에 관하여 진술하는 진술정황에 관한 것이며, 수사과정의 적법절차 준수 여부와는 무관하다. 결국, 제313조 1항 단서의 특신상태는 신용성의 정황적 보장이며, 조서작성의 정확성은 개념 요소에서 제외된다. 결국 이 조항의 특신상태는 "진술 내용에 허위 개입의 여지가 거의 없고, 진술의 신빙성이나 임의성을 담보할 구체적이고 외부적인 정황이 있는 것"을 의미한다(다수설, 판례).

3) 제313조 2항

제313조 1항 본문의 경우에 진술서의 진정성립에 관한 진술을 할 자가 진정성립을 부인하는 경우에 이를 대체적 증명으로 증명할 수 있다(2016. 5. 26. 개정). 진술서의 경우에도 검사작성 피의자신문조서의 경우와 같은 대체적 증명이 허용된 것이다. 이 조항이 도입되기 전에는 제313조 1항 본문의 경우 중 특히 피고인이 진술자로서 진정성립에 관한 진술을 할 자인 경우에 피고인이 진정성립을 부인하기만 하면 그 진술서는 곧바로 증거능력이 없게 되고 이 경우에 검사가 대체적 증명으로 증명하는 것도 허용되지 않아 입법적미비로 지적되어 왔다.

제313조 1항 단서의 경우, 즉 피고인의 진술을 기재한 서류(진술기재서류)의 경우에도 이 조항이 적용되어 대체적증명이 허용되는지 문제된다. 생각건대 제313조 2항이 '제1항 본문에도 불구하고'라고 하여 그 적용범위를 한정하고 있을 뿐 아니라 제313조 1항 단서의 경우에는 피고인이 진정성립을 부인하더라도 이로써 곧바로 증거능력이 배제되는 것이 아니라 피고인 이외의 작성자의 진술에 의하여 진정성립을 증명할 수 있는 길이 열려 있으므로 별도의 대체적증명은 허용되지 않는다고 보아야 한다.

대법원 2001. 9. 4. 선고 2000도1743 판결[업무상횡령]

피고인의 자필로 작성된 진술서의 경우에는 서류의 작성자가 동시에 진술자이므로 진정하게 성립된 것으로 인정되어 형사소송법 제313조 단서에 의하여 그 진술이 특히 신빙할 수 있는 상태하에서 행하여진 때에는 증거능력이 있고…

(3) 변호인의 주장

제313조 1항 본문이 적용될 경우와 단서가 적용될 경우를 먼저 구별해야 한다. 특히 단서가 적용되는 경우, 피고인(진술자)은 진정성립을 부인하고 작성자는 진정성립을 인정하는 경우에 통설·판례인 완화요건설의 입장에서 변론할 수 있어야 한다. 그 한 가지 방법은 사건 기록상 작성자의 진정성립 인정 진술을 믿기 어려운 객관적 사정(피고인과의 적대관계, 사건 전후의 공정성을 의심받을 만한 사정 등)을 제시하면서 작성자의 진술에 의하여 진정성립이 증명되었다고 볼 수 없다고 변론하는 것이다.

(4) 감정서

1) 전문법칙 예외규정

감정서는 감정의 경과와 결과를 기재한 서류이며, 진술서에 관한 제313조 1항, 2항이 적용된다(제313조 3항).

2) 적용범위

i) 감정인이 제출한 감정서 법원은 학식경험 있는 자에게 감정을 명할 수 있으며, 감정의 경과와 결과는 감정인으로 하여금 서면으로 제출하게 하여야 한다(제169조, 제171조 1항). 형사소송법은 감정서(감정보고서라고도 함)에 의한 보고만을 인정하며 구술보고를 인정하지 않는다. 이렇게 하여 제출된 감정서는 제313조 3항이 적용되는 전형적인 경우이다. 수사기관으로부터 감정촉탁을 받은 자(감정수탁자)가 작성한 감정서에도 이 조항이 적용된다.

ii) 감정인신문조서 감정서가 제출된 경우에 법원은 필요한 때에는 감정인에게 설명하게 할 수 있다(제171조 4항). 법원은 필요하다고 인정하는 때에는 공무소·학교·병원 기타 상당한 설비가 있는 단체 또는 기관에 대하여 감정을 촉탁할 수 있고, 이 경우에 법원은 당해 공무소·학교·병원·단체 또는 기관이 지정한 자로 하여금 감정서의 설명을 하게 할 수 있다(제179조의2 1, 2항). 감정서의 설명은 감정인신문방식에 의하며 이 경우 감정인신문조서가 작성된다(제48조 1항). 감정인신문조서는 제311조의 법원 또는 법관의 검증조서에 준하여 절대적 증거능력이 있다고 보아야 한다.[70]

유의할 것은, 공판조서의 경우와 마찬가지로, 수소법원이 직접 감정

70) 신동운, 998쪽.

인신문을 한 경우에는 감정인의 진술이 원본증거가 되므로 감정인신문조서는 제311조의 전문증거가 아니라는 점이다. 감정인신문조서가 제311조의 전문증거로서 증명에 사용되는 경우는, 수소법원 이외의 법관이 감정인신문을 행하고 수소법원이 그 감정인신문조서를 읽고 증거로 사용하는 경우에 한한다.

iii) 의사의 진단서　의사의 진단서는 형사소송법이 규정한 감정서라고 할 수 없으며, 제315조의 당연히 증거능력이 있는 서류라고 할 수도 없으므로 제313조 1항의 진술서 규정에 의하여 증거능력이 인정된다. 판례도 같다.[71]

6. 수사과정에서 작성한 진술서

수사과정에서 작성한 진술서는 명칭이 진술서라고 하더라도, 그 실질은 수사기관의 조사와 문답에 영향을 받아 작성한 것이므로, 증거능력 판단에 있어서는 피의자신문조서나 진술조서와 같이 취급되어야 한다. 그러므로 개정 형사소송법은 명칭이 진술서라고 하더라도 작성주체(수사주체)와 진술자에 따라 제312조 1-4항을 준용하도록 하였다.[72]

그러므로 검사의 수사과정에서 피의자가 작성한 진술서는 제312조 1항·2항, 사법경찰관의 수사과정에서 피의자가 작성한 진술서는 제312조 3항, 검사 또는 사법경찰관의 수사과정에서 참고인이 작성한 진술서는 제312조 4항의 각 규정에 따라 전문법칙 예외요건을 판단하여야 한다.

7. 검사 또는 사법경찰관의 검증조서

검사 또는 사법경찰관이 검증의 결과를 기재한 조서는 적법한 절차와 방식에 따라 작성된 것으로서 공판준비 또는 공판기일에서의 작성자의 진

---

71) 대법원 1969. 3. 31. 69도179판결

72) 사법경찰관의 실무관행 중 하나로, 사법경찰관 작성의 피의자신문조서에 대하여는 법정에서 피고인의 '내용인정'이 필요하게 되므로 이를 우회하기 위하여 피의자가 범행을 자백하면 피의자신문조서와는 별도로 진술서를 작성하도록 하는 수사관행이 있었다. 이렇게 만들어진 진술서에 대하여 적용할 전문법칙 규정이 무엇인지에 대하여, 제313조(진술서 규정)적용설과 제312조 3항(피의자신문조서 규정)적용설로 견해가 대립하였다. 개정 형사소송법은 이러한 문제를 입법으로 해결하였다.

술에 따라 그 성립의 진정함이 증명된 때에는 증거로 할 수 있다(제312조 6항).

(1) 예외인정의 요건

검증조서는 검증의 주체가 사물의 존재와 상태를 오관으로 인식한 결과를 기재한 서면으로서 가치판단을 포함하지 않는 記述的 성격을 띤다. 그러므로 피의자신문조서, 진술조서, 진술서에 비하여 증거능력 인정 요건이 완화된다.

1) 조서작성의 적법성

조서작성의 적법성은, 형식적 진정성립과 검증과정의 적법절차(제215조의 영장주의, 219조, 123조, 141조의 영장집행에의 참여권 보장, 신체검사에 관한 주의 등)를 의미한다. 검증조서에서 특별히 문제되는 것은 다음과 같다.[73]

㈎ 참여권 보장

검사 또는 사법경찰관의 검증에는 피의자 및 변호인의 참여권이 인정된다(제219조, 121조 내지 123조). 수사기관의 검증 시에 피의자 및 변호인에게 참여권을 통지하는 등 참여기회를 보장하지 않았다면 이때 작성된 검증조서는 '적법한 절차와 방식에 따라 작성된 것'이 아니므로 증거능력이 부정된다.

㈏ 수사보고서에 기재한 검증결과

수사보고서에 검증의 결과를 기재한 부분이 있어도, 수사의 경위 및 결과를 내부적으로 보고하기 위하여 작성된 수사보고서를 검증조서로 볼 수 없다.[74] 검증조서는 검증조서 작성에 고유한 적법한 절차에 따라 작성되어야 하기 때문이다.

---

73) 신동운, 1201-1203쪽 참조.

74) 대법원 2001. 5. 29. 선고 2000도2933 판결 [폭력행위등처벌에관한법률위반]
수사보고서에 검증의 결과에 해당하는 기재가 있는 경우, 그 기재 부분은 … 실황조사서에 해당하지 아니하며, 단지 수사의 경위 및 결과를 내부적으로 보고하기 위하여 작성된 서류에 불과하므로 그 안에 검증의 결과에 해당하는 기재가 있다고 하여 이를 형사소송법 제312조 제1항의 '검사 또는 사법경찰관이 검증의 결과를 기재한 조서'라고 할 수 없다.

㈐ 긴급검증

제312조 6항에 의하여 증거능력이 인정되는 검증조서에는 영장에 의한 검증의 경우(제215조)와 영장에 의하지 아니한 긴급검증의 경우(제216조, 제217조)가 있다. 긴급검증 중 범죄장소에서의 검증의 경우에는 법원으로부터 사후영장을 받아야 그 검증조서의 증거능력을 인정할 수 있다(제216조 3항).[75]

2) 실질적 진정성립

제312조 6항의 '성립의 진정'은 실질적 진정성립을 의미한다. 형식적 진정성립은 조서작성의 적법성에 포함되기 때문이다. 실질적 진정성립은 작성자의 진술에 의하는 방법으로만 증명된다.

이 조항에서 영상녹화물 등 객관적 방법, 즉 대체적 증명방법을 규정하지 않은 이유는 공판정에 출석하여 진정성립에 관하여 진술할 '작성자'란 수사기관이며 이들은 입증책임을 부담하는 검사 측이기 때문에 실질적 진정성립을 인정하는 진술을 할 것으로 당연히 예상되기 때문이다. 그러므로 이 조문의 '작성자의 진술에 따른 진정성립 증명'이라는 요건은 특단의 사정이 없는 한 그 요건 충족이 예상되므로 실제적 의미가 미약하다고 할 수 있다. 결국 피고인이 수사기관의 검증조서에 대하여 부동의하는 경우에는 작성자의 진정성립 인정 진술로써 과연 '진정성립이 증명되었는지'에 관한 법관의 판단 문제로 귀결된다.

(2) 압수 · 수색조서

압수 · 수색에 관하여는 조서를 작성하여야 한다(제49조 1항). 압수 · 수색조서는 압수 · 수색의 연월일시와 장소를 기재하고 그 압수 · 수색을 행한 자와 참여한 사법경찰관리가 기명날인 또는 서명하여야 한다(제50조). 압수조서에는 품종, 외형상의 특징과 수량을 기재하여야 한다(제49조 3항). 현재 수사실무상으로도 검사 또는 사법경찰관은 압수 · 수색조서를

---

75) 대법원 1984. 3. 13. 선고 83도3006 판결 [교통사고처리특례법위반 등]
사법경찰관 사무취급이 행한 검증이 사건발생 후 범행장소에서 긴급을 요하여 판사의 영장없이 시행된 것이라면 이는 형사소송법 제216조 제3항에 의한 검증이라 할 것임에도 불구하고 기록상 사후영장을 받은 흔적이 없다면 이러한 검증조서는 유죄의 증거로 할 수 없다.

작성하고 있다(검찰사건사무규칙[76] 등).

형사소송법은 수사기관이 작성하는 각종 조서의 증거능력 요건에 대하여 제312조에서 규정하면서 압수·수색조서에 대하여는 규정하고 있지 않다. 압수·수색조서에는 압수물의 품종, 외형상의 특징과 수량을 기재하므로 가치판단을 포함하지 않는 기술적 성격을 띠는 점에서 검증조서와 유사하다. 그러므로 압수·수색조서의 증거능력은 제312조 6항의 검증조서의 증거능력 규정을 유추하여 적용하면 된다.[77] 즉, 수사기관의 압수·수색조서는 조서작성의 적법성, 작성자의 진술에 의한 실질적 진정성립 증명에 의하여 증거능력이 인정된다. 판례도 같은 입장이다.[78]

(3) 실황조사서

실황조사서는 수사기관이 실황조사를 행하고 그 결과를 기재한 서면이다.[79]

---

76) 검찰사건사무규칙

제16조(임의 제출등) ①「형사소송법」제218조에 따라 유류한 물건 또는 임의로 제출하는 물건을 검사가 압수한 때에는 별지 제24호 서식에 따른 압수조서를 작성하여야 한다. 다만, 피의자신문조서 또는 진술조서에 압수의 취지를 기재함으로써 압수조서의 작성에 갈음할 수 있다.

제52조(압수조서의 작성등) 제16조의 규정은 검사의「형사소송법」제215조 및 제216조의 규정에 의한 압수에 이를 준용한다.

77) 신동운, 1204쪽.

78) 대법원 1995. 1. 24. 선고 94도1476 판결 [특정범죄가중처벌등에관한법률위반(절도)]

사법경찰리가 작성한 "피고인이 임의로 제출하는 별지 기재의 물건(공소장에 기재된 물건)을 압수하였다"는 내용의 압수조서는, 피고인이 공판정에서 증거로 함에 동의하지 아니하였고 원진술자의 공판기일에서의 증언에 의하여 그 성립의 진정함이 인정된 바도 없다면 증거로 쓸 수 없다.

79) 검사의 사법경찰관리에 대한 수사지휘 및 사법경찰관리의 수사준칙에 관한 규정

제43조(실황조사) ① 사법경찰관은 수사상 필요하다고 인정되면 범죄 현장이나 그 밖의 장소에 가서 실황을 조사하여야 한다.

② 제1항에 따른 조사를 할 때에는 별지 제38호서식의 실황조사서를 작성하여야 한다.

검찰사건사무규칙

제17조(실황조사) 검사가 범죄의 현장 기타 장소에서 실황조사를 한 후 실황조서를 작성하는 경우에는 별지 제28호 서식에 의한다.

실황조사서의 증거능력에 관하여 견해 대립이 있다.

긍정설은 수사기관의 실황조사서는 제312조 6항의 검증조서에 해당한다고 보며, 동 조항의 검증이 강제처분으로서의 검증을 의미하더라도 피의자의 동의에 의한 실황조사는 임의수사로서의 검증으로 인정할 수 있으므로 결국 법관의 영장 없이 시행하였더라도 제312조 6항에 의하여 증거능력이 부여될 수 있다고 한다(다수설, 일본의 판례).

부정설은 수사기관의 검증은 강제수사로서 강제수사법정주의의 지배를 받는데 형사소송법상 근거규정이 없는 수사기관의 실황조사서를 제312조 6항의 '검증의 결과를 기재한 조서'라고 볼 수 없다고 한다(신동운 교수).

판례는 실황조사서의 증거능력을 부인하지 않으며,[80] 실황조사서가 작성된 경우 수사기관이 행한 실황조사의 실질에 따라 증거능력을 판단하는 입장이다.[81]

생각건대, 실황조사서의 증거능력은 그 실황조사가 강제수사인 경우와 임의수사인 경우로 나누어 설명하여야 한다. 강제수사와 임의수사의 구별에 관한 실질설에 따르면, 강제수사는 수사 대상자의 의사에 반하고 그의 법익을 침해하는 것이 본질이다. 교통사고 실황조사 등 대부분의 실황조사는 임의수사이지만, 체포 상태에서 실시되거나, 피의자가 동의하지 않거나, 피의자의 사회적 명예를 저하시키는 실황조사는 강제수사라고 보아야 한다. 그러므로 실황조사서의 증거능력은 i) 실황조사가 임의수사인 경우와, 강제수사인 경우라도 제216조 3항의 긴급검증과 실질적으로 같으며 사후영장을 발부받은 경우에는 제312조 6항에 따라 증거능력이

80) 대법원 1989. 3. 14. 선고 88도1399 판결 [특정범죄 가중처벌 등에 관한 법률위반(도주차량) 등]
사법경찰관 사무취급이 작성한 실황조서가 사고 발생 직후 사고 장소에서 긴급을 요하여 판사의 영장 없이 시행된 것으로서 형사소송법 제216조 제3항에 의한 검증에 따라 작성된 것이라면 사후영장을 받지 않는 한 유죄의 증거로 삼을 수 없다.

81) 대법원 1984. 5. 29. 선고 84도378 판결 [국가보안법위반 등]
사법경찰관이 작성한 실황조사서에 피의자이던 피고인이 사법경찰관의 면전에서 자백한 범행내용을 현장에 따라 진술, 재연하고 사법경찰관이 그 진술, 재연의 상황을 기재하거나 이를 사진으로 촬영한 것 외에 별다른 기재가 없는 경우에 있어서 피고인이 공판정에서 실황조사서에 기재된 진술내용 및 범행재연의 상황을 모두 부인하고 있다면 그 실황조사서는 증거능력이 없다 할 것이다.

인정되고, ii) 실황조사가 강제수사이면서 긴급검증으로 볼 수 없는 경우에는 사전영장에 의하지 않는 한 증거능력이 부인된다고 보아야 한다(二元說[82]).

(4) 검증조서, 실황조사서에 기재된 진술의 증거능력

교통사고사건이나 강력사건의 현장검증에서 수사기관이 피의자나 피해자, 목격자의 진술을 듣고 그 진술을 검증조서의 '관련자 진술'란에 기재하는 경우가 있고, 피의자가 피의자신문에서 이미 자백한 내용을 현장검증 시에 재연하는 장면을 사진 촬영하여 검증조서에 첨부하는 경우가 있다. 이 때 관련자 진술 부분 기재 내용이나 범행 재연 사진의 증거능력은 검증조서와 일체로 판단할 것이 아니라(즉, 제312조 6항을 적용할 것이 아니라) 검증주체와 진술자(또는 재연자)에 따라 검사 또는 사법경찰관 작성의 피의자신문조서나 진술조서에 관한 규정을 적용하여 전문법칙의 예외요건을 판단해야 한다.[83]

실황조사서에 기재된 관련자 진술 부분이나 범행 재연 사진의 증거능력도, 위 검증조서의 경우와 같이, 실황조사서와 일체로 판단할 것이 아니라(즉, 312조 6항을 적용할 것이 아니라) 실황조사의 주체와 진술자(또는 재연자)에 따라 전문법칙의 예외요건을 판단해야 한다.[84]

---

82) 형사소송실무(제2판)에서는 학설명을 구별설이라고 하였으나 이원설로 변경한다.

83) 대법원 1998. 3. 13. 선고 98도159 판결 [존속폭행치사]

사법경찰관 작성의 검증조서에 대하여 피고인이 증거로 함에 동의만 하였을 뿐 법정에서 검증조서에 기재된 진술내용 및 범행을 재연한 부분에 대하여 그 성립의 진정 및 내용을 인정한 흔적을 찾아볼 수 없고 오히려 이를 부인하고 있는 경우에는 그 증거능력을 인정할 수 없으므로, 위 검증조서 중 범행에 부합되는 피고인의 진술을 기재한 부분과 범행을 재연한 부분을 제외한 나머지 부분만을 증거로 채용하여야 함에도 이를 구분하지 아니한 채 그 전부를 유죄의 증거로 인용한 항소심의 조치는 위법하다.

84) 대법원 1989. 12. 26. 선고 89도1557 판결 [교통사고처리특례법위반]

8. 디지털 증거

(1) 의의와 특성, 법규정

과학기술의 발달로 종이에 문서를 작성하여 보관하는 전통적인 방식 외에 진술을 녹음 또는 녹화하여 전자파일에 수록하거나 컴퓨터, 인터넷, 스마트폰 등의 정보처리시스템을 이용하여 디지털 형태로 전자문서를 작성, 저장, 송수신하는 방식이 보편화하였다. 이러한 전자적 방식에 의한 새로운 유형의 증거를 디지털 증거라고 부른다.[85] 형사사법절차에서도 디지털 증거의 비중이 커지고 있다.

디지털 증거는 서류 형태의 증거에 비하여 정보의 대량성, 가시화·가독화를 위해서는 변환절차를 거쳐야 한다는 의미의 무체정보성, 복제용이성, 변조와 삭제가 용이하다는 의미의 취약성, 인터넷 등 각종 네트워크를 통하여 전송될 수 있다는 의미의 네트워크 관련성이라는 특성이 있다.[86]

그런데 우리 형사소송법에서는 진술기록물 중 각종 서류의 증거능력에 대해서만 규정하고 있을 뿐이며 디지털 증거의 증거능력에 대해서는 직접적인 규정을 두지 않고 단지 그 증거조사의 방법에 관하여 대법원규칙으로 정하고 있을 뿐이다.

(2) 증거능력 인정의 요건

디지털 증거가 증거능력을 인정받기 위한 요건은 다음 세 가지로 정리할 수 있다. 즉, ① 증거수집 절차의 적법성, ② 진정성, ③ (전문증거인 경우) 전문법칙상의 요건이다.

디지털 증거가 전문증거인 경우에는 위 세 요건을 모두 충족해야 증거능력이 인정되며, 전문증거가 아닌 경우에는 ①과 ②의 요건을 충족하

---

85) 서류 형태가 아닌 진술기록물로는 디지털 방식(정보의 표기, 저장, 전달의 형태가 이진수 방식임)의 증거 외에 아날로그 방식의 증거도 있다. 가령 음성녹음의 경우 mp3 파일로 저장된 것은 디지털 방식이지만 카세트테이프에 녹음된 것은 아날로그 방식이다. 그러므로 이 둘을 포함하는 용어는 '전자적 증거'라고 해야 할 것이지만 아날로그 방식의 증거가 급속히 쇠퇴하고 있으므로 이 항의 제목을 학계의 일반적 용례에 따라서 디지털 증거라고 붙였다.

86) 김윤섭 · 박상용, 형사증거법상 디지털 증거의 증거능력, 대검찰청 법무 · 법제 전문검사 커뮤니티 세미나 자료집 2014. 12, 97, 100쪽.

면 증거능력이 인정된다. 디지털 증거가 전문증거인 경우란, 진술기록물인 디지털 매체에 저장된 원진술(문자정보, 음성정보)이 요증사실 그 자체가 아닌 요증사실에 관한 경험 내용의 진술인 경우를 말한다.[87]

1) 증거수집 절차의 적법성

적법한 절차에 따르지 아니하고 수집한 증거는 증거로 할 수 없으므로(제308조의2), 디지털 증거의 수집 역시 적법해야 한다. 디지털 증거의 압수과정에서의 적법성 요건으로, 압수집행 현장에서 문서 출력 또는 파일 복사를 하지 않고 저장매체 자체를 압수하는 요건, 참여권 보장, 피의사실과의 관련성이 문제된다. 이에 대하여는 후술한다(96쪽 디지털 증거에 대한 압수 · 수색).

2) 진정성[88]

진정성은 최초의 증거가 법관의 증거조사의 대상이 되기까지 훼손이나 변경이 없는 것을 의미한다. 미국법상 진정성(authenticity)은 '법원에 제출된 증거가 증거제출자가 입증을 위하여 지목한 바로 그것'이라고 정의하는데 같은 의미이다. 이 진정성의 요건은 원본성, 동일성, 무결성, 신뢰성 등으로 구성된다.

원본성에 대하여, 형사소송규칙은 디지털 증거의 원본성 입증을 위하여 디지털 증거의 증거제출방법을 규정하고 있다.[89]

---

87) 디지털 증거에서는 원진술이 요증사실에 관한 경험 내용의 진술인 경우와 요증사실 그 자체인 경우의 구별에 특히 유념해야 한다. 대부분의 전문서류(특히 각종 조서)의 원진술은 요증사실에 관한 경험 내용의 진술이지만 디지털 증거의 원진술은 요증사실 그 자체인 경우가 상당히 많다.

88) 각종 저서와 논문에서 원본성, 무결성, 동일성, 신뢰성 등의 개념어를 사용하고 있다. 이러한 개념들을 모두 포괄하는 상위개념은 진정성이며 이것은 형사소송법상의 용어이기도 하므로 저자는 이 용어를 사용한다. 우리 형사소송법은 "검사와 피고인이 증거로 할 수 있음을 동의한 서류 또는 물건은 진정한 것으로 인정한 때에는 증거로 할 수 있다."고 규정하여(제318조 1항) 진정성을 모든 형태(서류 또는 물건)의 증거의 증거능력 인정의 당연한 전제로 규정하고 있다. 참고로, 원본성이라는 용어를 동일성, 무결성의 상위개념으로 하여 설명하는 주요 저서로는 신동운, 신형사소송법(제5판)이 있음.

89) 제134조의7(컴퓨터용디스크 등에 기억된 문자정보 등에 대한 증거조사)
① 컴퓨터용디스크 그 밖에 이와 비슷한 정보저장매체(다음부터 이 조문 안에서 이 모두를 "컴퓨터디스크 등"이라 한다)에 기억된 문자정보를 증거자료로 하는 경

동일성은 최초의 증거와 법정에 제출된 증거의 동일성을 의미하며, 무결성은 증거확보에서부터 증거제출까지 절차적 기준의 준수를 통하여 오염가능성이 존재하지 않는 것을 의미한다. 또 판례는 기계적 정확성, 프로그램의 신뢰성, 업무담당자의 전문성 등을 요구하는데 이 개념들은 신뢰성이라는 용어로 묶을 수 있다. 참고로, 다음 각주의 판례는 이들 개념어를 사용하고 있으며 이 요건들의 증명방법을 판시하고 있다.[90]

우에는 읽을 수 있도록 출력하여 인증한 등본을 낼 수 있다.

② 컴퓨터디스크 등에 기억된 문자정보를 증거로 하는 경우에 증거조사를 신청한 당사자는 법원이 명하거나 상대방이 요구한 때에는 컴퓨터디스크 등에 입력한 사람과 입력한 일시, 출력한 사람과 출력한 일시를 밝혀야 한다.

③ 컴퓨터디스크 등에 기억된 정보가 도면 · 사진 등에 관한 것인 때에는 제1항과 제2항의 규정을 준용한다.

제134조의8(음성 · 영상자료 등에 대한 증거조사)

① 녹음 · 녹화테이프, 컴퓨터용디스크, 그 밖에 이와 비슷한 방법으로 음성이나 영상을 녹음 또는 녹화(다음부터 이 조문 안에서 "녹음 · 녹화 등"이라 한다)하여 재생할 수 있는 매체(다음부터 이 조문 안에서 "녹음 · 녹화매체 등"이라 한다)에 대한 증거조사를 신청하는 때에는 음성이나 영상이 녹음 · 녹화 등이 된 사람, 녹음 · 녹화 등을 한 사람 및 녹음 · 녹화 등을 한 일시 · 장소를 밝혀야 한다.

② 녹음 · 녹화매체 등에 대한 증거조사를 신청한 당사자는 법원이 명하거나 상대방이 요구한 때에는 녹음 · 녹음매체 등의 녹취서, 그 밖에 그 내용을 설명하는 서면을 제출하여야 한다.

③ 녹음 · 녹화매체 등에 대한 증거조사는 녹음 · 녹화매체 등을 재생하여 청취 또는 시청하는 방법으로 한다.

90) 대법원 2013. 7. 26. 선고 2013도2511 판결 [국가보안법위반(반국가단체의구성등)등](왕재산 사건)

압수물인 컴퓨터용 디스크 그 밖에 이와 비슷한 정보저장매체(이하 '정보저장매체'라고만 한다)에 입력하여 기억된 문자정보 또는 그 출력물(이하 '출력 문건'이라 한다)을 증거로 사용하기 위해서는 정보저장매체 원본에 저장된 내용과 출력 문건의 **동일성**이 인정되어야 하고, 이를 위해서는 정보저장매체 원본이 압수 시부터 문건 출력 시까지 변경되지 않았다는 사정, 즉 **무결성**이 담보되어야 한다. 특히 정보저장매체 원본을 대신하여 저장매체에 저장된 자료를 '하드카피' 또는 '이미징'한 매체로부터 출력한 문건의 경우에는 정보저장매체 원본과 '하드카피' 또는 '이미징'한 매체 사이에 자료의 **동일성**도 인정되어야 할 뿐만 아니라, 이를 확인하는 과정에서 이용한 컴퓨터의 기계적 **정확성**, 프로그램의 **신뢰성**, 입력 · 처리 · 출력의 각 단계에서 조작자의 **전문적인 기술능력**과 **정확성**이 담보되어야 한다. 이 경우 출

3) 전문법칙상의 요건

㈎ 전문법칙 적용범위

디지털 증거에 전문법칙이 적용되는가에 대하여, 제310조의2의 법문에 따르면 전문법칙이 적용되는 것은 '서류'이므로 서류가 아닌 디지털 증거에는 전문법칙이 적용되지 않는다는 견해가 가능하다. 그러나 디지털 증거라고 하더라도 진술기록물이라는 점에서 진술을 기재한 서류와 본질적으로 다를 바 없으므로 전문법칙이 적용된다(통설, 판례[91]).

디지털 증거 중 전문증거에 한하여 전문법칙이 적용되며, 전문증거인지의 판단은 앞서 전문증거의 성립요소(43쪽)에서 살펴보았다.

㈏ 전문법칙 예외규정

현행 형사소송법상의 전문법칙 예외 규정 중 제311조와 제312조는 디지털 증거에 적용될 여지가 거의 없다. 법원 또는 법관 면전의 진술은 그 자체가 원본증거이므로 별도의 진술기록물이 증거가 되는 것은 아니며, 수

력 문건과 정보저장매체에 저장된 자료가 동일하고 정보저장매체 원본이 문건 출력 시까지 변경되지 않았다는 점은, 피압수 · 수색 당사자가 정보저장매체 원본과 '하드카피' 또는 '이미징'한 매체의 해쉬(Hash) 값이 동일하다는 취지로 서명한 확인서면을 교부받아 법원에 제출하는 방법에 의하여 증명하는 것이 원칙이나, 그와 같은 방법에 의한 증명이 불가능하거나 현저히 곤란한 경우에는, 정보저장매체 원본에 대한 압수, 봉인, 봉인해제, '하드카피' 또는 '이미징' 등 일련의 절차에 참여한 수사관이나 전문가 등의 증언에 의해 정보저장매체 원본과 '하드카피' 또는 '이미징'한 매체 사이의 해쉬 값이 동일하다거나 정보저장매체 원본이 최초 압수 시부터 밀봉되어 증거 제출 시까지 전혀 변경되지 않았다는 등의 사정을 증명하는 방법 또는 법원이 그 원본에 저장된 자료와 증거로 제출된 출력 문건을 대조하는 방법 등으로도 그와 같은 **무결성 · 동일성**을 인정할 수 있으며, 반드시 압수 · 수색 과정을 촬영한 영상녹화물 재생 등의 방법으로만 증명하여야 한다고 볼 것은 아니다.

91) 대법원 1999. 9. 3. 선고 99도2317 판결 [국가보안법위반(반국가단체의구성등)]
컴퓨터 디스켓에 들어 있는 문건이 증거로 사용되는 경우 그 컴퓨터 디스켓은 그 기재의 매체가 다를 뿐 실질에 있어서는 피고인 또는 피고인 아닌 자의 진술을 기재한 서류와 크게 다를 바 없고, 압수 후의 보관 및 출력과정에 조작의 가능성이 있으며, 기본적으로 반대신문의 기회가 보장되지 않는 점 등에 비추어 그 기재내용의 진실성에 관하여는 전문법칙이 적용된다고 할 것이고, 따라서 형사소송법 제313조 1항에 의하여 그 작성자 또는 진술자의 진술에 의하여 그 성립의 진정함이 증명된 때에 한하여 이를 증거로 사용할 수 있다.

사기관 앞에서의 진술도 그 기록방법으로 조서를 작성하며 설령 디지털매체에 기록한다고 하더라도 디지털매체가 녹화매체이면 영상녹화물(제244조의2, 제221조 1항)에 해당하여 그 증거능력은 별도로 규율되기 때문이다.

대부분의 디지털 증거에 적용되는 전문법칙 예외규정은 제313조이다. 대부분의 디지털 증거는 피고인, 피의자, 피해자, 목격자, 관련자 등 사인이 스스로 요증사실에 관한 진술을 디지털매체에 기록하거나, 사인이 다른 사인의 요증사실에 관한 진술을 디지털매체에 기록한 것이기 때문이다. 제314조는 디지털 증거의 원진술자가 진술불능일 때 적용될 수 있다.

㈐ 예외인정 요건

디지털 증거에 적용할 제313조 등의 전문법칙 예외규정의 각 요건을 풀이하면 다음과 같다.

① 자필 및 서명날인에 의한 형식적 진정성립

자필 및 서명날인 요건은 '서류'를 예상한 요건이며 전자서명이 일반적으로 통용되고 있지 않으므로 디지털 증거의 경우에 이 요건을 문언 그대로 적용할 수는 없다. 피고인이 전속적으로 사용하는 저장매체에 저장되어 있거나, 로그기록이 피고인이 작성자임을 입증하는 전자문서인 경우, 그 외 다양한 방식의 디지털기술에 의하여 작성자를 특정할 수 있는 경우에는 형식적 진정성립을 인정할 수 있다.

② 실질적 진정성립 인정

문제는 실질적 진정성립의 요건이다. 개정전 법률에서는 작성자 또는 진술자가 법정에서 실질적 진정성립을 부인하면 증거능력이 없으며 제312조 2항(검사작성 피의자신문조서)과 같은 대체적 증명방법도 허용하지 않았다. 그러나 법률 개정에 의하여 제313조 1항 본문의 경우에 진술서(서류나 진술기록물)의 진정성립에 관한 진술을 할 자가 그 진정성립을 부인하면 과학적 분석결과에 기초한 디지털포렌식 자료, 감정 등 객관적 방법으로 성립의 진정함이 증명되는 때에는 증거로 할 수 있다(제313조 2항).

피고인이 자신의 디지털 기기에 다른 사람이 접속해서 작성한 것이라거나 자신의 계정이 도용당했다는 등의 주장을 하며 디지털 증거의 진정성립을 부인하는 경우에 검사가 객관적 방법으로 이를 증명할 수 있다.

③ 특신상태

디지털 증거의 특신상태는, 증거서류의 경우와 마찬가지로, 디지털 증거의 내용인 원진술의 특신상태를 의미한다. 즉, 원진술의 진술정황이 허위개입의 여지가 거의 없고, 그 진술의 신빙성이나 임의성을 담보할 구체적이고 외부적인 정황이 있는 것을 의미한다.

(3) 디지털 증거의 유형[92]

1) 문자정보매체

(가) 개 요

문자정보매체는 진술자의 진술을, 진술자가 직접 입력하거나 타인이 입력하는 방법으로 기록, 저장, 재생하는 매체이다.

그 예로는, 여러 형태의 문자정보를 저장하고 있는 컴퓨터디스크(이하 컴퓨터), 외장하드디스크, 이동식저장장치가 있고, 이메일을 저장하고 있는 서버와 컴퓨터, 스마트폰이 있다. 또한, 트위터, 페이스북, 카카오톡, 밴드 등 SNS상의 대화, 게시물, 메모 등의 문자정보를 저장하고 있는 서버와 컴퓨터, 스마트폰이 있고, 문자메시지를 저장하고 있는 셀폰 등이 있다.

문자정보매체에 저장된 문자정보가 진술증거이고 그 내용이 요증사실에 관한 경험 내용의 진술일 때에는 전문법칙이 전면적으로 적용된다.

(나) 전문법칙 예외규정

문자정보매체에 적용될 전문법칙 예외규정은 그 문자정보를 저장하고 있는 매체에 문자정보를 입력한 자가 피고인인가 아닌가, 수사기관 면전인가 아닌가에 따라 제312조 또는 제313조의 각 조항이 적용된다. 제313조를 적용함에 있어서는, 진술자가 문자정보를 직접 입력한 경우인가, 진술자 외에 별도로 입력자가 존재하는가에 따라 그 문자정보매체는 제313조의 진술서 또는 진술기재서류에 해당하게 되므로 이를 구분하여야 한다.

대부분의 문자정보매체는 제313조의 진술서에 해당하지만 진술기재서류에 해당하는 경우도 있다. 가령, 피고인 갑의 요증사실에 관한 진술을 을이 듣고 디지털매체에 문자로 입력한 경우에는 제313조의 '피고인 아닌 자가 피고인의 진술을 기재한 서류(진술기재서류)가 된다. 이 문자정보매체는 제313조 본문에 의하여 진술자인 피고인이 공판기일에 나와 실질적 진

92) 신동운, 1259쪽 이하에서는 디지털 증거를 정보저장매체라고 하고, 그 유형을 형사소송규칙의 용어에 따라 문자정보매체, 녹음 · 녹화매체, 도면 · 사진등매체로 나누어 설명하고 있다. 저자도 이 책의 분류법을 사용하였다.

정성립(그 문자정보매체에 기록된 내용이 자신이 진술한 것과 일치함)을 인정하는 진술을 해야 증거능력이 인정된다. 만약 피고인이 실질적 진정성립을 부인하면 제313조 단서가 적용되어 작성자(입력자)인 을의 진술에 의하여 실질적 진정성립이 인정되고 갑의 진술정황이 특신상태가 인정되면 증거능력이 인정된다.

2) 녹음 · 녹화매체

(가) 개 요

녹음 · 녹화매체 중 녹음매체는 진술자의 음성을, 녹화매체는 진술자의 음성과 영상을, 그 음성과 영상의 주체가 직접 입력하거나 타인이 입력하는 방법으로 기록, 저장, 재생하는 매체이다. 녹음 · 녹화매체는 문자정보의 한계를 넘어 음성과 영상을 통하여 진술의 구체적 과정과 진술태도까지 기록할 수 있다는 점에서 과학적 증거방법으로 주목된다.

그 예로는, 녹음테이프, 녹화테이프, 동영상촬영기능이 있는 디지털카메라가 있고, 그 밖에도 문자정보매체 중에서 음성과 영상을 저장할 수 있는 매체는 모두 여기에 해당한다.

녹음 · 녹화매체에 저장된 음성이나 영상정보가 진술증거이고 그 내용이 요증사실에 관한 경험 내용의 진술일 때에는 전문법칙이 전면적으로 적용된다.

(나) 전문법칙 예외규정

녹음 · 녹화매체에 적용될 전문법칙 예외규정은 그 매체에 녹음 · 녹화한 자가 피고인인가 아닌가, 수사기관 면전인가 아닌가에 따라 제312조 또는 제313조의 각 조항이 적용되는 점은 문자정보매체의 경우와 같다. 제313조의 진술기재서류에 해당하는 경우에는 녹음 · 녹화자가 법문상의 작성자에 해당한다.

(다) 진술녹음 · 녹화와 현장녹음 · 녹화

녹음 · 녹화매체가 사람의 진술을 녹음 · 녹화한 것(진술녹음 · 녹화)인 때에는 진술증거이므로 '서류'에 준하여 진술자와 작성자(녹음 · 녹화자)가 누구인지에 따라 제312조, 제313조의 각 전문법칙 예외규정을 적용하면 된다. 판례도 같다.[93]

---

93) 대법원 2011. 9. 8. 선고 2010도7497 판결

녹음 · 녹화매체가 범죄 현장의 음향이나 상황을 녹음 · 녹화한 것(현장녹음 · 녹화)인 때에는 ① 비진술증거설(비진술증거로 보아 단순한 증거물로 취급해야 한다는 견해), ② 진술증거설(진술증거로 보아 전문법칙이 적용된다는 견해), ③ 검증조서유사설(검증조서와 유사한 것으로 보아 검증조서에 관한 전문법칙이 적용된다는 견해)이 대립하는데 현장녹음 · 녹화는 검증조서와 가장 유사한 속성이 있으므로 검증조서유사설이 타당하다. 이 학설을 적용하면, 가령 수사기관이 범죄현장의 음향이나 상황을 녹음 · 녹화한 녹음테이프, 녹화테이프에 대하여는 제312조 6항이 적용된다.

형사소송규칙은 녹음 · 녹화매체의 증거조사절차에 대하여 진술녹음 · 녹화와 현장녹음 · 녹화를 구별하지 않고 진정성립 여부의 판단 자료를 확보하기 위한 규정을 두고 있다. 즉, 「녹음 · 녹화매체 등에 대한 증거조사를 신청하는 때에는 음성이나 영상이 녹음 · 녹화 등이 된 사람, 녹음 · 녹화 등을 한 사람 및 녹음 · 녹화 등을 한 일시 · 장소를 밝혀야 한다」(규칙 제134조의8 1항). 이 규정에 의하여 녹음 · 녹화매체의 진술자와 작성자(녹음 · 녹화자)를 확인하여 그의 공판기일 진술로써 제312조, 제313조의 각 규정(진술녹음 · 녹화의 경우) 또는 제312조 6항(현장녹음·녹화의 경우)의 요건인 진정성립 여부를 판단할 수 있게 된다.

3) 도면 · 사진등매체

도면 · 사진등매체는 도면 · 사진등 정보를 입력, 저장, 재생하는 매체이며, 이에 대하여는 문자정보매체에 관한 규정을 준용한다(규칙 제134조의7 3항). 여기서 도면 · 사진등매체는 디지털 증거로서의 도면 · 사진 등을 의미하며 디지털 증거가 아닌 도면 · 사진(규칙 제134조의9, 아래 9. 도면 · 사진 등)과는 구별된다.

사람의 진술이 녹음된 녹음테이프의 증거능력에 대하여 「수사기관 아닌 사인이 피고인 아닌 사람과의 대화내용을 녹음한 녹음테이프는 형사소송법 제311조, 제312조 규정 이외의 피고인 아닌 자의 진술을 기재한 서류와 다를 바 없으므로, 피고인이 녹음테이프를 증거로 할 수 있음에 동의하지 아니하는 이상 그 증거능력을 부여하기 위해서는, 첫째 녹음테이프가 원본이거나 원본으로부터 복사한 사본일 경우 복사과정에서 편집되는 등의 인위적 개작 없이 원본 내용 그대로 복사된 사본일 것, 둘째 형사소송법 제313조 제1항에 따라 공판준비나 공판기일에서 원진술자의 진술에 의하여 녹음테이프에 녹음된 각자의 진술내용이 자신이 진술한 대로 녹음된 것이라는 점이 인정되어야 한다.

도면 · 사진등매체의 예로는 사진을 촬영한 디지털카메라가 있고, 그 밖에도 문자정보매체 중에서 도면과 사진 등을 저장할 수 있는 매체는 모두 여기에 해당한다.

9. 도면 · 사진 등

(1) 분　류

형사소송규칙은 도면 · 사진 등의 증거조사에 관하여 증거서류에 관한 규정(제292조) 및 증거물에 관한 규정(제292조의2)을 준용하도록 하고 있다(규칙 제134조의9). 그러므로 도면 · 사진 등은 증거서류에 준하여 취급할 것과 증거물에 준하여 취급할 것으로 분류할 수 있다.[94]

증거서류에 준하는 것으로는 도면 · 사진 등이 진술의 기능을 담당하는 경우인데 계약서의 사진 복사본이 이에 해당한다. 증거물에 준하는 것으로는 범행도구의 사진, 상해부위를 촬영한 사진, 범행현장의 도면 등이 있다. 도면 · 사진 등과 관련하여 다음 사항이 논의된다.

(2) 원본 대체물인 사진

원래 증거로 제출해야 할 증거서류나 증거물의 대체물로서 그것을 촬영한 사진을 제출하는 경우에는 최우량증거의 법칙(best evidence rule)에 따라 원본(증거서류, 증거물 등)을 법정에 제출할 수 없고 사건과의 관련성이 인정될 때에 한하여 증거능력이 인정된다. 판례는 사본의 증거 사용의 조건으로 원본의 존재, 원본제출의 불능 또는 곤란, 사본의 정확성을 조건으로 제시하였다.[95] 사본에 관한 이 판례는 원본 대체물인 사진에 적용될

---

94) 신동운, 1268쪽 참조.

95) 대법원 2002. 10. 22. 선고 2000도5461 판결 [국가보안법위반(회합·통신등)·국가보안법위반(찬양·고무등)]

피고인에 대한 검사 작성의 피의자신문조서가 그 내용 중 일부를 가린 채 복사를 한 다음 원본과 상위없다는 인증을 하여 초본의 형식으로 제출된 경우에, 위와 같은 피의자신문조서초본은 피의자신문조서원본 중 가려진 부분의 내용이 가려지지 않은 부분과 분리 가능하고 당해 공소사실과 관련성이 없는 경우에만, 그 피의자신문조서의 원본이 존재하거나 존재하였을 것, 피의자신문조서의 원본 제출이 불능 또는 곤란한 사정이 있을 것, 원본을 정확하게 전사하였을 것 등 3가지 요건을 전제로 피고인에 대한 검사 작성의 피의자신문조서원본과 동일하게 취급할 수

수 있다.

(3) 진술증거의 일부를 이루는 도면·사진 등

피고인이나 피고인 아닌 자가 도면 · 사진 등을 사용하여 진술하고 이를 진술서면(피의자신문조서, 진술조서, 진술서 등)에 첨부하거나, 검증조서나 감정서에 도면 · 사진 등이 첨부되는 경우이다. 이러한 경우 도면 · 사진 등의 증거능력은 진술서면 그 자체 또는 검증조서나 감정서와 일체로 판단된다.

(4) 현장검증 시의 범행재연 사진

수사기관의 현장검증 시의 피의자의 범행재연 장면을 촬영한 사진은 검증조서와 일체로 판단하지 않고 그 수사기관에서의 피의자의 자백과 같이 취급한다.[96)]

(5) 현장사진

현장사진은 범행 장면이나 그 전후 상황을 촬영한 것으로서 은행강도 사건에서 은행의 폐쇄회로TV(CCTV)에 찍힌 사진이나 간통현장을 촬영한 사진이 이에 해당한다. 현장사진에 대하여도 현장녹음 · 녹화매체의 경우와 같이 ① 비진술증거설, ② 진술증거설, ③ 검증조서유사설이 대립하는데 현장사진 역시 검증조서와 가장 유사한 속성이 있으므로 검증조서유사설이 타당하다.

그러므로 현장사진의 촬영 주체가 법원인 경우에는 제311조에 의하여, 검사 또는 사법경찰관인 경우에는 제312조 6항에 의하여 증거능력 유무가 판단된다. 사인이 촬영한 경우에는 제312조 6항을 유추적용하여 그 작성자(촬영자)가 공판기일에 출석하여 진정성립을 인정하는 진술을 해야 한다.

10. 영상녹화물

개정 형사소송법은 수사기관이 피의자와 참고인을 조사하면서 그 진

있다.

96) 대법원 1989. 12. 26. 선고 89도1557 판결 [교통사고처리특례법위반]
피의자이던 피고인이 사법경찰리의 면전에서 자백한 진술에 따라 사고 당시의 상황을 재현한 사진과 그 진술내용으로 된 사법경찰리 작성의 실황조사서는 피고인이 공판정에서 그 범행 재현의 상황을 모두 부인하고 있는 이상 이를 범죄사실의 인정자료로 할 수 없다.

술을 영상녹화할 수 있는 근거 규정을 두고(제244조의2, 제221조 1항) 그 영상녹화물을 법정에서 사용하는 방법에 대하여 규정하고 있다. 이 영상녹화물은 피의자신문조서, 진술조서의 작성과 동시에 생성되는 것이다.

이러한 영상녹화물은 ① 조서의 진정성립 증명 수단으로 사용하거나(제312조 2항, 4항), ② 피고인이나 증인의 법정 진술과정에서 기억환기를 위한 보조자료로 사용하는 것은(제318조의2 2항) 법문상 명백하게 허용된다. 그러나 ③ 독립적 증거(본증)와 ④ 탄핵증거 사용에 대하여는 긍정론과 부정론이 있다.

영상녹화물은 과학적 증거방법이니 이를 적극 활용하자는 긍정론과 법정에서 재생하는 경우 법관 또는 배심원에게 미치는 강력한 인상과 영향력으로 인하여 공판중심주의를 저해할 것이니 그 사용을 가급적 억제하자는 부정론이 그것이다.

영상녹화제도는 수사과정의 적법성 · 투명성 확보와 정확한 기록과 전달이 최대의 강점이자 제도의 존재이유이다. 수사과정 영상녹화를 의무화하는 각국의 입법례와 판례도 무수히 찾아볼 수 있다. 그러나 영상녹화를 의무화하고 있다고 하여 모두가 그 영상녹화물에 증거능력을 부여하여 본증으로 사용하고 있는 것은 아니다. 그것은 각국의 입법자와 법원의 정책적 선택의 문제다.

우리나라에서는 현재 영상녹화물에 대하여 수사의 적법성 · 투명성 확보 장치로서의 기능은 인정하면서도 본증으로서의 증거능력 인정과 탄핵증거 사용에 대하여는 반대하는 견해가 우세하다(다수설, 판례).

변호인은 검사가 영상녹화물을 독립적 증거(본증) 또는 탄핵증거로 제출한 경우에는 부정론에 입각하여 다투면 된다.

11. 제314조의 경우

제312조 또는 제313조의 경우에 공판준비 또는 공판기일에 진술을 요하는 자가 사망 · 질병 · 외국거주 · 소재불명 그 밖에 이에 준하는 사유로 인하여 진술할 수 없는 때에는 그 조서 및 그 밖의 서류(피고인 또는 피고인 아닌 자가 작성하였거나 진술한 내용이 포함된 문자 · 사진 · 영상 등의 정보로서 컴퓨터용디스크, 그 밖에 이와 비슷한 정보저장매체에 저장된 것을 포

함한다)를 증거로 할 수 있다. 다만, 그 진술 또는 작성이 특히 신빙할 수 있는 상태하에서 행하여졌음이 증명된 때에 한한다(제314조).

(1) 예외인정의 요건

제312조의 수사기관이 작성한 조서, 제313조의 진술서의 증거능력을 판단하기 위해서는, 원진술자(또는 작성자)가 공판준비 또는 공판기일에 법정에 출석하여 그 조서나 진술서의 진정성립 여부, 내용인정 여부에 관하여 진술을 해야 하는데(제314조 법문상의 '진술을 요하는 자'의 진술이란 전문서류의 진정성립 등에 관한 진술을 말한다. 요증사실에 관한 진술이 아니다), 원진술자가 법정에 나와서 진술할 수 없을 때 원진술의 특신상태가 증명되면 그 전문서류의 증거능력이 인정된다.

1) 원진술자의 진술불능

원진술자의 진술불능은 원진술자의 사망, 질병, 외국거주, 소재불명 그 밖에 이에 준하는 사유가 있어야 인정된다. 이 요건은 강학상 필요성이라고 하는데 이는 '원진술자의 경험사실에 관한 진술을 들을 수 없어서 전문서류를 증거로 사용해야 할 필요성'을 의미한다.

판례는 소재불명 요건을 엄격하게 해석하는 경향이다. 즉, 「제314조의 요건 중 소재불명의 요건은 단순한 소환장 송달불능만으로는 충분하지 않으며 소재수사를 통해서도 소재가 확인되지 않는 경우에 인정될 수 있다」고 하면서, 제1심법원이 조서의 원진술자에 대하여 수회에 걸쳐 증인소환을 하였으나 송달불능으로 확인되고, 소재탐지촉탁을 하였으나 소재탐지불능으로 확인되며, 그로부터 수회의 공판기일이 경과한 후 제314조에 따라 그 조서를 증거채택한 사안에 대하여, 제1심법원의 증거채택은 적법하다고 판시한 사례가 있다.[97]

또 「(증인 구인장 집행불능에 대하여) 형식적으로 구인장 집행이 불가능하다는 취지의 서면이 제출되었다는 것만으로는 부족하고, 구인장의 강제

---

97) 대법원 2004. 3. 11. 선고 2003도171 판결
사안: 조서의 원진술자를 증인으로 채택하여 수회에 걸쳐 소환장을 송달해 보았으나 증인소환장이 송달되지 아니하여 그 소재탐지촉탁까지 하였지만 그 소재를 알지 못하게 되었음을 확인하고 제12회 공판기일에 이르러 제314조에 의하여 조서를 증거로 채택한 경우임.

력에 기하여 증인의 법정 출석을 위한 가능하고도 충분한 노력을 다하였음에도 불구하고, 부득이 증인의 법정 출석이 불가능하게 되었다는 사정을 검사가 입증한 경우여야 한다」고 판시하였다.[98]

판례는 변호사가 법률자문 과정에 작성한 법률의견서가 검사 측 증거로 제출된 후 원진술자인 변호사가 법정에서 증언거부권을 행사하여 그 법률의견서의 진정성립 여부에 관한 진술을 거부한 사안에 대하여 종래의 견해(증언거부권의 행사는 진술불능에 해당하므로 제314조에 따라 증거서류의 증거능력을 인정할 수 있다는 견해)를 변경하여, 「(법률의견서의 원진술자인 변호사가) 증언거부권을 행사하여 증언을 거부한 경우에는 '그 밖에 이에 준하는 사유로 인하여 진술할 수 없는 때'에 해당하지 않는다」고 판시하였다.[99]

---

98) 대법원 2007. 1. 11. 선고 2006도7228 판결
사안: 경찰이 증인과 가족의 실거주지를 방문하지 않은 상태에서 전화상으로 증인의 모로부터 법정에 출석케 할 의사가 없다는 취지의 진술을 들었다는 내용의 구인장 집행불능 보고서를 제출하고 있을 뿐이고, 검사가 기록상 확인된 증인의 휴대전화번호로 연락하여 법정 출석의사가 있는지를 확인하는 등의 방법으로 출석을 적극적으로 권유·독려하는 등 증인의 법정 출석을 위하여 상당한 노력을 기울이지 않은 경우임.

99) 대법원 2012. 5. 17. 선고 2009도6788 전원합의체 판결
[1] [다수의견] (전략) 위와 같은 현행 형사소송법 제314조의 문언과 개정 취지, 증언거부권 관련 규정의 내용 등에 비추어 보면, 법정에 출석한 증인이 형사소송법 제148조, 제149조 등에서 정한 바에 따라 정당하게 증언거부권을 행사하여 증언을 거부한 경우는 형사소송법 제314조의 '그 밖에 이에 준하는 사유로 인하여 진술할 수 없는 때'에 해당하지 아니한다.
[2] 변호사가 법률자문 과정에 작성하여 갑 회사 측에 전송한 전자문서를 출력한 '법률의견서'에 대하여 피고인들이 증거로 함에 동의하지 아니하고, 변호사가 원심 공판기일에 증인으로 출석하였으나 증언할 내용이 갑 회사로부터 업무상 위탁을 받은 관계로 알게 된 타인의 비밀에 관한 것임을 소명한 후 증언을 거부한 사안에서, 위 법률의견서는 압수된 디지털 저장매체로부터 출력한 문건으로서 실질에 있어서 형사소송법 제313조 제1항에 규정된 '피고인 아닌 자가 작성한 진술서나 그 진술을 기재한 서류'에 해당하는데, 공판준비 또는 공판기일에서 작성자 또는 진술자인 변호사의 진술에 의하여 성립의 진정함이 증명되지 아니하였으므로 위 규정에 의하여 증거능력을 인정할 수 없고, 나아가 원심 공판기일에 출석한 변호사가 그 진정성립 등에 관하여 진술하지 아니한 것은 형사소송법 제149조에서 정

검사는 공판기일에 원진술자의 진술불능 사유에 대하여 진술하며 그 사유는 공판조서에 기재된다. 변호인은 공판조서를 읽고 검사가 진술한 사유가 진술불능의 요건에 해당하는지 살펴보아야 한다.

2) 원진술의 특신상태

원진술의 특신상태는 원진술의 '신용성의 정황적 보장'을 의미하지만, 신용성의 정황적 보장의 구체적 의미는 전문서류의 성질에 따라 차이가 있다. 수사기관이 작성한 조서의 경우에는 진술전후의 정황과 조사과정의 적법절차를 함께 고려하여야 하므로 "진술 내용이나 조서작성에 허위 개입의 여지가 거의 없고, 진술 내용의 신빙성이나 임의성을 담보할 구체적이고 외부적인 정황이 있는 것"을 의미한다(다수설, 판례). 반면 진술서의 경우에는 수사과정의 적법절차는 개념 요소에서 제외되므로 "진술 내용에 허위 개입의 여지가 거의 없고, 진술의 신빙성이나 임의성을 담보할 구체적이고 외부적인 정황이 있는 것"을 의미한다(다수설, 판례).

이러한 특신상태의 증명의 정도에 관하여, 판례는 합리적 의심이 없는 정도의 증명을 요한다고 한다.[100] 대법원은 특신상태의 거증책임에 대하여 검사증명책임설, 증명의 방법에 대하여 자유로운 증명설의 입장이며 (이 책 50면), 자유로운 증명의 경우에도 그 증명의 정도는 엄격한 증명의

한 바에 따라 정당하게 증언거부권을 행사한 경우에 해당하므로 형사소송법 제314조에 의하여 증거능력을 인정할 수도 없다는 이유로, 위 의견서의 증거능력을 부정한 결론이 정당하다고 한 사례임(다만, 원심이 이른바 변호인·의뢰인 특권에 근거하여 위 의견서의 증거능력을 부정한 것은 적절하다고 할 수 없다고 함).

100) 대법원 2014. 2. 21. 선고 2013도12652 판결 [성매매알선등행위의처벌에관한법률위반(성매매)]
형사소송법이 원진술자 또는 작성자(이하 '참고인'이라 한다)의 소재불명 등의 경우에 참고인이 진술하거나 작성한 진술조서나 진술서에 대하여 증거능력을 인정하는 것은, 형사소송법이 제312조 또는 제313조에서 참고인 진술조서 등 서면증거에 대하여 피고인 또는 변호인의 반대신문권이 보장되는 등 엄격한 요건이 충족될 경우에 한하여 증거능력을 인정할 수 있도록 함으로써 직접심리주의 등 기본원칙에 대한 예외를 인정한 데 대하여 다시 중대한 예외를 인정하여 원진술자 등에 대한 반대신문의 기회조차 없이 증거능력을 부여할 수 있도록 한 것이므로, 그 경우 참고인의 진술 또는 작성이 '특히 신빙할 수 있는 상태하에서 행하여졌음에 대한 증명'은 단지 그러할 개연성이 있다는 정도로는 부족하고 합리적인 의심의 여지를 배제할 정도에 이르러야 한다.

경우에 비하여 완화되는 것이 아니며 어느 경우에나 합리적 의심이 없는 정도의 증명을 요한다. 그러므로 이 판례는 증명의 정도에 관한 새로운 판시를 한 것은 아니라고 본다.

(2) 적용범위

1) 검사작성 피의자신문조서

제312조 1, 2항이 적용되는 검사작성 피의자신문조서는 제314조의 적용 대상이 아니다. 그 이유는, 피고인의 출석 없이는 원칙적으로 개정할 수 없으므로 법정을 개정하였다는 것은 피고인이 재정하였다는 것을 의미하며, 피고인 없이 개정할 수 있는 경우에도 당해 피고인의 진술(자백 진술)의 증거법상의 비중에 비추어 제314조를 근거로 증거능력을 인정하는 것은 타당하지 않기 때문이다.

다만 공범이나 공동피고인에 대한 검사작성 피의자신문조서는 제312조 1, 2항이 아니라(동 조항의 법문은 '검사가 피고인이 된 피의자의 진술을 기재한 조서'임) 제312조 4항이 적용되며, 그 조서의 원진술자(공범이나 공동피고인)가 진술불능인 경우에는 제314조에 의하여 증거능력이 인정될 수 있다.

2) 사법경찰관 작성 피의자신문조서

사법경찰관이 작성한 당해 피고인에 대한 피의자신문조서도 검사작성의 당해 피고인에 대한 피의자신문조서와 같은 이유로 제314조의 적용대상이 아니다.

문제는 사법경찰관이 작성한 공범의 피의자신문조서에 대하여 제314조가 적용되는가이다. 먼저 이 경우에 적용할 전문법칙 예외규정으로 제312조 4항설이 있으나 제312조 3항설이 이 조항의 입법취지에 비추어 타당하다(판례). 다음으로 제312조 3항설에 따를 때, 법정에서 내용인정을 할 주체에 대하여, 역시 이 조항의 입법취지에 비추어 당해 피고인 내용인정설이 타당하다(판례). 그러므로 결국 당해 피고인이 법정에서 사법경찰관이 작성한 공범의 피의자신문조서에 대하여 내용부인을 하는 한 제314조에 의하여 증거능력을 인정받을 여지는 없게 된다.[101]

101) 대법원 2004. 7. 15. 선고 2003도7185 전원합의체 판결 [여신전문금융업법위반]

형사소송법 제312조 제2항(현재의 제3항)은 검사 이외의 수사기관이 작성한 당해

(3) 제314조의 전문증거의 취약점

제312조의 진술조서, 제313조의 진술서 등이 제314조에 의하여 증거능력을 인정받게 되면, 원진술자가 법정에 출석하지 못하는 경우이므로 변호인은 반대신문을 통하여 원진술의 신빙성을 검증할 기회를 갖지 못한다. 이 점은 제314조의 전문증거의 취약점이다. 법원으로서는 제314조에 의하여 증거능력이 부여된 전문증거에 대하여는 그 증거의 신빙성 판단에 신중을 기해야 한다.

12. 전문진술

(1) 제316조 1항의 경우

피고인이 아닌 자(공소제기 전에 피고인을 피의자로 조사하였거나 그 조사에 참여하였던 자를 포함한다. 이하 이 조에서 같다)의 공판준비 또는 공판기일에서의 진술이 피고인의 진술을 그 내용으로 하는 것인 때에는 그 진술이 특히 신빙할 수 있는 상태 하에서 행하여졌음이 증명된 때에 한하여 이를 증거로 할 수 있다(제316조 1항).

이 조항의 전문진술의 전형적인 예는 피고인의 범행을 인정하는 말(원진술)을 들은 다른 사람이 법정에 출석하여 피고인의 말을 전달하는 진술이다.

원진술자가 피고인인 경우인데, 피고인은 법정에 출석해 있어서 직접 피고인에게 원진술의 내용에 대하여 신문할 수 있으므로 다른 사람의 전문진술을 증거로 사용할 필요가 없다고 볼 수도 있는데, 피고인은 자기에게 불리한 원진술에 대하여 사실대로 말하지 않을 가능성이 있고, 또 피

피고인에 대한 피의자신문조서를 유죄의 증거로 하는 경우뿐만 아니라 검사 이외의 수사기관이 작성한 당해 피고인과 공범관계에 있는 다른 피고인이나 피의자에 대한 피의자신문조서를 당해 피고인에 대한 유죄의 증거로 채택할 경우에도 적용되는바, 당해 피고인과 공범관계가 있는 다른 피의자에 대한 검사 이외의 수사기관 작성의 피의자신문조서는 그 피의자의 법정진술에 의하여 그 성립의 진정이 인정되더라도 당해 피고인이 공판기일에서 그 조서의 내용을 부인하면 증거능력이 부정되므로 그 당연한 결과로 그 피의자신문조서에 대하여는 사망 등 사유로 인하여 법정에서 진술할 수 없는 때에 예외적으로 증거능력을 인정하는 규정인 형사소송법 제314조가 적용되지 아니한다.

고인의 지위에서는 진술거부권이 있으므로 원진술을 들은 사람의 전문진술을 증거로 사용할 필요가 있다는 것이 이 규정의 입법이유이다. 이 전문진술의 예외인정의 요건은 원진술의 특신상태이다.

판례는 종래 조사자증언은 제312조 3항의 입법취지(사법경찰관이 작성한 피의자신문조서의 예외인정의 요건을 내용인정으로 엄격하게 규정한 것)에 비추어 증거능력이 없다고 판시해왔으나, 개정 형사소송법은 위 법문{피고인 아닌 자(공소제기 전에 피고인을 피의자로 조사하였거나 그 조사에 참여하였던 자를 포함한다)}과 같이 조사자증언에 증거능력이 인정될 수 있음을 명시하였다(54쪽 조사자증언).

피고인이 공소사실을 부인하는 사건의 경우, 피고인이 법정 외에서 범행을 인정하는 진술을 누군가에게 한 사실이 있다면 변호인은 그 원진술(피고인의 범행 시인 진술)의 경위에 대하여 의문을 가질 필요가 있다. 피고인이 범죄 혐의자로서 공범, 피해자, 언론기자 등의 의도에 말려들어 착각, 흥분, 엉뚱한 책임의식 등으로 인하여 사실과 다르게 자신의 범행이라고 인정했을 가능성을 살펴보아야 한다. 이런 점에 착안하여 '원진술의 특신상태'를 다투어 증거능력이 없다고 주장하면 된다.

(2) 제316조 2항의 경우

피고인 아닌 자의 공판준비 또는 공판기일에서의 진술이 피고인 아닌 타인의 진술을 그 내용으로 하는 것인 때에는 원진술자가 사망, 질병, 외국거주, 소재불명 그 밖에 이에 준하는 사유로 인하여 진술할 수 없고, 그 진술이 특히 신빙할 수 있는 상태 하에서 행하여졌음이 증명된 때에 한하여 이를 증거로 할 수 있다(제316조 2항).

이 조항의 전문진술의 전형적인 예는 피해자의 피해사실 진술, 목격자의 목격사실 진술(원진술)을 들은 제3자가 법정에 출석하여 피해자나 목격자의 말을 전달하는 진술이다.

이러한 전문진술의 예외인정의 요건은 원진술자의 진술불능, 원진술의 특신상태이며 이 요건들은 앞(81쪽, 11. 제314조의 경우)에서 설명한 것과 같다.

유의할 것은 공범이나 공동피고인도 이 조항의 '피고인(당해 피고인) 아닌 타인'에 해당하므로 제3자가 법정에 출석하여 공범이나 공동피고인

의 말(원진술)을 전달하는 경우에도 이 규정이 적용된다.[102)]

13. 再 傳 聞

(1) 재전문의 의의와 증거능력

재전문은 전문증거가 그 내용에 다시 전문증거를 포함하는 경우, 즉 이중의 전문(double hearsay)이다.

재전문의 증거능력에 관하여, 부정설은 재전문은 이중의 예외이며 그 증거능력을 인정하는 명문규정이 없으므로 증거능력을 부정해야 한다고 한다. 긍정설은 이중의 전문증거는 그 예외의 요건을 각각 충족하면 증거능력을 인정할 수 있다고 한다(이중요건충족설). 판례는 재전문의 증거능력을 긍정하면서, 다만 재전문의 여러 형태 중에서 '전문진술이 기재된 조서'만 증거능력이 인정되고 '재전문진술'과 '재전문진술이 기재된 조서'는 증거능력을 인정할 수 없다고 하였다(재전문의 여러 형태는 42쪽 [표 3] 참조).[103)]

(2) 변호인의 주장

재전문이 증거신청된 경우에, 부정설을 택하여 증거능력 배제를 주장

---

102) 대법원 1984. 11. 27. 선고 84도2279 판결 [간통]

형사소송법 제316조 제2항에 의하면 피고인 아닌 자의 공판준비 또는 공판기일에서의 진술이 피고인 아닌 타인의 진술을 그 내용으로 하는 것인 때에는 원진술자가 사망 · 질병 기타 사유로 인하여 진술할 수 없고 그 진술이 특히 신빙할 수 있는 상태 하에서 행하여진 때에 한하여 이를 증거로 할 수 있다고 규정하고 있는데 여기서 말하는 "피고인 아닌 타인"이라 함은 제3자는 말할 것도 없고 공동피고인이나 공범을 모두 포함한다.

103) 대법원 2000. 3. 10. 선고 2000도159 판결 [미성년자의제강제추행]

[1] 전문진술이 기재된 조서는 형사소송법 제312조 또는 제314조의 규정에 의하여 각 그 증거능력이 인정될 수 있는 경우에 해당하여야 함을 물론 나아가 형사소송법 제316조 제2항의 규정에 따른 요건을 갖추어야 예외적으로 증거능력이 있다.
[2] 형사소송법은 전문진술에 대하여 제316조에서 실질상 단순한 전문의 형태를 취하는 경우에 한하여 예외적으로 그 증거능력을 인정하는 규정을 두고 있을 뿐, 재전문진술이나 재전문진술을 기재한 조서에 대하여는 달리 그 증거능력을 인정하는 규정을 두고 있지 아니하고 있으므로, 피고인이 증거로 하는 데 동의하지 아니하는 한 형사소송법 제310조의2의 규정에 의하여 이를 증거로 할 수 없다.

하는 것만으로는 적절한 변론이라고 볼 수 없다. '재전문진술'과 '재전문진술이 기재된 조서'에 대하여는 이런 형태의 재전문은 판례가 인정하지 않는다고 주장하면 되지만, '전문진술이 기재된 조서'는 판례가 인정하는 형태이므로 그 예외 인정의 요건을 차례로 따져서 배척해야 한다.

14. 공범 진술의 여러 경우

(1) 전형적인 예

갑, 을이 공범인 경우에,[104] 갑은 범행을 부인하는 데 반하여 을은 갑과 함께 범행했다는 내용으로 자백하는 경우가 있다. 이 때 검사는 당해 피고인인 갑의 공소사실을 증명하는 데 있어서 을의 여러 형태의 진술을 증거로 사용하려고 할 것이다. 이때 검사가 제출할 증거로는 사법경찰관 작성의 을의 피의자신문조서, 검사작성의 을의 피의자신문조서, 을의 증언, 을의 법정진술(피고인진술) 등이 있다.

한편, 당해 피고인 갑과 공범관계가 아닌 제3자인 병이 다른 사건으로 피의자신문을 받으면서 갑의 범행에 대하여 진술하는 경우가 있다. 이 때 검사는 사법경찰관 작성의 병의 피의자신문조서, 검사 작성의 병의 피의자신문조서를 증거로 제출할 것이므로 이에 대하여도 함께 살펴본다.

(2) 사법경찰관 작성의 공범의 피의자신문조서

이 경우에 적용할 전문법칙 예외규정으로 제312조 4항설(을이 '피고인 아닌 자'임을 논거로 함)이 있으나, 제312조 3항설(이 조항의 입법취지를 중시하는 견해임)이 타당하며 판례의 입장도 같다.[105]

---

104) 넓은 의미의 공범을 다 포함한다. 공소장상의 갑, 을의 관계가 필요적 공범의 관계, 공동정범의 관계, 교사범과 실행정범의 관계, 종범과 실행정범의 관계인 경우, 모두 여기에 해당한다.

105) 대법원 2009.11.26. 선고 2009도6602 판결

형사소송법 제312조 제3항은 검사 이외의 수사기관이 작성한 당해 피고인에 대한 피의자신문조서를 유죄의 증거로 하는 경우뿐만 아니라 검사 이외의 수사기관이 작성한 당해 피고인과 공범관계에 있는 다른 피고인이나 피의자에 대한 피의자신문조서 또는 공동피의자에 대한 피의자신문조서를 당해 피고인에 대한 유죄의 증거로 채택할 경우에도 적용되는바, 당해 피고인과 공범관계가 있는 다른 피의자에 대한 검사 이외의 수사기관 작성의 피의자신문조서는 그 피의자의 법정진술에 의

위의 예에서, 당해 피고인 갑과 공범관계가 아닌 제3자인 병의 피의자신문조서는 어떤가. 이 경우 병은 순수한 제3자이므로 제312조 4항이 적용된다는 견해가 있고 이것이 실무의 경향이다. 그러나 제312조 3항이 사법경찰관의 위법수사 방지를 위한 정책적 조문이며 위법수사 방지라는 차원에서 볼 때 제3자에 대한 수사와 공범에 대한 수사를 달리 취급할 이유가 없으므로, 사법경찰관이 작성한 제3자에 대한 피의자신문조서에도 동 조항이 적용된다고 보아야 할 것이다.[106]

다음으로, 내용인정의 주체에 관하여, 원진술자(위의 예에서 을 또는 병)내용인정설과 당해 피고인(갑)내용인정설이 대립하나 역시 이 조항의 입법취지에 비추어 후설이 타당하다. 그러므로 갑이 내용부인하면 증거능력이 없다.

(3) 검사 작성의 공범의 피의자신문조서

이 경우에 적용할 전문법칙 예외규정은 을이 당해 피고인 갑에 대하여는 '피고인 아닌 자'에 해당하므로 제312조 4항이다. 서류의 이름은 피의자신문조서이지만 전문법칙 적용에서는 참고인의 진술조서와 같이 취급된다. 그러므로 당해 피고인이 부동의하면 조서작성의 적법성, 실질적 진정성립 인정 또는 증명, 반대신문 기회보장, 특신상태를 요건으로 증거능력이 인정된다.

위의 예에서, 당해 피고인과 공범관계가 아닌 제3자인 병도 '피고인 아닌 자'에 해당하므로 검사작성의 병에 대한 피의자신문조서에도 동 조항이 적용된다.

(4) 공동피고인의 증언(증인적격 문제)

공동피고인의 증인적격이 문제되는 이유는 증인신문 과정에서 '피고인으로서의 진술거부권'이 침해될 수 있기 때문이다(공동피고인이 증인이 되어 증인석에 앉더라도 증언을 마치고 나면 다시 피고인석에 돌아가 재판을 받아

하여 그 성립의 진정이 인정되더라도 당해 피고인이 공판기일에서 그 조서의 내용을 부인하면 증거능력이 부정되므로, 그 당연한 결과로 그 피의자신문조서에 대하여는 사망 등 사유로 인하여 법정에서 진술할 수 없는 때에 예외적으로 증거능력을 인정하는 규정인 형사소송법 제314조가 적용되지 않는다.

106) 신동운, 1196쪽.

야 하는 신분이다). 공동피고인의 증인적격에 대하여 견해 대립이 있다.

① 부정설은 공동피고인은 공범관계 여부를 불문하고 그 공판에서는 피고인이므로 증인적격이 없다고 한다. ② 긍정설은 공동피고인은 다른 피고인에 대한 관계에서는 제3자이므로 증인적격이 있다고 한다. ③ 절충설은 공범인('공범으로 기소된'이라는 뜻이다) 공동피고인은 증인적격이 없지만, 공범 아닌 공동피고인은 증인적격이 있다고 한다.

생각건대, 공범 아닌 공동피고인의 증언은 단순한 증언이지만, 공범인 공동피고인의 증언은 실질적으로 자기 자신의 피고사건에 대한 진술이기도 하다. 그런데 증인은 증언거부를 할 수 없어 결국 증인 자신의 피고사건에 대한 진술이 강제되므로 '피고인으로서의 진술거부권'이 침해되는 문제가 발생한다. 이처럼 '피고인으로서의 진술거부권' 침해 문제는 공범인지 여부에 따라 실질적으로 판단해야 하므로 절충설이 타당하다(다수설).

부정설은 진술거부권 침해 문제가 발생하지 않는 경우(공범이 아닌 경우)에까지 증인적격을 부정하여 법정의 진실규명에 불필요한 지장을 초래하게 하는 견해이므로 타당하지 않다.[107]

긍정설은 증언으로 인한 불이익이 예상되는 경우에는 증언거부권(제148조)을 행사하면 된다고 하나, 증언을 거부하는 자는 거부사유를 소명해야 하는데(제150조) 거부사유를 소명하는 과정에서 불이익한 진술을 할 수밖에 없어 실질적으로 '피고인으로서의 진술거부권'을 침해 받게 되므로 이 견해는 타당하지 않다.

판례는 기본적으로 절충설의 입장을 취하면서도 공범인 경우에도 변론을 분리하면 증인적격이 있다고 한다(변론분리후허용설).[108] 그러나 변론분리라는 형식에 의하여 '피고인으로서의 진술거부권' 침해라는 문제의 본

---

107) 부정설은 변론을 분리하면 증인적격이 인정될 수 있다는 단서를 달고 있지만, 이 단서 또한 타당하지 않음은 다음에서 살펴본다.

108) 대법원 2008. 6. 26. 선고 2008도3300 판결 [위증]
공범인 공동피고인은 당해 소송절차에서는 피고인의 지위에 있으므로 다른 공동피고인에 대한 공소사실에 관하여 증인이 될 수 없으나, 소송절차가 분리되어 피고인의 지위에서 벗어나게 되면 다른 공동피고인에 대한 공소사실에 관하여 증인이 될 수 있다.

질이 해소되지 않으므로 타당하지 않다.[109]

검사는 공범인 공동피고인은 증인적격이 없으므로 증언이 아닌 피고인진술로써 당해 피고인의 공소사실을 입증하려고 하거나(아래 (5) 참조), 위 판례의 입장에 따라 「변론분리 후 증인신문」을 신청할 것이다. 만약 공범인 공동피고인에 대하여 「변론분리 후 증인신문」이 실시되면 변호인은 공범의 책임전가 진술의 경향 등을 들어 그 증언의 신빙성을 다투는 변론을 하여야 한다.

(5) 공동피고인의 법정진술(피고인진술)

공동피고인의 법정진술의 증거능력은 공동피고인의 증인적격과 밀접한 관련이 있으므로, 증인적격에 관한 절충설에 따라 다음과 같이 경우를 나누어 설명할 수 있다.

ⅰ) 공동피고인이 공범이 아닌 경우에는 증인적격이 있으므로 반드시 선서하고 한 증언만 증거능력이 있으며 증언이 아닌 법정진술은 증거능력이 없다. 최우량증거 법칙의 귀결이다. 판례도 같다.[110]

ⅱ) 공동피고인이 공범인 경우에는 증인적격이 없어 증인신문을 할 수 없으므로 공동피고인의 법정진술을 증거로 쓸 수밖에 없으므로 증거능력이 있다. 판례는 당해 피고인에게 반대신문권을 보장하는 것을 전제로 공동피고인의 법정진술의 증거능력을 인정하고 있다.[111]

---

109) 변론분리 절차를 보면, 재판장이 "지금부터 변론을 분리하고 피고인 을을 피고인 갑 사건에 관하여 증인으로 채택합니다. 피고인 을은 증인석으로 가십시오."라고 하고 증인신문절차를 진행한다. 변론분리에 의하여 재판부가 분리되지도 않고, 공판기록이 분철되지도 않으며, 피고인들도 여전히 같은 법정의 같은 좌석에 앉아 공판이 진행된다. 결과적으로 공판조서에 변론분리라고 기록될 뿐이며, 갑 사건에 관한 을의 증언 내용이 을 자신의 피고사건에 불리한 내용일 때 을의 증언 내용과 을 사건에 관한 법관의 심증형성이 차단되어야 하는데 그런 장치는 없다. 법원행정처, 법원실무제요(형사Ⅱ), 437쪽 참조.

110) 대법원 1982. 9. 14. 선고 82도1000 판결 [폭력행위등처벌에관한법률위반]
피고인과 별개의 범죄사실로 기소되어 병합심리중인 공동피고인(공범 아닌 공동피고인-주)은 피고인의 범죄사실에 관하여는 증인의 지위에 있다 할 것이므로 선서 없이 한 공동피고인의 법정진술이나 피고인이 증거로 함에 동의한 바 없는 공동피고인에 대한 피의자 신문조서는 피고인의 공소 범죄사실을 인정하는 증거로 할 수 없다.

111) 대법원 1992. 7. 28. 선고 92도917 판결 [강도상해 등]

iii) 공동피고인이 공범인 경우에도, 판례에 따르면 변론분리를 하면 증인적격이 있으므로(변론분리후허용설) 변론분리를 하여 공동피고인의 증언을 들은 경우에는, 위 i)에서 살펴본 판례의 논리와 최우량 증거법칙의 귀결로써 그의 법정진술은 증거능력이 없다고 해야 한다.

형사소송법 제310조의 피고인의 자백에는 공범인 공동피고인의 진술은 포함되지 않으며, 이러한 공동피고인의 진술에 대하여는 피고인의 반대신문권이 보장되어 있어 독립한 증거능력이 있다.

4

위법수집증거의 증거능력 배제

Ⅰ. 위법수집증거배제법칙의 의의

위법수집증거배제법칙(exclusionary rules)은 적법절차를 위반하여 수집한 증거, 즉 위법수집증거(illegally obtained evidence)의 증거능력을 배제하는 법칙이다. 형사소송법 제308조의2는 "적법한 절차에 따르지 아니하고 수집한 증거는 증거로 할 수 없다."고 규정하고 있다.

이 법칙은 적법절차의 보장과 위법수사의 억제를 위한 미국 최고법원의 창조물이다. 위법하게 수집한 증거를 허용하는 것은 법원이 위법행위에 가담하는 것과 같은 결과가 되므로 이 법칙은 사법의 염결성(judicial integrity)을 지켜준다. 또 이 법칙은 수사기관으로 하여금 위법수사의 동기를 갖지 않게 함으로써 위법수사 억제의 가장 유효한 방법(an effective deterrent to illegal police action)이 된다.

증거수집 방법을 이유로 한 증거의 배제는 현대 증거법의 역사에서 가장 중요한 발전으로 평가된다. 형사소송은 진실발견을 목표로 하지만 그것이 적법절차, 인간의 존엄과 가치, 법치주의보다 우월한 것은 아니므로 이 법칙은 헌법적 정당성을 갖는다.

Ⅱ. 수사기관의 위법수집증거

1. 영장주의 위반 등

(1) 체포 · 구속

수사기관이 긴급체포의 요건(제200조의3), 현행범체포의 요건(제211조, 제212조)에 해당하지 않음에도 이를 행한 경우에는 영장주의 위반이 된다.

수사기관이 적법한 체포영장에 의한 체포(통상체포), 긴급체포, 현행범체포를 하였더라도 체포후의 조치(48시간 이내의 구속영장 청구 또는 석방, 제200조의2 5항, 제200조의4 1항, 제213조의2)를 하지 않은 경우에는 적법절차 위반이 된다.

(2) 압수 · 수색 · 검증

1) 압수 · 수색 · 검증에 있어서의 영장주의의 예외

압수 · 수색 · 검증에 있어서의 영장주의의 예외로는 ① 구속 · 체포 목적의 피의자수색(제216조 1항 1호), ② 체포현장에서의 압수 · 수색 · 검증(제216조 1항 2호), ③ 피고인 구속현장에서의 압수 · 수색 · 검증(제216조 2항), ④ 범죄장소에서의 압수 · 수색 · 검증(제216조 3항), ⑤ 긴급체포시의 압수 · 수색 · 검증(제217조 1항), ⑥ 임의제출물의 압수(제218조)가 있다.

이 영장주의의 예외 규정들은 각각 고유한 입법취지와 요건이 있으므로 변호인은 그 요건 충족 여부를 점검해야 한다. 또 위 ①, ②, ③, ⑤의 경우에는 적법한 체포 · 구속을 전제로 하므로 그 체포 · 구속의 적법성도 점검해야 한다.

영장주의 위반의 위법은 피고인의 사후 동의로도 치유되지 않고,[112] 법원의 사후영장으로도 치유되지 않는다.[113]

2) 압수 · 수색의 집행

i) 참여권 보장 등　압수 · 수색 집행절차에서 당사자의 참여권을 침해하거나(제121조~제123조), 야간 압수 · 수색 절차(제125조), 여자 신체검사 절차(제124조)를 위반한 경우, 영장 제시(제118조)를 하지 않은 경우 적법절차 위반이 된다.

---

112) 대법원 2010. 1. 28. 선고 2009도10092 판결

형사소송법 제218조는 "사법경찰관은 소유자, 소지자 또는 보관자가 임의로 제출한 물건을 영장없이 압수할 수 있다"고 규정하고 있는바, 위 규정을 위반하여 소유자, 소지자 또는 보관자가 아닌 자로부터 제출받은 물건을 영장없이 압수한 경우 그 '압수물' 및 '압수물을 찍은 사진'은 이를 유죄 인정의 증거로 사용할 수 없는 것이고, 헌법과 형사소송법이 선언한 영장주의의 중요성에 비추어 볼 때 피고인이나 변호인이 이를 증거로 함에 동의하였다고 하더라도 달리 볼 것은 아니다.

113) 대법원 2012. 2. 9. 선고 2009도14884 판결

ii) 디지털 증거에 대한 압수·수색 제106조 3항은「법원은 압수의 목적물이 컴퓨터용 디스크, 그 밖에 이와 비슷한 정보저장매체인 경우에는 기억된 정보의 범위를 정하여 출력하거나 복제하여 제출받아야 한다. 다만, 범위를 정하여 출력 또는 복제하는 방법이 불가능하거나 압수의 목적을 달성하기에 현저히 곤란하다고 인정되는 때에는 정보저장매체 등을 압수할 수 있다」고 규정하고 있다.

이와 관련하여 대법원은 디지털 증거(전자증거, 정보저장매체) 압수 집행과정에서의 적법성 요건으로 ① 원칙적으로 집행 현장에서 문서 출력 또는 파일 복사, 예외적으로 저장매체 압수(직접압수, 하드카피, 이미징), ② 수사기관 사무실에서 저장매체로부터 출력 또는 복사하는 경우 당사자나 변호인의 참여권 보장 등 정보왜곡의 방지조치, ③ 문서 출력이나 파일 복사는 혐의사실과 관련성 있는 부분에 한정할 것을 제시하였다.[114] 판

---

114) 대법원 2011. 5. 26. 자 2009모1190 결정 [준항고기각결정에 대한 재항고]

[1] 전자정보에 대한 압수·수색영장을 집행할 때에는 원칙적으로 영장 발부의 사유인 혐의사실과 관련된 부분만을 문서 출력물로 수집하거나 수사기관이 휴대한 저장매체에 해당 파일을 복사하는 방식으로 이루어져야 하고, 집행현장 사정상 위와 같은 방식에 의한 집행이 불가능하거나 현저히 곤란한 부득이한 사정이 존재하더라도 저장매체 자체를 직접 혹은 하드카피나 이미징 등 형태로 수사기관 사무실 등 외부로 반출하여 해당 파일을 압수·수색할 수 있도록 영장에 기재되어 있고 실제 그와 같은 사정이 발생한 때에 한하여 위 방법이 예외적으로 허용될 수 있을 뿐이다. 나아가 이처럼 저장매체 자체를 수사기관 사무실 등으로 옮긴 후 영장에 기재된 범죄 혐의 관련 전자정보를 탐색하여 해당 전자정보를 문서로 출력하거나 파일을 복사하는 과정 역시 전체적으로 압수·수색영장 집행의 일환에 포함된다고 보아야 한다. 따라서 그러한 경우 문서출력 또는 파일복사 대상 역시 혐의사실과 관련된 부분으로 한정되어야 하는 것은 헌법 제12조 제1항, 제3항, 형사소송법 제114조, 제215조의 적법절차 및 영장주의 원칙상 당연하다. 그러므로 수사기관 사무실 등으로 옮긴 저장매체에서 범죄 혐의 관련성에 대한 구분 없이 저장된 전자정보 중 임의로 문서출력 혹은 파일복사를 하는 행위는 특별한 사정이 없는 한 영장주의 등 원칙에 반하는 위법한 집행이다. 한편 검사나 사법경찰관이 압수·수색영장을 집행할 때에는 자물쇠를 열거나 개봉 기타 필요한 처분을 할 수 있지만 그와 아울러 압수물의 상실 또는 파손 등의 방지를 위하여 상당한 조치를 하여야 하므로(제219조, 제120조, 제131조 등), 혐의사실과 관련된 정보는 물론 그와 무관한 다양하고 방대한 내용의 사생활 정보가 들어 있는 저장매체에 대한 압수·수색영장을 집행할 때 영장이 명시적으로 규정한 위 예외적인 사정이

례가 제시하는 집행현장에서의 문서 출력 또는 파일 복사의 원칙은 수사 현실에서 준수되기 어려우므로 저장매체를 압수하는 예외적 운용이 일반화할 가능성이 크다.

(3) 음주측정

1) 위법한 체포 상태에서의 음주측정

대법원은 「위법한 체포 상태에서 음주측정요구가 이루어진 경우, 운전자가 주취운전을 하였다고 인정할 만한 상당한 이유가 있다 하더라도 그 운전자에게 경찰공무원의 이와 같은 위법한 음주측정요구에 대해서까지 그에 응할 의무가 있다고 보아 이를 강제하는 것은 부당하므로 그에 불응하였다고 하여 음주측정거부에 관한 도로교통법 위반죄로 처벌할 수 없다」고 판시하였다.[115]

2) 보호조치와 음주측정

대법원은 「보호조치의 요건인 '술에 취한 상태'란 술에 만취하여 정상적인 판단능력이나 의사능력을 상실할 정도에 이른 것을 말하고, 피구호자의 가족 등에게 인계할 수 있다면 특별한 사정이 없는 한 보호조치는 허용되지 않는다. 보호조치 요건이 갖추어지지 않았음에도 범죄수사(음주측정)를 목적으로 의사에 반하여 경찰관서에 데려간 행위는 현행범체포나 임의동행 등의 적법 요건을 갖추지 않은 한 위법한 체포에 해당하고, 위법한 체포 상태에서 이루어진 음주측정요구는 위법하다」고 판시하였다.[116]

인정되어 전자정보가 담긴 저장매체 자체를 수사기관 사무실 등으로 옮겨 이를 열람 혹은 복사하게 되는 경우에도, 전체 과정을 통하여 피압수·수색 당사자나 변호인의 계속적인 참여권 보장, 피압수·수색 당사자가 배제된 상태의 저장매체에 대한 열람·복사 금지, 복사대상 전자정보 목록의 작성·교부 등 압수·수색 대상인 저장매체 내 전자정보의 왜곡이나 훼손과 오·남용 및 임의적인 복제나 복사 등을 막기 위한 적절한 조치가 이루어져야만 집행절차가 적법하게 된다.

[2] 수사기관이 전국교직원노동조합 본부 사무실에 대한 압수·수색영장을 집행하면서 방대한 전자정보가 담긴 저장매체 자체를 영장 기재 집행 장소에서 수사기관 사무실로 가져가 그곳에서 저장매체 내 전자정보파일을 다른 저장매체로 복사하자, 이에 대하여 위 조합 등이 준항고를 제기한 사안임.

115) 대법원 2006. 11. 9. 선고 2004도8404 판결

116) 대법원 2012. 12. 13. 선고 2012도11162 판결

사안: 화물차 운전자인 피고인이 경찰의 음주단속에 불응하고 도주하였다가 다른

3) 혈액채취에 의한 음주측정

(가) 법적 성질

수사상 혈액채취의 법적 성질은 감정 내지 압수에 해당한다. 그러므로 수사기관은 법원으로부터 감정처분허가장을 받아 '감정에 필요한 처분'(제221조의4 제1항, 제173조 제1항)으로 하거나 압수영장을 발부받아 '압수영장의 집행에 있어 필요한 처분'(제219조, 제120조 제1항)으로서 실행해야 한다.[117] 물론 피의자의 동의를 받아 할 수도 있다.

(나) 피의자가 의식불명인 경우

피의자가 의식불명인 경우에는 호흡조사가 불가능하고 혈액채취에 대한 동의를 받을 수도 없으며 사전영장 발부까지 시간이 경과하고 나면 영장발부가 무의미해질 수도 있다.

피의자의 의식불명 상태에서의 채혈에 대하여 대법원은 수사기관이 피의자의 처로부터 채혈동의를 받은 사안,[118] 피의자의 동서로부터 채혈동의를 받은 사안[119]에 대하여 모두 위법수집증거로 보았다. 다만, 경찰관이 간호사로부터 진료목적으로 이미 채혈되어 있는 피고인의 혈액을 임의제출받아 압수한 경우, 특별한 사정이 없는 한 적법하다고 본 판례가 있다.[120]

차량에 막혀 더 이상 진행하지 못하게 되자 운전석에서 내려 다시 도주하려다 경찰관에게 검거되어 지구대로 보호조치된 후 2회에 걸쳐 음주측정요구를 거부하였다고 하여 도로교통법 위반(음주측정거부)으로 기소됨.

117) 대법원 2012. 11. 15. 선고 2011도15258 판결

118) 대법원 2011. 5. 13. 선고 2009도10871 판결

수사기관이 법원으로부터 영장 또는 감정처분허가장을 발부받지 아니한 채 피의자의 동의 없이 피의자의 신체로부터 혈액을 채취하고 더구나 사후적으로도 지체 없이 이에 대한 영장을 발부받지 아니하고서 위와 같이 강제 채혈한 피의자의 혈액 중 알코올농도에 관한 감정이 이루어졌다면, 이러한 감정결과보고서 등은 형사소송법상 영장주의 원칙을 위반하여 수집하거나 그에 기초한 증거로서 그 절차위반행위가 적법절차의 실질적인 내용을 침해하는 정도에 해당한다고 할 것이므로, 피고인이나 변호인의 증거동의 여부를 불문하고 이 사건 범죄사실을 유죄로 인정하는 증거로 사용할 수 없다.

119) 대법원 2011. 4. 28. 선고 2009도2109 판결

120) 대법원 1999. 9. 3. 선고 98도968 판결

(전략) 의료인이 진료 목적으로 채혈한 환자의 혈액을 수사기관에 임의로 제출하

최근 대법원은 의식불명 상태에서의 채혈에 대하여 보다 보편적으로 사용 가능한 적법성의 기준을 제시하였다. 즉, 「음주운전 중 교통사고를 야기한 후 피의자가 의식불명 상태에 빠져 있는 경우 신체나 의복에서 주취 냄새가 강하게 나는 등 범죄의 증적이 현저한 준현행범인의 요건이 갖추어져 있고, 사회통념상 범행 직후라고 볼 수 있는 시간 내라면, 사고현장으로부터 곧바로 후송된 병원 응급실 등의 장소는 제216조 제3항의 범죄 장소에 준하므로, 검사 또는 사법경찰관은 의료인으로 하여금 의학적인 방법에 따라 필요최소한의 한도 내에서 피의자의 혈액을 채취하게 한 후 그 혈액을 영장 없이 압수할 수 있다. 다만 이 경우에도 형사소송법 제216조 제3항 단서에 따라 사후에 지체 없이 법원으로부터 압수영장을 받아야 한다」고 판시하였다.[121)]

(4) 임의동행

임의동행은 수사관이 당사자의 동의를 받아 피의자와 수사관서에까지 동행하는 수사방법이다.

판례는 임의동행의 적법성을 원칙적으로 부인하고 극히 예외적으로 적법성을 인정할 여지를 남겨두고 있다. 즉, 「(임의동행은) 상대방의 신체의 자유가 현실적으로 제한되어 실질적으로 체포와 유사한 상태에 놓이게 됨에도, 영장에 의하지 아니하고 그 밖에 강제성을 띤 동행을 억제할 방법도 없어서 제도적으로는 물론 현실적으로도 임의성이 보장되지 않」는다. 다만 「수사관이 동행에 앞서 피의자에게 동행을 거부할 수 있음을 알려 주었거나 동행한 피의자가 언제든지 자유로이 동행과정에서 이탈 또는 동행장소로부터 퇴거할 수 있었음이 인정되는 등 오로지 피의자의 자발적

였다면 그 혈액의 증거사용에 대하여도 환자의 사생활의 비밀 기타 인격적 법익이 침해되는 등의 특별한 사정이 없는 한 반드시 그 환자의 동의를 받아야 하는 것이 아니고, 따라서 경찰관이 간호사로부터 진료 목적으로 이미 채혈되어 있던 피고인의 혈액 중 일부를 주취운전 여부에 대한 감정을 목적으로 임의로 제출받아 이를 압수한 경우, 당시 간호사가 위 혈액의 소지자 겸 보관자인 병원 또는 담당의사를 대리하여 혈액을 경찰관에게 임의로 제출할 수 있는 권한이 없었다고 볼 특별한 사정이 없는 이상, 그 압수절차가 피고인 또는 피고인의 가족의 동의 및 영장 없이 행하여졌다고 하더라도 이에 적법절차를 위반한 위법이 있다고 할 수 없다.

121) 대법원 2012. 11. 15. 선고 2011도15258 판결

인 의사에 의하여 수사관서 등에의 동행이 이루어졌음이 객관적인 사정에 의하여 명백하게 입증된 경우에 한하여, 그 적법성이 인정되는 것으로 봄이 상당하다」.[122]

(5) 비밀 녹음 · 녹화

통신비밀보호법은 '누구든지' 전기통신 감청이나 공개되지 아니한 타인 간의 대화를 녹음 또는 청취하는 것을 금지하고, 이를 공개하는 행위를 처벌하고 있다(통신비밀보호법 제3조, 제16조). 이 규정의 수범자는 수사기관과 사인을 포함한다.

다만 수사기관은 '일정한' 범죄를 계획 또는 실행하고 있거나 실행하였다고 의심할만한 충분한 이유가 있고 다른 방법으로는 그 범죄의 실행을 저지하거나 범인의 체포 또는 증거의 수집이 어려운 경우에 한하여 법원의 허가를 받아 통신제한조치를 할 수 있다(동법 제5조). 또 수사기관은 수사 또는 형의 집행을 위하여 법원의 허가를 받아 전기통신사업자에게 통신사실 확인자료제공을 요청할 수 있다(동법 제13조).

통신제한조치(보통은 감청이다)나 통신사실 확인자료제공은 강제수사와 임의수사의 구별에 관한 실질설에 의할 때 강제수사이다. 이 법이 규정한 법원의 허가에 의하여 영장주의가 관철된다.

(6) 비밀촬영

수사기관의 촬영은 통신이 아니므로 통신비밀보호법이 적용되지 않으며 형사소송법의 위법수집증거배제법칙에 따라 그 적법성을 판단하여야 한다.

판례는 수사기관의 사진촬영에 대하여 「누구든지 자기의 얼굴 기타 모습을 함부로 촬영당하지 않을 자유를 가지나 이러한 자유도 국가권력의 행사로부터 무제한으로 보호되는 것은 아니고 국가의 안전보장 · 질서유지 · 공공복리를 위하여 필요한 경우에는 상당한 제한이 따르는 것이고, 수사기관이 범죄를 수사함에 있어 현재 범행이 행하여지고 있거나 행하여진 직후이고, 증거보전의 필요성 및 긴급성이 있으며, 일반적으로 허용되는 상당한 방법에 의하여 촬영을 한 경우라면 위 촬영이 영장 없이 이루

122) 대법원 2006. 7. 6. 선고 2005도6810 판결

어졌다 하여 이를 위법하다고 단정할 수 없다」라고 하여 이익형량의 입장에서 판단기준을 제시하였다.[123]

판례는 무인카메라 촬영에 의한 과속 차량 단속에 대하여 「도로교통법령에 따라 정해진 제한속도를 위반하여 차량을 주행하는 범죄가 현재 행하여지고 있고, 그 범죄의 성질·태양으로 보아 긴급하게 증거보전을 할 필요가 있는 상태에서 일반적으로 허용되는 한도를 넘지 않는 상당한 방법에 의한 것」이라고 하여 위법수집증거배제법칙 적용을 부정하였다.[124]

2. 진술증거의 경우

(1) 자백의 경우

위법한 절차에 의하여 수집한 증거가 자백인 경우에는 위법수집증거배제법칙이 아니라 자백배제법칙이 적용되어야 한다. 그 이유는 자백배제법칙은 여러 형태의 위법수집증거 중 자백 형태의 증거에 대한 것이므로 위법수집증거배제법칙의 특칙이며, 자백에 관한 한 '기타의 방법'을 예정하여 다양한 위법수사를 포착할 수 있도록 한 것이 입법자의 의도라고 보아야 하며,[125] 위법수집증거배제법칙에서의 이익형량이라는 판단기준은 자백의 임의성을 의심할 만한 사유가 있는 때에는 적용이 부적당하기 때문이다. 그러므로 위법수집증거배제법칙은 자백 이외의 진술증거(예를 들어 참고인진술)와 비진술증거에 적용된다.

다만, 판례는 자백의 경우에 위법수집증거배제법칙을 적용한 것이 있다. 대법원은 진술거부권을 고지하지 않고 받은 자백에 대하여 「형사소송법이 보장하는 피의자의 진술거부권은 헌법이 보장하는 형사상 자기에 불리한 진술을 강요당하지 않는 자기부죄거부의 권리에 터 잡은 것이므로 수사기관이 피의자를 신문함에 있어서 피의자에게 미리 진술거부권을 고지하지 않은 때에는 그 피의자의 진술은 위법하게 수집된 증거로서 진술의 임의성이 인정되는 경우라도 증거능력이 부인되어야 한다」고 판시하였고,[126] 긴급체포가 위법한 경우에 대하여 「그 체포에 의한 유치 중에 작성

---

123) 대법원 1999. 9. 3. 선고 99도2317 판결
124) 대법원 1999. 12. 7. 98도3329 판결
125) 신동운, 1332쪽 참조.
126) 대법원 1992. 6. 23. 선고 92도682 판결

된 피의자신문조서는 위법하게 수집된 증거로서 특별한 사정이 없는 한 유죄의 증거로 할 수 없다」고 판시하였다.[127]

(2) 참고인진술의 경우

검사가 증인으로 채택된 자가 검찰에서의 진술을 번복하지 않도록 회유·압박하거나 피고인 측이 그의 검찰에서의 진술을 번복시키려고 접근하는 것을 예방·차단하기 위하여 또는 그에게 면회·전화 등의 편의를 제공하는 기회로 이용하기 위하여 그를 검사실로 자주 소환하는 이른바 '증인 빼돌리기 수사기법'에 대하여, 헌법재판소는 피고인 측의 증인 접근권 침해로 보아 검사가 작성한 참고인 진술조서는 위법수집증거로서 증거능력이 배제된다고 판시하였다.[128]

3. 적법절차 위반의 판단

(1) 위법과 적법절차 위반

제308조의2에서 '위법수집증거의 배제'를 규정하면서 '위법하게 수집한 증거'라고 표현하지 않고 '적법절차에 의하지 아니하고 수집한 증거'라고 표현하였다. 여기서 적법절차는 헌법이 천명한 적법절차와 동일한 의미를 갖는다. 헌법재판소는 적법절차를 '피고인 등의 기본권 보장을 위한 정당한 절차, 즉 근본적인 공정성을 담보하는 절차'라고 판시하고 있다.[129] 그러므로 사소한 절차 위반은 적법절차 위반이라고 볼 수 없으며 그런 의미에서 '적법절차에 의하지 아니하고 수집한 증거'는 '위법하게 수집한 증거'에 비하여 좁은 개념이다.

형사소송법은 적법절차라는 개념의 추상성과 모호성을 유지하면서 법

---

127) 대법원 2002. 6. 11. 선고 2000도5701 판결

128) 헌법재판소 2001. 8. 30. 선고 99헌마496 결정

(전략) 법원에 의하여 채택된 증인은 비록 검사 측 증인이라고 하더라도 검사만을 위하여 증언하는 것이 아니며 오로지 그가 경험한 사실대로 증언하여야 하는 것이고 검사든 피고인이든 공평하게 증인에 접근할 기회가 보장되어야 할 것이므로, 검사와 피고인 쌍방 중 어느 한편에게만 증인과의 접촉을 독점하거나 상대방의 접근을 차단하는 것을 허용한다면 상대방의 '공정한 재판을 받을 권리'를 침해하게 된다.

129) 헌법재판소 1996. 12. 26, 선고 94헌바1 결정

원에 판단 여지를 인정한 것이다. 그러므로 적법절차 위반 여부는 위법의 내용과 정도, 위법한 행위에 의하여 침해되는 권리의 성질, 실체적 진실 발견의 필요성 등에 대한 전체적·종합적인 이익형량을 통하여 판단하는 것이다(통설).[130] 대법원 판례는 항을 바꾸어 살펴본다.

(2) 대법원 전원합의체 판결

2007년 형사소송법 개정으로 위법수집증거의 배제 규정(제308조의2)이 신설된 후 대법원은 전원합의체 판결로 위법수집증거배제법칙의 적용 기준을 제시하였다(2007. 11. 15. 선고 2007도3061판결).

1) 사건개요

제주도지사 A는 제주도의 공무원들을 선거운동의 기획에 참여시켰다는 공소사실로 공직선거법위반죄로 기소되었다. 수사관이 도지사 보좌관 B가 사용하던 사무실을 수색할 때 마침 그곳을 방문한 도지사 비서관 C로부터 도지사 업무일지, 감정메모, 도지사에게 보고한 선거 관련 보고문서 등을 압수하였고 검사는 이들 증거물을 공판정에 제출하였다. A의 변호인은 B에 대한 압수수색 절차에서 적법한 압수수색 영장 없이 C 소지 물건을 압수한 것은 위법하다고 주장하여 그 증거물의 증거능력을 다투었다.

2) 판결요지

(가) 기본적 인권보장을 위하여 압수수색에 관한 적법절차와 영장주의의 근간을 선언한 헌법과 이를 이어받아 실체적 진실 규명과 개인의 권리보호 이념을 조화롭게 실현할 수 있도록 압수수색절차에 관한 구체적 기준을 마련하고 있는 형사소송법의 규범력은 확고히 유지되어야 한다. 그러므로 헌법과 형사소송법이 정한 절차에 따르지 아니하고 수집한 증거는 기본적 인권보장을 위해 마련된 적법한 절차에 따르지 않은 것으로서 원칙적으로 유죄 인정의 증거로 삼을 수 없다. 수사기관의 위법한 압수수색을 억제하고 재발을 방지하는 가장 효과적이고 확실한 대응책은 이를 통하여 수집한 증거는 물론 이를 기초로 하여 획득한 2차적 증거를 유죄 인정의 증거로 삼을 수 없도록 하는 것이다. (이와 달리, 압수물은 그 압수절차가 위법이라 하더라도 물건 자체의 성질, 형상에 변경을 가져오는 것은 아니므로 그 형상 등에 관한 증거가치에는 변함이 없다 할 것이므로 증거능

130) 이영란, 730쪽; 손동권/신이철, 568쪽; 하태영, 164쪽.

력이 있다는 취지로 판시한 (중략) 대법원 2006. 7. 27. 선고 2006도3194 판결 등은 이 판결의 견해에 배치되는 범위 안에서 이를 변경하기로 한다.)

㈏ 다만, 법이 정한 절차에 따르지 아니하고 수집한 압수물의 증거능력 인정 여부를 최종적으로 판단함에 있어서는, 실체적 진실 규명을 통한 정당한 형벌권의 실현도 헌법과 형사소송법이 형사소송 절차를 통하여 달성하려는 중요한 목표이자 이념이므로, 형식적으로 보아 정해진 절차에 따르지 아니하고 수집한 증거라는 이유만을 내세워 획일적으로 그 증거의 증거능력을 부정하는 것 역시 헌법과 형사소송법이 형사소송에 관한 절차 조항을 마련한 취지에 맞는다고 볼 수 없다. 따라서 수사기관의 증거수집 과정에서 이루어진 절차 위반행위와 관련된 모든 사정 즉, 절차 조항의 취지와 그 위반의 내용 및 정도, 구체적인 위반 경위와 회피가능성, 절차 조항이 보호하고자 하는 권리 또는 법익의 성질과 침해 정도 및 피고인과의 관련성, 절차 위반행위와 증거수집 사이의 인과관계 등 관련성의 정도, 수사기관의 인식과 의도 등을 전체적·종합적으로 살펴볼 때, 수사기관의 절차 위반행위가 적법절차의 실질적인 내용을 침해하는 경우에 해당하지 아니하고, 오히려 그 증거의 증거능력을 배제하는 것이 헌법과 형사소송법이 형사소송에 관한 절차 조항을 마련하여 적법절차의 원칙과 실체적 진실 규명의 조화를 도모하고 이를 통하여 형사사법 정의를 실현하려 한 취지에 반하는 결과를 초래하는 것으로 평가되는 예외적인 경우라면, 법원은 그 증거를 유죄 인정의 증거로 사용할 수 있다고 보아야 한다. 이는 적법한 절차에 따르지 아니하고 수집한 증거를 기초로 하여 획득한 2차적 증거의 경우에도 마찬가지여서, 절차에 따르지 아니한 증거 수집과 2차적 증거수집 사이 인과관계의 희석 또는 단절 여부를 중심으로 2차적 증거수집과 관련된 모든 사정을 전체적·종합적으로 고려하여 예외적인 경우에는 유죄 인정의 증거로 사용할 수 있다.

3) 판결의 의의

이 판결은 다음 몇 가지 점에서 그 의의가 크다. 첫째, 종전의 성질형상불변론을 폐기하고 위법수집증거배제법칙을 확고하게 수용한 점, 둘째, 증거수집과정의 절차위반이 있는 경우에도 그 증거를 사용할 수 있는 예외인정의 기준을 상세하게 제시한 점, 셋째, 2차 증거에 대하여도 예외

인정의 기준을 제시한 점 등이다.

이 판결에 의하면, 적법절차 위반 여부(즉, 위법수집증거의 배제 여부)는 형사사법정의의 실현과 증거수집 과정의 절차 위반으로 인한 법익침해의 내용과 정도를 놓고 이익형량을 통하여 판단하는 것이다.

Ⅲ. 사인(私人)의 위법수집증거

1. 개 관

형사소송법상 증거수집을 위한 수사의 주체는 검사와 사법경찰관이므로 위법수집증거배제법칙은 수사기관의 증거수집 절차에 적용된다. 사인이 위법하게 수집한 증거에 이 법칙이 적용될 것인가가 문제된다. 이에 대하여 헌법상 기본권의 對私人效에 따라 긍정하는 견해가 다수설[131]이다. 다만, 통신비밀보호법과 같이 법률이 사인의 행위에 대하여 직접적인 금지규정을 두고 있으면 이 규정으로 직접 규제할 수 있으므로 헌법상 기본권의 대사인효를 원용할 필요가 없다. 사인이 수집한 증거로는 다음과 같은 것이 있다.

2. 사인의 사진촬영

대법원은 사인이 촬영한 사진의 증거능력에 대하여 이익형량론에 따라 「법원으로서는 효과적인 형사소추 및 형사소송에서의 진실발견이라는 공익과 개인의 사생활의 보호이익을 비교형량하여 그 허용 여부를 결정하고…」라고 판시하였다.[132] 그러나 변호인으로서는 이 판례가 제시하는 이

131) 신동운, 1335쪽; 임동규, 466쪽 등 참조.

132) 대법원 1997. 9. 30. 선고 97도1230 판결 [간통]
모든 국민의 인간으로서의 존엄과 가치를 보장하는 것은 국가기관의 기본적인 의무에 속하는 것이고, 이는 형사절차에서도 당연히 구현되어야 하는 것이기는 하나 그렇다고 하여 국민의 사생활 영역에 관계된 모든 증거의 제출이 곧바로 금지되는 것으로 볼 수는 없고, 법원으로서는 효과적인 형사소추 및 형사소송에서의 진실발견이라는 공익과 개인의 사생활의 보호이익을 비교형량하여 그 허용 여부를 결정하고, 적절한 증거조사의 방법을 선택함으로써 국민의 인간으로서의 존엄성에 대한 침해를 피할 수 있다고 보아야 할 것이므로, 피고인의 동의 하에 촬영된 나

익형량에 대하여 비판적 시각을 가질 필요가 있다. 즉, 사인이 공갈 목적으로 촬영한 여성의 나체사진이 간통죄의 형사절차에서 증거로 제출된 경우이며, 이 경우에 비록 그 여성이 사진촬영에 동의하였고 법원이 적절한 증거조사 방법을 택한다고 하더라도 그 여성의 프라이버시권에 대한 중대한 침해임은 분명한데 이에 비하여 간통죄의 형사소추가 과연 이를 능가하는 공익인지는 의문이다. 피고인에게 불리한 대법원 판례를 변호인이 무비판적으로 받아들이면, 변론이 불가능하며 새로운 판례를 이끌어 낼 수도 없다.

3. 사인의 비밀 녹음·녹화

통신비밀보호법은 '누구든지' 전기통신 감청이나 공개되지 아니한 타인 간의 대화를 녹음 또는 청취하는 것을 금지하고, 이를 공개하는 행위를 처벌하고 있다(통신비밀보호법 제3조, 제16조). 이 규정의 수범자는 수사기관과 사인을 포함한다. 따라서 수사기관에 의한 통신비밀보호법상의 절차를 밟지 않은 도청이나 비밀녹음은 물론, 사인에 의한 도청이나 비밀녹음도 위법하며, 그 증거능력이 부정된다.[133]

4. 대화당사자의 비밀녹음

대화당사자의 비밀녹음의 경우에는, 그 녹음테이프나 녹취록, 녹음테이프 검증조서의 증거능력이 문제된다.

증거능력 부정설은 이러한 비밀녹음이 대화상대방의 프라이버시를 침

체사진의 존재만으로 피고인의 인격권과 초상권을 침해하는 것으로 볼 수 없고, 가사 사진을 촬영한 제3자가 그 사진을 이용하여 피고인을 공갈할 의도였다고 하더라도 사진의 촬영이 임의성이 배제된 상태에서 이루어진 것이라고 할 수는 없으며, 그 사진은 범죄현장의 사진으로서 피고인에 대한 형사소추를 위하여 반드시 필요한 증거로 보이므로, 공익의 실현을 위하여는 그 사진을 범죄의 증거로 제출하는 것이 허용되어야 하고, 이로 말미암아 피고인의 사생활의 비밀을 침해하는 결과를 초래한다 하더라도 이는 피고인이 수인하여야 할 기본권의 제한에 해당된다.

133) 통신비밀보호법 제4조(불법검열에 의한 우편물의 내용과 불법감청에 의한 전기통신내용의 증거사용 금지)

제3조의 규정에 위반하여, 불법검열에 의하여 취득한 우편물이나 그 내용 및 불법감청에 의하여 지득 또는 채록된 전기통신의 내용은 재판 또는 징계절차에서 증거로 사용할 수 없다.

해하는 본질을 중시하여 증거능력을 부정해야 한다고 하고, 증거능력 긍정설은 통신비밀보호법 제3조는 '타인 간' 대화의 녹음·청취를 금지하고 있으므로 법문상 대화당사자에 의한 공개는 위법하지 않다고 한다. 대법원도 대화당사자가 비밀녹음한 녹음테이프의 증거능력을 인정하고 있다.[134]

생각건대, 이 경우에도 본질적으로 대화상대방의 프라이버시를 침해하는 점은 부정할 수 없다. 그러나 통신비밀보호법 제3조의 금지규정에 대하여 제16조는 처벌규정을 두고 있으므로 죄형법정주의의 요청에 의하여 유추해석이 금지되므로 법문에 충실하게 해석할 수밖에 없다. 따라서 대화당사자의 비밀녹음을 동법 제3조 위반 행위라고 할 수 없고 따라서 증거능력을 부정할 수 없다.

5. 대화의 일방당사자의 동의 하의 제3자의 비밀녹음

이 경우는 통신비밀보호법 제3조의 '타인 간의 대화'를 녹음한 경우에 해당한다. 판례도 이 경우에 위법수집증거로 보았다.[135]

---

134) 대법원 1997. 3. 28. 선고 97도240 판결 [강간치상(인정된 죄명: 강간)]
변호인은 이 사건 비밀녹음에 의한 녹음테이프는 위법수집증거배제법칙에 의하여 증거능력이 없다고 주장하나, 피고인이 범행 후 피해자에게 전화를 걸어오자 피해자가 증거를 수집하려고 그 전화내용을 녹음한 이 사건에 있어서는 그것이 피고인 모르게 녹음된 것이라 하여 이를 위법하게 수집된 증거라고 할 수 없고….
대법원 1999. 3. 9. 선고 98도3169 판결 [공직선거및선거부정방지법위반]
수사기관이 아닌 사인(私人)이 피고인 아닌 사람과의 대화내용을 녹음한 녹음테이프는 … 그 증거능력을 부여하기 위하여는 첫째, 녹음테이프가 원본이거나… 인위적 개작 없이 원본의 내용 그대로 복사된 사본일 것, 둘째 형사소송법 제313조 제1항에 따라 공판준비나 공판기일에서 원진술자의 진술에 의하여 그 녹음테이프에 녹음된 각자의 진술내용이 자신이 진술한 대로 녹음된 것이라는 점이 인정되어야 할 것이고, 사인이 피고인 아닌 사람과의 대화내용을 대화 상대방 몰래 녹음하였다고 하더라도 위와 같은 조건이 갖추어진 이상 그것만으로는 그 녹음테이프가 위법하게 수집된 증거로서 증거능력이 없다고 할 수 없으며, 사인이 피고인 아닌 사람과의 대화내용을 상대방 몰래 비디오로 촬영·녹음한 경우에도 그 비디오테이프의 진술부분에 대하여도 위와 마찬가지로 취급하여야 할 것이다. → 이 판례는 대화당사자의 비밀녹음에 대하여, 전문법칙 차원의 요건을 중점적으로 설시하면서, 동시에 위법수집증거가 아니라는 판시를 하고 있다.

135) 대법원 2002. 10. 8. 선고 2002도123 판결 [통신비밀보호법위반]

6. 3자간 대화에서 대화당사자의 비밀녹음

이 경우는 본인이 대화당사자이므로 통신비밀보호법 제3조의 '타인 간의 대화'에 해당하지 않는다. 판례도 이 경우에 위법수집증거로 보지 않았다.[136]

Ⅳ. 법원의 증거조사절차상의 위법

증인적격이 없는 증인에 대한 증인신문, 당사자의 참여권과 신문권을 침해한 증인신문, 증언거부권을 고지하지 않은 경우, 증거조사절차가 위법하여 무효인 경우 등에 대하여 위법수집증거배제법칙에 따라 증거능력을 부정해야 한다는 견해가 있다.[137]

그러나 위법수집증거배제법칙은 수사기관의 증거 '수집'절차에 적용되는 증거법칙이다. 법원의 증거조사는 이미 수집한 증거의 내용을 지득하는 절차이므로 증거수집절차가 아니다. 법원의 증거조사절차상의 위법에 대하여는 위법수집증거배제법칙이 적용되는 것이 아니라 관련 형사소송법 규정에 따라 효력 유무가 정해지는 것으로 보아야 한다.[138] 법원의 증거조

전기통신에 해당하는 전화통화 당사자의 일방이 상대방 모르게 통화내용을 녹음(위 법에는 '채록'이라고 규정한다)하는 것은 여기의 감청에 해당하지 아니하지만, 제3자의 경우는 설령 전화통화 당사자 일방의 동의를 받고 그 통화내용을 녹음하였다 하더라도 그 상대방의 동의가 없었던 이상, 사생활 및 통신의 불가침을 국민의 기본권의 하나로 선언하고 있는 헌법규정과 통신비밀의 보호와 통신의 자유신장을 목적으로 제정된 통신비밀보호법의 취지에 비추어 이는 동법 제3조 제1항 위반이 된다고 해석하여야 할 것이다.

136) 대법원 2006. 10. 12. 선고 2006도4981 판결 [통신비밀보호법위반]
통신비밀보호법 제3조 제1항이 "공개되지 아니한 타인 간의 대화를 녹음 또는 청취하지 못한다."라고 정한 것은, 대화에 원래부터 참여하지 않은 제3자가 그 대화를 하는 타인들 간의 발언을 녹음해서는 아니 된다는 취지이다. 3인 간의 대화에 있어서 그 중 한 사람이 그 대화를 녹음하는 경우에 다른 두 사람의 발언은 그 녹음자에 대한 관계에서 '타인 간의 대화'라고 할 수 없으므로, 이와 같은 녹음행위가 통신비밀보호법 제3조 제1항에 위배된다고 볼 수는 없다.

137) 손동권/신이철, 571쪽; 이재상, 546쪽; 임동규, 466쪽 등.

138) 강구욱, 위법수집증거배제법칙, 형사재판의 쟁점과 과제, 사법발전재단, 2008. 8, 77-78쪽 참조.

사절차상의 위법이 있으면 그것이 단순한 훈시규정 위반이 아닌 이상 그 증거조사의 결과는 효력이 없다고 보아야 한다.

V. 증 거 물

종전의 판례는 영장주의에 위반하여 수집한 압수물에 대하여, 이른바 성질형상불변론에 입각하여 그 증거능력을 인정해 왔으며, 학계의 통설은 이 이론을 비판하면서 증거물에 대하여도 위법수집증거배제법칙을 적용해야 한다는 입장이었다.

개정 형사소송법이 위법수집증거배제법칙을 도입한 이래 대법원은 전원합의체 판결(101쪽 제주지사실 압수수색 사건 판결)로 종전 판례를 변경하고 증거물에 대하여도 이 법칙이 적용됨을 분명히 하였다.

VI. 위법수집증거에서 파생된 증거(2차 증거, 독수의 과실)

1. 독수의 과실 이론

(1) 의 의

독수의 과실(毒樹의 果實) 이론은 위법수집증거(1차 증거)에 의하여 발견된 2차 증거의 증거능력을 배제하는 이론이다. 만약 1차 증거의 증거능력만 부인하고 2차 증거(파생증거)의 증거능력을 인정한다면 위법수집증거배제법칙이 무의미해지므로, 이를 막기 위해 고안된 이론이다.[139]

대법원 전원합의체 판결은 위법수집증거배제법칙을 확고하게 수용하면서 「수사기관의 위법한 압수수색을 억제하고 재발을 방지하는 가장 효과적이고 확실한 대응책은 이를 통하여 수집한 증거는 물론 이를 기초로 하여 획득한 2차적 증거를 유죄 인정의 증거로 삼을 수 없도록 하는 것이다」라고 판시하여 독수의 과실이론을 명시적으로 채택하였다.[140]

---

139) 이 이론에서 독수의 과실, 2차 증거, 파생증거는 동의어다.

140) 대법원 2007. 11. 15. 선고 2007도3061 전원합의체 판결 [공직선거법위반]
이 판결 이전에도 대법원은 독수의 과실이론을 수용하여 판결한 것이 있다.
대법원 1977. 4. 26. 77도210 판결 [살인 등]

(2) 예외 인정의 필요성

이 이론을 무한정 인정하면(즉, 1차 증거 수집과 2차 증거 수집 사이에 조건설적 인과관계만 있어도 무한정 증거배제하면) 모든 2차 증거를 무용지물로 만들어 국가형벌권의 무력화를 초래하고 형사사법의 정의에 반하게 된다. 이러한 문제점을 해결하기 위하여 독수의 과실의 예외 이론이 미국에서 전개되어 왔으며, 우리 판례도 예외 인정 기준에 대하여 판시하고 있다.

2. 독수의 과실의 예외이론

(1) 오염정화의 예외(the purged taint exception)

피고인의 자유의사에 의한 행위에 의하여 위법성의 오염이 정화(순화, 희석)된다는 것이다. 희석이론이라고도 한다. 가령, 경찰관이 위법하게 피의자의 집에 침입하여 자백을 받은 경우에도 피의자가 며칠 후에 경찰서에 출석하여 그 자백서에 자유의사로 서명한 때(우리 법제상으로는 피의자신문에서 임의로 자백하고 조서에 서명한 때)에는 위법한 경찰행위의 오염이 정화되어 자백서(피의자신문조서)의 증거능력이 인정된다고 한다.

(2) 불가피한 발견의 예외(inevitable discovery exception)

위법한 경찰행위로 증거물(범행도구나 사체 등)을 발견하였으나 만약 합법적인 수단에 의해서라도 증거를 불가피하게 발견하였을 것을 증명할 수 있는 때에는 증거로 허용된다는 것이다. 가령 살인사건을 수사하는 경찰관이 진술거부권을 침해하고 신문한 결과 사체의 소재를 알아내어 사체를 발견한 경우에 만약 경찰관이 다른 합법적 방법(예: 살인사건에 뒤따르는 통상적인 사체수색작업)에 의하여도 사체를 발견하였을 것임이 증명된 때에는 증거로 허용된다는 것이다.

(3) 독립된 비오염원의 예외(independent untainted source exception)

위법한 압수·수색과는 별도의 독립된 근원에 의하여 수집한 증거는 증거로 허용된다는 것이다. 독립된 증거원의 예외라고도 한다. 가령 위법한 수색에 의하여 피고인의 집에서 유괴된 소녀를 발견하였지만, 유괴된 소녀의 진술은 독립된 근원에 의한 것으로서 증거로 허용된다는 것이다.

압수된 망치(증8호) 국방색 작업복과 야전잠바(증9, 10호) 등은 피고인의 증거능력 없는 자백에 의하여 획득된 것이므로 증거능력이 없다 할 것이고…

(4) 선의의 예외(the good faith exception)

수사기관이 영장이 유효함을 신뢰하여 강제수사를 행한 경우에 사후에 영장의 유효요건이 갖추어지지 않았음이 밝혀지더라도 수사관의 선의를 주목하여 증거능력을 인정하자는 것이다. 위법은 경찰관이 아니라 판사에게 있고 위법수집증거배제법칙은 판사가 아닌 경찰관의 행위를 통제하기 위한 것이라고 한다.

그러나 비록 수사관이 선의라고 하더라도 피의자의 헌법상의 권리가 침해되었다는 점은 변하지 않고, 선의를 빙자하여 위법수집증거배제법칙을 우회할 우려가 있다. 그러므로 수사관의 선의의 신뢰는 객관적 근거가 있는 경우로 제한되어야 할 것이다.

3. 우리 판례의 입장

(1) 이익형량과 전체적 · 종합적 고려

앞서 본 대법원 전원합의체 판결(2007도3061 판결)은 독수의 과실의 예외에 대하여 「수사기관의 절차 위반행위가 적법절차의 실질적인 내용을 침해하는 경우에 해당하지 아니하고, 오히려 그 증거의 증거능력을 배제하는 것이 헌법과 형사소송법이 형사소송에 관한 절차 조항을 마련하여 적법절차의 원칙과 실체적 진실 규명의 조화를 도모하고 이를 통하여 형사사법 정의를 실현하려 한 취지에 반하는 결과를 초래하는 것으로 평가되는 예외적인 경우라면, 법원은 그 증거를 유죄 인정의 증거로 사용할 수 있다고 보아야 한다. 이는 적법한 절차에 따르지 아니하고 수집한 증거를 기초로 하여 획득한 2차적 증거의 경우에도 마찬가지여서, 절차에 따르지 아니한 증거 수집과 2차적 증거 수집 사이 인과관계의 희석 또는 단절 여부를 중심으로 2차적 증거 수집과 관련된 모든 사정을 전체적 · 종합적으로 고려하여 예외적인 경우에는 유죄 인정의 증거로 사용할 수 있다」라고 판시하였다.

이 판결에 따르면 독수의 과실의 예외 인정 여부는 형사사법 정의의 실현과 증거 수집 과정의 절차 위반으로 인한 법익침해의 내용과 정도를 놓고 이익형량을 통하여 판단하는 것이며, 1차 증거 수집과 2차 증거 수집 사이의 인과관계의 희석 또는 단절 여부를 중심으로 2차 증거 수집과

관련된 모든 사정을 전체적·종합적으로 판단하는 것이다.[141)]

(2) 예외 인정 시의 고려사항

대법원은 강도 현행범으로 체포된 피의자에게 진술거부권을 고지하지 않은 채 강도 범행에 대한 자백을 받고(1차 증거), 이를 기초로 추가 자백과 증거물, 피해자의 진술(2차 증거)을 확보한 사안에 대하여, 예외 인정을 위한 고려 사항으로서 첫째, 진술거부권 고지의 추완, 둘째, 변호인의 조력, 셋째, 독립된 제3자의 행위를 제시하였다.[142)]

---

141) 미국의 독수의 과실의 예외이론은 우리 판례상의 '인과관계의 희석 또는 단절' 여부의 판단도구로 원용될 수 있다. 미국의 이론인 오염정화의 예외, 불가피한 발견의 예외, 독립된 비오염원의 예외 등은 1차 증거 수집과 2차 증거 수집 사이의 관련성 내지 의존성이 낮음을 중시한 것이며, 우리 대법원 판례상의 '인과관계의 희석 또는 단절'도 1차 증거 수집과 2차 증거 수집 사이의 인과관계에 대한 것이기 때문이다.

142) 대법원 2009. 3. 12. 선고 2008도11437 판결 [강도]

[1] 구체적인 사안에서 2차적 증거들의 증거능력 인정 여부는 제반 사정을 전체적·종합적으로 고려하여 판단하여야 한다. 예컨대 진술거부권을 고지하지 않은 것이 단지 수사기관의 실수일 뿐 피의자의 자백을 이끌어내기 위한 의도적이고 기술적인 증거확보의 방법으로 이용되지 않았고, 그 이후 이루어진 신문에서는 진술거부권을 고지하여 잘못이 시정되는 등 수사 절차가 적법하게 진행되었다는 사정, 최초 자백 이후 구금되었던 피고인이 석방되었다거나 변호인으로부터 충분한 조력을 받은 가운데 상당한 시간이 경과하였음에도 다시 자발적으로 계속하여 동일한 내용의 자백을 하였다는 사정, 최초 자백 외에도 다른 독립된 제3자의 행위나 자료 등도 물적 증거나 증인의 증언 등 2차적 증거 수집의 기초가 되었다는 사정, 증인이 그의 독립적인 판단에 의해 형사소송법이 정한 절차에 따라 소환을 받고 임의로 출석하여 증언하였다는 사정 등은 통상 2차적 증거의 증거능력을 인정할만한 정황에 속한다.

[2] 강도 현행범으로 체포된 피고인에게 진술거부권을 고지하지 아니한 채 강도 범행에 대한 자백을 받고, 이를 기초로 여죄에 대한 진술과 증거물을 확보한 후 진술거부권을 고지하여 피고인의 임의자백 및 피해자의 피해사실에 대한 진술을 수집한 사안에서, 제1심 법정에서의 피고인의 자백은 진술거부권을 고지받지 않은 상태에서 이루어진 최초 자백 이후 40여 일이 지난 후에 변호인의 충분한 조력을 받으면서 공개된 법정에서 임의로 이루어진 것이고, 피해자의 진술은 법원의 적법한 소환에 따라 자발적으로 출석하여 위증의 벌을 경고받고 선서한 후 공개된 법정에서 임의로 이루어진 것이어서, 예외적으로 유죄 인정의 증거로 사용할 수 있는 2차적 증거에 해당한다고 한 사례.

5 변론의 핵심, 사실인정론

Ⅰ. 사실인정론

1. 증명력 판단에 관한 이론

사실인정론은 증거의 증명력 판단에 관한 이론이며 증거의 증명력은 증거의 실질적 가치를 의미한다.

증거의 증거능력은 증거조사절차 중 증거결정 단계에서 판단되며 여기서 증거능력이 인정된 증거만 그다음 단계인 협의의 증거조사의 대상이 된다. 이 협의의 증거조사가 증거의 증명력 판단을 위한 절차다.

그러므로 사실인정론은 '증거능력 있는' 증거들과 반대증거, 객관적 정황 등의 종합적 판단에 관한 이론이다.

증거능력의 요건은 법률에 규정되어 있는 데 반하여, 증거의 증명력 판단은 법관의 자유심증에 맡겨져 있다(제308조, 자유심증주의). 다만 증거능력에 관하여서도 법률이 정한 증거능력의 요건을 갖추었는지 여부의 판단은 법관의 자유심증에 맡겨져 있다.[143]

2. 증명력의 구성 요소 — 신빙성과 협의의 증명력

증거의 증명력은 신빙성(증거 자체가 진실일 가능성)과 협의의 증명력(증거가 요증사실을 追認하는 힘, 추인력)으로 구성된다.

---

143) 가령, 피고인의 자백 과정의 폭행·협박의 존재 여부, 증거수집과정의 위법 여부, 전문증거에서 원진술의 진술정황이 특신상태인지 여부는 성질상 미리 법률로 정할 수 없으므로 구체적인 사안에 따라 법관이 판단해야 한다.

[신빙성, 신용성 등 용어]

영미의 증거법과 달리 우리의 증거법은 증거능력과 증명력을 엄격히 구분하고 있고 증거조사 절차에서 그 판단의 선후관계도 분명하다. 신용성, 신빙성 등의 용어는 증거능력, 증명력의 요소를 설명하는 용어이므로 이를 정립할 필요가 있다. 개념어는 '같은 것은 같게, 다른 것은 다르게' 사용해야 하는데 현재의 용어 사용례는 그렇지 못하다.

여기서, 형사소송법 저서와 판례에 등장하는 '신용성' 등의 용어에 대하여, '같은 것은 같게, 다른 것은 다르게'를 원칙으로 삼아서 현재의 용어와 개선안을 다음 [표4]와 같이 정리할 수 있다.

[표4]

	(1) 전문법칙의 이론적 근거 (다수견해)	(2) 특신상태 (특신정황)	(3) 진술내용의 객관적 진실성	문제점
현재의 용어	신용성의 결여	신용성의 정황적 보장	신빙성/ 신용력/ 신용성	- (1)의 신용성은 증거능력의 용어임. - (3)의 신빙성 등은 증명력의 용어임. - (2)의 신용성은 (3)의 신빙성 등을 의미함. - (2)와 (3)은 같은 용어를 써야 함. (1)과 (2)는 다른 용어를 써야 함.
개선안	신용성의 결여	신빙성의 정황적 보장	신빙성	

증거의 증명력 판단 중 신빙성 판단은 협의의 증명력 판단에 선행한다. 증거의 신빙성은 주로 진술증거에서 문제된다. 비진술증거(증거물, 예를 들어 범행도구, 도품, 뇌물 등)의 경우에 그 증거물의 성질, 형상, 발견장소 등에 대한 변개나 조작의 의문이 제기되면, 증거수집과정의 위법이 개입된 때에는 증거능력이 문제되지만, 그 외의 경우에는 신빙성이 문제

될 수 있다.

이 신빙성이 보장되는 정황이 전문법칙 예외인정의 요소인 '신빙성의 정황적 보장'(circumstantial guarantee of trustworthiness), 즉 특신상태(특신정황)이다. 판례는 특신상태를 '진술내용의 신용성(신빙성의 의미 - 주)이나 임의성을 담보할 구체적이고 외부적인 정황이 있는 경우'라고 정의한다(판례). 신빙성 그 자체는 증명력의 요소이고 신빙성이 보장되는 진술정황(특신상태)은 증거능력의 요소로서 서로 관련을 맺는다.

법관은 전문증거가 진술증거인 경우, 그 진술증거의 신빙성에 대하여 2단계의 판단과정을 거친다. 먼저 증거능력을 판단하는 증거결정 단계에서는 진술정황 차원에서 그 진술의 정황이 신빙성을 담보할 수 있는지 여부(특신상태)를 판단하고, 다음으로 협의의 증거조사 단계에서는 진술정황을 포함하여 전체적 · 종합적인 관점에서 그 진술의 신빙성을 판단하게 된다.

3. 형사변론의 방법

형사법정에서 가장 첨예하게 다투어지고 소송의 승패를 좌우하는 부분은 증거의 증명력 판단 부분이다. 검사가 제출한 증거 중에서 증거능력이 없는 증거를 배척하고 나면 증거능력 있는 증거가 남게 되는데, 이 증거능력 있는 증거의 증명력(신빙성과 협의의 증명력)을 다투지 않고 그대로 놓아두면 유죄의 증거가 될 것이다.

증거의 증명력을 다투는 변론은 증거의 신빙성이나 협의의 증명력(추인력) 중 하나를 다투는 방식으로 하는 것이 보통이며, 가끔은 이 둘 다를 다투는 방식도 있다(예: "진술의 신빙성이 없으며 설령 신빙성이 있다고 가정하더라도 이 진술로써 요증사실을 인정하기에는 추인력이 부족하다").

자유심증주의에서 말하는 법관의 자유판단은 恣意나 專斷이 아니라 인간 이성에 의한 합리적 증거평가이어야 하므로 경험법칙과 논리법칙에 합치하여야 한다. 그러므로 변호인이 증거의 신빙성과 협의의 증명력에 대하여 다투는 변론을 함에 있어서도 경험법칙과 논리법칙이 동원된다. 이 점은 검사의 공소유지 업무에 있어서도 같다.

경험법칙(경험칙)이란 개별적 경험으로부터 귀납적으로 얻어지는 인과관계나 사물의 성상에 관한 법칙이다. 경험법칙의 수준은 단순한 가능성

정도의 낮은 수준에서부터 필연적인 법칙으로 볼만한 높은 수준까지 다양하다. 형사재판에서 경험법칙은 직접증거가 없는 경우에 간접증거(또는 정황증거)로부터 주요사실을 추론하는 매개자 역할을 한다.

논리법칙(논리칙)은 경험법칙과 달리 선험적, 연역적으로 얻어진다. 논리법칙에 관한 한 법관의 증거판단은 모순이 허용되지 않는다.[144]

4. 변론사항

첫째, 자백의 신빙성 평가이다. 자백의 신빙성이 문제되는 경우는 대개 수사과정의 자백이나 법정자백이 나중에 번복된 경우이다. 수사과정에서부터 일관된 자백을 하는 경우에도 허위자백의 동기가 있는 경우에는 그 자백의 신빙성을 살펴볼 필요가 있다.

자백이 요증사실의 전부를 인정하는 것인 때에는 그 신빙성이 문제될 뿐 협의의 증명력(추인력)은 문제되지 않는다. 자백의 신빙성이 인정되기만 하면 그 자백이 요증사실을 추인하는 힘은 충분하기 때문이다.

둘째, 증인(또는 참고인) 진술의 신빙성 평가이다. 증인(참고인)은 보통 피해자나 목격자이다. 피해자나 목격자의 진술은 요증사실의 일부에 관한 것이 많은데, 이 경우에는 그 진술의 신빙성이 인정된다고 하더라도 협의의 증명력(추인력)이 부족한 경우가 많다.

셋째, 과학적 증거와 전문가 증언의 증거가치 평가이다.

넷째, 반대증거, 피고인에게 유리한 자료에 관한 주장이다.

---

144) 조원철, "심급별로 사실인정이 달라진 사건의 원인분석(형사)", 『법관의 의사결정, 이론과 실무』, 사법발전재단, 2010. 에서는 아래의 경우를 논리법칙의 위반례로 들고 있다. 판결이유에 아래와 같은 사유가 있으면 이유불비로 파기될 수 있다.

① 증거로부터 비약된 심증형성

② 증거와 상반된 사실인정

③ 상반되는 증거가 있는 경우 일방증거는 인용하고 타방증거는 배척하면서 그에 대한 합리적 설명이 없는 경우

④ 통상 어떤 사정이 인정됨에도 그와 반대되는 인정을 하면서 특별한 사정의 존부에 관해 충분한 설명을 하지 않은 경우

⑤ 어떤 증거평가와 관련하여 몇 개의 추론을 할 수 있음에도 하나의 추론만을 하여 다른 추론의 가능성을 무시하거나 이 경우 다른 추론을 하지 않은 데 대하여 논증을 하지 않은 경우

다섯째, 종합적 의견이다.

Ⅱ. 자백의 신빙성 평가

1. 피고인의 자백

수사기관이나 법정 외에서 범행을 자백한 사람이 공소제기된 후 법정에서 범행을 부인하는 경우에, 수사기관이나 법정 외에서 한 자백이 허위자백일 가능성을 상상하지 못한다면, 법관은 피고인의 법정진술을 한낱 '말 바꾸기'로 취급하면서 경청하지 않게 되고, 변호인도 패배주의에 젖어 제대로 된 변론을 할 수 없다. 일반인의 상식은 범죄를 저지르지 않은 사람이라면 자백을 할 리가 없다는 것인데, 이 상식과 다른 일이 실제에서는 얼마든지 일어난다. 법률전문가라면 이러한 일반 상식 수준의 생각을 극복해야 하며, 그래야만 선입견 없는 공정한 재판을 할 수 있고 충실한 변론도 할 수 있다.

검사가 피고인의 자백을 증거로 제출하는 경우로는, 검사나 사법경찰관이 작성한 피의자신문조서(제312조 1항 · 2항 · 3항), 피고인의 자백이 담긴 진술서나 녹음테이프 등의 디지털 증거(제313조), 피고인의 자백을 내용으로 하는 전문진술(제316조 1항) 등이 있다. 변호인으로서는 이들 증거 중에서 증거능력이 없는 증거에 대하여 증거능력 배제를 주장한 다음, 증거능력 있는 증거에 대하여 증명력(주로 자백의 신빙성)을 다투는 변론을 해야 한다.

자백의 증명력(주로 자백의 신빙성)을 다투는 변론 내용으로는 다음과 같은 것이 있다.

1) 허위 자백의 동기가 있다.[145]

허위 자백의 동기로는 다음과 같은 것이 있다.

① 경찰관이나 검사에 의한 신문의 압력이다. 여기에 같은 구금시설에 있는 사람의 압력이나 권유가 작용하기도 한다(이 경우 신문의 압력이 자백의 임의성을 침해할 정도이면 자백배제법칙에 따라 증거능력

---

145) 최정렬, "피의자 자백의 임의성과 신빙성", 재판자료 제110집, 법원도서관(2006). 이하의 본문에서 소개하는 허위자백의 동기는 독일의 재심무죄사건 분석결과이다.

을 부인하는 사유가 될 수도 있다).

② 심리적 요인이다. 첫째, 사건에서 받은 심리적 충격이 (피해자에 대한) 도덕적 책임감과 결부되어 자신이 직접 범행을 한 것과 같은 착오를 일으켜 허위 자백으로 이어지는 경우가 있고, 둘째, 정신병 또는 열등한 지적 능력이 허위 자백으로 이어지는 경우가 있으며, 셋째, 구금에 대한 불안과 공포로 인하여 자백을 하면 구금을 면할 수 있다는 생각으로 허위 자백을 하는 경우가 있다.

③ 증거관계에 비추어 무죄를 받을 희망이 없다고 생각하고 허위 자백을 하는 경우가 있다.

④ 스스로 저지른 여러 범행을 기억하지 못하기 때문에 허위 자백을 하는 경우가 있다.

⑤ 보다 중한 범죄를 은폐하기 위하여 허위 자백을 하는 경우가 있다.

⑥ 진범을 비호하기 위하여 허위 자백을 하는 경우가 있다.

2) 자백의 일관성이 없다.

자백과 부인이 교차하거나, 전후의 자백 사이에 부수적 사항을 포함하여 내용의 일관성이 없다.

3) 자백 내용이 다른 증거에 의하여 확인된 객관적 사실과 모순된다.

4) 자백 내용 중 범인만이 말할 수 있는 실감을 동반하는 체험진술이 없다.[146]

2. 공범의 자백[147]

범행을 부인하는 갑에 대하여 공범인 을의 자백(갑과의 공동범행 자백)을 증거로 사용하는 경우이다. 공범의 자백의 증명력이 문제되는 것은 검사가 작성한 공범의 피의자신문조서와 공범의 법정진술의 경우이다(사법경

---

146) 일반적으로 진술(자백 포함)의 진실성의 징표로는 다음과 같은 것이 있다. 범인만이 말할 수 있는 실감(臨場感)을 동반한 체험진술, 범인만이 알고 있는 이른바 비밀의 폭로, 진술의 현실친근성, 구체성, 직관성, 명료성, 기분묘사, 수미일관성, 동기의 연속성, 내적일치성, 개성투여성, 자발성, 독창성, 체험의 보고, 개성적 세목과 특이성 있는 설명 등이다. 최정렬, 앞의 논문, 240-264쪽 참조.

147) 이 논의에서 공범이란 실체관계상 공범이 아니라 '공범으로 공소제기된 자'를 의미한다.

찰관이 작성한 공범의 피의자신문조서에는 제312조 3항이 적용되며, 내용인정의 주체에 관한 당해 피고인 내용인정설에 따라 갑이 범행을 부인하면 내용부인이 되어 증거능력이 없으므로 증명력의 문제로 나아가지 않는다).

피의자나 피고인의 자백은 '자신에게 불리한 진술'이라는 이유로 그 신빙성이 높게 평가된다. 그러나 공범의 자백은 형식적으로는 자신에게 불리하지만 실질적으로는 다른 공범을 끌어들이거나 공범의 행위를 과장함으로써(책임전가) 자신에게 양형상 유리한 상황을 만들어 내기도 하므로 신빙성을 높게 평가할 수 없다. 더구나 그 공범이 공동피고인인 경우에는 변론분리를 하지 않는 한 증인적격이 없으므로[148] 공범은 증인으로서 증언을 하지 않고 피고인으로서 법정진술을 하며 이 법정진술은 당해 피고인(또는 변호인)의 반대신문권을 보장하는 것을 조건으로 증거능력이 인정된다.[149] 그러나 이러한 공범의 법정진술은 위증의 벌을 부담하고 하는 증언이 아니므로 그 진술의 신빙성이 충분히 담보되지 않는다.[150]

변호인으로서는 공범의 책임전가 등 허위 진술(자백)의 동기를 검토하여 공범 자백의 신빙성을 다투어야 한다.

Ⅲ. 증인(또는 참고인) 진술의 신빙성 평가

1. 신빙성을 다투어야 할 일반적 사유

증인(또는 참고인) 진술의 신빙성을 다투어야 할 일반적 사유로는, 증인 진술의 자체 모순관계, 여러 증인의 진술 간의 모순관계, 증인과 피고인과의 적대관계, 증인과 피해자와의 우호관계, 사건 전후의 증인의 태도에서 공정성을 의심할 만한 사유 등이 있다.

2. 목격진술

증인의 진술 중 특히 목격진술에 대하여는 다음과 같은 점을 검토해

---

148) 공동피고인의 증인적격에 관한 판례의 입장이다.

149) 공동피고인의 법정진술의 증거능력에 관한 판례의 입장이다.

150) 박이규, 판례를 통하여 생각해보는 형사재판의 증거평가와 사실인정, 『법관의 의사결정, 이론과 실무』, 사법발전재단, 2010. 3, 319쪽 참조.

보아야 한다.

인간은 사물을 있는 그대로 지각(관찰, 인식)하는 것이 아니라 선별적으로 지각하며(지각), 그렇게 지각한 것 중에서 일부만을 선별적으로 기억하며(기억), 그렇게 기억한 것 중에서 표현능력의 한계 내에서 자기 의사를 내포하여 표현한다(표현). 이처럼 목격 진술은 3단계를 거친 것이므로 변호인은 각 단계별로 목격 진술의 정확성에 영향을 미치는 요소를 비판적 시각으로 검토해보아야 한다.

① 지각의 정확성: 목격 장소의 명암 · 거리관계 · 시야장애 여부, 목격자 관찰의 시간 · 시력 · 심리상태, 관찰의 의식성 여부(의식적 관찰은 정확성이 높고, 무의식적 관찰은 상대적으로 정확성이 높지 않음)가 정확성에 영향을 미치는 요소이다.

② 기억의 정확성: 시일의 경과에 의하여 수사관의 암시, 언론보도 등에 영향을 받아 기억 내용이 변할 수 있다. 기억은 시간의 경과에 따라 감퇴하는 것이 통상적이기 때문에, 만약 목격자의 수사단계에서의 진술이 그 이후의 진술에서 점점 상세한 내용으로 변화하는 경우에는 의문을 가질 필요가 있다.

③ 표현의 정확성: 증인이 표현능력이 부족하거나, 주관을 포함하거나, 추상적으로 표현하는 경우에는 정확성이 담보되지 않는다.[151]

3. 범인식별진술

증인의 목격진술 중 특히 범인식별진술에 대한 과도한 신뢰는 오판의 주요 원인이다. 미국과 영국에서 오판 사례들을 모아 그 원인 분석을 한 연구 결과들이 다수 나왔는데, 목격증인에 의한 잘못된 범인식별이 압도적 다수(오판원인 1위)였다.[152] 증인이 잘못된 절차에 의하여 범인식별진술을 하고 나면 그 신빙성을 탄핵할 별다른 방법이 없다는 데에 문제의 심각성이 있다.

범인식별절차에서 용의자 1인만을 제시하는 쇼업(show-up)방식은 목격증인으로 하여금 경찰이 그 용의자를 범인이라고 믿고 있음을 암시하는

151) 권기훈, 형사소송에 있어서의 올바른 증인신문 방법, 재판자료 제110집, 법원도서관(2006). 참조.

152) 조원철, 앞의 논문, 485쪽.

(suggestive) 효과가 있으므로 용의자를 여러 들러리(foil)들과 함께 제시하는 라인업(line-up)방식을 택해야 한다. 이 경우에도 그 신빙성을 높이기 위한 신중한 조치가 필요하다.

우리 대법원도 범인식별진술이 신빙성을 인정받기 위한 요건을 상세하게 판시하고 있다.[153] 이 판결이 제시한 신빙성 인정 요건에 하나의 요건이 보완되어야 한다. 즉, 목격자에게 「여러 용의자 중에서 범인이 없을 수도 있다」는 설명을 사전에 해야 한다는 것이다. 목격자는 자신의 기억과 일치하지 않는데도 '상대적으로 가장 기억에 근접한 사람'을 범인으로 지목하려는 경향이 있기 때문이다.

이러한 범인식별절차를 모두 거친 목격진술에 대해서도, 변호인은 목격 당시의 상황, 시일의 경과 등을 들어서 그 진술의 신빙성을 다툴 수 있다.

---

153) 대법원 2009. 6. 11. 선고 2008도12111 판결 [강제추행치상]

[1] 일반적으로 용의자의 인상착의 등에 의한 범인식별 절차에서 용의자 한 사람을 단독으로 목격자와 대질시키거나 용의자의 사진 한 장만을 목격자에게 제시하여 범인 여부를 확인하게 하는 것은, 사람의 기억력의 한계 및 부정확성과 구체적인 상황 하에서 용의자나 그 사진상의 인물이 범인으로 의심받고 있다는 무의식적 암시를 목격자에게 줄 수 있는 가능성으로 인하여, 그러한 방식에 의한 범인식별 절차에서의 목격자의 진술은, 그 용의자가 종전에 피해자와 안면이 있는 사람이라든가 피해자의 진술 외에도 그 용의자를 범인으로 의심할 만한 다른 정황이 존재한다든가 하는 등의 부가적인 사정이 없는 한 그 신빙성이 낮다고 보아야 한다. 따라서 범인식별 절차에서 목격자의 진술의 신빙성을 높게 평가할 수 있게 하려면, ① 범인의 인상착의 등에 관한 목격자의 진술 내지 묘사를 사전에 상세히 기록화한 다음, ② 용의자를 포함하여 그와 인상착의가 비슷한 여러 사람을 동시에 목격자와 대면시켜 범인을 지목하도록 하여야 하고, ③ 용의자와 목격자 및 비교대상자들이 상호 사전에 접촉하지 못하도록 하여야 하며, ④ 사후에 증거가치를 평가할 수 있도록 대질 과정과 결과를 문자와 사진 등으로 서면화하는 등의 조치를 취하여야 한다. 그러나 범죄 발생 직후 목격자의 기억이 생생하게 살아있는 상황에서 현장이나 그 부근에서 범인식별 절차를 실시하는 경우에는, 목격자에 의한 생생하고 정확한 식별의 가능성이 열려 있고 범죄의 신속한 해결을 위한 즉각적인 대면의 필요성도 인정할 수 있으므로, 용의자와 목격자의 일대일 대면도 허용된다.(번호는 저자가 붙였음)

[2] 피해자가 경찰관과 함께 범행 현장에서 범인을 추적하다 골목길에서 범인을 놓친 직후 골목길에 면한 집을 탐문하여 용의자를 확정한 경우, 그 현장에서 용의자와 피해자의 일대일 대면이 허용된다.

Ⅳ. 과학적 증거와 전문가 증언의 증거가치 평가

과학적 증거(scientific evidence)와 전문가 증언(expert testimony)은 실제의 증거가치보다도 더 높게 받아들여질 위험이 있다. 이러한 증거 유형에 대하여 무비판적으로 과도한 신뢰를 부여하는 것은 여타 반대증거의 증거가치를 경시하거나 무시하게 될 수 있으므로 증거가치 판단에 신중을 요한다.

과학적 증거로는 (혈흔 · 타액 · 정액 · 모발을 통한) 유전자 감정, 부검, 지문 감정, 족적 감정, 필적 감정 등이 있다. 이들은 ① 수사관의 고의 · 과실에 따른 증거채집과정의 오류, ② 증거 감식 과정의 전문성 부족, ③ 과학적 감정에 내재하는 일정 범위의 오차로 인하여 오류가 발생할 수 있다.[154]

Ⅴ. 반대증거, 피고인에게 유리한 자료

피고인이 범행을 부인하는 경우에, 피고인의 주장을 뒷받침하는 관련자의 진술, 검사 측 증거와 모순되는 자료가 있으면 이를 부각하여 변론해야 한다. 피고인의 주장, 관련자의 진술, 다른 자료, 객관적 정황을 종합하면 공소사실과 다른 사실(피고인과 무관한 다른 사건 진행)을 인정할 정도이면 "~ 진술, ~ 자료, ~ 정황을 종합하면 오히려 ~ 사실을 인정할 여지가 충분히 있다."는 주장을 펴는 것이 좋다.

---

154) 조원철, 앞의 논문 496-497쪽에 실험기록 조작, 감식보고서 허위작성, 범죄 현장에 '지문을 심는' 행위, 지문 감식자들의 높은 실패율에 관한 미국의 사례가 소개되어 있다.
저자가 변호를 맡았던 사건을 소개한다. 창원지방법원 2005년 피고인 김○○의 절도 사건의 공소사실은, 피고인이 밤에 의류점에 들어가 금고에서 현금을 절취하였다는 내용이었다. 검사는 지문감식 결과(의류점의 유리 출입문 안쪽의 피고인의 지문)와 거짓말탐지기 검사결과(피고인의 범행부인 답변시의 거짓말반응)를 증거로 하여 기소하였다. 그러나 제1심 공판진행 중에 진범이 검거되어 피고인의 무고함은 명백해졌으며 무죄가 선고되었다. 이 사건은 소위 '과학적 증거'에 대한 과도한 신뢰의 위험성을 잘 보여준다.

Ⅵ. 종합적 의견

1. 합리적 의심 없는 정도의 증명

형사재판에서 증명의 정도는 합리적 의심 없는 정도의 증명(proof beyond a reasonable doubt)이며(제307조 2항), 이 증거재판주의는 변론에서는 傳家의 寶刀다. 대법원판결의 요지를 변론의 결론 부분에 원용하는 것이 좋다.[155]

2. 피고인이 자백하고 보강증거가 없는 경우

이러한 경우에는 자백에 대한 보강증거가 없으므로 무죄판결을 해야 한다고 변론하면 된다(제310조). 그러나 특별히 유의할 것은, 보강증거 없음이 기록상 명백한 경우가 아니면 이런 변론 방향은 위험하다는 점이다. 이런 변론은 변호인이 피고인의 자백 그 자체의 증거능력이나 증명력에 대하여는 아무런 다툼을 하지 않는 변론이므로, 만약 법원이 변호인의 주장과는 달리 자백에 대한 보강증거가 있다고 판단하기만 하면 곧바로 유죄판결로 직결될 위험이 있기 때문이다. 자백의 보강법칙에서 요구하는 보강증거는 자백이 가공의 것이 아니고 진실한 것이라고 인정할 수 있는 정도이면 족하므로(보강의 정도에 관한 진실성담보설) 수사와 공판에 나타나는 제반 자료 중에서 자백의 진실성을 담보할 만한 보강증거는 하나쯤은 존

---

155) 대법원 2012. 6. 28. 선고 2012도231 판결 [살인]

[1] 형사재판에서 범죄사실의 인정은 법관으로 하여금 합리적인 의심을 할 여지가 없을 정도의 확신을 가지게 하는 증명력을 가진 엄격한 증거에 의하여야 하므로, 검사의 증명이 위와 같은 확신을 가지게 하는 정도에 충분히 이르지 못한 경우에는 비록 피고인의 주장이나 변명이 모순되거나 석연치 않은 면이 있는 등 유죄의 의심이 간다고 하더라도 피고인의 이익으로 판단하여야 한다.

[2] 부검은 사망 이전의 질병 경과나 사망을 초래한 직접 혹은 간접적 요인들을 자세한 관찰 및 검사를 통하여 규명하는 것으로서, 사망원인의 인정 내지 추정을 위하여는 단편적인 개별 소견을 종합하여 최종 사인에 관한 판단에 이르는 추론의 과정을 거쳐야 한다. 따라서 부검의(剖檢醫)가 사체에 대한 부검을 실시한 후 어떤 것을 유력한 사망원인으로 제시한다고 하여 그 밖의 다른 사인이 존재할 가능성을 가볍게 배제하여서는 아니 되고, 특히 형사재판에서 부검의의 소견에 주로 의지하여 유죄의 인정을 하기 위해서는 다른 가능한 사망원인을 모두 배제하기 위한 치밀한 논증의 과정을 거치지 않으면 아니 된다.

재하는 것이 보통이다.[156)]

---

156) '자백은 있으나 보강증거가 없다'는 변론이 적절한 경우로는, 피고인이 여러 건의 절도 범행을 자백한 경우에 그 중 일부의 범행에 대하여 수사기관이 피해자 조사나 피해 물품 조사를 완전히 누락한 경우를 들 수 있다.

6

자백의 보강법칙

Ⅰ. 자백보강법칙의 의의

1. 의　　의

법 제310조는 “피고인의 자백이 그 피고인에게 불이익한 유일의 증거인 때에는 이를 유죄의 증거로 하지 못한다.”고 하여 자백보강법칙을 규정하고 있다. 자백보강법칙은 증거능력과 증명력을 갖춘 피고인의 자백에 의하여 법관이 유죄의 심증을 얻었다고 할지라도 보강증거가 없으면 유죄로 판결할 수 없다는 원칙이다. 이 제도의 취지는 보강증거에 의하여 자백의 진실성을 담보하여 오판의 위험을 방지하고, 자백 편중의 수사로 인한 인권침해를 방지하려는 것이다.

2. 판결에 관한 법칙

유의할 점은 자백의 보강법칙에서의 자백은 증거능력과 증명력을 모두 갖춘 자백이다. 만약 자백이 증거능력과 증명력 중 어느 하나를 결하고 있다면 보강법칙을 동원할 필요도 없이 법관이 유죄심증을 형성할 수 없을 것이기 때문이다. 자백의 증거능력은 자백배제법칙, 전문법칙 등 법규에 따라, 자백의 증명력은 자유심증주의에 따라 판단하는 것이며, 자백보강법칙에 의하여 그 판단에 어떠한 제약도 가해지지 않는다. 그러므로 자백보강법칙은 자백의 증거능력을 제한하는 법칙도 아니고 증명력을 제한하는 법칙도 아니며 자백이 불이익한 유일의 증거인 경우의 판결법칙일 뿐이다.

그러므로 이 조문의 제목인 ‘불이익한 자백의 증거능력’은 올바르지 않다. 또, 이 법칙을 자백의 증명력 제한 법칙이라거나 이 법칙이 자유심증주의의 예외라고 하는 대다수 저서의 설명은 타당하다고 할 수 없다.

자유심증주의는 증거의 증명력은 법관의 자유판단에 의한다는 것이며 이 판단은 성질상 제한할 수 없는 것이다. 자백보강법칙은 자백에 대한 법관의 증거능력과 증명력 판단 이후에, '보강증거 없음'이라는 특수한 상황에서 법관의 판결에 적용되는 법칙이다.

Ⅱ. 자백보강법칙의 적용범위

1. 정식재판

자백보강법칙은 정식재판에만 적용되는 원칙이다(헌법 제12조 7항). 따라서 즉결심판절차에는 자백보강법칙이 적용되지 않는다(즉결심판절차법 제10조). 또한 판례는 자백보강법칙은 소년법의 적용을 받는 소년보호사건에도 적용되지 않는다고 판시하였다.[157] 그러나 간이공판절차와 약식명령절차에는 이 법칙이 적용된다.

2. 피고인의 자백

보강증거를 필요로 하는 것은 피고인의 자백이다. 자백은 피고인 또는 피의자가 범죄사실의 전부 또는 일부를 인정하는 진술이다. 수사기관에서 행한 자백 뿐 아니라 다른 사건에서 참고인이나 증인으로 진술한 내용도 자신에 대한 피고사건 범죄사실의 전부 또는 일부를 인정하는 내용이라면 자백이 된다. 나아가 형사절차와 전혀 무관하게 행한 진술도 자백이 될 수 있다.

공판정의 자백에도 이 법칙이 적용되는가의 문제가 있다. 영미법에서는 기소사실인부제도(arraignment)에 의하여 유죄답변에는 보강증거를 요하지 않는다. 그러나 우리 법제는 기소사실인부제도를 채택하지 않고 있으며, 허위자백으로 인한 오판의 위험성은 공판정 자백에도 尙存하므로 자백의 보강법칙은 공판정의 자백에도 적용된다(통설, 판례).

---

157) 대법원 1982. 10. 15. 자 82모36 결정

3. 공범자의 자백

공범자의 자백에도 보강증거를 요하는가, 달리 표현하면 공범자의 자백에도 보강법칙이 적용되는가에 대하여 다음과 같은 견해대립이 있다.

(1) 긍정설

공범자의 자백을 피고인의 자백에 포함시켜 공범자의 자백에도 보강증거가 있어야 한다는 견해이다. 그 논거로서 첫째, 공범자는 다른 공범자에게 책임을 전가하기 위한 허위진술의 가능성이 높으므로 오판의 위험방지라는 점에서 피고인 본인의 자백과 차이가 없으며, 둘째, 만약 부정설에 따른다면 아무런 정황증거조차 없는 피의자의 유죄 입증을 위하여 그의 공범자의 자백에 편중하는 수사를 할 위험이 있으며, 셋째, 만약 부정설에 따른다면 자백한 공범자는 무죄가 되고 부인한 공범자는 유죄가 되어 공범자 간에 처벌의 불합리가 발생하는 점을 든다.

(2) 부정설

공범자의 자백은 피고인의 자백이라고 할 수 없으므로 공범자의 자백에는 보강증거를 요하지 않는다는 견해이다(다수설, 판례).[158] 그 논거로서 첫째, 자백의 보강법칙은 자유심증주의의 예외이므로 엄격히 해석해야 하므로 제310조의 '피고인의 자백'은 문리해석상 당해 피고인의 자백으로 해석해야 하며, 둘째, 공범자의 자백은 다른 피고인에 대한 관계에서는 증언과 같다는 점을 든다. 한편, 긍정설이 지적하는 공범자 간의 처벌의 불합리가 발생하는 문제에 대해서는, 자백한 공범자가 무죄로 되는 것은 자백보강법칙의 결과이며 부인한 피고인이 유죄로 되는 것은 법관의 자유로운 증거평가의 결과이므로 부득이한 것이라고 설명한다. 이 견해가 타당하다.

---

158) 대법원 1986. 10. 28. 선고 86도1773 판결 [특정범죄가중처벌등에관한법률위반, 강도강간]
형사소송법 제310조의 피고인의 자백에는 공범인 공동피고인의 진술이 포함되지 아니하므로 공범인 공동피고인의 진술은 다른 공동피고인에 대한 범죄사실을 인정하는데 있어서 증거로 쓸 수 있다.

Ⅲ. 보강증거의 자격

1. 증거능력

보강증거는 우선 증거능력을 갖추고 있어야 한다. 전문법칙의 예외가 인정되지 않는 전문증거, 위법수집증거는 보강증거가 될 수 없다.[159]

2. 독립증거

보강증거는 자백과 독립한 증거여야 한다. 따라서 피고인의 자백은 보강증거가 될 수 없다. 피고인의 공판정의 자백을 수사기관에서의 자백으로 보강할 수 없으며, 피고인의 자백을 내용으로 하는 피고인 아닌 자의 진술도 보강증거가 될 수 없다. 피고인이 자백한 후 그 자백내용에 따라 범행 장면을 재연하고 이를 사진 촬영하여 검증조서에 첨부하여도 결국 자백에 지나지 않으므로 보강증거가 될 수 없다.

피고인이 범인으로 검거되기 전에 범죄혐의와 관계없이 작성한 상업장부 · 수첩 · 일기장 · 메모 등이 보강증거가 될 수 있는가. 이에 대하여 대법원은 상업장부 등과 같이 범죄사실 인정여부와는 관계없이 사무 내역을 계속적 · 기계적으로 기재한 문서는 자백 문서라고 볼 수 없고, 피고인의 자백과는 별개의 증거이므로 보강증거가 될 수 있다고 판시하였다.[160]

---

159) 대법원 2012.11.15. 선고 2011도15258 판결 [도로교통법위반(음주운전)]
개요: 피고인이 음주운전을 자백하였고 자백에 대한 보강증거로 피고인의 혈중알코올농도에 대한 국립과학수사연구소의 감정의뢰회보 및 이에 기초한 주취운전자 적발보고서, 주취운전자 정황보고서 등의 증거가 제출된 사안에서, 위 보강증거가 위법수집증거로서 증거능력이 없으므로 피고인의 자백 외에 달리 이를 보강할 만한 증거가 없다는 이유로 무죄를 선고한 원심의 판단을 정당하다고 한 판결임.

160) 대법원 1996. 10. 17. 선고 94도2865 전원합의체 판결 [가중뇌물수수 등]
1. 상법장부나 항해일지, 진료일지 또는 이와 유사한 금전출납부 등과 같이 범죄사실의 인정 여부와는 관계없이 자기에게 맡겨진 사무를 처리한 사무 내역을 그때그때 계속적, 기계적으로 기재한 문서 등의 경우는 사무처리 내역을 증명하기 위하여 존재하는 문서로서 그 존재 자체 및 기재가 그러한 내용의 사무가 처리되었음의 여부를 판단할 수 있는 별개의 독립된 증거자료이고, 설사 그 문서가 우연히 피고인이 작성하였고 그 문서의 내용 중 피고인의 범죄사실의 존재를 추론해 낼 수 있는, 즉 공소사실에 일부 부합되는 사실의 기재가 있다고 하더라도, 이를

자백보강법칙의 입법취지가 자백의 진실성을 담보하여 오판을 방지하는 데 있고 '사무 내역을 계속적 · 기계적으로 기재한 문서'는 자백과는 다른 차원에서 진실의 기록일 개연성이 높으므로 이 판례는 타당하다. 이에 속하는 것으로는 판시와 같이 상업장부, 항해일지, 진료일지, 금전출납부 등에 한정될 것이다. 이와 달리 수첩, 일기장, 메모는 사무 내역을 계속적 · 기계적으로 기재한 문서가 아닌 한 자백에 불과하므로 보강증거가 될 수 없다고 하여야 한다.

3. 공범자 자백 상호 간의 보강증거 여부

공범자의 자백도 보강증거가 될 수 있는가. 공범자의 자백은 당해 피고인의 자백과는 독립한 증거이며, 후술하는 보강의 범위에 관한 진실성 담보설에 따를 때 당해 피고인의 자백의 진실성을 담보하기에 족하다. 그러므로 보강증거가 될 수 있다. 결국, 2인의 피고인이 공동범행을 자백하고 다른 증거가 없는 경우에, 이들의 자백은 상호 간 보강증거가 되며 법원은 2인 모두에 대하여 유죄판결을 할 수 있다.

Ⅳ. 보강의 정도

보강증거가 자백에 대하여 어느 정도까지 보강해야 하는가의 문제이다.[161] 이에 대하여 罪體說은 죄체(body of the crime, 객관적 구성요건)의

일컬어 피고인이 범죄사실을 자백하는 문서라고 볼 수는 없다.

2. 피고인이 뇌물공여 혐의를 받기 전에 이와는 관계없이 준설공사에 필요한 각종 인 · 허가 등의 업무를 위임받아 이를 추진하는 과정에서 그 업무수행에 필요한 자금을 지출하면서, 스스로 그 지출한 자금내역을 자료로 남겨두기 위하여 뇌물자금과 기타 자금을 구별하지 아니하고 그 지출 일시, 금액, 상대방 등 내역을 그때그때 계속적, 기계적으로 기입한 수첩의 기재 내용은, 피고인이 자신의 범죄사실을 시인하는 자백이라고 볼 수 없으므로, 증거능력이 있는 한 피고인의 금전출납을 증명할 수 있는 별개의 증거라고 할 것인즉, 피고인의 검찰에서의 자백에 대한 보강증거가 될 수 있다.

161) 이 보강의 정도의 논의에 대하여, 보강증거의 범위(이재상 저), 보강증거의 증명대상(신동운 저)이라는 제목으로 설명하기도 한다.

전부 또는 중요 부분에 대하여 보강증거가 필요하다고 하며,[162] 眞實性擔保說(실질설)은 죄체에 대한 보강증거를 요하지 않고 자백의 진실성을 담보할 정도의 보강증거로 족하다고 한다(다수설, 판례).[163]

자백의 보강법칙에서의 자백은 증거능력과 증명력을 갖춘 자백이므로 보강증거는 그 자백이 가공적인 것이 아니고 진실한 것이라고 인정할 수 있을 정도이면 족하므로 진실성담보설이 타당하다. 이 견해에 따를 때, 피고인이 절도범행을 자백한 경우에 피고인이 장물을 소지하고 있는 장면을 보았다는 목격자의 진술, 피고인이 위조공문서행사죄를 자백한 경우에 위조된 신분증의 현존, 피고인이 간통죄를 자백한 경우에 그 시기에 가출과 외박이 잦았다는 배우자의 진술은 보강증거가 될 수 있다.

---

162) 영미법에서 죄체의 개념은 ① 법익침해 발생, ② 그 법익침해가 범죄행위로 발생, ③ 범죄행위자와 피고인의 동일성으로 구성된다. 이 개념은 우리 형법상 객관적 구성요건에 해당한다.

163) 대법원 2006.1.27. 선고 2005도8704 판결 [변호사법위반 등]
자백에 대한 보강증거는 범죄사실의 전부 또는 중요 부분을 인정할 수 있는 정도가 되지 아니하더라도 피고인의 자백이 가공적인 것이 아닌 진실한 것임을 인정할 수 있는 정도만 되면 족할 뿐만 아니라, 직접증거가 아닌 간접증거나 정황증거도 보강증거가 될 수 있다.

7

공소사실의 동일성, 그 개념과 응용

Ⅰ. 공소사실의 동일성의 개념164)

공소사실의 동일성(협의의 개념)은 검사가 공소장에 기재한 공소사실([도표 1]의 A 공소사실)과 형사소송의 동적발전에 따라 드러난 새로운 사실관계에 따른 공소사실([도표 1]의 B, C 공소사실) 사이의 비교의 문제이다.

[도표 1] 공소사실의 동일성

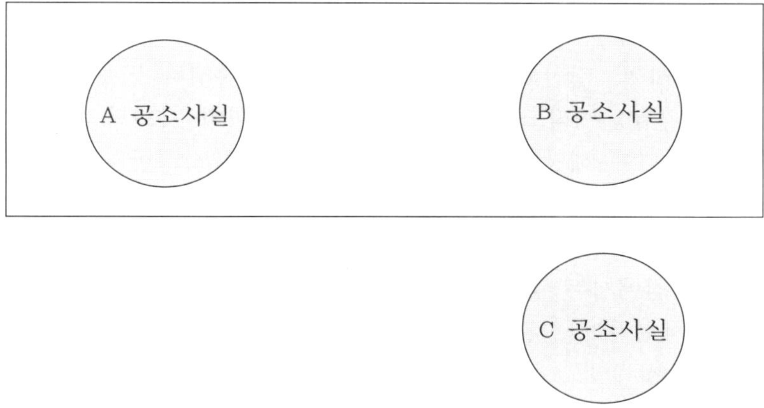

[도표 1]에서 사각 틀은 공소사실의 동일성이 인정되는 범위이다. 도표에서 보듯이, 엄밀히 말하면 그 범위 내의 두 공소사실은 서로 동일하지 않다. 그런데 형사소송법은 공소장변경 제도의 적정한 운용이나, 일사

164) 공소사실의 동일성은 협의의 동일성과 단일성을 포함한다. 이 책에서는 협의의 동일성을 중심으로 설명을 마친 다음, 단일성에 대하여 별도로 설명한다.

부재리 효력이 미치는 객관적 범위를 적정하게 정하기 위하여 "일정한 범위 내에서는 동일하다고 본다."는 소송법적 개념을 사용하는 것이다(개념의 기능). [도표 1]에서 A 공소사실은 B 공소사실과 동일성이 인정되고 C 공소사실과는 동일성이 인정되지 않는다.

Ⅱ. 판단 기준

공소사실이 어느 정도 동일하면 공소사실의 동일성을 인정할 수 있는지에 대하여 견해 대립이 있다.

1. 기본적사실동일설

기본적사실동일설은 공소사실(들)을 그 기초가 되는 사회적 사실관계로 환원하여 그러한 사실 사이에 다소의 차이가 있더라도 기본적인 점에서 동일하면 동일성을 인정하는 견해이다(통설, 판례).

가령, A 공소사실은 갑남이 을녀에 대하여, 살해의 고의로 목을 조르고 폭행하여 상해를 입게 하였다는 것(살인미수)이고, B 공소사실은 갑남이 을녀에 대하여, 강간의 고의로 목을 조르고 폭행하여 상해를 입게 하였다는 것(강간치상)이라고 하자. 공소사실이란 어떤 사회적 사실관계에서 범죄의 구성요건에 해당하는 사실관계를 추출하여 작성한 것이다. 이렇게 추출하여 작성한 A, B 공소사실을 그 기초가 되는 사회적 사실관계로 환원하면 다소의 차이가 있겠지만 "목을 조르고 폭행하여 상해를 입혔다."는 기본적인 점에서는 동일하므로 동일성이 인정된다. 부연설명을 하면, 공소사실을 사회적 사실관계로 환원한다는 것은 다분히 법률가들의 법적 개념(여기서는 살해의 고의, 강간의 고의라는 개념)을 제거하는 것을 의미한다. 법적 개념을 제거하고 나면 목을 조르고 폭행하여 상해를 입게 하였다는 사회적 사실관계만 남는다.

기본적사실동일설에 따라 동일성이 인정되는 경우에는, 두 공소사실 사이에 밀접관계(시간적 · 장소적 밀접관계)와 택일관계(비양립관계)가 성립한다.[165]

---

165) 위의 예에서 A, B 공소사실 사이에 밀접관계가 성립한다. 즉, 양 공소사실의 사실관계가 시간적 · 장소적으로 밀접하다. 또, 택일관계(비양립관계)가 성립한다. 즉,

만약, 위의 예에서 C 공소사실은 같은 일시 · 장소에서 갑남이 을녀의 귀중품을 강취하였다는 것(강도)이라면, A 공소사실과 동일성이 인정되지 않는다.[166]

대법원은 ① 횡령죄와 사기죄 사이에(정확하게는 죄명을 비교하는 것이 아니라 각 공소사실을 비교하는 것인데 편의상 이렇게 표현한다) 돈을 수령하여 피해를 입힌 사회적 사실관계가 기본적인 점에서 동일하다고 하여 동일성을 인정한 판시가 있다.[167]

그 밖에 ② 장물죄와 절도죄 사이(재물을 취득하여 피해를 입힌 사실이 같음),[168] ③ 살인미수와 강간치상 사이(여성의 목을 조르고 폭행한 사실은 같음),[169] ④ 강도예비죄와 폭력행위등 처벌에 관한 법률위반 사이(흉기를 휴

살해의 고의였거나, 강간의 고의였거나 둘 중 하나이지 둘 다일 수는 없다.
기본적사실동일설을 적용하여 동일성을 판단할 때, "공소사실 사이에 밀접관계 · 택일관계가 성립하므로 동일성이 인정된다."는 설명은 정확한 설명이라고 볼 수 없다. 동일성 판단에 있어서 밀접관계 · 택일관계 여부는 일종의 판단보조수단이다. 동일성 판단은 어디까지나 기본적사실동일설의 내용에 따라, "양 공소사실을 사회적 사실관계로 환원하면 다소의 차이는 있지만 ~하였다는 사회적 사실관계는 기본적인 점에서 동일하므로 동일성이 인정된다."라고 설명하는 것이 정확하다.

166) A, C 공소사실 사이에 밀접관계의 판단은 용이하지 않지만, 택일관계(비양립관계)가 성립하지 않는다는 것은 쉽게 알 수 있다. 살인미수행위와 별도로 강도행위가 존재할 수 있기 때문이다.

167) 대법원 1983. 11. 8. 선고 83도2500 판결 [횡령, 사기]
공소장변경 전의 횡령 공소사실과 변경 후의 사기 공소사실이 그 기초되는 사회적 사실관계가 기본적인 점(피해자에게 다방을 경영하게 해주겠다는 명목으로 금원수령)에서 동일하다고 인정되는 경우에는 그 공소장변경은 적법하다.

168) 대법원 1964. 12. 19. 선고 64도664 판결
처음에 어느 물건을 장물인 줄 알면서 남에게 양도하였다고 생각하여 장물양도죄로 공소를 제기하였다가 나중에 그 물건을 절취한 사실을 이유로 야간주거침입절도나 절도로 공소사실을 변경하는 것은 공소사실의 동일성을 해하는 것으로 볼 수 없다.

169) 대법원 1984. 6. 26. 선고 84도666 판결 [살인미수]
피고인이 피해자를 살해하려고 목을 누르는 등 폭행을 가하였으나 미수에 그쳤다는 살인미수의 공소사실에 대하여 예비적으로 피고인이 피해자를 강간하려고 위와 같은 폭행을 가하였으나 미수에 그치고 피해자에게 상해를 입혔다는 강간치상의 공소사실을 추가하는 공소장변경은 공소사실의 동일성을 해친다고 볼 수 없다(공소장변경을 허가한 조치는 정당하다).

대한 사실은 같음),[170] ⑤ 협박죄와 범인도피죄 사이(허위진술을 하도록 참고인을 강요, 협박하였다는 기본적 사실관계가 같음),[171] ⑥ 경범죄처벌법위반(불안감조성)과 강간죄 사이[172]에 동일성을 인정한 판시가 있다.

한편 대법원판결 중에는 동일성 판단에 있어서 규범적 요소를 중시한 것이 있다. ① 장물취득과 강도상해 사이의 일사부재리의 효력이 문제된 사안에서 규범적인 요소를 전적으로 배제할 수 없다는 이유로 동일성을 인정할 수 없다고 하였다. 대법원은 이 판결에서 "공소사실이나 범죄사실의 동일성은 형사소송법상의 개념이므로 이것이 형사소송절차에서 가지는

---

170) 대법원 1987. 1. 20. 선고 86도2396 판결 [강도예비(인정된죄명:폭력행위등처벌에관한법률위반)]
흉기를 휴대하고 다방에 모여 강도예비를 하였다는 공소사실을 정당한 이유 없이 폭력범죄에 공용될 우려가 있는 흉기를 휴대하고 있었다는 폭력행위등처벌에관한 법률 제7조 소정의 죄로 공소장 변경을 하였다면, 그 변경전의 공소사실과 변경후의 공소사실은 그 기본적 사실이 동일하므로 공소장변경은 적법하다.

171) 대법원 1987. 2. 10. 선고 85도897 판결 [폭력행위등처벌에관한법률위반, 범인도피]
공소사실의 동일성은 기본적 사실관계가 동일하면 된다 할 것이므로 참고인에 대하여 허위진술을 하여 달라고 요구하면서 이에 불응하면 어떠한 위해를 가할 듯한 태세를 보여 외포케 하여 참고인을 협박하였다는 공소사실과 위와 같이 협박하여 겁을 먹은 참고인으로 하여금 허위로 진술케 함으로써 2시경 수사기관에 검거되어 신병이 확보된 채 조사를 받고 있던 자를 증거불충분으로 풀려나게 하여 도피케 하였다는 공소사실은 허위진술을 하도록 참고인을 강요, 협박하였다는 기본적 사실관계가 동일하여 공소사실의 동일성이 있다고 할 것이다(공소장변경을 허가한 조치는 정당하다).

172) 대법원 1984. 10. 10. 선고 83도1790 판결 [강간]
본건 공소사실은 피고인이 1982. 3. 19. 19:30경 ○○에서 피해자(14세)의 멱살을 잡아 부근 비닐하우스 안으로 끌고 들어가 옷을 전부 벗고 눕게 하고는 강간을 하였다는 것이고 피고인이 본건 직후인 1982. 3. 20. 경범죄처벌법위반으로 즉결심판을 받고 확정된 범죄사실의 내용은 피고인이 위 일시 장소에서 지나가는 위 피해자를 따라가면서 손목을 잡고 욕설을 하며 진로를 방해하는 등 공포심과 혐오감을 주게 하였다는 것이라면 위 두개의 범죄사실의 기초되는 사회적 사실관계는 그 기본적인 점에서 동일한 것이라고 보는 것이 상당하다. 그러므로 피고인에 대하여 면소를 선고한 제1심판결은 정당하다. → 그러나 동일성의 판단에서 규범적 요소를 배제할 수 없다는 아래 전원합의체 판결의 취지에 따른다면, 위 공소사실과 즉결심판의 범죄사실은 피해법익과 죄질에 현저한 차이가 있으므로 동일성을 부정하여야 할 것이다.

의의나 소송법적 기능을 고려하여야 할 것이고, 따라서 두 죄의 기본적 사실관계가 동일한가의 여부는 그 규범적 요소를 전적으로 배제한 채 순수하게 사회적, 전법률적인 관점에서만 파악할 수는 없고, 그 자연적, 사회적 사실관계나 피고인의 행위가 동일한 것인가 외에 그 규범적 요소도 기본적 사실관계 동일성의 실질적 내용의 일부를 이루는 것이라고 보는 것이 상당하다."고 판시하였고,[173] ② 최근 경범죄처벌법위반(음주소란)과 흉기휴대상해 사이의 일사부재리의 효력이 문제된 사안에서도 규범적 요소를 고려하여 동일성을 인정할 수 없다고 한 판시가 있다.[174] 또, ③ 소

173) 대법원 1994. 3. 22. 선고 93도2080 전원합의체판결 [강도상해]

[소송경과]

피고인이 장물취득죄로 제1심에서 징역 1년을 선고받고 피고인만 항소하였으나 공범이 검거되어 사건의 전모가 드러나 강도상해죄로 처벌될 상황에 이르자 피고인이 항소를 취하하여 장물취득죄로 유죄 확정되었는데, 그 후 검사가 다시 피고인을 강도상해죄로 공소제기하자 일사부재리 효력이 문제된 사안이다.

[판결요지]

가. 유죄로 확정된 장물취득죄와 이 사건 강도상해죄는 범행일시가 근접하고 위 장물취득죄의 장물이 이 사건 강도상해죄의 목적물 중 일부이기는 하나, 그 범행의 일시, 장소가 서로 다르고, 강도상해죄는 피해자를 폭행하여 상해를 입히고 재물을 강취하였다는 것인 데 반하여 위 장물취득죄는 위와 같은 강도상해의 범행이 완료된 이후에 강도상해죄의 범인이 아닌 피고인이 다른 장소에서 그 장물을 교부받았음을 내용으로 하는 것으로서 그 수단, 방법, 상대방 등 범죄사실의 내용이나 행위가 별개이고, 행위의 태양이나 피해법익도 다르고 죄질에도 현저한 차이가 있어, 위 장물취득죄와 이 사건 강도상해죄 사이에는 동일성이 있다고 보기 어렵고, 따라서 피고인이 장물취득죄로 받은 판결이 확정되었다고 하여 강도상해죄의 공소사실에 대하여 면소를 선고하여야 한다거나 피고인을 강도상해죄로 처벌하는 것이 일사부재리의 원칙에 어긋난다고는 할 수 없다.

나. 공소사실이나 범죄사실의 동일성은 형사소송법상의 개념이므로 이것이 형사소송절차에서 가지는 의의나 소송법적 기능을 고려하여야 할 것이고, 따라서 두 죄의 기본적 사실관계가 동일한가의 여부는 그 규범적 요소를 전적으로 배제한 채 순수하게 사회적, 전법률적인 관점에서만 파악할 수는 없고, 그 자연적, 사회적 사실관계나 피고인의 행위가 동일한 것인가 외에 그 규범적 요소도 기본적 사실관계 동일성의 실질적 내용의 일부를 이루는 것이라고 보는 것이 상당하다.

174) 대법원 2011. 4. 28. 선고 2009도12249 판결 [폭력행위등처벌에관한법률위반(집단·흉기등상해)]

가. 공소사실이나 범죄사실의 동일성 여부는 사실의 동일성이 갖는 법률적 기능을

방법위반죄와 업무상과실치상·업무상실화죄의 일사부재리효력이 문제된 사안에서도 규범적 요소를 고려하여 동일성을 인정할 수 없다고 판시하였다.[175]

2. 죄질동일설

죄질동일설은 공소사실(들)에 기재된 구성요건의 유형적 본질(죄질)의 동일성이 인정되어야 공소사실의 동일성을 인정하는 견해이다. 이 학설은 구성요건의 유형적 본질의 동일성 여부를 주로 죄명이나 적용법조의 형법각칙 장절(章節)상의 위치, 보호법익을 통하여 파악한다. 이 견해는 공소사실의 동일성의 범위를 지나치게 좁게 해석하여 공소장변경제도를 거의 활용할 수 없게 한다.

3. 구성요건공통설

구성요건공통설은 두 공소사실에 대하여 적용되는 구성요건을 비교하여 양자가 상당한 정도로 부합하는 때에 공소사실의 동일성을 인정하는 견해이다. 가령 A 공소사실이 갑 구성요건에 해당하고, B 공소사실이 을

염두에 두고 피고인의 행위와 그 사회적인 사실관계를 기본으로 하면서 규범적 요소 또한 아울러 고려하여 판단하여야 한다.

나. 피고인에게 적용된 경범죄처벌법위반(인근소란 등)의 범칙행위와 흉기인 야채 손질용 칼 2자루를 휴대하여 피해자의 신체를 상해하였다는 폭력행위 등 처벌에 관한 법률 위반(집단·흉기등상해)의 공소사실은 범죄사실의 내용이나 그 행위의 수단 및 태양, 각 행위에 따른 피해법익이 다르고, 그 죄질에도 현저한 차이가 있으며, 위 범칙행위의 내용이나 수단 및 태양 등에 비추어 그 행위과정에서나 이로 인한 결과에 통상적으로 흉기휴대상해 행위까지 포함된다거나 이를 예상할 수 있다고는 볼 수 없어 기본적 사실관계가 동일한 것으로 평가할 수 없다.

175) 대법원 2005. 1. 13. 선고 2004도6390 판결 [업무상과실치상·업무상실화]
약식명령이 확정된 소방법위반의 범죄사실과 업무상과실치상·업무상실화의 공소사실 모두 인화물질을 매개로 동일 장소·일시에서 근접하여 이루어졌다는 점에서는 일부 중복되는 면이 있으나, 각 위반행위의 내용과 태양 및 책임의 근거, 직접적인 보호법익 등이 다를 뿐만 아니라 그 죄질에도 현저한 차이가 있는 이상 이들 행위 상호간에는 그 기초가 되는 사회적 사실관계가 동일한 것이라고 평가할 수 없다.

구성요건에 해당하는 경우에 B 공소사실이 갑 구성요건에도 상당한 정도 부합하면 동일성이 인정된다는 견해이다.

4. 검 토

공소사실의 동일성은 기본적사실동일설에 따라서 판단하는 것이 타당하다. 공소사실은 구성요건 자체가 아니라 사실의 주장이므로 규범적 요소를 중시할 필요가 없으며, 기본적사실동일설이 공소장변경제도의 활용범위를 넓게 하며 일사부재리 효력의 객관적 범위를 넓게 하여 이중위험금지의 취지에 부합한다. 죄질동일설과 구성요건공통설과 같이 규범적 요소를 중심으로 판단하는 것은 타당하지 않다.

Ⅲ. 공소사실의 동일성의 응용

[도표 2] 공소사실의 동일성

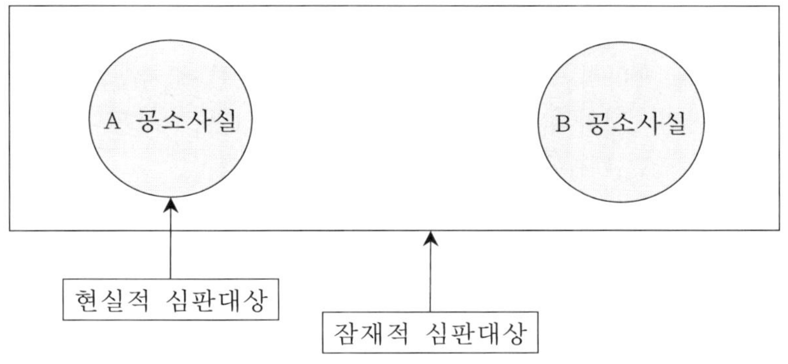

공소사실의 동일성 = 공소장변경의 한계 = 잠재적 심판대상(심판범위) = 일사부재리 효력의 객관적 범위 = 공소사실의 예비적·택일적 기재의 범위(소극설)

[도표 2]에 나타나는 개념들은 서로 밀접한 연관성이 있다.

(1) 공소장변경의 한계

공소사실의 동일성의 범위는 곧 공소장변경의 한계이다(제298조 1항). 그 범위를 벗어나는 공소사실로의 검사의 공소장변경 신청, 법원의 공소장변경 허가는 위법하다.

(2) 잠재적 심판대상

공소사실은 법원의 현실적 심판대상인데 공소사실의 동일성의 범위 내에 있는 사실은 공소장변경을 통하여 언제든지 법원의 현실적 심판대상이 될 수 있다. 이러한 의미에서 공소사실과 동일성이 인정되는 사실은 모두 잠재적 심판대상이 된다(심판대상에 관한 二元說. 이 견해가 타당하다).

(3) 일사부재리 효력의 객관적 범위

공소사실에 대하여 판결이 확정되면, 그 후 이 공소사실과 동일성 범위 내에 있는 어떤 공소사실은, 판결이 확정된 사건의 재판 과정에서 잠재적 심판대상이었으므로 이중위험 금지의 차원에서 일사부재리 효력이 미친다(일사부재리 효력의 객관적 범위).

(4) 공소사실의 예비적 · 택일적 기재의 범위

공소사실의 예비적 · 택일적 기재의 범위에 관한 소극설에 의하면, 공소사실의 예비적 · 택일적 기재는 이 범위 안에서만 인정된다(통설. 다만, 판례는 적극설이므로 판례에 따르면 제한 없이 인정됨).

Ⅳ. 공소사실의 단일성

1. 개　　념

위 Ⅰ, Ⅱ에서 설명한 공소사실의 동일성의 개념과 판단 기준은 협의의 공소사실의 동일성에 관한 것이며, 공소사실의 동일성은 주로 협의의 개념을 중심으로 논의된다.

공소사실의 단일성은 형사소송법상의 행위 개념을 기준으로 판단하여 '공소사실과 단일한 행위'로 판단되는 사실에 인정되는 것이다. 협의의 동일성이 형사소송의 동적 발전에 따른 時間的 前後 同一性을 뜻하는 데 반하여, 단일성은 '본래부터 단일한' 客觀的 自己 同一性을 뜻한다. 이 둘은

광의의 공소사실의 동일성에 속한다.

2. 공소사실의 단일성의 판단 기준

공소사실의 단일성 판단은 '공소사실과 단일한 행위'인지 가리는 것이므로 형법상의 죄수 개념이 중요한 판단 기준이 된다. 그러나 형법상의 '죄수'와 형사소송법상의 '행위'가 반드시 일치하는 것은 아니다. 단일성 개념은 '단일한 행위'로 인정되면 소송법상으로 하나의 사건으로 취급하기 위한 것이다. 형사소송법상의 개념인 단일성은 다음과 같은 경우에 인정된다. 1) 공소사실과 형법 죄수론상의 일죄(법조경합, 포괄일죄) 관계인 어떤 행위(사실), 2) 공소사실과 상상적 경합 관계인 어떤 행위(사실), 3) 공소사실과 경합범 관계인 것 중에서 연결효과에 의한 상상적 경합이 인정되는 어떤 행위(사실)이다.

3. 공소사실의 단일성의 응용

공소사실의 단일성의 응용은 위 협의의 동일성의 경우와 같다. 즉, 1) 공소사실과 단일성이 인정되면 공소장변경이 가능하며, 2) 공소사실과 단일성이 인정되는 사실은 잠재적 심판대상이 되며, 3) 공소사실에 대하여 판결이 확정되면 그와 단일성이 인정되는 사실에 대하여 일사부재리 효력이 미치며, 4) (통설인 소극설에 의하더라도) 공소사실의 예비적·택일적 기재가 인정된다.

2

문　　제

〔제 1 문〕 김공복 외 1, 특정범죄가중처벌등에관한법률위반(뇌물수수) 등

【문제】

당신은 피고인 김공복과 박운전의 변호인 김인권이다.

다음 기록을 읽고 변론요지서를 작성하되, 다음 쪽 변론요지서 양식 중 **본문 Ⅰ, Ⅱ 부분**만 작성하시오.

* 이 기록문제는 관련성이 없는 2개의 사건을 다루고 있지만, 출제의 편의를 위하여 1개의 사건으로 기소, 심리, 판결하는 것으로 함.

【작성요령】

1. 견해의 대립이 있는 경우 대법원 판례가 있으면 그 취지에 따라 변론을 할 것. 다만, 대법원 판례와 다른 견해를 취하여 변론을 하고자 하는 경우 자신의 입장에 따른 변론을 하되 대법원 판례의 취지를 적시할 것.
2. 증거능력이 없는 증거는 실제 소송에서는 증거로 채택되지 않아 증거조사가 진행되지 않지만, 이 문제에서는 시험의 편의상 증거로 채택되어 증거조사가 진행된 것을 전제하였음. 따라서 필요한 경우 증거능력에 대하여도 변론할 것.

【기록 형식 안내】

1. 쪽 번호는 편의상 연속되는 번호를 붙였음.
2. 조서, 기타 서류에는 필요한 서명, 날인, 무인, 간인, 정정인이 있는 것으로 볼 것.
3. 증거목록 중 '기재생략'이라고 표시된 부분에는 법에 따른 절차가 진행되어 그에 따라 적절한 기재가 있는 것으로 볼 것.
4. 공판기록과 증거기록에 첨부하여야 할 일부 서류 중 '(생략)' 표시가 있는 것, 증인선서서와 수사기관의 조서에 첨부하여야 할 '수사과정확인서'는 적법하게 존재하는 것으로 볼 것.
5. 송달이나 접수, 통지, 결재가 필요한 서류는 모두 적법한 절차를 거친 것으로 볼 것.

【변론요지서 양식】

변론요지서

사 건 2011고합1234 특정범죄가중처벌등에관한법률위반(뇌물수수) 등

피고인 1. 김공복
3. 박운전

위 사건에 관하여 피고인 김공복, 박운전의 변호인은 다음과 같이 변론합니다.

다 음

Ⅰ. 피고인 김공복의 특정범죄 가중처벌 등에 관한 법률 위반(뇌물수수)(50점)

Ⅱ. 피고인 박운전
1. 사기의 점(15점)
2. 교통사고처리특례법위반의 점(15점)
3. 특수절도미수의 점(10점)
4. 절도미수의 점(10점)

Ⅲ. 정상관계(평가에서 제외함. 답안지에 기재하지 말 것.)

2011. 7. 13.

피고인들의 변호인
변호사 김 인 권 ㉤

서울중앙지방법원 제26 형사부 귀중

기록내용시작

구속만료	2011. 8. 13.	미결구금
최종만료	2011. 12. 13.	
대행 갱신 만 료		

서 울 중 앙 지 방 법 원

구공판 **형사제1심소송기록**

기일 1회기일	사건번호	2011고합1234	담임	제26부	주심	다
6/27 A10 7/12 P2	사 건 명	가. 특정범죄가중처벌등에관한법률위반(뇌물수수) 나. 뇌물공여 다. 사기 라. 교통사고처리특례법위반 마. 특수절도미수				
	검 사	이 준	2011형제53874호			
	공소제기일	2011. 6. 14.				
	피 고 인	구속 1. 가. **김공복** 불구속 2. 나. **이영일** 구속 3. 다. 라. 마. **박운전**				
	변 호 인	변호사 김인권(피고인1, 3을 위하여, 국선) 변호사 민태식(피고인2를 위하여, 사선)				

확 정	
보존종기	
종결구분	
보 존	

완결 공람	담 임	과 장	국 장	주심 판사	재판장	원장

접 수 공 람	과 장	국 장	원 장
	㊞	㊞	㊞

공 판 준 비 절 차

회 부 수명법관 지정 일자	수명법관 이름	재 판 장	비 고

법 정 외 에 서 지 정 하 는 기 일

기일의 종류	일 시	재 판 장	비 고
1회 공판기일	2011. 6. 27. 10:00	㊞	

서울중앙지방법원

목 록		
문 서 명 칭	장 수	비 고
증거목록	8	검사
공소장	10	
국선변호인선정결정	(생략)	피고인 김공복
국선변호인선정결정	(생략)	피고인 박운전
영수증(공소장부본 등)	(생략)	변호사 김인권, 민태식
영수증(공판기일통지서)	(생략)	변호사 김인권, 민태식
공판조서(제1회)	13	
공소장변경허가신청서	16	
영수증(공소장변경허가신청서부본)	(생략)	변호사 김인권
공판조서(제2회)	17	
증인신문조서	24	조영희
증인신문조서	26	강민완
증인신문조서	28	윤운전
증인신문조서	30	박정현

서울중앙지방법원

목 록 (구속관계)		
문서명칭	장 수	비 고
긴급체포서	(생략)	피고인 김공복, 박운전
구속영장	(생략)	피고인 김공복, 박운전
피의자 수용증명	(생략)	피고인 김공복, 박운전

증 거 목 록 (증거서류 등)

2011고합1234

① 김공복
② 이영일
③ 박운전

2011형제53874호 신청인: 검사

순번	증거방법: 작성	증거방법: 쪽수(수)	증거방법: 쪽수(증)	증거방법: 증거명칭	증거방법: 성명	참조사항등	신청기일	증거의견: 기일	증거의견: 내용	증거결정: 기일	증거결정: 내용	증거조사기일	비고
1	검사	(생략)		피의자신문조서	김공복		1	1	① ○	기재생략			기재생략
2	〃	(생략)		피의자신문조서	이영일		1	1	① × ② ○				
3	〃	(생략)		피의자신문조서	박운전		1	1	③ ○				
4	사경	35		진술서	이영일		1	1	① × ② ○				
5	〃	36		진술조서	최비서		1	1	① × ② ○				
6	〃	39		피의자신문조서	이영일		1	1	① × ② ○				
7	〃	44		이영일의 수첩 사본	이영일		1	1	① × ② ○				
8	〃	45		피의자신문조서	김공복		1	1	① ○				
9	〃	49		고소장	정수도		1	1	③ ×				
10	〃	50		차용증	박운전		1	1	③ ○				
11	〃	51		진술조서	정수도		1	1	③ ×				
12	〃	54		진술조서	한예슬		1	1	③ ×				
13	〃	57		실황조사서			1	1	③ ○				
14	〃	58		진술조서	박정현		1	1	③ ×				
15	〃	61		피의자신문조서	박운전		1	1	③ ○				
16	〃	(생략)		조회회보서	김공복		1	1	① ○				
17	〃	(생략)		조회회보서	이영일		1	1	② ○				
18	〃	(생략)		조회회보서	박운전		1	1	③ ○				

※ 증거의견 표시 - 피의자신문조서 : 인정 ○, 부인 ×
(여러 개의 부호가 있는 경우, 성립/임의성/내용의 순서임)
- 기타 증거서류 : 동의 ○, 부동의 ×

※ 증거결정 표시 : 채 ○, 부 ×

※ 증거조사 내용은 제시, 내용고지

증 거 목 록 (증인 등)

2011고합1234

① 김공복
② 이영일
③ 박운전

2011형제53874호 신청인 : 검사

증 거 방 법	쪽수 (공)	입증취지 등	신청 기일	증거결정		증거조사기일	비고
				기일	내용		
증인 조영희	24	공소사실 제1항	1	1	○	2011. 7. 12. 14:00 (실시)	
증인 강권완	26	공소사실 제1항	1	1	○	2011. 7. 12. 14:00 (실시)	
증인 윤운전	28	공소사실 제3의 가항	1	1	○	2011. 7. 12. 14:00 (실시)	
증인 박정현	30	공소사실 제3의 다항	1	1	○	2011. 7. 12. 14:00 (실시)	

※ 증거결정 표시 : 채 ○, 부 ×

서울중앙지방검찰청

2011. 6. 14.

사건번호 2011년 형제53874호
수 신 자 서울중앙지방법원
제 목 공소장
검사 이 준은 아래와 같이 공소를 제기합니다.

Ⅰ. 피고인 관련사항

1. 피 고 인 김공복 (55****-1*****), 56세
직업 공무원, 010-****-****
주거 서울특별시 서초구 양재2동 125
등록기준지 서울특별시 성북구 월곡동 80
죄 명 특정범죄가중처벌등에관한법률위반(뇌물수수)
적용법조 특정범죄 가중처벌 등에 관한 법률 제2조 제1항 제2호, 제2항, 형법 제129조 제1항
구속여부 2011. 5. 30. 구속 (2011. 5. 28. 체포)
변 호 인 변호사 김인권(국선)

2. 피 고 인 이영일 (51****-1******), 60세
직업 무직, 010-****-****
주거 서울특별시 강서구 목동 145
등록기준지 서울특별시 영등포구 여의도동 45
죄 명 뇌물공여
적용법조 형법 제133조 제1항, 134조
구속여부 불구속
변 호 인 변호사 민태식(사선) **1234**

3. 피 고 인 박운전(65****-1******), 46세
직업 운전업, 010-****-****
주거 서울특별시 강동구 구의동 108
등록기준지 서울특별시 영등포구 문래동 255
죄 명 사기, 교통사고처리특례법위반, 특수절도미수

적용법조 형법 제347조 제1항, 교통사고처리특례법 제3조 제1항, 형법 제268조, 제342조, 제331조 제2항, 제37조, 제38조
구속여부 2011. 5. 30. 구속 (2011. 5. 29. 체포)
변 호 인 변호사 김인권(국선)

Ⅱ. 공소사실

범죄사실

1. 피고인 김공복의 특정범죄 가중처벌 등에 관한 법률 위반(뇌물수수)

피고인은 국토해양부 ##국 국장으로서 정부가 발주한 4대강사업의 공사발주, 감리, 준공허가 등 업무를 담당하는 공무원이다.

피고인은 평소 고등학교 동창회 모임에서 상피고인 이영일을 만나 공사수주관련 청탁을 받은 후, 2011. 5. 2. 과천시에 있는 정부종합청사 내 국토해양부 피고인의 집무실에서, 이영일이 심부름 보낸 이영일의 비서 공소외 최비서로부터 청탁사례금 명목으로 현금 5,000만 원을 교부받았다. 그 청탁 내용은 4대강 사업 낙동강 제○○공구 공사수주, 감리, 준공과 관련한 제반 편의를 보아달라는 것이었다.

이로써 피고인은 그 직무에 관하여 뇌물을 수수하였다.

2. 피고인 이영일의 뇌물공여

피고인은 위 제1항 기재 일시, 장소에서 위 김공복에게 위와 같이 청탁하면서 그 사례금 명목으로 현금 5,000만 원을 교부하여 공무원의 직무에 관하여 뇌물을 공여하였다.

3. 피고인 박운전

가. 사기

피고인은 운전업에 종사하는 자로서 2010. 11. 15. 당시 신용카드 대금 2,000만 원과 1,000만 원 상당의 개인채무가 있고 관광버스 사업을 하더라도 그 수입이 많지 않아 관광버스 구입자금을 차용하면 이를 갚을 의사나 능력이 없었다.

그럼에도 불구하고 피고인은 위 일시경 서울 강동구 구의동 산 20번지 피해자 정수도가 운영하는 금강법당에서 피해자에게 관광버스 구입자금 5,000만 원을 빌려주면 월 2퍼센트(100만 원)의 이자로 3년 후에 틀림없이 갚겠다는 취지로 거짓말하였다. 피고인은 이에 속은 피해자로부터 즉

석에서 차용금 명목으로 5,000만 원을 교부받았다.
이로써 피고인은 피해자를 기망하여 재물을 교부받았다.

나. 교통사고처리특례법위반

피고인은 2011. 4. 10. 12:00경 피고인 소유의 03바1013 45인승 관광버스를 운행하여 경북 문경시 이화령고개 휴게소 부근의 편도1차선의 내리막 우회전 커브길을 충북 괴산읍 방면에서 경북 문경시 방면으로 시속 50킬로미터의 속도로 운행하게 되었는 바, 그곳은 황색실선의 중앙선이 설치된 곳이므로 운전업무에 종사하는 사람에게는 그곳 커브지점 도로변에 설치된 금속제거울을 통하여 반대 차선에서 마주 오는 차량이 있는지 잘 살피는 등 전방주시를 철저히 하고 자기 차선을 잘 지켜 안전하게 운행하여야 할 업무상 주의의무가 있었다. 그럼에도 이를 게을리 한 채 위 도로 중앙선 위를 위 버스 왼쪽 바퀴가 걸친 상태로 중앙선을 침범하여 운행한 과실로 마침 반대편에서 중앙선을 침범하여 운행하던 피해자 한예슬(여, 30세)이 운행하는 03머6780벤츠 승용차를 정면충돌하여 위 피해자로 하여금 약 3주간의 치료를 요하는 요추부염좌상을 입게 하였다.

다. 특수절도미수

피고인은 남의 집에 들어가 금품을 절취하기로 마음먹고, 위 같은 해 5. 10. 11:00경 흉기인 장난감 권총을 윗옷 안쪽 호주머니에 소지하고 서울 광진구 구의동 산 45에 있는 피해자 박정현(여, 34세)의 집에 담을 넘어 침입하여 그 집 2층 부엌을 통하여 안방에 들어가 절취할 물품을 물색하던 중, 피해자에게 발각되어 그 뜻을 이루지 못하고 미수에 그쳤다.

Ⅲ. 첨부서류

1. 긴급체포서 2통(생략)
2. 구속영장(체포된 피의자용) 2통(생략)
3. 국선변호인선임결정 2통(생략)
4. 변호인선임신고서 1통(생략)
5. 피의자수용증명 2통(생략)

검사 이 준 ㊞

서울중앙지방법원

공 판 조 서

제1회

사 건 2011고합1234 특정범죄가중처벌등에관한법률위반(뇌물수수) 등

재판장 판사	배현일	기 일 :	2011. 6. 27. 10:00
판사	김 석	장 소 :	제418호 법정
판사	문현주	공개 여부 :	공개
법원사무관	국영수	고 지 된 다음기일 :	2011. 7. 12. 14:00

피 고 인 1. 김공복 2. 이영일 3. 박운전 각 출석

검 사 김반석 출석

변 호 인 변호사 김인권(피고인 김공복, 박운전을 위하여, 국선)
변호사 민태식(피고인 이영일 위하여, 사선) 각 출석

재판장

피고인들은 진술을 하지 아니하거나 각개의 물음에 대하여 진술을 거부할 수 있고, 이익 되는 사실을 진술할 수 있음을 고지

재판장의 인정신문

성 명 : 1. 김공복 2. 이영일 3. 박운전
주민등록번호 : 각 공소장 기재와 같음.
직 업 : 〃
주 거 : 〃
등 록 기 준 지 : 〃

재판장

피고인들에 대하여

주소가 변경될 경우에는 이를 법원에 보고할 것을 명하고, 소재가 확인되지 않을 때에는 그 진술 없이 재판할 경우가 있음을 경고

검 사

공소장에 의하여 공소사실, 죄명, 적용법조 낭독

피고인 김공복

이영일의 돈을 받은 사실이 없다. 이영일의 비서인 최비서가 국토해양부 집무실을 찾아와 만난 사실은 있지만 돈을 전달받은 사실은 없다.

피고인 이영일

공소사실을 인정한다. 최비서를 시켜 현금 5,000만 원을 김공복에게 전달한 것은 사실이다.

피고인 박운전

공소장 3. 가. 사기의 점에 대하여

정수도로부터 5,000만 원을 차용한 다음 변제하지 못한 것은 사실이지만 기망한 것은 아니다. 예상보다 관광버스 사업이 수입이 많지 않았고 교통사고를 내어 뜻밖에 거액의 피해변제를 하는 바람에 정수도의 돈을 변제하지 못했을 뿐이다.

공소장 3. 나. 교통사고처리특례법위반의 점에 대하여

사고 당시 중앙선 침범을 한 잘못을 인정한다. 그러나 사고차량은 자동차공제조합에 가입되어 있다.

공소장 3. 다. 특수절도미수의 점에 대하여

남의 집에 물건을 훔치러 들어갔던 사실은 인정한다. 다만, 가족의 생계마저 위기에 처한 상황에서 저지른 것이며 깊이 뉘우치고 있다.

피고인 김공복과 박운전의 변호인 변호사 김인권

피고인 김공복에 대하여

이영일의 비서인 최비서와 국토해양부 ##국장 비서인 조영희를 증인 신청하고 국토해양부 ##국 사무실에 대한 현장검증을 신청한다고 진술.

피고인 박운전에 대하여

사기의 점에 대하여 윤운전(피고인 박운전이 시내버스회사에 근무할 때의 동료기사)을, 특수절도미수의 점에 대하여 박정현을 증인신청하고, 박정현의 집에 대하여 현장검증을 신청한다고 진술.

검 사

최비서를 취재했던 ###방송국 기자 강민완을 증인신청한다고 진술.

재판장

최비서, 조영희, 윤운전, 박정현, 그리고 강민완을 증인채택하고 국토해양부 ##국 사무실에 대한 현장검증은 조영희의 증언으로 충분하므로 채택하지 않고, 또 박정현의 집에 대한 현장검증도 박정현이 증인으로 나오므로 채택하지 않는다고 고지.

재판장

증거서류와 증거물에 대한 증거조사를 하겠다고 고지

증거관계 별지와 같음(검사)

재판장

각 증거조사결과에 대하여 의견을 묻고 권리를 보호함에 필요한 증거조사를 신청할 수 있음을 고지

소송관계인

별 의견 없다고 진술

재판장

변론속행

2011. 6. 27.

법 원 사 무 관 국영수 ㊞

재판장 판 사 배현일 ㊞

서 울 중 앙 지 방 검 찰 청

(530-3114)

2011. 7. 7.

수 신 : 서울중앙지방법원(형사26부) 발 신 : 서울중앙지방검찰청

검 사 : 김 반 석 ㊞

김 반 석

제 목 : 공소장변경허가신청

귀원 2011고합1234 특정범죄가중처벌등에관한법률위반(뇌물수수) 등 피고사건의 공소장을 다음과 같이

☑ 추가

□ 철회 하고자 합니다.

□ 변경

다 음

피고인 박운전에 대한 특수절도미수 부분(공소사실 제3. 다항)에 관하여,

예비적 죄명 "절도미수"

예비적 적용법조 "형법 제342조, 제329조"

예비적 공소사실

"피고인은 남의 집에 들어가 금품을 절취하기로 마음먹고, 위 같은 해 5. 10. 11:00경 서울 강동구 구의동 산 45에 있는 피해자 박정현(여, 34세)의 집에 담을 넘어 침입하여 그 집 2층 부엌을 통하여 안방에 들어가 문갑위에 놓여 있는 지갑을 발견하고 그쪽으로 접근하던 중, 피해자에게 발각되어 그 뜻을 이루지 못하고 미수에 그쳤다."

를 추가합니다.

서울중앙지방법원

공 판 조 서

제 2 회

사 건 2011고합1234 특정범죄가중처벌등에관한법률위반(뇌물수수) 등

재판장 판사 배현일 기 일 : 2011. 7. 12. 14:00
판사 김 석 장 소 : 제418호 법정
판사 문현주 공개 여부 : 공개

법원사무관 국영수 고 지 된
다음기일 : 2011. 7. 26. 10:00

피 고 인 1. 김공복 2. 이영일 3. 박운전 각 출석

검 사 김반석 출석

변 호 인 변호사 김인권(피고인 김공복, 박운전을 위하여, 국선)
변호사 민태식(피고인 이영일 위하여, 사선) 각 출석
증 인 조영희, 윤운전, 박정현, 강민완 각 출석
최비서 불출석

재판장
전회 공판심리에 관한 주요사항의 요지를 공판조서에 의하여 고지
소송관계인
변경할 점이나 이의할 점이 없다고 진술
재판장
피고인들에 대한 2011. 7. 7.자 공소장변경허가신청서 기재의 공소장

변경을 허가한다고 결정 고지
검사는 위 서면에 의하여 변경된 공소사실, 죄명, 적용법조 낭독하다
재판장
주거침입의 점은 기소하지 않는 취지인지 석명을 구하다
검 사 주거침입의 점은 별도로 기소하지 않는다고 진술
변호사 김인권
공소장변경에 대하여 이의가 없다고 진술
검 사
최비서는 검사 측 증인으로도 신청할 필요가 있어서 소재확인 수사를 해 보았는데 경찰 조사를 받은 후 해외로 출국하여 현재 소재확인이 불가능하다고 진술
변호사 김인권
최비서에 대한 증인신청을 철회한다고 진술
출석한 증인 조영희, 강민완, 윤운전, 박정현을 별지와 같이 신문하다
증거관계 별지와 같음(검사)
재판장
각 증거조사 결과에 대하여 의견을 묻고 권리를 보호함에 필요한 증거조사를 신청할 수 있음을 고지
소송관계인
별 의견 없으며, 달리 신청할 증거도 없다고 각 진술
재판장
증거조사를 마치고 피고인신문을 실시하겠다고 고지

피고인 김공복에게
검 사
문 피고인은 2011. 5. 2. 11:00경 국토해양부 피고인의 집무실에서 이영일이 보낸 최비서로부터 금품을 받은 사실이 있는가요.
답 최비서를 저의 집무실에서 만난 사실은 있지만 어떤 금품도 받은 사실이 없습니다.
문 피고인은 영일고등학교 재경동문회에서 이영일을 만나 이영일이 영일토건이라는 건설회사 사장이며 4대강공사를 수주받고 싶어한다는

사실은 알고 있었지요.

답　그 정도는 알고 있었습니다.

문　최비서가 피고인의 집무실을 다녀간 후 일주일 뒤인 5. 9. 피고인이 이영일에게 감사의 뜻으로 전화를 걸어 걱정하지 말라는 취지의 인사를 한 사실이 있지요.

답　전화를 건 사실은 있습니다. 그러나 돈을 받지 않았으니 감사인사를 할 이유가 없습니다.

변호사 김인권

문　피고인은 피고인 이영일로부터 5. 2. 뿐 아니라 언제 어떤 형태로도 금품을 받지 않았는가요.

답　예. 그렇습니다. 만약 최비서라는 사람이 쇼핑백을 저에게 주었다면 저는 그 자리에서 도로 가져가라고 했을 것이고, 그래도 말을 듣지 않으면 저의 비서를 방으로 불러들여 데리고 나가라고 했을 것입니다.

피고인 이영일에게

검　사

문　피고인은 2011. 5. 2. 11:00경 국토해양부 피고인의 집무실에 비서인 최비서를 들여보내어 피고인 김공복에게 5,000만 원을 전달한 사실이 있지요.

답　예.

문　최비서가 쇼핑백을 들고 청사 안으로 들어갔고 나중에 차로 돌아와서 잘 전달했다고 보고했지요.

답　예.

문　피고인 김공복은 피고인이 무슨 의미로 돈을 보냈는지 알 수 있지요.

답　예. 제가 동문회 모임에서 피고인 김공복을 만났을 때 저의 명함을 건네었고 4대강 사업 수주에 관심이 많으며 잘 부탁한다는 말을 여러 차례 했기 때문에 잘 알고 있었을 겁니다.

문　5. 9. 피고인 김공복으로부터 감사의 뜻으로 전화가 걸려온 사실도 있지요.

답 예. 걱정하지 말라고 하기에 저는 확실하게 일이 잘 될 줄 알고 안심했습니다.

문 피고인은 경찰이나 검찰에서 허위 진술을 강요당한 사실이 있나요.

답 그런 사실은 없습니다.

변호사 민태식

문 피고인이 피고인 김공복에게 돈을 준 후 4대강사업 공사수주를 받거나 어떤 행정상 편의를 받은 사실은 없지요.

답 예.

변호사 김인권

문 5만 원권으로 5,000만 원이면 부피가 어느 정도인가요.

답 100장짜리 한 다발이 1센티미터 정도 됩니다. 모두 10센티미터 정도 됩니다.

문 5. 2. 최비서는 어떤 옷을 입었는가요.

답 평범한 검정색 신사복입니다.

문 평범한 신사복 상의에 바깥 호주머니 2개, 안쪽 호주머니 2개, 바지 호주머니 2개가 있는데 그 정도 부피라면 호주머니 속에 충분히 넣을 수 있지 않은가요.

답 잘 모르겠습니다. 그러나 최비서가 중간에서 내 돈을 가로챌 정도로 그렇게 간 큰 짓을 할 위인이 못됩니다.

문 최비서가 퇴직의사를 최초로 표시한 것이 언제인가요.

답 5. 3. 처음 퇴직의사를 표시했습니다.

문 최비서가 국장실에 갔다가 차로 돌아왔을 때 호주머니가 불룩하다든지, 행동에 이상한 것을 발견하지 못했는가요.

답 유심히 살피지는 못했습니다.

재판장

문 최비서가 사장인 피고인 외에 다른 동료직원에게 이 사건 이전에 회사를 그만둔다는 말을 한 적이 있었는가요.

답 그런 말은 듣지 못했습니다.

문 5. 9. 피고인 김공복이 전화상으로 피고인에게 한 말을, 그 표현그대로 옮겨보십시오.

답 “선배님께서 보낸 사람을 만났습니다. 선배님 회사는 건설 실적이 충분하니까 잘될 겁니다"라고 했습니다.

피고인 박운전에게
검 사

[공소사실 3. 가. 사기]

문 피고인이 고소인 정수도의 돈 5,000만 원을 빌린 경위는 어떠한가요.

답 제가 2000년부터 시내버스 기사로 일하다가 봉급이 적어서 2008년에 버스회사를 퇴직했고 그해에 횟집을 차렸는데 비브리오 패혈증 환자가 발생했다는 보도가 나오자 바로 손님이 끊겨 석 달 만에 문을 닫았습니다. 그 후 막노동과 대리운전으로 힘들게 살아가던 중 정수도 스님의 금강법당에 드나들었는데 저를 친절하게 대하여 주어 친하게 되었습니다. 그 당시 관광버스를 운행하는 동료기사의 권유에 따라 관광버스업을 해보기로 하고 관광버스 구입 자금으로 정수도 스님에게서 돈 5,000만 원을 변제기 3년, 이자 2%(월 100만 원)로 빌렸습니다.

문 관광버스 수입은 월 300만 원 정도이고 게다가 비수기도 있는데, 당시 피고인은 기존채무 3,000만 원이 있는 상태에서, 고율의 이자로 5,000만 원을 추가로 빌리면, 고소인에 대한 채무를 정상적으로 변제하기는 어렵지요.

답 당시 윤운전이 관광버스 월수입이 400만 원은 된다고 하여 그대로 믿었습니다. 월 400만 원만 꾸준히 벌면 충분히 변제가 가능합니다.

문 왜 변제를 하지 못하는가요.

답 윤운전으로부터 들은 설명과는 달리 월수입은 300만 원 정도에 불과했고, 겨울철 등 관광비수기에는 거의 수입이 없는 달도 있었으며 급기야 2011. 4. 10. 경북 문경시 이화령고개에서 교통사고를 내어 고급승용차인 벤츠승용차 수리비 중에서 공제조합의 보상한도를 초과하는 2,000만 원을 변제하고 나니, 카드대금 변제가 더 이상 불가능해졌습니다. 그래서 법원에 파산신청을 하였고 그 후 파산선고를 받았는데 제가 파산신청을 하자 정수도 스님이 고소를 했습니다.

[공소사실 3. 나. 교통사고처리특례법위반]

문 2011. 4. 10. 자 교통사고에 대하여, 피고인의 과실은 무엇인가요.

답 내리막 커브길이었는데 커브지점을 돌면서 중앙선을 넘어간 것이 저의 과실입니다. 그런데 피해자는 저보다 더 많이 중앙선을 침범했습니다.

[공소사실 3. 다. 특수절도미수]

문 피고인은 피해자 박정현의 주택에 물건을 훔치러 들어간 사실이 있는가요.

답 예.

변호사 김인권

[공소사실 3. 가. 사기]

문 윤운전은 피고인에게 관광버스 수입이 어느 정도라고 하던가요.

답 월수입 400만원은 충분히 된다고 했고 겨울철 비수기에 대해서는 아무 말도 하지 않아 저는 비수기가 있다는 것은 생각하지도 못했습니다.

문 피고인은 시내버스 운전 경험이 있는데, 시내버스에는 비수기라는 것이 없지요.

답 예.

[공소사실 3. 나. 교통사고처리특례법위반]

문 (문경경찰서에서 작성한 교통사고 실황조사서를 보여주며) 사고당시의 양쪽 차량의 중앙선 침범 상황이 이 실황조사서와 같은가요.

답 예, 그 실황조사서가 맞습니다.

[공소사실 3. 다. 특수절도미수]

문 피고인이 피해자의 집 부엌으로 들어갈 때 옥상에 사람이 있는지 알았는가요.

답 몰랐습니다. 알았다면 그 집에 안 들어갔겠지요.

문 피고인이 안방에 들어갔는가요.

답 제가 부엌에 막 들어서자마자 옥상 쪽에서 사람이 내려오는 발자국 소리가 들려서 방안에는 들어가지도 못하고 바로 밖으로 뛰어 도망갔습니다.

문 많이 후회하고 있지요.

답 제가 열심히 살아왔는데 실직하고 가족의 생계가 막막하다보니 이런 일을 저질렀습니다. 후회막심합니다.

문 이상의 진술은 모두 사실인가요.

답 예, 모두 사실입니다.

재판장

피고인신문을 마쳤음을 고지

재판장

변론속행(변론준비를 위한 변호인의 요청으로)

2011. 7. 12.

법 원 사 무 관 국영수 ㊞

재판장 판 사 배현일 ㊞

서울중앙지방법원

증인신문조서(제2회 공판조서의 일부)

사　　건 2011고합1234　특정범죄가중처벌등에관한법률위반(뇌물수수) 등
증　　인　　이　　름　조영희
　　　　　　생년월일　1983. 4. 21.
　　　　　　주　　거　경기도 과천시 별양동 245

재판장
　증인에게 형사소송법 제148조 또는 제149조에 해당하는가의 여부를 물어 이에 해당하지 아니함을 인정하고, 위증의 벌을 경고한 후 별지 선서서와 같이 선서를 하게 하였다. 다음에 신문할 증인은 재정하지 아니하였다.

변호사 김인권
　증인에게

문　증인의 현재 근무처와 직무는 어떤가요.

답　정부과천청사에 있는 국토해양부 ##국 비서실 직원으로서 국장님 업무에 대한 비서업무를 하고 있습니다.

문　증인은 국장실에 출입하는 사람의 신분과 방문목적에 대하여 사전에 확인하고 국장께 메모를 전달하거나 인터폰으로 보고하지요.

답　예.

문　증인은 2011. 5. 2. 최비서라는 사람이 김공복 국장을 방문하러 온 날의 일을 기억하는가요.

답　최비서라는 사람의 얼굴은 기억나지 않습니다만, 영일토건 비서라는 분이 방문했던 사실은 기억하고 있으며, 오늘 법정에 오기 전 업무메모지를 확인하고 방문 날짜를 확인했습니다.

문　최비서라는 사람이 국장실을 방문했을 때 손에 쇼핑백 같은 것을 들고 국장실에 들어갔는가요.

답　제가 유심히 관찰하지 않아서 잘 모르겠습니다.

문　만약 방문하는 손님이 손에 쇼핑백을 들었다면, 비서로서는 웬만하

면 기억할 수 있을 것 같은데요.

답 그래도 기억나지 않습니다.

문 청사 입구에서 국장실로 오가는 통로에 빈 쇼핑백을 버릴 만한 쓰레기통 같은 것이 비치되어 있는가요.

답 국장실 입구 부근에 남, 녀 화장실이 있고 남자 화장실에 비치되어 있는 쓰레기통은 윗부분에는 담뱃불을 끌 수 있는 모래가 있고, 중간부분에 구멍이 뚫려 있어 그리 크지 않은 쓰레기는 거기에 버릴 수 있습니다.

문 당시 최비서라는 사람의 복장은 어떠했는가요.

답 검정색 신사복 정장차림이었습니다.

검 사

문 최비서의 손에 든 것이 쇼핑백인지는 정확하게 기억이 나지 않더라도, 무언가를 손에 들고 들어가지 않았는가요.

답 그래도 기억이 나지 않습니다.

2011. 7. 12.

법 원 사 무 관 국영수 ㊞

재판장 판 사 배현일 ㊞

서울중앙지방법원

증인신문조서(제2회 공판조서의 일부)

사　　건 2011고합1234　특정범죄가중처벌등에관한법률위반(뇌물수수) 등
증　　인　　이　　름　강민완
생년월일　1975. 10. 10.
주　　거　서울 영등포구 여의도동 123

재판장

증인에게 형사소송법 제148조 또는 제149조에 해당하는가의 여부를 물어 이에 해당하지 아니함을 인정하고, 위증의 벌을 경고한 후 별지 선서서와 같이 선서를 하게 하였다. 다음에 신문할 증인은 재정하지 아니하였다.

검　사

증인에게

문　증인의 현재 근무처와 직무는 어떤가요.

답　###방송국 사회부 기자입니다.

문　증인은 4대강사업과 관련하여 영일토건 사장이 국토해양부 국장에게 뇌물을 건넨 의혹을 보도한 사실이 있는데 그 취재 경위는 어떠한가요.

답　4대강사업과 관련한 건설회사들의 정관계 로비에 대하여 취재하던 중, 저의 취재원으로부터 영일토건 사장이 비서를 시켜 국토해양부 공무원에게 돈을 갖다 주었다는 정보를 입수하고 사장 비서인 최비서씨를 수소문하여 저희 방송국 부근 커피숍에서 만났습니다.

문　취재한 내용은 어떠한가요.

답　제가, 돈을 가지고 국토해양부로 간 것은 다 알고 왔다, 돈을 사장이 직접 전달했는지 최비서가 대신 전달했는지 그것만 말해달라, 라고 하니까 자신이 사장을 대신하여 전달했다고 말했습니다.

문　어떤 방식으로 전달했다고 하던가요.

답　쇼핑백에 5만 원권 현금 5,000만 원을 넣어 ##국 국장 집무실에 들

어가 직접 전달했다고 말했습니다.

변호사 김인권

증인에게

문 당시 증인은 최비서에게 영일토건을 퇴직한 이유가 무엇인지 물어보았는가요.

답 물어보았는데 분명한 대답을 하지는 않았습니다.

2011. 7. 12.

법 원 사 무 관 국영수 ㊞

재판장 판 사 배현일 ㊞

서울중앙지방법원
증인신문조서(제2회 공판조서의 일부)

사 건 2011고합1234 특정범죄가중처벌등에관한법률위반(뇌물수수) 등
증 인 이 름 윤운전
생년월일 1964. 6. 8.
주 거 서울 강북구 우이동 산 45

재판장

증인에게 형사소송법 제148조 또는 제149조에 해당하는가의 여부를 물어 이에 해당하지 아니함을 인정하고, 위증의 벌을 경고한 후 별지 선서서와 같이 선서를 하게 하였다. 다음에 신문할 증인은 재정하지 아니하였다.

변호사 김인권

증인에게

문 증인과 피고인 박운전은 어떻게 아는 사이인가요.

답 저와 피고인 박운전은 2000년부터 2008년 사이에 시내버스회사에서 동료기사로 같이 근무한 일이 있으며, 피고인 박운전이 퇴직한 뒤에 저도 퇴직하였습니다.

문 증인이 피고인 박운전에게 관광버스업을 해보라고 권유한 사실이 있는가요.

답 예.

문 그 경위를 기억나는 대로 상세하게 진술해 주십시오.

답 제가 관광버스업을 하고 있을 때 박운전이 횟집을 하다가 실패하고 그 후 막노동을 하는 등으로 어렵게 살고 있다는 말을 주위의 다른 기사에게서 전해 듣고 박운전을 만났습니다. 당시 저는 관광버스를 하여 비교적 안정된 생활을 하고 있을 때였기 때문에 저의 경우를 예로 들면서 “관광버스를 1대 살 수만 있다면 월 400만 원 수입이 나오기 때문에 안정적인 생활이 가능하다.”고 하면서 권했습니다.

문 피고인 박운전이 실제로 관광버스업을 해보니 월 수입이 300만 원

정도였고, 겨울철 비수기 등에는 수입이 거의 없기도 하는 등 증인의 설명과는 달랐다고 하는데 어떤가요.

답 월 수입이 400만 원이 된다고 한 것은 저의 경우에 수입이 많은 달을 기준으로 좀 과장되게 설명한 것이고, 겨울철 비수기에 대해서는 제가 설명하지 않았는데 저의 불찰입니다.

문 관광버스와는 달리 시내버스의 경우에는 월수입이 비교적 일정하고 특별한 비수기도 없지요.

답 예, 그렇습니다.

문 증인의 설명을 듣고 피고인 박운전은 어떤 반응을 보이던가요.

답 관광버스업을 하고 싶어 하면서도 버스를 살 돈이 없다고 걱정하면서 돌아갔습니다.

검사

(묻지 아니하다)

2011. 7. 12.

법 원 사 무 관 국영수 ㊞

재판장 판 사 배현일 ㊞

서울중앙지방법원
증인신문조서(제2회 공판조서의 일부)

사　　건 2011고합1234　특정범죄가중처벌등에관한법률위반(뇌물수수) 등
증　　인　　이　　름　박정현
　　　　　　생년월일　1977. 8. 15.
　　　　　　주　　거　서울 광진구 구의동 산 45

재판장

증인에게 형사소송법 제148조 또는 제149조에 해당하는가의 여부를 물어 이에 해당하지 아니함을 인정하고, 위증의 벌을 경고한 후 별지 선서서와 같이 선서를 하게 하였다. 다음에 신문할 증인은 재정하지 아니하였다.

변호사 김인권

증인에게

문 진술인의 집에 도둑이 들어왔던 사건의 경위는 어떠한가요.

답 제가 그날 아침에 빨래를 하여 옥상 빨랫줄에 빨래를 널고 노래를 흥얼거리면서 내려오는데 부엌문이 “탁” 소리를 내며 급하게 열리더니 어떤 낮선 남자가 뛰어 나갔습니다. 제가 깜짝 놀라 잠시 그 자리에 주저앉았습니다. 그리고는 “도둑이야.”라고 소리 지르니까 마침 지나가던 순찰차에서 경찰관이 내려 그 남자를 붙들었습니다. 경찰관이 현장에서 그 남자가 가지고 있던 권총을 압수하는 장면을 보았는데 나중에 그것이 장난감권총이었다는 말을 들었습니다.

문 증인은 경찰에서 조사받을 때 그 남자가 증인의 집 안방까지 들어갔다고 진술하였는데 그렇게 진술한 이유는 무엇인가요.

답 제가 옥상에서 머무른 시간이 20분가량이 되었기 때문에 그 시간이면 안방에 충분히 들어갈 수 있기 때문입니다.

문 증인이 그 남자가 2층으로 올라오는 장면을 본 사실이 있는가요.

답 그건 보지 못했습니다.

문 그 남자가 도망간 후 부엌에서 안방으로 통하는 문이 열려 있었는

가요.

답 닫혀 있었습니다.

문 방안에 남자의 신발 자국이나 누가 들어왔던 흔적이 있었는가요.

답 특별한 것은 없었습니다.

문 그러면 그 남자가 증인의 집 안방까지 들어갔다는 진술은 별 근거가 없는 것 아닌가요.

답 저의 추측에 의하여 진술한 것입니다.

검 사

문 증인이 경찰에서 진술할 때 증인이 옥상에서 내려올 때 증인의 집에서 인기척이 났다고 했는데 그것이 안방에서 나는 소리인지, 부엌에서 나는 소리인지는 구별할 수 있지 않은가요.

답 잘 구별이 되지 않습니다.

2011. 7. 12.

법 원 사 무 관 국영수 ㊞

재판장 판 사 배현일 ㊞

제	1	책
제	1	권

서울중앙지방법원
증거서류등(검사)

사 건 번 호	2011고합1234	담임	제26형사부	주심	다

사 건 명	가. 특정범죄가중처벌등에관한법률위반(뇌물수수) 나. 뇌물공여 다. 사기 라. 교통사고처리특례법위반 마. 특수절도미수
검 사	이 준 / 2011년 형제53874호
피 고 인	1. 가. 김 공 복 2. 나. 이 영 일 3. 다. 라. 마. 박 운 전
공소제기일	2011. 6. 14.

1심 선고	20 . . .	항소	20 . . .
2심 선고	20 . . .	상고	20 . . .
확 정	20 . . .	보존	

제 1 책
제 1 권

구공판

서 울 중 앙 지 방 검 찰 청

증 거 기 록

검 찰	사건번호	2011년 형제53874호	법원	사건번호	2011년 고합1234호
	검 사	이 준		판 사	

피 고 인	구속 1. 가. 김 공 복 불구속 2. 나. 이 영 일 구속 3. 다. 라. 마. 박 운 전
죄 명	가. 특정범죄가중처벌등에관한법률위반(뇌물수수) 나. 뇌물공여 다. 사기 라. 교통사고처리특례법위반 마. 특수절도미수
공소제기일	2011. 6. 14.
구 속	1. 2011. 5. 30. 구속(2011. 5. 28. 체포) 3. 2011. 5. 30. 구속(2011. 5. 29. 체포) / 석 방:
변 호 인	1. 3. 변호사 김인권(국선) 2. 변호사 민태식(사선)
증 거 물	없 음
비 고	

증 거 목 록 (증거서류 등)

2011고합

2011형제53874호 신청인 : 검사

순번	증거방법					참조사항 등	신청기일	증거의견		증거결정		증거조사기일	비고
	작성	쪽수(수)	쪽수(증)	증거명칭	성명			기일	내용	기일	내용		
1	검사	(생략)		피의자신문조서	김공복								
2	〃	(생략)		피의자신문조서	이영일								
3	〃	(생략)		피의자신문조서	박운전								
4	사경	35		진술서	이영일								
5	〃	36		진술조서	최비서								
6	〃	39		피의자신문조서	이영일								
7	〃	44		이영일의 수첩 사본	이영일								
8	〃	45		피의자신문조서	김공복								
9	〃	49		고소장	정수도								
10	〃	50		차용증	박운전								
11	〃	51		진술조서	정수도								
12	〃	54		진술조서	한예슬								
13	〃	57		실황조사서									
14	〃	58		진술조서	박정현								
15	〃	61		피의자신문조서	박운전								
16	〃	(생략)		조회회보서	김공복								
17	〃	(생략)		조회회보서	이영일								
18	〃	(생략)		조회회보서	박운전								

※ 증거의견 표시 - 피의자신문조서 : 인정 ○, 부인 ×
(여러 개의 부호가 있는 경우, 성립/임의성/내용의 순서임)
- 기타 증거서류 : 동의 ○, 부동의 ×

※ 증거결정 표시 : 채 ○, 부 ×

※ 증거조사 내용은 제시, 내용고지

진 술 서

성 명 : 이 영 일

주민등록번호 : 51####-1###### 만 60세

직 업 : 건설회사 대표

주 거 : 서울특별시 강서구 목동 145

등 록 기 준 지 : 생략

직 장 주 소 :

연 락 처 : (자택전화) 02-###-#### (휴대전화) 010-###-####
(직장전화) (전자우편) 생략

본인은 2011. 5. 28. 서울서초경찰서 형사팀 사무실에 뇌물공여 피의사건의 참고인으로 출석하여 다음과 같이 임의로 서면진술하다.

저는 2011. 5. 2. 11:00경 과천시 정부종합청사 내 국토해양부 김공복 국장의 집무실에서 4대강 공사 수주와 관련하여 김공복 국장에게 5,000만원을 준 사실이 있습니다.
그 경위는 제가 운영하는 영일토건이 4대강사업 낙동강 제00공구 공사를 따내기 위해 노력하던 중 영일고등학교 재경동문회에서 김국장이 바로 4대강사업 실무부서 핵심 국장이라는 사실을 알고 "잘 부탁한다."고 하면서 공을 들였습니다. 공사 수주가 임박하여 오기에 제가 돈을 준비하여 국토해양부에 갔는데 저는 얼굴이 국토해양부 공무원들에게 알려지면 안되겠기에 저의 비서인 최비서를 국장실에 들여보내어 현금 5,000만원을 전달했습니다. 그 뒤로 김국장이 전화를 걸어와 "잘 될 것"이라며 감사인사를 했습니다.

2011. 5. 28.

이 영 일 (인)

진 술 조 서

성　　　명 : 최 비 서

주민등록번호 : 70####-1######　만 41세

직　　　업 : 무직

주　　　거 : 서울특별시 서초구 방배동 701 현대아파트 101동 301호

등 록 기 준 지 : 생략

직 장 주 소 :

연　락　처 : (자택전화) 02-273-4544 (휴대전화) 010-337-4544
(직장전화) 02-276-3596 (전자우편) 생략

위의 사람은 피의자 김공복에 대한 특정범죄가중처벌등에관한법률위반(뇌물수수)등 피의사건에 관하여 2011. 5. 28. 서울서초경찰서 형사팀 사무실에 임의 출석하여 다음과 같이 진술하다.

1. 피의자와의 관계
아무 관계 없습니다.

1. 피의사실과의 관계
저는 영일토건 이영일 사장의 심부름으로 피의자 김공복에게 돈을 전달한 사실이 있어 오늘 참고인 자격으로 출석하였습니다.

이 때 사법경찰관은 진술인 최비서를 상대로 다음과 같이 문답하다.

문　진술인은 영일토건에서 어떤 업무를 했는가요.

답　사장님 운전기사 겸 비서일을 했고, 금융기관 금전출납일도 했으며 지금은 퇴직하여 무직 상태입니다.

문　진술인이 국토해양부의 ##국장에게 돈을 전달한 경위는 어떤가요.

답　지난 5. 2. 이영일 사장이 저를 불러 현금 5,000만 원을 5만 원 신권

으로 찾아오라고 하여 제가 은행에 가서 500만 원 다발로 10다발을 만들어 작은 쇼핑백에 담아 이영일 사장에게 가니 국토해양부로 가자고 해서 차를 운전하여 갔습니다. 국토해양부 청사 앞 주차장에서 이영일 사장이 저에게, ##국의 김국장을 찾아가 이영일 사장은 급한 회사일로 오지 못했다고 말하고 쇼핑백을 전달하고 오라고 지시하였습니다. 그래서 저는 쇼핑백을 들고 집무실에 들어가 간단히 신분을 밝히고는 사장의 지시에 따라 "사장님께서 전해달라고 하셨습니다." 라고 하면서 쇼핑백을 테이블 옆에 내려놓고 국장 집무실을 나와 승용차로 돌아가서 이영일 사장에게 잘 전달했다고 보고했습니다.

문 김공복 국장이 쇼핑백에 무엇이 들었는지 묻지 않던가요.

답 예, 아무 말도 묻지 않았습니다.

문 진술인이 회사를 퇴직하게 된 경위는 어떠한가요.

답 사장 비서일이 별 전망이 없는 것 같아 일단 퇴직했는데 아직 다른 직장을 구하지 못했습니다.

문 이상의 진술은 사실인가요.

답 예, 사실입니다. (무인)

위의 조서를 진술자에게 열람하게 하였던바, 진술한 대로 오기나 증감·변경할 것이 전혀 없다고 말하므로 간인한 후 서명 무인하게 하다.

진술자 허비서 (무인)

2011. 5. 28.

서울서초경찰서

사법경찰관 경위 박식해 (인)

피의자신문조서

피의자 이영일에 대한 뇌물공여 피의사건에 관하여 2011. 5. 28. 서울서초경찰서 형사과 형사팀 사무실에서 사법경찰관 경위 박식해는 사법경찰리 경사 최투철을 참여하게 하고, 아래와 같이 피의자임에 틀림없음을 확인하다.

문 피의자의 성명, 주민등록번호, 직업, 주거, 등록기준지 등을 말하십시오.

답 성명은 이 영 일(李 迎 日)
주민등록번호는 51#### - 1###### 직업은 회사대표이사
주거는 서울특별시 강서구 목동 145
등록기준지는 서울특별시 영등포구 여의도동 45
직장 주소는
연락처는 자택전화 없음 휴대전화 010-####-####
직장전화 전자우편
(e-mail)
입니다.

사법경찰관은 피의사건의 요지를 설명하고 사법경찰관의 신문에 대하여 「형사소송법」 제244조의3에 따라 진술을 거부할 수 있는 권리 및 변호인의 참여 등 조력을 받을 권리가 있음을 피의자에게 알려주고 이를 행사할 것인지 그 의사를 확인하다.

진술거부권 및 변호인 조력권 고지 등 확인

1. 귀하는 일체의 진술을 하지 아니하거나 개개의 질문에 대하여 진술을 하지 아니할 수 있습니다.
2. 귀하가 진술을 하지 아니하더라도 불이익을 받지 아니합니다.
3. 귀하가 진술을 거부할 권리를 포기하고 행한 진술은 법정에서 유죄의 증거로 사용될 수 있습니다.
4. 귀하가 신문을 받을 때에는 변호인을 참여하게 하는 등 변호인의 조력을 받을 수 있습니다.

문 피의자는 위와 같은 권리들이 있음을 고지받았는가요.
답 예, 고지받았습니다.
문 피의자는 진술거부권을 행사할 것인가요.
답 아닙니다.
문 피의자는 변호인의 조력을 받을 권리를 행사할 것인가요.
답 아닙니다. 혼자서 조사를 받겠습니다.

이에 사법경찰관은 피의사실에 관하여 다음과 같이 피의자를 신문하다.

문 피의자는 범죄전력은 있나요.
답 없습니다.
문 군대는 갔다 왔나요.
답 예, 육군 병장으로 제대하였습니다.
문 학력은 어떠한가요.
답 경북 포항시 소재 영일고등학교를 졸업하였습니다.
문 사회경력은 어떠한가요.
답 별다른 경력은 없습니다.
문 가족관계는 어떠한가요.

답 부모님은 모두 돌아가셨고, 주거지에서 처와 같이 살고 있습니다.
문 재산이나 월수입은 어떠한가요.
답 저의 명의로 된 아파트가 하나 있고, 영일토건 주식 48%를 가지고 있습니다.
문 정당이나 사회단체에 가입한 사실이 있나요.
답 없습니다.
문 건강상태는 어떠한가요.
답 양호하고, 주량은 소주 한 병 정도이며 담배는 하루 한 갑 정도를 피웁니다.

[뇌물공여]

문 피의자는 국토해양부 ##국 국장 김공복에게 돈을 준 사실이 있는가요
답 예, 그런 사실이 있습니다.
문 언제, 어디에서인가요.
답 2011. 5. 2. 11:00경 과천시 정부종합청사 내 국토해양부 김공복 국장의 집무실에서 주었습니다.
문 그 경위는 어떠한가요.
답 제가 운영하는 영일토건은 최근 2년간 국내 토목공사수주실적 50위권인데 정부가 발주하는 4대강 사업 00공구공사(공사도급금액 8,000억원)를 수주하기만 하면 단번에 국내 10위권대로 도약할 수 있어 수단 방법을 가리지 않고 공사를 수주하기로 결심했습니다. 그러던 차에 영일고등학교 재경동문회 내에서 주요기업인과 5급이상 공직자들의 친목모임이 있는데 거기에서 국토해양부 국장인 김공복을 만나 그간 공을 들여오던 중 위 일시, 장소에서 김공복에게 현금 5,000만원을 전달했습니다.
문 돈을 전달한 구체적 경위는 어떠한가요.
답 제가 운전기사 겸 비서인 최비서를 은행에 보내어 저의 판공비 계좌에서 현금 5,000만 원을 인출해 오도록 지시하였는데 최비서가 5만원권 100매를 한 다발로 묶어 500만 원 다발 10개를 만들어 왔습니다. 돈 다발을 작은 쇼핑백에 넣어서 국토해양부 청사 앞에 갔는데

차속에서 생각해보니 제가 얼굴이 알려지면 좋지 않을 것 같아 최비서에게 김국장에게 잘 전달하고 오라고 지시하였습니다. 그래서 최비서가 쇼핑백을 들고 들어가 돈을 전달하고 약 10분 후에 차로 돌아왔습니다.

문 돈이 잘 전달되었는지 확인했는가요.

답 일주일이 지난 5. 9. 김국장에게서 전화가 걸려 와서 "선배님께서 보낸 사람을 만났습니다. 선배님 회사는 건설 실적이 충분하니까 잘 될 겁니다."라고 하기에 잘 전달된 줄 알았습니다.

문 돈을 주었다는 무슨 근거가 남아 있는가요.

답 제 수첩에 간단한 메모가 있고, 최비서를 불러 물어보시면 확인할 수 있습니다.

이 때 사법경찰관은 피의자가 소지하고 있는 수첩을 꺼내게 하여 해당면을 읽어 본 바, 5월 2일 자 해당란에 "국토해양부 5,000만 원"이라는 글자를 발견하고, 제출의사를 물어본 바, 임의제출하겠다고 하므로 영장 없이 압수하고, 해당 면을 복사하여 조서 말미에 첨부하다.

문 최비서는 계속 근무하고 있는가요.

답 5. 3. 다른 직장을 구했다고 하면서 회사를 그만두었습니다.

문 김공복 국장의 업무가 피의자의 사업과 관련이 있는가요.

답 4대강 사업 실무책임 부서의 국장입니다. 토건회사 사장들은 김국장과 밥 한 번 같이 못 먹어서 안달입니다.

문 이상 진술은 모두 사실인가요.

답 예, 모두 사실대로 진술하였습니다.

문 이상의 진술내용에 대하여 이의나 의견이 있는가요.

답 없습니다. (무인)

위의 조서를 진술자에게 열람하게 하였던바, 진술한 대로 오기나 증감 · 변경할 것이 전혀 없다고 하므로 간인한 후 서명 무인하게 하다.

진술자 이 영 일 (무인)

2011. 5. 28.

서울서초경찰서

사법경찰관 경위 박 식 해 (인)

사법경찰리 경사 허 투 철 (인)

별지 - 피의자 이영일의 수첩 사본

5월		
일	1	
월	2	국토해양부 5,000만 원
화	3	
수	4	
목	5	
금	6	
토	7	

피의자신문조서

피의자 김공복에 대한 특정범죄가중처벌등에관한법률위반(뇌물수수) 피의사건에 관하여 2011. 5. 29. 서울서초경찰서 형사과 형사팀 사무실에서 사법경찰관 경위 박식해는 사법경찰리 경사 최투철을 참여하게 하고, 아래와 같이 피의자임에 틀림없음을 확인하다.

문 피의자의 성명, 주민등록번호, 직업, 주거, 등록기준지 등을 말하십시오.

답 성명은 김 공 복(金 公 僕)
주민등록번호는 55####-1###### 직업은 공무원
주거는 서울특별시 서초구 양재2동 125
등록기준지는 서울특별시 성북구 월곡동 80
직장 주소는
연락처는 자택전화 없음 휴대전화 010-####-####
직장전화 전자우편 생략
(e-mail)
입니다.

사법경찰관은 피의사건의 요지를 설명하고 사법경찰관의 신문에 대하여 「형사소송법」 제244조의3에 따라 진술을 거부할 수 있는 권리 및 변호인의 참여 등 조력을 받을 권리가 있음을 피의자에게 알려주고 이를 행사할 것인지 그 의사를 확인하다.

진술거부권 및 변호인 조력권 고지 등 확인

1. 귀하는 일체의 진술을 하지 아니하거나 개개의 질문에 대하여 진술을 하지 아니할 수 있습니다.
2. 귀하가 진술을 하지 아니하더라도 불이익을 받지 아니합니다.
3. 귀하가 진술을 거부할 권리를 포기하고 행한 진술은 법정에서 유죄의 증거로 사용될 수 있습니다.
4. 귀하가 신문을 받을 때에는 변호인을 참여하게 하는 등 변호인의 조력을 받을 수 있습니다.

문 피의자는 위와 같은 권리들이 있음을 고지받았는가요
답 예, 고지받았습니다.
문 피의자는 진술거부권을 행사할 것인가요.
답 아닙니다.
문 피의자는 변호인의 조력을 받을 권리를 행사할 것인가요.
답 아닙니다. 혼자서 조사를 받겠습니다.

이에 사법경찰관은 피의사실에 관하여 다음과 같이 피의자를 신문하다.

[피의자의 범죄전력, 경력, 학력, 가족 · 재산관계 등은 생략]

문 피의자의 직책은 어떠한가요.

답 국토해양부 ##국 국장이며 이사관(2급)입니다.

답 현재 정부가 추진하고 있는 4대강 사업과 피의자의 업무는 어떤 관계인가요.

답 사업계획수립, 각 공구별 공사발주, 감리, 준공허가 등 전반적 업무가 모두 저의 ##국 업무입니다.

문 피의자 이영일을 아는가요.

답 저의 영일고등학교 4년 선배로서 동문회에서 인사를 나눈 사이입니다.

문 이영일로부터 금품을 받은 사실이 있는가요.

답 없습니다.

문 지난 5. 2. 11:00경 피의자의 업무일정은 어떠한가요.

답 특별한 외부 업무나 회의 같은 것은 없었고, 저의 집무실에 있었습니다.

문 청사 출입기록에 의하면, 이영일의 비서 최비서씨가 피의자의 ##국에 출입한 사실이 확인되는데 그 때 최비서가 피의자의 집무실을 방문하여 돈이 든 쇼핑백을 피의자에게 주지 않았는가요.

답 최비서라는 사람이 저의 집무실을 다녀간 사실은 있습니다만 쇼핑백 같은 것은 보지도 못했습니다. 최비서씨가 저의 집무실을 방문하여 “이영일 사장님께서 4대강 사업 공사 수주를 위하여 애쓴다.”는 등, “국장님을 많이 믿고 있다.”는 등 말을 하고 돌아간 사실이 있습니다. 저는 그 비서를 잘 알지도 못하는데 좀 의아스럽게 생각했습니다.

문 피의자는 일주일 후에 이영일에게 전화를 걸어 “선배님께서 보낸 사람을 만났습니다. 선배님 회사는 건설 실적이 충분하니까 잘 될 겁니다.”라고 하면서 돈을 잘 받았다는 감사 인사를 하지 않았나요.

답 제가 전화를 걸어 그렇게 말한 사실은 있습니다만 감사인사는 아닙니다. 돈을 받지도 않았는데 제가 무엇을 감사한다는 말입니까. 저로서는 무시하지 못할 고교선배가 비서를 보내어 간청을 하는 것 같아서 예의상 전화를 건 것뿐입니다.

문 이상 진술은 모두 사실인가요.

답 예, 모두 사실대로 진술하였습니다.

문 이상의 진술내용에 대하여 이의나 의견이 있는가요.

답 없습니다. (무인)

위의 조서를 진술자에게 열람하게 하였던바, 진술한 대로 오기나 증감·변경할 것이 전혀 없다고 하므로 간인한 후 서명 무인하게 하다.

진술자 김 공 복 (무인)

2011. 5. 29.

서울서초경찰서

사법경찰관 경위 박 식 해 (인)

사법경찰리 경사 허 투 철 (인)

고 소 장

고 소 인 정수도
피고소인 박운전
죄 명 사기

1. 고소요지

피고소인 박운전은 고소인이 운영하는 금강법당에 자주 방문하는 신도인데, 저로부터 차용금 명목으로 돈 5,000만 원을 편취해간 사실이 있는데 철저히 수사하여 엄벌하여 주시기 바랍니다.

2. 피해를 입은 경위

피고소인은 2010. 9. 초순경부터 저의 금강법당을 자주 찾아와 저와 친해졌습니다. 피고소인이 2010. 11. 15. 관광버스 사업을 하면 월 400만 원 정도 벌 수 있다고 하면서 관광버스 구입자금으로 5,000만 원을 빌려주면 이자는 월 100만 원(2%)을 매월 말일에 지급하고 원금은 3년 뒤에 갚겠다고 했습니다. 사업계획을 들어보니 믿을 만하여 현금 5,000만 원을 빌려주었습니다. 그 후 이자를 100만 원씩 세 번 지급한 뒤로는 연락도 잘 되지 않습니다.

자세한 경위는 경찰서에 출석하여 진술하겠습니다.

별첨 서류 - 차용증 사본 1부

2011. 5. 28. 고소인 정 수 도 ㊞

차용증

금액: 5,000만 원(五阡萬圓)

변제기일: 2013. 11. 15.

이자: 월 2%(매월 15일에 100만 원씩 지급하기로 함)

위 금액을 정히 차용합니다.

2010. 11. 15.

차용인 박 운 전 ㊞

주소 서울 강동구 구의동 108

정 수 도 님 귀하

진 술 조 서

성 명 : 정 수 도

주민등록번호 : 70####-1######

직 업 : 승려

주 거 : 서울 광진구 구의동 산 20

등 록 기 준 지 : 경기도 구리시 교문동 332

직 장 주 소 :

연 락 처 : (자택전화) (휴대전화)

(직장전화) (전자우편)

위의 사람은 피의자 박운전에 대한 사기 피의사건에 관하여 2011. 5. 28. 서울 서초경찰서에 출석하여 다음과 같이 진술하다.

1. 피의자와의 관계

피의자는 제가 운영하는 금강법당에 자주 방문하는 신도입니다.

1. 피의사실과의 관계

피의자가 저로부터 돈을 빌려가서 변제하지 않아 피해를 입어 제가 사기죄로 고소했습니다.

문 진술인이 박운전에게 돈을 빌려준 경위는 어떠한가요.

답 2010. 9. 초순경부터 피의자 박운전이 저의 금강법당을 주 1회 정도 찾아와 저와 친해져 대화를 나누었는데 대화내용은 일종의 인생상담이었습니다. 박운전은 자기가 그동안 시내버스 운전, 식당 운영을 하면서 채무를 지고 있고 막노동, 대리운전을 열심히 하는데도 채무를 갚지 못해 힘들다고 했습니다. 그러던 중, 그해 11. 15. 관광버스 사업을 하면 월 400만 원정도 벌 수 있다고 하면서 관광버스 구입자금으로 5,000만 원을 변제기 3년후로 하여 빌려주면 이자는 월 100만 원(2%)을 매월 말일에 지급하겠다고 했습니다. 사업계획을 들어보니 믿을 만하여 현금 5,000만 원을 빌려주었습니다.

문 그 뒤 어떻게 되었나요.

답 돈을 빌려 준 날부터 5일이 지난 11. 20. 박운전이 새로 구입한 대우 BH 150 관광버스를 몰고 금강법당을 찾아와서 제가 본 적이 있습니다. 이자는 100만 원씩 3회를 받고 그 뒤로는 원금과 이자를 한 푼도 돌려받지 못했습니다.

문 그리 잘 알지도 못하는 사람에게 큰 돈을 빌려주게 된 특별한 이유라도 있나요.

답 지금 생각해보니 9. 초순 경 처음 저의 금강법당을 찾아왔을 때부터 계획적으로 접근한 것 같고, 또 은행 금리가 저금리인데 월 2%의 고율의 이자를 약속하는 바람에 제가 속아 넘어 갔습니다.

문 피의자 박운전에 대한 처벌을 바라는가요.

답 엄히 처벌해 주십시오.

문 이상의 진술은 사실인가요.

답 예, 사실입니다.

위의 조서를 진술자에게 열람하게 하였던바, 진술한 대로 오기나 증감·변경할 것이 전혀 없다고 말하므로 간인한 후 서명 무인하게 하다.

진술자 정 수 도 (무인)

2011. 5. 28.

서울서초경찰서

사법경찰관 경위 박 식 해 (인)

진 술 조 서

성　　　명: 한예슬
주민등록번호: 83####-2######
직　　　업: 영화배우
주　　　거: 서울시 (이하생략)
등록기준지: (생략)
직 장 주 소: (생략)
연　락　처: 02-###-####

위의 사람은 피의자 박운전에 대한 교통사고처리특례법위반 피의사건에 관하여 경북 문경경찰서에 출석하여 다음과 같이 진술하다.

1. 피의자와의 관계
   아무 관계 없습니다.

2. 피의사실과의 관계
   피의자의 차량이 저의 차량을 정면 충돌하여 제가 부상을 입은 사실이 있습니다.

문　진술인이 교통사고를 당한 경위는 어떠한가요.
답　제가 그날 경북 문경시에 있는 드라마 촬영장에서 방송국 대하드라마 '광개토대왕'의 촬영을 마치고 서울로 가는 길이었습니다. 제가 저의 소유인 03머6780 벤츠 승용차를 운전하여 문경시 이화령고개 휴게소 부근의 편도 1차선 오르막길 커브지점을 문경 방면에서 괴산 방면으로 시속 40킬로미터의 속도로 운행하고 있었는데, 갑자기 저의 차 정면으로 피의자 박운전이 운전하는 관광버스가 진행하여 와서 미처 피할 틈도 없이 충돌했습니다. 저의 차는 대파되어 수리비 3,000만 원이 나왔고 저는 허리를 다쳐 요추염좌상으로 5주 진단이 나왔습니다.

문 진술인의 잘못은 없었는가요.

답 저는 그날 밤샘 촬영을 마친 후 잠을 2시간 밖에 자지 못하고 승용차를 운전하게 되어 조금 졸렸던 것 같습니다. 그래서 중앙선을 침범하게 되었고, 박운전도 중앙선을 침범하였으므로 둘 다 과실이 있는데 버스와 버스 승객은 아무 피해가 없고 저만 피해를 입었습니다.

문 처벌을 원하는가요.

답 요추염좌상부분은 박운전이 가입한 자동차 공제조합에서 보험금을 받았고, 차량 수리비는 공제조합의 대물보상한도가 1,000만 원이어서 2,000만 원을 현금으로 보상받고 합의했습니다. 그러나 요추염좌상부분은 공제조합에서 보상을 받았기는 하였지만 드라마 촬영, 광고 촬영 일정에 지장이 발생하여 한창 전성기인 저의 수입에 막대한 타격이 있습니다.

문 이상의 진술은 사실인가요.

답 예, 모두 사실입니다.

위의 조서를 진술자에게 열람하게 하였던바, 진술한 대로 오기나 증감 · 변경할 것이 전혀 없다고 말하므로 간인한 후 서명 무인하게 하다.

진술자 한 예 승 ㉧

2011. 5. 28.

경북 문경경찰서

사법경찰관 경위 이 교 통 (인)

(2쪽 앞면)

교 통 사 고 보 고 서 (2)

(실황조사서)

사 고 현 장 약 도 (축소비율 : 1/400)

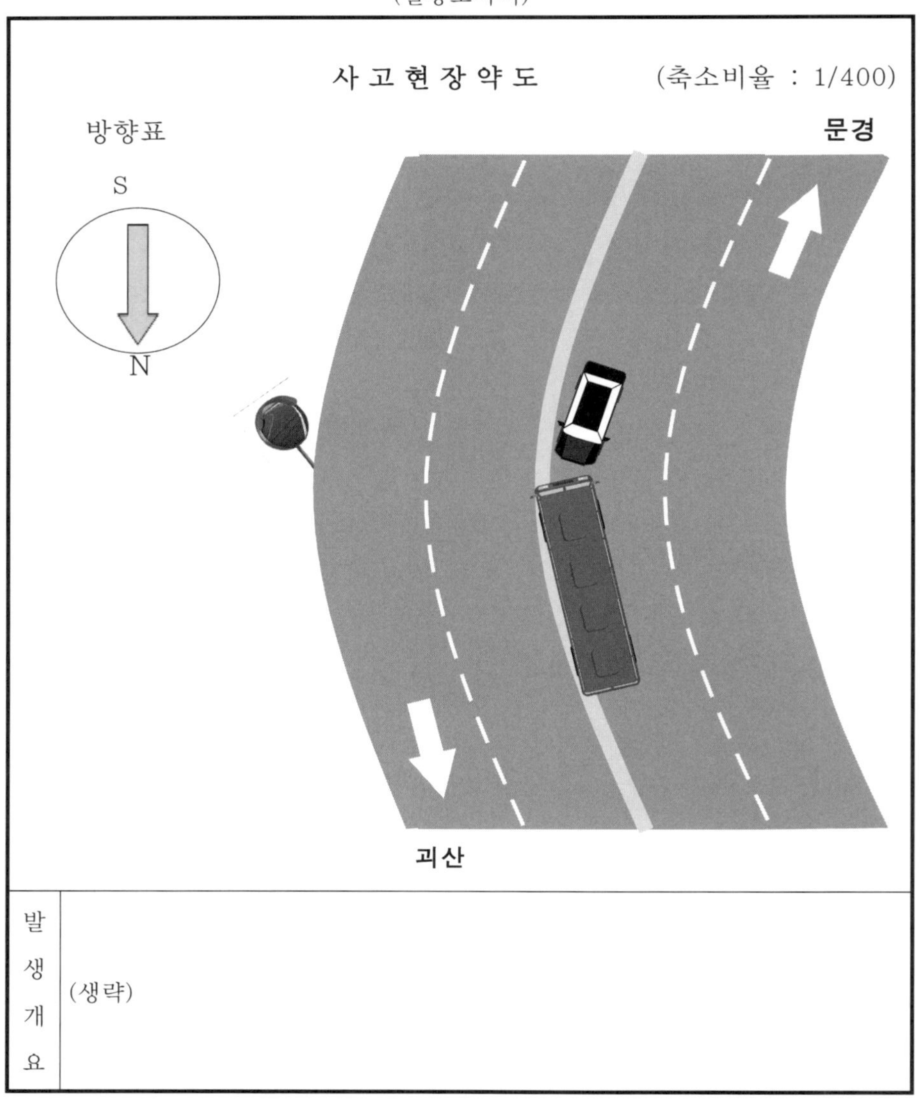

발생개요	(생략)

※ 문경경찰서 교통사고 조사 경찰관이 작성한 것임. 교통사고보고서(1)과 조사자의견 부분은 생략함.

진 술 조 서

성　　　명: 박정현
주민등록번호: 79####-2######
직　　　업: 가수
주　　　거: 서울 광진구 구의동 산 45
등 록 기 준 지: (생략)
직 장 주 소: (생략)
연　락　처: 010-###-####

위의 사람은 피의자 박운전에 대한 특수절도미수 피의사건에 관하여 2011. 5. 28. 서울 광진경찰서에 출석하여 다음과 같이 진술하다.

1. 피의자와의 관계
　피의자는 저와 아무 관계가 없는 사람입니다.

2. 피의사실과의 관계
　피의자가 저의 집에 들어와 절도를 하려다가 검거된 사실이 있습니다.

문　진술인의 집에 도둑이 들어왔던 사건의 경위는 어떠한가요.
답　제가 그날 아침 날씨가 화창하여 빨래를 하였습니다. 빨래를 한 후 옥상에 설치된 빨랫줄에 빨래를 널고 '사랑이 올까요'라는 노래를 흥얼거리면서 내려오는데 저의 집 방쪽에서 인기척이 들리고 부엌문이 "탁" 소리를 내며 급하게 열리더니 어떤 낯선 남자가 뛰어 나갔습니다. 그래서 제가 순간적으로 "도둑이야"라고 소리 지르니까 마침 경찰 순찰차가 지나가다가 뛰어 도망가는 피의자를 붙들었습니다. 경찰관이 현장에서 그 남자를 검거하고 그가 가지고 있던 권총을 압수하는 장면을 보았는데 나중에 경찰관한테서 그것이 장난감권총이었다는 말을 들었습니다.
문　진술인의 집 구조는 어떠한가요.

답 저희 가족은 2층 주택의 2층 부분을 전세로 살고 있는데, 부엌 1개, 방 1개의 구조입니다. 계단을 이용하여 2층으로 올라가면 가까운 곳에 부엌문이 있고 부엌으로 들어가서 방문을 열면 안방이 있습니다. 부엌을 통하여 방에 출입하는 구조입니다.

문 피의자가 안방에까지 들어갔는가요.

답 제가 옥상에 올라가서 빨래를 널고 나서 화창한 날씨에 기분이 상쾌해져서 노래를 한 곡 부르고 내려왔으니까 옥상에 머무른 시간이 20분 정도 됩니다. 그 시간이면 안방에 들어갈 수 있는 충분한 시간이 됩니다.

문 피의자에 대하여 처벌을 원하는가요.

답 생계가 어려워 범행을 한 것 같아 처벌을 원하지 않습니다.

문 이상의 진술은 사실인가요.

답 예, 모두 사실입니다.

위의 조서를 진술자에게 열람하게 하였던바, 진술한 대로 오기나 증감·변경할 것이 전혀 없다고 말하므로 간인한 후 서명 무인하게 하다.

진술자 박 정 현 (무인)

2011. 5. 28.

서울 광진경찰서

사법경찰관 경위 김 조 사 (인)

피의자신문조서

피의자 박운전에 대한 사기 등 피의사건에 관하여 2011. 5. 29. 서울서초경찰서 형사과 형사팀 사무실에서 사법경찰관 경위 박식해는 사법경찰리 경사 최투철을 참여하게 하고, 아래와 같이 피의자임에 틀림없음을 확인하다.

문 피의자의 성명, 주민등록번호, 직업, 주거, 등록기준지 등을 말하십시오.

답 성명은 박 운 전(朴 運 轉)
주민등록번호는 65####-1###### 직업은 운전수
주거는 서울특별시 강동구 구의동 108
등록기준지는 서울특별시 영등포구 문래동 255
직장 주소는
연락처는 자택전화 없음 휴대전화 010-####-####
직장전화 전자우편 생략
(e-mail)
입니다.

사법경찰관은 피의사건의 요지를 설명하고 사법경찰관의 신문에 대하여 「형사소송법」 제244조의3에 따라 진술을 거부할 수 있는 권리 및 변호인의 참여 등 조력을 받을 권리가 있음을 피의자에게 알려주고 이를 행사할 것인지 그 의사를 확인하다.

진술거부권 및 변호인 조력권 고지 등 확인

1. 귀하는 일체의 진술을 하지 아니하거나 개개의 질문에 대하여 진술을 하지 아니할 수 있습니다.
2. 귀하가 진술을 하지 아니하더라도 불이익을 받지 아니합니다.
3. 귀하가 진술을 거부할 권리를 포기하고 행한 진술은 법정에서 유죄의 증거로 사용될 수 있습니다.
4. 귀하가 신문을 받을 때에는 변호인을 참여하게 하는 등 변호인의 조력을 받을 수 있습니다.

문　피의자는 위와 같은 권리들이 있음을 고지받았는가요

답　예, 고지받았습니다.

문　피의자는 진술거부권을 행사할 것인가요.

답　아닙니다.

문　피의자는 변호인의 조력을 받을 권리를 행사할 것인가요.

답　아닙니다. 혼자서 조사를 받겠습니다.

이에 사법경찰관은 피의사실에 관하여 다음과 같이 피의자를 신문하다.

[사기]

문 피의자는 고소인 정수도의 돈 5,000만 원을 빌린 사실이 있는가요.

답 예. 그런 사실이 있으며 변제하지 못하고 있습니다.

문 돈을 빌린 경위는 어떠한가요.

답 제가 2000년부터 시내버스 기사로 일했는데 시내버스 기사 봉급만으로는 부모님과 처자의 생활비를 대기가 힘들어 2008년 시내버스 회사를 퇴직했습니다. 그 해 횟집을 차려 7월부터 운영했는데 8월경 비브리오 패혈증 환자가 발생했다는 보도가 나오자 바로 손님이 뚝 끊겨 시설투자비등 한 푼도 건지지 못하고 석 달 만에 문을 닫았습니다. 그 후 막노동과 대리운전으로 힘들게 살아가던 중 일이 없는 날에는 집 가까운 곳에 있는 정수도 스님의 금강법당에 드나들었는데 저를 친절하게 대하여 주어 친하게 되었습니다.
그 당시 시내버스회사에서 같이 일하던 동료 윤운전(남, 47세)이 관광버스업을 하고 있었는데 관광버스 1 대를 운행하면 월수입 400만 원 정도 된다는 말을 들었습니다. 그래서 정수도 스님에게 이러한 설명을 하면서 돈 5,000만 원을 변제기 3년, 이자 2%(월 100만 원)로 빌려달라고 부탁하니 "잘 해보라"고 하며 빌려주었습니다.

문 당시 피의자가 지고 있는 채무는 없었나요.

답 당시 신용카드 대금 2,000만 원, 개인채무 1,000만 원이 있었습니다.

문 피의자의 기존 채무 3,000만 원이 있고, 매월 고율의 이자 100만 원을 부담하고 피의자의 가족 생활비를 제하고 나면 관광버스 운행수입으로 고소인에 대한 채무를 정상적으로 변제할 수 있는가요.

답 변제가 가능합니다.

문 피의자는 고소인과 평소의 친분도 없는 관계인데, 고율의 이자로 고소인을 기망한 것 아닌가요.

답 고소인이 저를 좋게 보았는지 큰돈을 선뜻 빌려주어 저도 좀 놀랐습니다. 이자율은 시중 이자율보다는 높지만 제가 신용이 낮은 사람이기 때문이 이자율은 높아야 된다고 생각했습니다.

문 왜 변제를 하지 못하는가요.

답 관광버스를 하는 동료의 설명과는 달리 월수입은 300만 원 정도에 불과했고, 겨울철 등 관광비수기에는 거의 수입이 없는 달도 있었으며 급기야 2011. 4. 10. 경북 문경시 이화령고개에서 교통사고를 내어 고급승용차인 벤츠승용차 수리비 중에서 공제조합의 보상한도를 초과하는 2,000만 원을 변제하고 나니, 카드대금 변제가 더 이상 불가능해지므로 서울동부지방법원에 파산신청을 하였고 그 후 법원으로부터 파산선고를 받고 5. 20. 면책허가결정을 받아 확정되었습니다. 제가 파산신청을 하자 정수도 스님이 고소를 했습니다.

[교통사고처리특례법위반]

문 피의자의 2011. 4. 10. 자 교통사고의 경위는 어떠한가요.

답 제가 그날 12:00경 저의 소유 03바1013 45인승 관광버스를 운행하여 경북 문경시 이화령고개 휴게소 부근의 편도1차선의 내리막 우회전 커브 길을 충북 괴산읍 방면에서 경북 문경시 방면으로 시속 50킬로미터의 속도로 운행하였는데 커브지점을 돌면서 중앙선을 넘어간 상태로 진행하다가 마침 반대편에서 마주오던 피해자 한예슬(여, 30세)이 운행하는 03머6780벤츠 승용차를 정면충돌하여 위 피해자에게 약 3주간의 치료를 요하는 요추부염좌상을 입게 하였습니다.

문 피의자의 과실로 발생한 사고인 점을 인정하는가요.

답 저의 차량 왼쪽 앞바퀴가 중앙선 위를 걸친 상태로 운행했으므로 저의 과실은 인정합니다. 그런데 상대편 차량은 중앙선을 완전히 넘어들어와 저의 차 정면에 나타났기 때문에 피해자의 운전과실이 더 크다고 생각합니다. 피해자는 틀림없이 졸았을 겁니다.

문 피의자 쪽은 피해가 없었는가요.

답 별다른 피해가 없습니다.

문 피해변제는 어떻게 되었나요.

답 저의 차량이 공제조합에 가입되어 있는데 대인피해는 보상되었고, 대물보상한도는 1,000만 원이어서 한도를 초과하는 2,000만 원을 지급하고 합의했습니다.

[특수절도미수]

문 피의자는 피해자 박정현의 주택에 물건을 훔치러 들어간 사실이 있는가요.

답 예.

문 그 경위는 어떠한가요.

답 제가 관광버스를 운전하다가 교통사고까지 내어 거의 파산지경에 이르게 되어 순간적으로 나쁜 마음을 먹고 남의 집에 들어간 것입니다. 2011. 5. 10. 11:00 서울 강동구 구의동 산 45에 있는 피해자 박정현의 집 부근을 지나는데 1층 대문이 열려 있고 2층에는 사람이 없는 것 같아 금품을 훔치러 들어갔습니다. 제가 2층에 올라가 살펴보니 부엌문이 있어 살그머니 열고 들어가니 다시 방으로 통하는 문이 있었습니다. 그래서 방안에 사람 인기척이 있는지 숨소리를 죽이고 엿듣고 있는데 안방에서는 소리가 나지 않고 3층 옥상에서 내려오는 계단 쪽에서 여자가 노래를 흥얼거리며 내려오는 소리가 들렸습니다. 그래서 놀라 부엌문을 열고 뛰쳐나가 도망가는데 순찰중인 경찰관에게 검거되었습니다.

문 당시 장난감권총을 소지한 경위는 어떠한가요.

답 장난감 가게를 지나다가 실제 권총과 흡사한 장난감이 있길래 절도범행을 하다가 들키면 사용하려고 상의 안쪽 호주머니에 넣고 다녔습니다.

문 이상의 진술은 모두 사실인가요.

답 예, 모두 사실입니다.

위의 조서를 진술자에게 열람하게 하였던바, 진술한 대로 오기나 증감 · 변경할 것이 전혀 없다고 하므로 간인한 후 서명 무인하게 하다.

진술자 박 운 전 (무인)

2011. 5. 29.

서울서초경찰서

사법경찰관 경위 박 식 해 (인)

사법경찰리 경사 허 투 철 (인)

※ 피의자 박운전 차량의 자동차공제조합가입증명서 있음. 기록에서는 생략함.

※ 문경경찰서, 광진경찰서에서 피의자 박운전의 교통사고처리특례법위반 사건, 특수절도미수 사건에 대하여 각 피해자 조사를 마친 다음, 박운전의 사기사건을 조사 중인 서울서초경찰서로 이송하였음.

기타 법원에 제출되어 있는 증거들

※ 편의상 다음 증거서류의 내용을 생략하였으나, 법원에 증거로 적법하게 제출되어 있음을 유의하여 변론할 것.

○ **김공복에 대한 검사 작성의 제1회 피의자신문조서(2011. 6. 7.)**
- 경찰에서의 진술과 동일한 취지임.

○ **이영일에 대한 검사 작성의 제1회 피의자신문조서(2011. 6. 7.)**
- 경찰에서의 진술과 동일한 취지임.

○ **박운전에 대한 검사 작성의 제1회 피의자신문조서(2011. 6. 7.)**
- 경찰에서의 진술과 동일한 취지임.

○ **김공복, 이영일 및 박운전에 대한 조회회보서(2011. 6. 3.)**
- 각 범죄경력 없는 초범임.

〔제 2 문〕 황명철 외 1, 성폭력범죄의처벌등에관한특례법위반(특수강간) 등[1)]

1) 이 문제는 2011. 7. 실시한 법학전문대학원협의회 주관 모의고사 문제이며, 저자와 이상원 교수(서울대), 이용구 변호사(당시 사법연수원 교수), 김종칠 부장검사가 공동 출제한 것이다.

【문제】

당신은 피고인들의 변호인 김진석이다.

다음 기록을 보고 피고인들의 변호인으로서 최종변론을 할 변론요지서를 작성하되, 다음 쪽 양식의 본문 Ⅰ. Ⅱ.만 작성하라.

만약, 피고인들 사이에 이해가 상충되는 경우 피고인들 각각의 입장에 충실하게 변론요지서를 작성하여야 한다.

【주의사항】

1. 다음 기록은 소송기록 1책, 증거서류등(검사) 1책 등 모두 2책으로 분리된 것임.
2. 증거목록 중 '기재생략'된 부분에는 법에 따른 절차가 진행되어 그에 따라 적절한 기재가 있는 것으로 볼 것.
3. 조서 기타 서류에는 필요한 서명, 날인 또는 무인, 간인, 정정인이 있는 것으로 볼 것[기록에서 '㉞ 또는 (인)'은 날인을, '(무인)'은 무인을 한 곳을 의미함].
4. 공판기록에 첨부하여야 할 일부 서류와 수사기관의 조서 말미에 첨부하여야 할 '수사과정확인서'는 편의상 생략하였으나 적법하게 존재하는 것으로 볼 것(가독성을 위하여 생략된 서류에도 불구하고 쪽 번호는 연속되도록 하였음).
5. 송달이나 접수절차, 결재인이 필요한 서류는 모두 적법한 절차를 거친 것으로 보고, 통지가 필요한 절차에는 적법한 통지가 행해진 것으로 볼 것.
6. 쪽번호는 편의상 연속되는 번호를 붙였음.
7. 견해의 대립이 있는 경우 대법원 판례가 있으면 그 취지에 따라 변론을 할 것. 다만, 대법원 판례와 다른 견해를 취하여 변론을 하고자 하는 경우 자신의 입장에 따른 변론을 하되 대법원 판례의 취지를 적시할 것.

변론요지서

사　　건　2011고합1234 성폭력범죄의처벌등에관한특례법위반(특수강간) 등

피고인　1. 황명철
　　　　2. 이영광

위 사건에 관하여 피고인들의 변호인은 다음과 같이 변론합니다.

다　　음

Ⅰ. 피고인들의 성폭력범죄의처벌등에관한특례법위반의 점
　1. 주위적 공소사실
　2. 예비적 공소사실

Ⅱ. 피고인 황명철
　1. 횡령의 점
　2. 절도의 점

Ⅲ. 정상관계(평가에서 제외함. 답안에 기재하지 말 것.)

2011. 7. 13.

피고인들의 변호인
변호사 김 진 석 (인)

서울중앙지방법원 제26 형사부 귀중

기록내용시작

구속만료	2011. 8. 13.	미결구금
최종만료	2011. 12. 13.	
대행 갱신 만료		

서 울 중 앙 지 방 법 원

구 공 판 **형사제1심소송기록**

기일 1회기일	**사건번호**	**2011고합1234**	**담임**	**제26부**	**주심**	**다**
6/27 A10 7/12 P2	**사 건 명**	가. 성폭력범죄의처벌등에관한특례법위반(특수강간) 나. 절도 다. 횡령				
	검 사	**정우열**	**2011형제53874호**			
	공소제기일	**2011. 6. 14.**				
	피 고 인	구속 1. 가. 나. 다. **황명철** 구속 2. 가. **이영광**				
	변 호 인	국선 변호사 김 진 석 (피고인들)				

확 정	
보존종기	
종결구분	
보 존	

완결 공람	담 임	과 장	국 장	주심 판사	재판장	원장

<table>
<tr><td rowspan="2">접 수
공 람</td><td>과 장</td><td>국 장</td><td>원 장</td></tr>
<tr><td>㊞</td><td>㊞</td><td>㊞</td></tr>
</table>

공 판 준 비 절 차

회 부 수명법관 지정 일자	수명법관 이름	재 판 장	비 고

법 정 외 에 서 지 정 하 는 기 일

기일의 종류	일 시				재 판 장	비 고
1회 공판기일	2011.	6.	27.	10:00	㊞	

서울중앙지방법원

목 록		
문 서 명 칭	장 수	비 고
증거목록	8	검사
공소장	10	
국선변호인선정결정	(생략)	피고인 황명철
국선변호인선정결정	(생략)	피고인 이영광
영수증(공소장부본 등)	(생략)	변호사 김진석
영수증(공판기일통지서)	(생략)	변호사 김진석
공판조서(제1회)	13	
공소장변경허가신청서	16	
영수증(공소장변경허가신청서부본)	(생략)	변호사 김진석
공판조서(제2회)	18	
증인신문조서	24	윤지숙
증인신문조서	28	박철형

서울중앙지방법원

목 록 (구속관계)		
문 서 명 칭	장 수	비 고
긴급체포서	(생략)	피고인들
구속영장	(생략)	피고인들
피의자 수용증명	(생략)	피고인들

증 거 목 록 (증거서류 등)

2011고합1234

① 황명철
② 이영광

2011형제53874호 신청인: 검사

순번	증거방법: 작성	증거방법: 쪽수(수)	증거방법: 쪽수(증)	증거방법: 증거명칭	증거방법: 성명	참조사항등	신청기일	증거의견: 기일	증거의견: 내용	증거결정: 기일	증거결정: 내용	증거조사기일	비고
1	검사	(생략)		피의자 신문조서	황명철		1	1	① ×	기재생략(이하같음)			공소사실 제1항 관련 부분
									① ○				나머지 부분
									② ×				
2	〃	(생략)		피의자 신문조서	이영광		1	1	② ×				
									① ×				
3	사경	33		진술조서	윤지숙		1	1	×				
4	〃	37		고소장	윤지숙		1	1	×				
5	〃	38		압수조서			1	1	① ○				
6	〃	40		진술조서	황허당		1	1	① ○				
7	〃	44		등기부등본			1	1	① ○				
8	〃	46		피의자 신문조서	황명철		1	1	① ○○×				공소사실 제1항 관련 부분
									① ○				나머지 부분
									② ×				
9	〃	53		피의자 신문조서	이영광		1	1	② ○○×				
									① ×				
10	〃	(생략)		조회회보서	황명철		1	1	○				
11	〃	(생략)		조회회보서	이영광		1	1	○				

※ 증거의견 표시 - 피의자신문조서 : 인정 ○, 부인 ×
(여러 개의 부호가 있는 경우, 성립/임의성/내용의 순서임)
- 기타 증거서류 : 동의 ○, 부동의 ×
※ 증거결정 표시 : 채 ○, 부 ×
※ 증거조사 내용은 제시, 내용고지

증 거 목 록 (증인 등)

2011고합1234

① 황명철
② 이영광
신청인: 검사

2011형제53874호

증 거 방 법	쪽수(공)	입증취지 등	신청기일	증거결정		증거조사기일	비고
				기일	내용		
증인 윤지숙	24	공소사실 제1항	1	1	○	2011. 7. 12. 14:00 (실시)	
증인 박철형	28	공소사실 제1항	1	1	○	2011. 7. 12. 14:00 (실시)	

※ 증거결정 표시 : 채 ○, 부 ×

서울중앙지방검찰청

2011. 6. 14.

사건번호　2011년 형제53874호
수 신 자　서울중앙지방법원
제　　목　**공소장**
검사 정우열은 아래와 같이 공소를 제기합니다.

Ⅰ. 피고인 관련사항

1. 피 고 인　황명철 (75****-1*****), 36세
　직업　무직, 010-****-****
　주거 서울특별시 서초구 양재2동 125
　등록기준지 서울특별시 성북구 월곡동 80

　죄　　명　성폭력범죄의처벌등에관한특례법위반(특수강간), 절도, 횡령
　적용법조　성폭력범죄의 처벌 등에 관한 특례법 제15조, 제4조 제1항, 형법 제297조, 제329조, 제355조 제1항, 제37조, 제38조
　구속여부　2011. 5. 30. 구속 (2011. 5. 28. 체포)
　변 호 인　변호사 김진석(국선)

2. 피 고 인　이영광 (75****-1******), 36세
　직업　무직, 010-****-****
　주거　서울특별시 서초구 서초동 13
　등록기준지　서울특별시 서초구 방배동 457

　죄　　명　성폭력범죄의처벌등에관한특례법위반(특수강간)
　적용법조　성폭력범죄의 처벌 등에 관한 특례법 제15조, 제4조 제1항, 형법 제297조
　구속여부　2011. 5. 30. 구속 (2011. 5. 29. 체포)
　변 호 인　변호사 김진석(국선)

Ⅱ. 공소사실

범죄사실

1. 피고인들의 성폭력범죄의처벌등에관한특례법위반(특수강간)

피고인 이영광이 2011. 5. 27. 19:00경 내연의 관계를 청산하려고 하는 피해자 윤지숙(여, 30세)을 만나 술을 마시며 피해자의 마음을 돌이키려고 하였으나 피해자가 끝내 헤어질 것을 요구하였다. 이에 피고인 이영광이 앙심을 품고 같은 날 23:00경 서울 서초구 양재동 100 호성빌라 근처 벤치에서 피고인 황명철을 만나 피해자를 강간할 것을 제의하고 피고인 황명철은 이를 승낙하는 방법으로 피고인들은 피해자를 강간하기로 공모하였다.

피고인들은 2011. 5. 27. 24:00경 위 호성빌라 앞에서 피고인 이영광과 헤어져 술에 취한 채 집으로 돌아가는 피해자를 발견하고, 피고인 이영광은 위 빌라 근처 벤치에서 망을 보고, 피고인 황명철은 피해자를 뒤쫓아가 피해자가 빌라 3동 뒤편에 이르렀을 때 갑자기 피해자에게 달려들어 두 손으로 피해자의 몸을 밀어 옆 공터에 넘어뜨린 후 피해자의 가슴을 만지고 피해자의 치마를 걷어 올린 다음 팬티를 벗겨 강간하려 하였으나 피해자의 비명소리를 듣고 달려온 위 빌라 입주민 박철형에게 발각되었다.

이로써 피고인들은 합동하여 피해자를 강간하려고 하였으나 그 뜻을 이루지 못하고 미수에 그쳤다.

2. 피고인 황명철

가. 횡령

피고인은 2001. 6. 27. 서울특별시 강남구 삼성동에 있는 강남등기소에서 피해자 황허당으로부터 피해자 소유의 서울특별시 강남구 일원동 산81 임야 15,000㎡를 명의신탁 받아 피고인 명의로 소유권이전등기를 마쳤다.

피고인은 피해자를 위하여 위 임야를 보관하던 중 2010. 9. 17. 13:00경 서울특별시 강남구 도곡동 299에 있는 신한은행 도곡동지점에서 피해자의 승낙을 받지 않고 마음대로 위 임야를 담보로 주식회사 신한은행으로부터 1억 원을 대출받고, 같은 날 16:00경 강남등기소에서 주식회사 신한은행 앞으로 시가 4억 원 상당의 위 임야에 관하여 채권최고액 1억 5,000만 원의 근저당권설정등기를 하여 주었다.

이로써 피고인은 피해자의 재물을 횡령하였다.

나. 절도

피고인은 2011. 5. 20. 서울특별시 서초구 방배동 701-21 신동아아파트 310동 209호 피해자 황허당의 집에서 피해자가 잠시 자리를 비운 틈을 이용하여 그곳 안방 책상 서랍 속에 있던 피해자 소유의 시가 1,000만 원 상당의 다이아몬드 반지 1개를 몰래 가지고 나왔다.

이로써 피고인은 피해자의 재물을 절취하였다.

Ⅲ. 첨부서류

1. 긴급체포서 2통(생략)
2. 구속영장 2통(생략)
3. 국선변호인선임결정 2통(생략)
4. 피의자수용증명 2통(생략)

검사 정 우 열 ㊞

서울중앙지방법원

공 판 조 서

제 1 회

사 건 2011고합1234 성폭력범죄의처벌등에관한특례법위반(특수강간) 등

재판장 판사 배현일 기 일 : 2011. 6. 27. 10:00
판사 김 석 장 소 : 제418호 법정
판사 문현주 공개 여부 : 공개

법원사무관 국영수 고 지 된
다음기일 : 2011. 7. 12. 14:00

피 고 인 1. 황명철 2. 이영광 각 출석

검 사 김반석 출석

변 호 인 변호사 김진석 (피고인들을 위하여, 국선) 출석

재판장
피고인들은 진술을 하지 아니하거나 각개의 물음에 대하여 진술을 거부할 수 있고, 이익 되는 사실을 진술할 수 있음을 고지

재판장의 인정신문
성 명 : 1. 황명철 2. 이영광
주민등록번호 : 각 공소장 기재와 같음.
직 업 : 〃
주 거 : 〃
등 록 기 준 지 : 〃

재판장
피고인들에 대하여

주소가 변경될 경우에는 이를 법원에 보고할 것을 명하고, 소재가 확인되지 않을 때에는 그 진술 없이 재판할 경우가 있음을 경고

검 사

공소장에 의하여 공소사실, 죄명, 적용법조 낭독

피고인 황명철

공소사실 제1항은 평소 피해자를 좋아하고 있던 중 피고인 이영광이 피해자와 헤어지기로 했다는 말을 듣고 피해자를 찾아가 사귀자고 하였으나, 피해자가 욕을 하여 갑자기 화가 나 피해자를 넘어뜨리고 피해자의 배 위에 올라타 강간을 하려고 하였지만, 피해자가 울자 불쌍한 생각이 들어 일어나 피해자를 일으켜 주고 있었는데, 그때 갑자기 누군가 소리를 지르며 쫓아오는 바람에 겁이 나 도망을 갔을 뿐이고, 피고인 이영광과 공모한 사실도 없으며, 그 밖의 공소사실은 모두 인정한다고 진술

피고인 이영광

공소사실은 애인인 피해자 윤지숙이 헤어지자고 하여 사건 당일 19:00경 마지막으로 만나 함께 술을 마셨고, 피해자가 혼자 귀가하겠다고 하여 같은 날 22:30경 술집을 나와 헤어졌을 뿐, 범행 현장에는 가지도 않았고, 피고인 황명철과 피해자를 강간할 것을 공모한 적도 없으므로 인정할 수 없다고 진술

피고인들의 변호인 변호사 김진석

공소사실 제2항의 피해자 황허당은 피고인 황명철의 8촌 형이라고 진술

재판장

증거조사를 하겠다고 고지

증거관계 별지와 같음(검사)

재판장

각 증거조사결과에 대하여 의견을 묻고 권리를 보호함에 필요한 증거조사를 신청할 수 있음을 고지

소송관계인

별 의견 없다고 진술

재판장
　　변론속행

2011. 6. 27.

법 원 사 무 관 국영수 ㉑

재판장 판 사 배현일 ㉑

서 울 중 앙 지 방 검 찰 청

(530-3114)

2011. 7. 7.

수 신 : 서울중앙지방법원(형사26부)　　발 신 : 서울중앙지방검찰청

검 사 : 김 반 석 ㊞

김 반 석

제 목 : 공소장변경허가신청

귀원 2011고합1234 성폭력범죄의처벌등에관한특례법위반(특수강간) 등 피고사건의 공소장을 다음과 같이

☑ 추가

□ 철회　　하고자 합니다.

□ 변경

다　　음

피고인들에 대한 성폭력범죄의처벌등에관한특례법위반(특수강간) 부분(공소사실 제1항)에 관하여,

예비적 죄명 "성폭력범죄의처벌등에관한특례법위반(주거침입강간등)"
예비적 적용법조 "성폭력범죄의 처벌 등에 관한 특례법 제15조, 제3조 제1항, 형법 제297조, 제30조"
예비적 공소사실
"피고인 이영광이 2011. 5. 27. 19:00경 내연의 관계를 청산하려고 하는 피해자 윤지숙(여, 30세)을 만나 술을 마시며 피해자의 마음을 돌이키려고 하였으나 피해자가 끝내 헤어질 것을 요구하였다. 이에 피고인 이영광이 앙심을 품고 같은 날 23:00경 서울 서초구 양재동 100 호성빌라 근처 벤치에서 피고인 황명철을 만나 피해자를 강간할 것을 제의하고 피고인 황명철은 이를 승낙하는 방법으로 피고인들은 피해자를 강간하기로 공모

하였다.

피고인 황명철은 2011. 5. 27. 24:00경 위 빌라 앞에서 피고인 이영광과 헤어져 집으로 돌아가는 피해자를 발견하고 위 빌라 출입구를 지나 인적이 드문 빌라 3동 뒤편까지 피해자를 뒤쫓아 가 위 빌라 입주민들의 주거에 침입하고, 피해자가 빌라 3동 뒤편에 이르렀을 때 갑자기 피해자에게 달려들어 두 손으로 피해자의 몸을 밀어 옆 공터에 넘어뜨린 후 피해자의 가슴을 만지고, 피해자의 치마를 걷어 올린 다음 팬티를 벗겨 강간하려 하였으나 피해자의 비명소리를 듣고 달려온 위 빌라 입주민 박철형에게 발각되었다.

이로써 피고인들은 공모하여 피해자를 강간하려고 하였으나 그 뜻을 이루지 못하고 미수에 그쳤다."

를 추가합니다.

서울중앙지방법원

공 판 조 서

제 2 회

사　　건　　2011고합1234　성폭력범죄의처벌등에관한특례법위반(특수강간) 등

재판장 판사	배현일	기　　일 :	2011. 7. 12. 14:00
판사	김 석	장　　소 :	제418호 법정
판사	문현주	공개 여부 :	공개
법원사무관	국영수	고 지 된 다음기일 :	2011. 7. 26. 10:00

피 고 인　　1. 황명철　2. 이영광　　각 출석

검　　사　　김반석　　출석

변 호 인　　변호사 김진석 (피고인들을 위하여, 국선)　　출석

증　　인　　윤지숙, 박철형　　각 출석

재판장

　　전회 공판심리에 관한 주요사항의 요지를 공판조서에 의하여 고지

소송관계인

　　변경할 점이나 이의할 점이 없다고 진술

재판장

　　피고인들에 대한 2011. 7. 7.자 공소장변경허가신청서 기재의 공소장 변경을 허가한다고 결정 고지

검 사

위 서면에 의하여 변경된 공소사실, 죄명, 적용법조 낭독

피고인들 및 변호인 변호사 김진석

공소장변경에 대하여 이의가 없으나, 성폭력범죄의처벌등에관한특례법위반(주거침입강간등) 사건이 발생한 장소가 주거침입죄 소정의 주거인지 의문이고, 피고인들은 범행을 공모하지 않았으므로 변경된 공소사실을 인정할 수 없다고 진술

출석한 증인 윤지숙, 박철형을 별지와 같이 신문하다

증거관계 별지와 같음(검사)

재판장

각 증거조사 결과에 대하여 의견을 묻고 권리를 보호함에 필요한 증거조사를 신청할 수 있음을 고지

소송관계인

별 의견 없으며, 달리 신청할 증거도 없다고 각 진술

재판장

증거조사를 마치고 피고인신문을 실시하겠다고 고지

검 사

피고인 황명철에게

문 피고인은 2011. 5. 27. 24:00경 서울특별시 서초구 양재동에 있는 호성빌라 공터에서 피해자 윤지숙을 강간하려고 한 사실이 있지요.

답 예, 그렇습니다.

문 피고인이 피해자를 강간하려고 할 때 피고인 이영광은 무엇을 하고 있었나요.

답 이영광은 호성빌라 근처 벤치에 앉아 있었습니다.

문 피고인은 사건 당일 피해자를 만나기 전에 피고인 이영광을 만난 적이 있나요.

답 예, 제가 집에서 쉬고 있는데, 22:30경 이영광이 저에게 전화를 하여 윤지숙과 헤어졌다고 하면서 괴로워하였습니다. 그래서 제가 이영광이 있는 호성빌라 부근에 가보니 이영광이 술에 취한 상태에서 윤지숙이 끝내 자기를 배신했다고 하면서 괴로워하였습니다.

문 피고인 이영광이 피고인에게 피해자를 강간하여야 한다는 의미에서

“남자에게 한 번 당해보아야 한다.”라고 하지 않았나요.

답 그렇게 말하지는 않았고, 이영광이 “윤지숙이 혼이 좀 나야 한다.”고만 말했습니다.

문 피고인은 경찰에서 진술하면서 피고인 이영광이 피고인에게 “그년이 나와 끝내 헤어지려고 하니 못된 년이다. 남자 무서운 것을 알도록 남자에게 한 번 당해보아야 한다.”고 하였고, 피고인은 그 말을 강간하라는 의미로 알아들었다고 진술하였지요.

답 이영광이 저에게 “윤지숙이 혼이 좀 나야한다.”라는 말을 하였는데, 경찰관이 저에게 헤어진 여자를 혼내주라는 말이 강간하라는 말과 다를 것이 없지 않느냐고 자꾸 추궁해서 제가 “그렇게도 볼 수 있네요.”라고 말했던 것이 전부입니다.

문 피고인은 수사기관에서 피고인 이영광의 제의를 받고 이영광과 함께 피해자를 강간하려고 했다고 진술하였지요.

답 이영광이 피해자를 혼내주어야 한다고 했기 때문에 그렇게 말했을 뿐입니다.

문 피고인은 경찰에서 피해자에게 “사건 당일 이영광과 호성빌라 앞에서 만나 이영광으로부터 ‘그년이 나와 끝내 헤어지려고 하니 못된 년이다. 남자 무서운 것을 알도록 남자에게 한 번 당해야 한다.’고 들었고, 그래서 피고인이 빌라 앞에서 기다리다 피해자를 강간하려고 했다.”라고 말한 적이 있나요.

답 그렇게는 말하지 않았고, “이영광이 윤지숙을 혼내주어야 한다.”고 말했다고 한 적은 있습니다.

문 피고인은 피고인 이영광이 피해자를 혼을 내주어야 한다고 말을 듣고 어떻게 하였나요.

답 저는 이영광이 술이 많이 취했기에 빌라 앞 벤치에 앉아 있으라고 하고, 윤지숙과 이야기를 하려고 윤지숙의 집에 갔는데, 불이 꺼져 있어 빌라 앞에서 기다리다가 윤지숙을 만났습니다.

문 피고인은 피해자를 만나 무슨 이야기를 하려고 하였나요.

답 윤지숙이 이영광과 진짜로 헤어졌는지도 궁금했지만, 사실 제가 윤지숙을 혼자 좋아하고 있었기 때문에 그녀를 달래면서 호감을 사려는 생각도 있었습니다.

문 피고인은 경찰이나 검찰에서 허위 진술을 강요당한 사실이 있나요.
답 그런 사실은 없습니다.
피고인들의 변호인 변호사 김진석
피고인 황명철에게
문 피고인은 평소 피해자를 좋아했지만, 피해자가 친구인 피고인 이영광과 사귀고 있었기 때문에 내색을 못하고 있다가, 사건 당일 이영광이 피해자와 헤어졌다고 하자 자초지종도 알고 피해자도 만나보고 싶어 피해자의 집에 찾아갔던 것이지요.
답 예, 그렇습니다.
문 피고인이 피해자의 집 앞에서 기다리다가 피해자가 오는 것을 보았지만 바로 아는 체를 하면서 말을 걸기가 뭐해서 피해자를 뒤쫓아 가다가 용기를 내어 피해자를 불러 사귀자고 하였습니다. 그런데, 피해자가 욕을 하면서 무안을 주기에 화가 나 피해자를 넘어뜨렸고, 그때 피해자의 허벅지가 드러나자 갑자기 욕정이 생겨 범행을 하게 되었지요.
답 예, 그렇습니다.
문 피고인은 왜 범행을 멈추었나요.
답 피해자가 넘어지자 제가 피해자의 배에 올라타 피해자의 몸을 만지게 되었지만, 피해자가 울먹이면서 다음에 만나 사귀어보자고 하여 그것이 좋을 것 같아 범행을 중단하였습니다.
문 그런데 그때 마침 빌라 주민 박철형이 소리를 지르며 뛰어오자 도망을 간 것이지요.
답 예, 그렇습니다.
문 피고인이 피해자를 만나고 있을 때 피고인 이영광은 호성빌라 안으로 들어온 사실조차 없지요.
답 예, 술에 취하여 호성빌라 밖에 있는 벤치에 앉아 있었습니다.
문 피고인 이영광이 피고인에게 피해자를 강간할 것을 제의하였나요.
답 그런 사실이 없습니다.
문 피고인은 강간 혐의로 긴급체포 되어 경찰서에 연행될 당시 절도 피해품인 다이아몬드 반지를 끼고 있다가 경찰관에게 압수되었지요.
답 예, 그렇습니다.

문 당시 경찰관이 뭐라고 하면서 다이아몬드 반지를 압수하던가요.

답 경찰관이 제가 반지를 끼고 있는 것을 보고 "이 반지 어디서 훔친 것이 아니냐, 어디서 훔친 것이냐."고 물어 제가 황허당 집에서 훔친 것이라고 하였습니다.

문 당시 경찰관이 피고인에게 진술거부권을 고지하였나요.

답 그런 말을 듣지 못하였습니다.

문 피고인은 그 이전에 성폭력 범죄는 물론이고 어떠한 범죄로도 처벌받은 전력이 없지요.

답 예, 없습니다.

문 피고인은 경위야 어찌되었던 피해자에게 폭력을 행사한 것에 대해 깊이 뉘우치고 있지만, 피해자가 피고인의 가족을 만나주지 않아 용서를 빌지 못하고 있지요.

답 예, 그렇습니다.

검사

피고인 이영광에게

문 피고인이 2011. 5. 27. 23:00경 호성빌라 근처 벤치에서 피고인 황명철을 만난 적이 있지요.

답 제가 술에 취해서 잘 기억이 나지 않는데, 나중에 황명철에게 들어보니 제가 황명철에게 전화를 걸어 황명철이 제가 있는 호성빌라 근처로 왔다고 들었습니다.

문 피고인은 그날 피고인 황명철에게 피해자가 피고인을 배신했으니 혼을 내주라고 하면서 강간할 것을 제의하지 않았나요.

답 나중에 황명철에게 들어보니, 제가 황명철에게 윤지숙이 나쁜 년이라고 욕을 했다고 들었습니다만, 강간할 것을 제의한 적은 없습니다.

문 피고인 황명철은 경찰에서 피고인이 "그년이 나와 끝내 헤어지려고 하니 못된 년이다. 남자 무서운 것을 알도록 남자에게 한 번 당해보아야 한다."고 말을 했다고 진술하였는데, 그런 말을 한 적이 있나요.

답 잘 기억이 나지 않습니다만, 그런 말을 한 적은 없습니다.

피고인 이영광에게,

문 피고인은 피해자가 헤어지기가 싫어서 사건 당일 피해자와 함께 술을 마시면서 피해자의 마음을 달래보려고 하였지만, 피해자가 끝내 헤어지려고 하였지요.

답 예, 그렇습니다.

문 피고인은 그날 술에 많이 취한 상태에서 괴로워서 피고인 황명철에게 하소연을 하다 보니 피해자의 욕을 한 적은 있지만, 피해자를 강간할 것을 제의한 사실은 절대 없지요.

답 예, 그렇습니다.

재판장

피고인신문을 마쳤음을 고지

재판장

변론속행(변론준비를 위한 변호인의 요청으로)

2011. 7. 12.

법 원 사 무 관 국영수 ㊞

재판장 판 사 배현일 ㊞

서울중앙지방법원

증인신문조서(제2회 공판조서의 일부)

사　　건　　2011고합1234　성폭력범죄의처벌등에관한특례법위반(특수강간) 등

증　　인　　이　　름　윤지숙

생년월일　1981. 4. 21.

주　　거　서울 서초구 양재동 100 호성빌라 103동 302호

재판장

증인에게 형사소송법 제148조 또는 제149조에 해당하는가의 여부를 물어 이에 해당하지 아니함을 인정하고, 위증의 벌을 경고한 후 별지 선서서와 같이 선서를 하게 하였다. 다음에 신문할 증인은 재정하지 아니하였다.

검사

증인에게

문 증인은 피고인들을 아는가요.

답 예, 피고인 이영광은 2010년 가을경 아는 사람의 소개로 만나 사귀었던 사람이고, 피고인 황명철은 피고인 이영광의 고등학교 친구로 두세 번 만나 함께 식사를 하고, 술을 마신 적이 있습니다.

문 증인은 2011. 5. 27. 19:00경 피고인 이영광을 만난 일이 있나요.

답 예, 제가 이영광을 만나 사귀었는데 알고 보니 이영광은 이미 동거하는 여자가 있었고, 술을 마시면 저를 때리곤 하였습니다. 그래서 제가 이영광과 헤어지려고 하였는데, 이영광은 저와 헤어질 수 없다면서 저를 놓아주지 않았습니다. 그래서 제가 싸우기도 하고, 달래도 보고, 그렇게 몇 달을 지내고 있었는데, 사건 당일 이영광이 저와 헤어져 준다고 하면서 그 조건으로 이별주를 마시자고 하여 만나게 되었습니다.

문 증인은 2011. 5. 27. 24:00경 피고인 황명철로부터 강간을 당할 뻔한 일이 있나요.

답 예, 그렇습니다.

문 그 경위는 어떠한가요.

답 제가 평소 술을 잘 마시지 않는데, 그 날은 이영광이 강권하다시피 하여 술을 많이 마시게 되었습니다. 22:30경 이영광과 헤어진 후 술을 깨려고 1시간 반 정도 바람을 쐬다가 집에 거의 도착했는데, 갑자기 뒤에서 황명철이 저를 불렀습니다. 황명철이 뭐라고 이야기를 했는데 자세한 것은 잘 기억나지 않지만 요지는 자기랑 사귀자는 말이었습니다. 이영광과 가까스로 헤어졌는데, 그 친구인 황명철이 사귀자고 하니 대면조차 하기 싫어 제가 "미친놈"이라고 욕을 하였습니다. 그러자 황명철이 두 손으로 제 어깨를 잡고 밀어 저를 빌라 잔디밭으로 넘어뜨리더니 제 배 위에 올라타 한 손으로 제 입을 막고, 다른 한 손으로 제 가슴을 만지고, 치마 속으로 손을 넣어 팬티를 벗겼습니다.

문 그 다음에는 어떻게 되었나요.

답 제가 꼼짝 없이 당할 것 같아 그 자리를 모면하려고 황명철에게 "알겠다, 그만하라."고 하며 울먹이자 황명철이 제 입을 막은 손을 떼었고, 제가 "다음번에 만나 친해지면 응해주겠다. 오늘은 술도 마셨으니 그만하라"고 간곡히 부탁을 하면서 황명철을 구슬렸습니다.

문 그랬더니 피고인 황명철이 어떻게 하였나요.

답 황명철이 제 말을 알아들었는지 제 배 위에서 일어났는데, 그때 빌라에 사는 남자가 소리를 지르며 달려오자 도망을 갔습니다.

문 증인은 수사기관에서 피고인들이 강간범행을 공모하였다고 진술하였지요.

답 예, 그렇습니다.

문 증인은 피고인들이 강간범행을 공모한 사실을 어떻게 알게 되었나요,

답 5월 28일 제가 곰곰이 생각해보니 이영광이 저와 헤어져 준다고 하면서 저를 불러내서 술을 많이 마시게 한 것이나, 황명철이 늦은 시각에 저의 집 앞에서 저를 기다린 것이 우연히 일어난 것이 아니라 피고인들이 짜고 저를 강간하려고 한 것 같다는 생각이 들었습니다. 그래서 경찰서에서 황명철을 만나 물어보자, 황명철이 저에게 이영광이 한 말을 전해 주었는데, 이영광이 "윤지숙이가 나를 배신했다. 그

러니 그런 못된 년은 남자에게 한 번 당해보아야 한다."라고 했다고 하였습니다. 그래서 피고인들이 강간범행을 공모한 사실을 알게 되었습니다.

문 증인은 피고인들의 처벌을 원하는가요.

답 예, 피고인들이 다시는 저를 괴롭히지 못하게 엄벌에 처해 주시기 바랍니다.

이때 검사는 수사기록 2~4쪽의 사법경찰리 작성의 증인에 대한 진술조서를 보여주고 이를 열람하게 한 후,

문 이 서류는 증인이 경찰에서 조사받으면서 진술한 내용을 기재한 것인데, 증인은 그 당시 사실대로 진술한 후 읽어보고 서명, 무인한 사실이 있고, 그때 경찰관에게 진술한 내용과 동일하게 기재되어 있나요.

답 예. 그렇습니다.

이때 검사는 수사기록 5쪽의 고소장을 보여주고 이를 열람하게 한 후,

문 이 서류는 증인이 작성하고 날인하여 경찰에 제출한 것이지요.

답 예. 그렇습니다.

피고인들의 변호인 변호사 김진석

증인에게

문 피고인 황명철이 증인의 가슴을 만지고, 팬티를 벗기려고 한 것이 사실인가요.

답 예, 한 손으로는 제 입을 막고, 다른 한 손으로 제 가슴을 만진 후 치마 속에 손을 넣어 팬티를 무릎까지 내렸습니다.

문 증인이 피고인 황명철에게 "다음번에 만나 친해지면 응해주겠다. 오늘은 술도 마셨으니 그만하라"고 부탁을 하자, 피고인 황명철이 계속 범행을 하려고 하였나요.

답 분명하지는 않은데, 황명철이 제 말을 알아들었는지 일어나 저를 일으키려고 하였습니다.

문 피고인 황명철은 증인의 간곡한 부탁을 듣고 범행을 중단한 것이지요.

답 잘 모르겠습니다. 아무튼 황명철이 일어서자 저는 이제 살았다고 생각했습니다.

문 증인은 피고인들이 공모하여 증인을 강간했다는 생각이 든 후 5월 28일 경찰서에서 피고인 황명철을 만나 무엇이라고 물었나요.

답　제가 황명철에게 "왜 나를 강간하려고 했느냐, 이영광이 시켰느냐."라고 물었습니다.

문　그랬더니 피고인 황명철이 무엇이라고 하던가요.

답　황명철은 사건 당일 이영광과 호성빌라 근처에서 만났는데, 그때 이영광이 황명철에게 "윤지숙이 그년이 나와 끝내 헤어지려고 하니 못된 년이다. 남자 무서운 것을 알도록 남자에게 한 번 당해보아야 한다. 네가 알아서 해라."고 했다고 저에게 전했습니다.

2011. 7. 12.

법 원 사 무 관　　국영수 ㊞

재판장　판　사　　배현일 ㊞

서울중앙지방법원

증인신문조서(제2회 공판조서의 일부)

사 건 2011고합1234 성폭력범죄의처벌등에관한특례법위반(특수강간) 등

증 인 이 름 박철형

생년월일 1966. 7. 10.

주 거 서울 서초구 양재동 100 호성빌라 305동 102호

재판장

증인에게 형사소송법 제148조 또는 제149조에 해당하는가의 여부를 물어 이에 해당하지 아니함을 인정하고, 위증의 벌을 경고한 후 별지 선서서와 같이 선서를 하게 하였다.

검사

증인에게

문 증인은 2011. 5. 27. 24:00경 피고인 황명철이 피해자 윤지숙을 강간하려는 것을 목격한 사실이 있나요.

답 예, 제가 그날 밤 빌라 주변에서 바람을 쐬고 있는데 갑자기 여자 비명소리가 들려 소리 난 쪽으로 가보니 남자(피고인 황명철)가 여자(피해자)를 잔디밭에 눕히고 여자 배 위에 올라타고 있다가 일어서서 여자를 일으키려고 하고 있었습니다.

문 그래서 어떻게 하였나요.

답 제가 순간 강간범이라고 생각하고 "뭐 하는 짓이냐!"라고 소리를 치면서 피해자 쪽으로 뛰어갔고, 황명철은 제 소리를 들었는지 빌라 출입구 반대쪽으로 도망을 갔습니다.

문 그 후에는 어떻게 하였나요.

답 저는 황명철을 쫓아가지 않고 피해자가 괜찮은지 확인했는데, 피해자가 다친 데는 없는 것 같아, 경찰에 신고하라고 하면서 제 집 동호수를 알려준 다음 집으로 들어갔습니다.

문 증인이 피해자에게 다가갔을 때 피해자는 어떻게 하고 있던가요.

답 제가 피해자에게 다가가니, 피해자는 일어나 앉으면서 무릎까지 내려가 있던 팬티를 올려 입고 울고 있었습니다.

문 피해자가 강간을 당할 뻔한 장소는 빌라 거주자들만 출입할 수 있는 곳인가요.

답 아닙니다. 호성빌라는 10동짜리로 비교적 큰 다세대주택인데, 신축한 지 얼마 되지 않았을 뿐만 아니라 인접 토지 소유자들과 경계 분쟁이 있어서 빌라 출입문이나 담장, 경비실 등을 아직 설치하지 못하고 있습니다. 그러다보니 빌라 안의 도로를 통행하는 것이 자유로워 인근 주민들이 다른 건물이나 도로로 출입하는 지름길로 이용하고 있고, 밤이면 불량배들이나 술꾼들이 와서 소란을 피우곤 합니다. 저희 빌라 거주자들은 밤에 빌라 건물 출입문만 시정하는 형편입니다.

피고인들의 변호인 변호사 김진석

문 증인이 피고인 황명철을 보고 소리를 쳤을 때 피고인 황명철은 이미 피해자의 몸에게 떨어져서 일어나고 있었지요.

답 예, 그렇습니다.

문 피고인 황명철이 일어난 후에 피해자에게 다시 범행을 하려고 하던가요.

답 그것은 잘 모르겠습니다.

문 증인은 호성빌라 부근에 있는 벤치를 알고 있는가요.

답 예, 빌라 들어오는 길 앞쪽에 벤치가 하나 있습니다.

문 그 벤치에서 빌라 3동 뒤편 공터까지 얼마나 떨어져 있는가요.

답 약 100m 이상 떨어져 있고, 그 사이에 빌라가 여러 채여서 벤치에서 빌라 3동 뒤편을 볼 수 없습니다.

2011. 7. 12.

법 원 사 무 관 국영수 ㊞

재판장 판 사 배현일 ㊞

제	1	책
제	1	권

서울중앙지방법원
증거서류등(검사)

사 건 번 호	2011고합1234	담임	제26형사부	주심	다
사 건 명	가. 성폭력범죄의처벌등에관한특례법위반(특수강간) 나. 절도 다. 횡령				
검 사	정 우 열		2011년 형제53874호		
피 고 인	1. 가.나.다 황 명 철 2. 가. 이 영 광				
공소제기일	2011. 6. 14.				
1심 선고	20 . . .	항소	20 . . .		
2심 선고	20 . . .	상고	20 . . .		
확 정	20 . . .	보존			

제 1 책
제 1 권

구공판

서 울 중 앙 지 방 검 찰 청

증 거 기 록

검 찰	사건번호	2011년 형제53874호	법원	사건번호	2011년 고합1234호
	검 사	정우열		판 사	
피 고 인	구속 1. 가.나.다. 황 명 철 구속 2. 가. 이 영 광				
죄 명	가. 성폭력범죄의처벌등에관한특례법위반(특수강간) 나. 절도 다. 횡령				
공소제기일	2011. 6. 14.				
구 속	1. 2011. 5. 30. 구속(2011. 5. 28. 체포) 2. 2011. 5. 30. 구속(2011. 5. 29. 체포)		석 방		
변 호 인	1. 2. 변호사 김진석(국선)				
증 거 물	없 음				
비 고					

증 거 목 록 (증거서류 등)

2011고합1234

2011형제53874호 　　　　신청인: 검사

순번	증거방법					참조사항 등	신청기일	증거의견		증거결정		증거조사기일	비고
	작성	쪽수(수)	쪽수(증)	증거명칭	성명			기일	내용	기일	내용		
1	검사	(생략)		피의자 신문조서	황명철								
2	〃	(생략)		피의자 신문조서	이영광								
3	사경	33		진술조서	윤지숙								
4	〃	37		고소장	윤지숙								
5	〃	38		압수조서									
6	〃	40		진술조서	황허당								
7	〃	44		등기부등본									
8	〃	46		피의자 신문조서	황명철								
9	〃	53		피의자 신문조서	이영광								
10	〃	(생략)		조회회보서	황명철								
11	〃	(생략)		조회회보서	이영광								

※ 증거의견 표시 - 피의자신문조서 : 인정 ○, 부인 ×
　　(여러 개의 부호가 있는 경우, 성립/임의성/내용의 순서임)
　- 기타 증거서류 : 동의 ○, 부동의 ×
※ 증거결정 표시 : 채 ○, 부 ×
※ 증거조사 내용은 제시, 내용고지

진 술 조 서

성　　　　명 : 윤 지 숙

주민등록번호 : 810421-2###### 　만 30세

직　　　　업 : 무직

주　　　　거 : 서울특별시 서초구 양재동 100 호성빌라 103동 302호

등록기준지 : 　생략

직 장 주 소 :

연　락　처 : (자택전화) 02-369-2327 　(휴대전화) 010-472-2327

(직장전화) 　(전자우편) 생략

위의 사람은 피의자 황명철에 대한 성폭력범죄의처벌등에관한특례법 위반(특수강간) 등 피의사건에 관하여 2011. 5. 28. 서울서초경찰서 형사팀 사무실에 임의 출석하여 다음과 같이 진술하다.

1. 피의자와의 관계
   피의자 황명철은 저의 애인이었던 이영광의 친구입니다.

1. 피의사실과의 관계
   저는 오늘 저의 집이 있는 서울특별시 서초구 양재동 100 호성빌라 3동 뒤편에서 피의자로부터 강간당할 뻔한 사실과 관련하여 피해자 자격으로 출석하였습니다.

이 때 사법경찰관은 진술인 윤지숙을 상대로 다음과 같이 문답하다.

문 진술인은 황명철로부터 강간당할 뻔한 적이 있다고 진술하였는데 사실인가요.

답 예, 사실입니다.

문 언제, 어디에서 그랬나요.

답 2011. 5. 27. 24:00경 서울특별시 서초구 양재동 100 호성빌라 3동 뒤편에 있는 공터에서 강간을 당할 뻔 하였습니다.

문 그 경위는 어떠한가요.

답 제가 어제 2011. 5. 27. 19:00경 서울 서초구 양재동에 있는 '서초동 연가' 주점에서 애인이었던 이영광을 만나 술을 마셨는데, 그날따라 이영광이 "마지막 이별주이니 몸 사리지 말고 마음껏 마시자"고 하여 몹시 취하도록 마셨습니다. 이영광과 헤어져 술을 깰 겸 약 1시간 반가량 산책을 하고 집으로 돌아오는 길에 호성빌라 3동 뒤편에서 갑자기 황명철이 저에게 달려들어 두 손으로 저의 몸을 밀어 옆 공터에 넘어뜨려 저의 가슴을 만지고 치마를 걷어 올린 다음 팬티를 벗기고 강간하려 하였습니다.

문 그래서 어떻게 하였나요.

답 그래서 제가 발버둥을 치면서 소리를 질렀고 그 때 누군가가 달려오자 황명철이 도주하게 된 것입니다.

문 진술인을 강간하려고 한 사람이 황명철이 확실한가요.

답 예. 제가 평소에 이영광으로부터 황명철을 소개받아 알게 되었고 평소 술을 몇 번 마시기도 하였습니다. 당시 저를 좋아한다는 느낌을 받기도 하였고, 강간 당시에도 왜 나에게 이러느냐고 묻자 저를 좋아한다는 말까지 하기도 하였기 때문에 황명철이 확실합니다.

문 이영광은 본건과 관계가 없나요.

답 제 생각에는 제가 이영광에게 헤어질 것을 요구하자 이영광이 무척 화가 났을 것이고, 이영광이 오늘따라 저에게 술을 자꾸 권한 것을 볼 때 이영광과 황명철이 짜고 이러한 행동을 하지 않았나 의심이 갑니다. 또한 이영광과 헤어진 직후에 황명철이 갑자기 저의 집 앞에 나타난 것도 이영광과 황명철이 짰기 때문이라고 생각합니다.

문 진술인은 피의자 황명철이나 이영광에 대한 처벌을 원하는가요.

답 강력한 처벌을 원합니다. 필요하다면 황명철과 이영광에 대한 고소장을 제출하겠습니다.

이때 진술인으로부터 고소장 1부를 제출받아 조서 말미에 편철하다.

문 이상의 진술은 사실인가요.

답 예, 사실입니다. (무인)

위의 조서를 진술자에게 열람하게 하였던바, 진술한 대로 오기나 증감 · 변경할 것이 전혀 없다고 말하므로 간인한 후 서명 무인하게 하다.

진술자 윤 지 숙 (무인)

2011. 5. 28.

서울서초경찰서

사법경찰리 경사 허 두 철 (인)

고 소 장

고 소 인 : 윤지숙(840421-#######)

피고소인 : 1. 황명철
2. 이영광

고 소 내 용

피고소인 황명철과 이영광은 공모하여 2011. 5. 27. 24:00경 서울 서초구 양재동 호성빌라 3동 뒤 공터에서 피고소인을 공터 땅바닥에 눕힌 후 옷을 벗기고 팬티를 내리는 등 강간하려다 피고소인이 완강히 저항하자 도망간 사실이 있으니, 철저히 수사하여 엄벌에 처해 주시기 바랍니다.

2011. 5. 28.

고소인 윤지숙 ㊞

서초경찰서장 귀중

압 수 조 서

피의자 황명철에 대한 성폭력범죄의처벌등에관한특례법위반(특수강간) 등 피의사건에 관하여 2011년 5월 28일 02시30분경 서울서초경찰서 형사과 형사팀 사무실에서 사법경찰관 경위 박식해는 사법경찰리 경사 최투철을 참여하게 하고 별지 목록의 물건을 다음과 같이 압수하다.

압 수 경 위

피의자 황명철을 성폭력범죄의처벌등에관한특례법위반(특수강간) 혐의로 긴급체포하여 서울서초경찰서 형사과 형사팀 사무실로 인치한 후 피의자가 다이아몬드 반지를 끼고 있기에 피의자의 행색에 비추어 훔친 것이라는 판단하에 다이아몬드 반지의 출처를 묻자 피의자가 황허당에게서 훔친 것이라고 대답하기에 형사소송법 제217조 제1항에 의하여 압수하다.

참여인	성 명	주민등록번호	주 소	서명 또는 날인

2011년 5월 28일

서 울 서 초 경 찰 서

사법경찰관 경위 박 식 해 (인)

사법경찰리 경사 최 투 철 (인)

압 수 목 록

번호	품 종	수량	피 압 수 자 주 거 성 명				소 유 자 주 거 · 성 명	비 고
			1	2	(3)	4		
			유류자	보관자	소지자	소유자		
1	다이아몬드 반지	1개	서울 서초구 양재2동 125 황명철				황허당	

진 술 조 서

성　　　명 : 황 허 당

주민등록번호 : 670512-1######　　만 41세

직　　　업 : 유흥주점 운영

주　　　거 : 서울특별시 서초구 방배동 701-21 신동아아파트 310동 209호

등록기준지 : 생략

직 장 주 소 : 서울 서초구 반포동 372-3 별천지 유흥주점

연　락　처 : (자택전화) 02-273-4544 (휴대전화) 010-337-4544

(직장전화) 02-276-3596 (전자우편) 생략

위의 사람은 피의자 황명철에 대한 절도 등 피의사건에 관하여 2011. 5. 28. 서울서초경찰서 형사팀 사무실에 임의 출석하여 다음과 같이 진술하다.

1. 피의자와의 관계

저는 피의자 황명철과 한 동네에서 자란 먼 친척입니다.

1. 피의사실과의 관계

저는 제가 도난당했던 다이아몬드 반지를 황명철이 가지고 있다는 연락을 받고 피해자의 자격으로 출석하였습니다.

이 때 사법경찰관은 진술인 황허당을 상대로 다음과 같이 문답하다.

문 진술인은 피의자로부터 어떤 피해를 당하였나요.

답 2011. 5. 20. 저녁 무렵에 황명철이 저의 집에 찾아와 저와 술을 한잔 하고 갔는데 그 다음에 제가 책상 서랍에 보관하고 있던 저의 다이아몬드 반지 1개가 보이지 않았습니다. 오늘 경찰서에서 그 다이아몬드 반지를 황명철이 가지고 있다는 연락을 받았는데, 황명철이 저의 다이아몬드 반지를 훔쳐간 것 같습니다.

문 이 다이아몬드 반지가 진술인의 것이 맞나요.

이때 진술인에게 피의자 황명철로부터 압수된 다이아몬드 반지를 제시한 바,

답 예. 그렇습니다.

문 위 다이아몬드 반지의 가격은 어느 정도 되나요.

답 제가 1년 전에 1,000만 원을 주고 샀는데 지금도 그 정도 됩니다.

문 다이아몬드 반지가 없어진 후 어떠한 조치를 취하였나요.

답 피의자 황명철이 훔쳐갔을 것 같다는 생각은 하였지만, 아무런 증거도 없이 신고를 하거나 피의자 황명철에게 확인하기가 뭐해서 어떻게 할까 고민하던 중에 시간이 흘렀습니다. 그래서 그동안 아무런 조치도 취하지 않았습니다.

문 황명철과는 어떠한 관계인가요.

답 황명철과는 어려서부터 한 마을에서 자랐고 또 먼 친척뻘이 되어 지금도 저의 집에 자주 들리며 각별하게 지내는 사이입니다.

문 피의자에 대한 처벌을 원하는가요.

답 예. 전에도 피의자가 저에게 피해를 준 적이 있는데 피의자를 믿고 문제 삼지 않았는데 또 이러한 일이 발생한 것입니다. 이번 일과 지난번 피해에 대해서도 엄하게 처벌해 주시기 바랍니다.

문 이전에도 피해를 주었다는 것은 어떤 내용인가요.

답 제가 서울 강남구 일원동에 토지를 소유하고 있었습니다. 그런데 제가 사업을 하고 있다 보니, 혹시 사업이 어려워질 때 채권자들이 위 토지에 가압류를 할 우려가 있어 2001년경 황명철 앞으로 명의를 옮겨 두었습니다. 그런데 얼마 전에 부동산등기부등본을 발급받아보았는데 황명철이 2010. 9. 17. 주식회사 신한은행으로부터 1억 원을 대출받으면서 위 토지에 채권최고액 1억 5,000만 원의 근저당권을 설

정하였습니다.

문 진술인이 피의자 황명철에게 토지를 명의신탁하였는데 피의자 황명철이 대출을 받으면서 그 토지를 담보로 제공하였다는 것인가요.

답 예. 그렇습니다.

문 그에 대한 증거는 있나요.

답 예. 아까 말씀드린 대로 제가 얼마 전에 위 토지에 대한 등기부등본이 필요하여 이를 발부받아 본 적이 있었는데 그 등기부등본에 황명철이 근저당권을 설정한 사실을 나와 있었습니다. 오늘 경찰에서 전화를 받고 당시 발급받은 등기부등본을 가져왔으니 제출하도록 하겠습니다.

이때 진술인으로부터 등기부등본 1부를 제출받아 조서 말미에 편철하다.

문 위 토지의 시가는 얼마나 되나요.

답 제가 부동산에 알아본 결과 4억 가량 한다고 들었습니다.

문 위와 같은 사실을 알고서도 이제야 고소를 하는 이유는 어떠한가요.

답 제가 근저당권설정 사실을 알고 황명철에게 바로 전화를 하여 어떻게 된 거냐고 항의를 하자, 곧 은행 대출금을 갚고 근저당권을 말소하겠다고 하여 믿고 기다리고 있었는데 아직까지도 말소하지 않고 있습니다.

문 진술인은 피의자와 먼 친척이라고 하였는데, 어떠한 친척관계인가요.

답 예. 황명철의 할아버지와 저의 할아버지가 4촌 사이이니 아주 먼 친척에 불과합니다.

문 진술인은 피의자가 다이아몬드 반지를 훔친 사실과 진술인이 명의신탁한 위 토지에 대하여 피의자가 근저당권을 설정한 사실에 대해서도 처벌을 모두 원하는가요.

답 예, 법대로 처벌하여 주시기 바랍니다.

문 더 이상 할 말이 있나요.

답 다이아몬드 반지를 돌려받기를 원합니다.

문 이상의 진술은 사실인가요.

답 예, 사실입니다. (무인)

위의 조서를 진술자에게 열람하게 하였던바, 진술한 대로 오기나 증감 · 변경할 것이 전혀 없다고 말하므로 간인한 후 서명 무인하게 하다.

진술자 황 허 당 (무인)

2011. 5. 28.

서울서초경찰서

사법경찰관 경위 박 식 해 (인)

등기부 등본 (말소사항 포함) - 토지

서울 강남구 일원동 산81 고유번호 1222-7864-783467

【 표 제 부 】 (토지의 표시)					
표시번호	접 수	소 재 지 번	지 목	면 적	등기원인 및 기타사항
1 (전 2)	~~1972년 11월8일~~	~~서울 성동구 일원동 산81~~	~~임야~~	~~15,000㎡~~	분할로 인하여 등기 제308호에서 이기 부동산등기법 제177조의 6 제1항에 규정에 의하여 2000년 9월1일 전산이기
2	1975년 10월1일	서울 강남구 일원동 산81	임야	15,000㎡	1975년10월1일 행정구역 및 명칭변경 부동산등기법 제177조의 6 제1항에 규정에 의하여 2000년 9월1일 전산이기

【 갑 구 】 (소유권에 관한 사항)				
순위번호	등 기 목 적	접 수	등 기 원 인	권 리 자 및 기 타 사 항
1 (전 3)	소유권 이전	1998년5월16일 제14783호	1998년5월 8일 협의분할에 의한 상속	소유자 황허당 670512-1×××××× 서울 서초구 방배동 701-21 신동아아파트 310동 209호 부동산등기법시행규칙부칙 제3조 제1항의 규정에 의하여 2000년 9월 1일 전산이기
2	소유권 이전	2001년6월27일 제8931호	2001년6월 15일 매매	소유자 황명철 75××××-1×××××× 서울 서초구 양재2동 125

1/2

서울 강남구 일원동 산81 고유번호 1222-7864-783467

【 을 구 】 (소유권 이외의 권리에 관한 사항)				
순위번호	등 기 목 적	접 수	등 기 원 인	권 리 자 및 기 타 사 항
1	근저당권설정	2010년9월17일 제38129호	2010년9월17일 설정계약	채권최고액 금 150,000,000원 채무자 황명철 서울 서초구 양재2동 125 근저당권자 주식회사 신한은행 서울 중구 태평로2가 120

---- 이 하 여 백 ----

수수료 금 1200원 영수함 관할등기소 서울중앙지방법원 강남등기소

이 등본은 부동산 등기부의 내용과 틀림없음을 증명합니다.

서기 2010년 10월 18일

서울중앙지방법원 강남등기소 등기관 박 해 동 서울중앙지방법원강남등기소등기관

* 실선으로 그어진 부분은 말소사항을 표시함.
* 등기부에 기록된 사항이 없는 갑구 또는 을구는 생략함.
* 대법원 등기인터넷서비스 홈페이지(http://registry.scourt.go.kr)에 접속하여 등기부발급확인메뉴를 통해 발급확인번호로 내용의 진위여부를 확인하실 수 있습니다.

발행번호 13027011004193051013731490SLBO114944WOG17502151112527
발급확인번호 ALTQ-COHX-3572 발행일 2010/10/18

2/2

피의자신문조서

피의자 황명철에 대한 성폭력범죄의처벌등에관한특례법위반(특수강간) 등 피의사건에 관하여 2011. 5. 28. 서울서초경찰서 형사과 형사팀 사무실에서 사법경찰관 경위 박식해는 사법경찰리 경사 최투철을 참여하게 하고, 아래와 같이 피의자임에 틀림없음을 확인하다.

문 피의자의 성명, 주민등록번호, 직업, 주거, 등록기준지 등을 말하십시오.
답 성명은 황 명 철(黃 明 喆)
주민등록번호는 75####-1###### 직업은 무직
주거는 서울특별시 서초구 양재2동 125
등록기준지는 서울특별시 성북구 월곡동 80
직장 주소는
연락처는 자택전화 없음 휴대전화 010-####-####
직장전화 전자우편
(e-mail)
입니다.

사법경찰관은 피의사건의 요지를 설명하고 사법경찰관의 신문에 대하여 「형사소송법」 제244조의3에 따라 진술을 거부할 수 있는 권리 및 변호인의 참여 등 조력을 받을 권리가 있음을 피의자에게 알려주고 이를 행사할 것인지 그 의사를 확인하다.

진술거부권 및 변호인 조력권 고지 등 확인

1. 귀하는 일체의 진술을 하지 아니하거나 개개의 질문에 대하여 진술을 하지 아니할 수 있습니다.
2. 귀하가 진술을 하지 아니하더라도 불이익을 받지 아니합니다.
3. 귀하가 진술을 거부할 권리를 포기하고 행한 진술은 법정에서 유죄의 증거로 사용될 수 있습니다.
4. 귀하가 신문을 받을 때에는 변호인을 참여하게 하는 등 변호인의 조력을 받을 수 있습니다.

문 피의자는 위와 같은 권리들이 있음을 고지받았는가요.
답 예, 고지받았습니다.
문 피의자는 진술거부권을 행사할 것인가요.
답 아닙니다.
문 피의자는 변호인의 조력을 받을 권리를 행사할 것인가요.
답 아닙니다. 혼자서 조사를 받겠습니다.

이에 사법경찰관은 피의사실에 관하여 다음과 같이 피의자를 신문하다.

문 피의자는 범죄전력은 있나요
답 없습니다.
문 군대는 갔다 왔나요.
답 예, 육군 병장으로 제대하였습니다.
문 학력은 어떠한가요.
답 서울 ##고등학교를 졸업하였습니다.
문 사회경력은 어떠한가요.
답 별다른 경력은 없습니다.
문 가족관계는 어떠한가요.
답 부모님은 모두 돌아가셨고, 주거지에서 혼자 살고 있습니다.
문 재산이나 월수입은 어떠한가요.
답 저의 명의로 된 아파트가 하나 있고, 그 외 돈이 될 만한 특별한 재산은 없으며, 현재는 직장이 없어 수입이 없습니다.
문 정당이나 사회단체에 가입한 사실이 있나요
답 없습니다.
문 건강상태는 어떠한가요.
답 양호하고, 주량은 소주 한 병 정도이며 담배는 하루 한 갑 정도를 피웁니다.

[성폭력범죄의처벌등에관한특례법위반]

문 피의자는 윤지숙을 강간하려 한 사실이 있나요.
답 예, 그런 사실이 있습니다.
문 언제, 어디에서인가요.
답 2011. 5. 27. 24:00경 서울 서초구 양재동 100 호성빌라 3동 뒤 공터에서 그랬습니다.
문 누구와 같이 범행한 것인가요.
답 이영광과 함께 한 것입니다.
문 그 경위는 어떠한가요.
답 제가 2011. 5. 27. 23:00경 이영광이 저에게 전화를 하여 윤지숙이 자신을 버리고 다른 남자를 사귄다고 하면서 헤어지자고 하여 헤어졌다며 괴로워하기에 제가 어디에 있느냐고 물으니 윤지숙이 사는 호성빌라 앞이라고 하여 제가 택시를 타고 호성빌라에 도착해보니 이영광이 술에 취한 채 호성빌라 부근에 있는 벤치에 앉아 있었습니다.

문 그 다음은 어떠한가요.

답 이영광을 만나 이야기를 들어보니 괴로워하면서 "그년이 나와 끝내 헤어지려고 하니 못된 년이다. 남자 무서운 것을 알도록 남자에게 한 번 당해보아야 한다."고 하였습니다. 그래서 제가 윤지숙이 사는 호성빌라 103동쪽으로 가보니 윤지숙이 사는 집의 불이 꺼져 있었습니다. 그래서 잠깐 기다리고 있는데 윤지숙이 걸어오는 것이 보였습니다.

문 그래서 어떻게 하였나요.

답 제가 윤지숙을 발견하고 그녀에게 다가가니 윤지숙이 저를 피하려고 하였습니다. 그래서 두 손으로 윤지숙의 몸을 잡고 옆 공터에 넘어뜨린 후 그녀의 가슴을 만지고 치마를 걷어 올린 다음 팬티를 벗겨 강간하려 하였습니다.

문 윤지숙은 어떻게 반항하던가요.

답 소리를 지르며 저를 밀쳐 내기에 제가 한손으로 입을 막고 가만히 있으라고 말하면서 피해자가 움직이지 못하도록 하였습니다.

문 그 후 어떻게 되었나요.

답 그런데 윤지숙이 눈물을 흘리기에 입에서 손을 떼니 그만하라고 하면서 다음에 만나 친해지면 응해주겠다고 해서 제가 윤지숙의 몸에서 떨어져 일어나 윤지숙을 일으키려고 하는데 갑자기 어떤 남자가 쫓아오기에 도망을 갔습니다.

문 그 이후에는 어떻게 되었나요.

답 새벽에 경찰관들이 저의 집에 와서 문을 두드리기에 겁이 나서 도망을 가다가 붙잡혔습니다.

문 피의자가 윤지숙을 강간하려 할 때 이영광은 어디에 있었나요

답 정확히는 모르겠지만 위 빌라 부근 벤치에 앉아 있었을 겁니다.

문 결국 피의자는 이영광의 제의를 받고 그와 함께 피해자를 강간하려고 한 것인가요.

답 예. 그런 셈입니다.

문 피해자 윤지숙과 합의는 하였는가요.

답 아직 합의하지 못했습니다.

[횡령, 절도]

문 피의자는 황허당의 다이아몬드 반지를 훔치고, 황허당이 피의자에게 명의신탁한 토지에 신한은행 앞으로 근저당권을 설정한 사실이 있나요.
답 예. 그렇습니다.
문 먼저, 황허당이 명의신탁한 토지를 횡령한 경위는 어떠한가요.
답 황허당이 사업을 하면서 사업이 어려워질 때를 대비해서 그가 소유하고 있는 서울 강남구 일원동에 있는 토지를 저의 앞으로 명의를 변경해 줄 수 있느냐고 부탁하기에 이를 허락하고 2001년경 제 명의로 등기를 이전한 적이 있었습니다. 이러한 사실을 잊고 지내다가 제가 실직을 하여 빚에 시달리게 되었고 위 부동산을 담보로 제공하고 대출을 받아 사용한 후 형편이 풀리면 빚을 갚으면 된다고 생각하고 2010. 9.경 신한은행으로부터 1억 원 대출을 받으면서 근저당권 설정에 필요한 서류를 신한은행에 제출하였습니다.
문 황허당이 제출한 위 토지에 대한 등기부등본에 의하면 피의자가 2010. 9. 17. 채권자 신한은행, 채무자 피의자, 채권최고액 1억 5,000만 원의 근저당권을 설정해 준 것으로 되어 있는데, 맞는가요.
답 예. 그렇습니다. 등기부등본에 기재되어 있는 것이 맞을 겁니다.
문 피의자는 황허당의 다이아몬드 반지를 훔친 사실이 있나요.
답 예. 그렇습니다.
문 언제 어디에서 그랬나요.
답 2011. 5. 20. 20:00경 황허당의 집에서 황허당과 술을 마시다가 황허당이 술을 사러 간다고 자리를 비우기에 할 일이 없어 책상 서랍을 열어보는데 값이 많이 나가 보이는 반지 1개가 눈에 뜨였습니다. 제가 마침 돈도 떨어져 경제적으로 힘이 든 상황이어서 저도 모르게 반지를 호주머니에 넣고 있다가 황허당과 술을 다 마시고 황허당의 집을 나왔습니다.
문 훔친 반지는 어떻게 하였나요.
답 팔려고 하였는데 팔 방법도 잘 몰라 제가 차고 지내던 중, 윤지숙에 대한 강간 사건으로 체포되어 경찰서에 온 후 경찰관이 저에게 다이아몬드 반지가 어디서 난거냐고 묻기에 제가 황허당으로부터 훔친 것이라고 하니 반지를 빼라고 한 후 그 반지를 가져갔습니다.

문 황허당과는 어떤 관계인가요.

문 먼 친척으로 어려서부터 함께 자라 아주 친하게 지내는 형입니다. 저의 할아버지와 황허당의 할아버지가 4촌으로 알고 있습니다.

문 피해자 황허당과 합의는 하였나요.

답 아직 합의하지 못하였습니다.

문 이상 진술은 모두 사실인가요.

답 예, 모두 사실대로 진술하였습니다.

문 이상의 진술내용에 대하여 이의나 의견이 있는가요.

답 없습니다. (무인)

위의 조서를 진술자에게 열람하게 하였던바, 진술한 대로 오기나 증감 · 변경할 것이 전혀 없다고 하므로 간인한 후 서명 무인하게 하다.

진술자 황 명 철 (무인)

2011. 5. 28.

서울서초경찰서

사법경찰관 경위 박 식 해 (인)

사법경찰리 경사 허 투 철 (인)

피의자신문조서

피의자 이영광에 대한 성폭력범죄의처벌등에관한특례법위반(특수강간) 피의사건에 관하여 2011. 5. 29. 서울서초경찰서 형사과 형사팀 사무실에서 사법경찰관 경위 박식해는 사법경찰리 경사 최투철을 참여하게 하고, 아래와 같이 피의자임에 틀림없음을 확인하다.

문 피의자의 성명, 주민등록번호, 직업, 주거, 등록기준지 등을 말하십시오.

답 성명은 이 영 광(李 英 光)

주민등록번호는 75####-1###### 직업은 무직

주거는 서울특별시 서초구 서초동 13

등록기준지는 서울특별시 서초구 방배동 457

직장 주소는

연락처는 자택전화 없음 휴대전화 010-####-####

직장전화 전자우편 생략 (e-mail)

입니다.

사법경찰관은 피의사건의 요지를 설명하고 사법경찰관의 신문에 대하여 「형사소송법」 제244조의3에 따라 진술을 거부할 수 있는 권리 및 변호인의 참여 등 조력을 받을 권리가 있음을 피의자에게 알려주고 이를 행사할 것인지 그 의사를 확인하다.

진술거부권 및 변호인 조력권 고지 등 확인

1. 귀하는 일체의 진술을 하지 아니하거나 개개의 질문에 대하여 진술을 하지 아니할 수 있습니다.
2. 귀하가 진술을 하지 아니하더라도 불이익을 받지 아니합니다.
3. 귀하가 진술을 거부할 권리를 포기하고 행한 진술은 법정에서 유죄의 증거로 사용될 수 있습니다.
4. 귀하가 신문을 받을 때에는 변호인을 참여하게 하는 등 변호인의 조력을 받을 수 있습니다.

문 피의자는 위와 같은 권리들이 있음을 고지받았는가요.

답 예, 고지받았습니다.

문 피의자는 진술거부권을 행사할 것인가요.

답 아닙니다.

문 피의자는 변호인의 조력을 받을 권리를 행사할 것인가요.

답 아닙니다. 혼자서 조사를 받겠습니다.

이에 사법경찰관은 피의사실에 관하여 다음과 같이 피의자를 신문하다.

[피의자의 범죄전력, 경력, 학력, 가족·재산관계 등은 생략]

문 피의자는 윤지숙을 강간하려 한 사실이 있나요.
답 그러한 사실이 없습니다.
문 그러면 피의자는 윤지숙을 아는가요.
답 예. 2011. 5. 27. 헤어진 사이입니다.
문 피의자는 윤지숙과 헤어진 날 술을 함께 마신 사실이 있나요
답 예. 그렇습니다. 윤지숙과 헤어지게 된 것이 괴로워 만취될 때까지 함께 술을 마신 사실이 있습니다.
문 피의자는 황명철을 아는가요.
답 예. 저와 오랜 친구입니다.
문 2011. 5. 27. 황명철이 윤지숙을 강간하려한 사실을 아는가요.
답 모르고 있다가 오늘 경찰관이 알려주기에 알게 되었습니다.
문 황명철의 진술에 의하면 2011. 5. 27. 23:00경 피의자로부터 전화상으로 윤지숙이 사는 호성빌라 부근으로 오라고 하여 가보니, 피의자가 윤지숙과 헤어졌다며 "그년이 나와 끝내 헤어지려고 하니 못된 년이다. 남자 무서운 것을 알도록 남자에게 한 번 당해야 한다."고 하였고 당시 피의자도 빌라 부근에 있는 벤치에 앉아 있었다고 하는데 어떠한가요.
답 기억이 잘 나지 않습니다.
문 또한 윤지숙은 피의자가 억지로 술을 많이 먹였다고 하는데 어떠한가요.
답 제가 윤지숙으로 하여금 술을 많이 마시게 한 것은 사실입니다. 그런데 윤지숙에게 술을 권한 것은 술을 마시면 다시 저에게 돌아올 것 같아 그렇게 한 것이고 저는 그날 23:00경 윤지숙과 헤어진 것으로 기억합니다.
문 윤지숙과 황명철의 진술을 종합하면 피의자와 황명철이 짜고서 피해자 윤지숙을 강간하려 한 것으로 보이는데 어떠한가요.
답 잘 기억은 나지 않는데, 황명철이 거짓말을 할 사람이 아니니 죄를 인정하겠습니다.
문 피해자와 합의는 하였나요.

답 합의하지 못하였습니다.
문 이상 진술은 모두 사실인가요.
답 예, 모두 사실대로 진술하였습니다.
문 이상의 진술내용에 대하여 이의나 의견이 있는가요.
답 없습니다. (무인)

위의 조서를 진술자에게 열람하게 하였던바, 진술한 대로 오기나 증감 · 변경할 것이 전혀 없다고 하므로 간인한 후 서명 무인하게 하다.

진술자　이 영 광 (무인)

2011. 5. 29.

서울서초경찰서

사법경찰관　경위　박 식 해 (인)

사법경찰리　경사　최 투 철 (인)

기타 법원에 제출되어 있는 증거들

※ 편의상 다음 증거서류의 내용을 생략하였으나, 법원에 증거로 적법하게 제출되어 있음을 유의하여 변론할 것.

○ **황명철 및 이영광에 대한 조회회보서(2011. 6. 3.)**
- 각 범죄경력 없는 초범으로 기재 생략

○ **황명철에 대한 검사 작성의 제1회 피의자신문조서(2011. 6. 7.)**
- 경찰에서의 진술과 동일한 취지로 요지 기재 생략

○ **이영광에 대한 검사 작성의 제1회 피의자신문조서(2011. 6. 7.)**
- 경찰에서의 진술과 동일한 취지로 요지 기재 생략

〔제 3 문〕 김강철 외 1, 강도상해 등

【문제】

당신은 피고인 김강철, 이 혁, 박전당의 변호인 차인표다.

다음 기록을 보고 변호인으로서 최종변론을 할 변론요지서를 작성하되, 다음 쪽 양식의 **본문 Ⅰ, Ⅱ, Ⅲ만 작성하라**.

* 피고인에 대하여 범죄가 성립하는 한도에서는 변호인이 이를 인정하는 변론을 하는 것이 바람직하다고 전제함.

【작성요령】

1. 피고인들 사이에 이해가 상충되는 경우 피고인들 각각의 입장에 충실하게 변론할 것.
2. 학설·판례 등의 견해가 대립되는 경우, 한 견해를 취하여 가장 적절한 변론을 할 것. 다만, 대법원 판례와 다른 견해를 취하여 변론을 하고자 하는 경우에는 자신의 입장에 따른 변론을 하되 대법원 판례의 취지를 적시할 것.
3. 증거능력이 없는 증거는 실제 소송에서는 증거로 채택되지 않아 증거조사가 진행되지 않지만, 이 문제에서는 시험의 편의상 증거로 채택되어 증거조사가 진행된 것을 전제하였음. 따라서 필요한 경우 증거능력에 대하여도 변론할 것.

【기록 형식 안내】

1. 쪽 번호는 편의상 연속되는 번호를 붙였음.
2. 조서, 기타 서류에는 필요한 서명, 날인, 무인, 간인, 정정인이 있는 것으로 볼 것.
3. 증거목록 중 '기재생략'이라고 표시된 부분에는 법에 따른 절차가 진행되어 그에 따라 적절한 기재가 있는 것으로 볼 것.
4. 공판기록과 증거기록에 첨부하여야 할 일부 서류 중 '(생략)' 표시가 있는 것, 증인선서서와 수사기관의 조서에 첨부하여야 할 '수사과정확인서'는 적법하게 존재하는 것으로 볼 것.
5. 송달이나 접수, 통지, 결재가 필요한 서류는 모두 적법한 절차를 거친 것으로 볼 것.

변론요지서

사 건 2011고합4321 강도상해 등
피고인 1. 김강철
2. 이 혁
3. 박전당

위 사건에 관하여 위 피고인들의 변호인은 다음과 같이 변론합니다.

다 음

Ⅰ. 피고인 김강철, 이 혁의 강도상해의 점(60점)

Ⅱ. 피고인 김강철(25점)
1. 공무집행방해의 점
2. 야간주거침입절도의 점

Ⅲ. 피고인 박전당(15점)
1. 주위적 공소사실(장물취득)에 대하여
2. 예비적 공소사실(장물보관)에 대하여

※ 정상관계는 답안지에 기재하지 말 것(평가에서 제외함).

2011. 7. 13.

피고인들의 변호인
변호사 차인표 ㊞

서울중앙지방법원 제26 형사부 귀중

기록내용시작

	구속만료	2011. 8. 13.	미결구금
서 울 중 앙 지 방 법 원	최종만료	2011. 12. 13.	
구공판 **형사제1심소송기록**	대행 갱신 만 료		

기일 1회기일	사건번호	2011고합4321	담임	제26부	주심	다
6/27 A10 7/12 P2	사 건 명	가. 강도상해 나. 공무집행방해 다. 야간주거침입절도 라. 장물취득				
	검 사	윤미현	2011형제70011호			
	공소제기일	2011. 6. 14.				
	피 고 인	구속 1. 가. 나. 다. **김강철** 구속 2. 가. **이 혁** 불구속 3. 라. **박전당**				
	변 호 인	변호사 차인표(피고인들을 위하여, 사선)				

확 정	
보존종기	
종결구분	
보 존	

완결 공람	담 임	과 장	국 장	주심 판사	재판장	원장

<table>
<tr><td rowspan="2">접 수
공 람</td><td>과 장</td><td>국 장</td><td>원 장</td></tr>
<tr><td>㊞</td><td>㊞</td><td>㊞</td></tr>
</table>

공 판 준 비 절 차

회 부 수명법관 지정 일자	수명법관 이름	재 판 장	비 고

법정외에서지정하는기일

기일의 종류	일 시				재 판 장	비 고
1회 공판기일	2011.	6.	27.	10:00	㊞	

서 울 중 앙 지 방 법 원

목 록		
문 서 명 칭	장 수	비 고
증거목록	8	검사
공소장	10	
변호인선임신고서	(생략)	피고인 김강철
변호인선임신고서	(생략)	피고인 이 혁
영수증(공소장부본 등)	(생략)	변호사 차인표
영수증(공판기일통지서)	(생략)	변호사 차인표
공판조서(제1회)	13	
공소장변경허가신청서	16	
영수증(공소장변경허가신청서부본)	(생략)	변호사 차인표
공판조서(제2회)	17	
증인신문조서	21	최찬경
증인신문조서	23	김태희

서울중앙지방법원

목 록 (구속관계)		
문 서 명 칭	장 수	비 고
긴급체포서	(생략)	피고인 김강철, 이 혁
구속영장	(생략)	피고인 김강철, 이 혁
피의자 수용증명	(생략)	피고인 김강철, 이 혁

증 거 목 록 (증거서류 등)

2011고합4321

① 김강철
② 이 혁
③ 박전당

2011형제70011호 신청인: 검사

순번	증거방법 작성	쪽수(수)	쪽수(증)	증거명칭	성명	참조사항 등	신청기일	증거의견 기일	증거의견 내용	증거결정 기일	증거결정 내용	증거조사기일	비고
1	검사	48		피의자신문조서	이 혁		1	1	① ○ ② ○				
2	〃	(생략)		피의자신문조서	김강철		1	1	① ○ ② ○				
3	〃	(생략)		피의자신문조서	박전당		1	1	③ ○				
4	사경	28		압수조서	박전당		1	1	③ ○				
5	〃	29		진술조서	최찬경		1	1	① × ② ×				
6	〃	32		진단서	최찬경		1	1	② ×				
7	〃	33		각목사진			1	1	② ○	기재생략			기재생략
8	〃	34		피의자신문조서	이 혁		1	1	① × ② ×				
9	〃	38		진술서	경장 조재민		1	1	① ○				
10	〃	39		피의자신문조서	김강철		1	1	① ○ ② ○				
11	〃	43		현장검증조서			1	1	① ○ ② ○				
12	〃	45		피의자신문조서	박전당		1	1	③ ○				
13	〃	52		판결문 사본	김강철		1	1	① ○				

※ 증거의견 표시 – 피의자신문조서 : 인정 ○, 부인 ×
(여러 개의 부호가 있는 경우, 성립/임의성/내용의 순서임)
– 기타 증거서류 : 동의 ○, 부동의 ×
※ 증거결정 표시 : 채 ○, 부 ×
※ 증거조사 내용은 제시, 내용고지

증 거 목 록 (증인 등)

2011고합4321

2011형제 70011호 신청인: 검사

증 거 방 법	쪽수(공)	입증취지 등	신청기일	증거결정		증거조사기일	비고
				기일	내용		
증인 허찬경	21	공소사실 1항 관련	1	1	○	2011. 7. 12. 14:00 (실시)	
증인 김태희	23	공소사실 1항 관련	1	1	○	2011. 7. 12. 14:00 (실시)	

※ 증거결정 표시 : 채 ○, 부 ×

서울중앙지방검찰청

2011. 6. 14.

사건번호 2011년 형제70011호
수 신 자 서울중앙지방법원
제 목 **공소장**
검사 윤미현은 아래와 같이 공소를 제기합니다.

Ⅰ. 피고인 관련사항

1. 피 고 인 김강철(73****-1*****), 38세
직업 회사원, 010-****-****
주거 경기도 성남시 수정구 단대동 130
등록기준지 경기도(이하생략)
죄 명 강도상해, 공무집행방해, 야간주거침입절도
적용법조 형법 제337조, 제136조 제1항, 제330조, 제37조, 제38조
구속여부 2011. 5. 30. 구속 (2011. 5. 28. 체포)
변 호 인 변호사 차인표

2. 피 고 인 이 혁(76****-1******), 35세
직업 회사원, 010-****-****
주거 경기도 구리시 교문동 255
등록기준지 경기도(이하생략)
죄 명 강도상해
적용법조 형법 제337조
구속여부 2011. 5. 30. 구속 (2011. 5. 28. 체포)
변 호 인 변호사 차인표

1234 접수 No. 15775 2011. 06. 14. 서울중앙지방법원 형사접수실

3. 피 고 인 박전당(45****-1******), 46세
직업 전당포업, 010-****-****
주거 서울특별시 강동구 구의동 108
등록기준지 서울특별시(이하생략)
죄 명 장물취득

적용법조　　형법 제362조 제1항
구속여부　　불구속
변 호 인　　변호사 차인표

Ⅱ. 공소사실

범죄사실

1. 피고인 김강철, 이 혁의 공동범행

피고인 김강철은 서울특별시 강남구 삼성동 소재 청계저축은행의 신용조사부장이고 이 혁은 동 부서에 근무하는 직원인데, 위 저축은행의 최찬경 회장의 집에 들어가 금품을 강취하기로 공모하였다.
2011. 5. 14. 23:00경 서울시 서초구 방배동 350에 있는 피해자 최찬경(62세)의 주택에 이르러 피고인 김강철은 집주위에서 망을 보고, 피고인 이 혁은 담을 넘어 위 주거에 침입하여 열려져 있는 현관문을 열고 안방에 들어가 그곳 문갑 속에서 피해자 소유의 시가 1억 5,000만 원 상당의 3캐럿 다이아몬드 반지 1개를 호주머니에 집어넣고 다른 절취품을 물색하던 중 피해자 최찬경이 안방으로 들어서자 급히 현관 밖으로 도망하다가 피해자가 피고인 이 혁의 상의를 붙잡자 뒤돌아서서 오른손 주먹으로 피해자의 얼굴을 세게 때려 넘어뜨리고 이어 그곳에 있던 각목(가로, 세로 6센티미터, 길이 120센티미터, 정원수지지대용 각목)을 집어 들고 휘둘러 이를 막던 피해자의 오른손 손바닥에 약 3주간의 치료를 요하는 열상을 입게 하였다.

2. 피고인 김강철

가. 공무집행방해

피고인은 2011. 5. 28. 07:00경 경기도 성남시 수정구 단대동 130에 있는 피고인의 집에서 강남경찰서 소속 경장 조재민의 일행이 법원으로부터 발부받은 체포영장을 집행하기 위하여 피고인의 집 현관에 들어서자 그곳에 세워져 있던 골프채로 위 조재민 일행을 향하여 휘둘러 폭행하였다.

이로써 피고인은 위 조재민의 체포영장집행에 관한 정당한 직무 집행을 방해하였다.

나. 야간주거침입절도

피고인은 2006. 8. 1. 01:00경 서울특별시 강남구 내곡동 254에 있는 피해자 이도선의 집에 침입하여 안방 장롱 속에서 피해자 소유의 시가 1억 3,000만 원 상당의 금괴 10개를 가지고 나와 이를 절취하였다.

3. 피고인 박전당

피고인은 2011. 5. 16.경 서울특별시 서초구 반포동 12에 있는 피고인이 운영하는 신용전당포에서 위 이 혁으로부터 그가 위 제1항과 같이 절취한 시가 1억 5,000만 원 상당의 3캐럿 다이아몬드 반지 1개가 장물일지 모른다고 생각하면서도 대여금 3,000만 원에 대한 담보로 취득하였다.

Ⅲ. 첨부서류

1. 긴급체포서 2통(생략)
2. 구속영장 2통(생략)
3. 변호인선임서 3통(생략)
4. 피의자수용증명 2통(생략)

검사 윤미현 ㊞

서 울 중 앙 지 방 법 원

공 판 조 서

제 1 회

사 건	2011고합4321 강도상해 등		
재판장 판사	배현일	기 일 :	2011. 6. 27. 10:00
판사	김 석	장 소 :	제418호 법정
판사	문현주	공개 여부 :	공개
법원사무관	국영수	고 지 된 다음기일 :	2011. 7. 12. 14:00

피 고 인	1. 김강철 2. 이 혁 3. 박전당	각 출석
검 사	김반석	출석
변 호 인	변호사 차인표(피고인들을 위한 사선)	출석

재판장

피고인들은 진술을 하지 아니하거나 각개의 물음에 대하여 진술을 거부할 수 있고, 이익 되는 사실을 진술할 수 있음을 고지

재판장의 인정신문

성 명 : 1. 김강철 2. 이 혁 3. 박전당

주민등록번호 : 각 공소장 기재와 같음.

직 업 : 〃

주 거 : 〃

등록기준지 : 〃

재판장

피고인들에 대하여

주소가 변경될 경우에는 이를 법원에 보고할 것을 명하고, 소재가 확

인되지 않을 때에는 그 진술 없이 재판할 경우가 있음을 경고

검 사

공소장에 의하여 공소사실, 죄명, 적용법조 낭독

피고인 김강철

이 혁과 같이 강도를 공모한 사실이 없고 절도를 공모한 사실은 있다. 이 혁이 이렇게 큰일을 저지를 것은 생각지도 못했다. 공무집행방해와 야간주거침입절도죄에 대해서는 잘못을 인정한다.

피고인 이 혁

김강철과 같이 강도를 공모한 사실이 없다. 각목을 들고 피해자에게 휘두른 사실이 없다.

피고인 박전당

다이아몬드는 장물인지 모르고 받았다. 그러나 피해자의 비서로부터 돌려달라는 전화를 받고도 계속 가지고 있었던 잘못은 인정한다.

검 사

피해자 최찬경과 비서실 직원 김태희를 증인신청한다고 진술

재판장

최찬경과 김태희를 증인채택한다고 고지

재판장

증거서류와 증거물에 대한 증거조사를 하겠다고 고지

증거관계 별지와 같음(검사)

재판장

각 증거조사결과에 대하여 의견을 묻고 권리를 보호함에 필요한 증거조사를 신청할 수 있음을 고지

소송관계인

별 의견 없다고 진술

재판장

변론속행

2011. 6. 27.

법 원 사 무 관 국영수 ㊞

재판장 판 사 배현일 ㊞

서 울 중 앙 지 방 검 찰 청

(530-3114)

2011. 7. 7.

수 신 : 서울중앙지방법원(형사26부) 발 신 : 서울중앙지방검찰청

검 사 : 김 반 석 ㊞

제 목 : **공소장변경허가신청**

귀원 2011고합4321 강도상해 등 사건의 공소장을 다음과 같이

☑ 추가
☐ 철회 하고자 합니다.
☐ 변경

다 음

피고인 박전당에 대한 장물취득 부분(공소사실 제3항)에 관하여,
예비적 죄명 "장물보관"
예비적 공소사실
"2011. 5. 23.부터 27.까지 서울특별시 서초구 반포동 12에 있는 피고인이 운영하는 신용전당포에서 위 이 혁으로부터 그가 제1항과 같이 절취한 시가 1억 5,000만 원 상당의 3캐럿 다이아몬드 반지 1개가 장물일지 모른다고 생각하면서도 대여금 3,000만 원에 대한 담보로 이를 보관하였다."
를 추가합니다.

서 울 중 앙 지 방 법 원

공 판 조 서

제 2 회

사 건	2011고합4321 강도상해 등		
재판장 판사	배현일	기 일 :	2011. 7. 12. 14:00
판사	김 석	장 소 :	제418호 법정
판사	문현주	공개 여부 :	공개
법원사무관	국영수	고 지 된 다음기일 :	2011. 7. 26. 10:00

피 고 인	1. 김강철 2. 이 혁 3. 박전당	각 출석
검 사	김반석	출석
변 호 인	변호사 차인표(피고인들을 위한 사선)	출석
증 인	최찬경, 김태희	각 출석

재판장

전회 공판심리에 관한 주요사항의 요지를 공판조서에 의하여 고지

소송관계인

변경할 점이나 이의할 점이 없다고 진술

재판장

피고인들에 대한 2011. 7. 7.자 공소장변경허가신청서 기재의 공소장 변경을 허가한다고 결정 고지

검사는 위 서면에 의하여 변경된 공소사실, 죄명, 적용법조를 낭독하다

변호사 차인표

공소장변경에 대하여 이의가 없다고 진술

출석한 증인 최찬경, 김태희를 별지와 같이 신문하다

증거관계 별지와 같음(검사)

재판장

각 증거조사 결과에 대하여 의견을 묻고 권리를 보호함에 필요한 증거조사를 신청할 수 있음을 고지

소송관계인

별 의견 없으며, 달리 신청할 증거도 없다고 각 진술

재판장

증거조사를 마치고 피고인신문을 실시하겠다고 고지

피고인 김강철에게

검 사

문 피고인과 피고인 이 혁이 강도범행을 모의한 경위는 어떠한가요.

답 처음에는 강도범행을 할 생각은 없었습니다. 이 혁이 뜻밖에 큰일을 저지른 것입니다.

문 강도범행을 할 생각이 없었다고 하더라도 집주인에게 발각되면 폭력을 사용하게 되는 것 아닌가요.

답 집주인에게 발각되는 일은 없을 것이라고 생각했습니다.

문 공소사실 제2의 가항 공무집행방해와 나항 야간주거침입절도에 대하여는 잘못을 인정하는가요.

답 잘못을 다 인정합니다. 다만, 공무집행방해에 대하여는 경찰관의 행동에 대하여 제가 흥분한 탓에 저지른 점을 참작하여 주시기 바랍니다.

변호사 차인표

문 피고인은 범행 전날 비서실의 김태희에게 전화를 걸어 회장 최찬경의 출국시간을 확인하니까 범행당일인 5. 14. 오후 2시에 출발하는 비행기의 항공권을 발권한 상태였지요.

답 예.

문 이러한 사실은 피고인 이 혁에게도 말해주었지요.

답 예.

문 5. 28. 경찰관 조재민 일행이 피고인의 집에 왔을 때 피고인이 흥분한 이유는 무엇인가요.

답 당시 경찰관들은 모두 사복차림이었으며, 체포영장을 집행하러 왔다는 말도 하지 않았으며, 문을 열자마자 저를 붙잡으려고 하므로 아내

가 보는 앞이라 무척 당황하였고 또 흥분했습니다.

피고인 이 혁에게

검 사

문 피고인은 경찰에서는 강도를 공모했다고 진술한 사실이 있지요.

답 예. 그러나 사실은 강도를 공모하지 않았습니다.

문 피고인은 경찰에서 현장검증을 할 때 피고인 스스로 각목을 들고 피해자를 향하여 휘두르는 장면을 재연한 사실이 있지요.

답 그런 사진을 찍은 사실이 있지만 경찰서에서 진술한대로 재연해야 하는 줄 알고 그렇게 재연했습니다.

변호사 차인표

문 당시 각목은 어디에 있던 것인가요.

문 현관 부근에 있는 정원용 장비 보관창고 같은 곳에서 최찬경이 각목을 꺼내었습니다.

문 피고인은 범행일 이전에 최찬경의 집에 가본 사실이나 사전에 보관창고를 살펴둔 사실이 있는가요.

답 없습니다.

문 피해자의 손바닥은 어떻게 상해를 입었는가요.

답 피해자가 각목을 저를 향하여 휘두르므로 저는 맞지 않으려고 각목을 뺏으려고 했고 피해자도 뺏기지 않으려고 하다가 각목의 날카로운 부분에 의하여 찢어진 것입니다.

(이 때 변호사는 법원이 보관중인 증거물(각목)을 받아 피고인에게 제시하였고 법원도 자세히 살펴보다)

문 그러면 피고인도 상처를 입을 수 있는데 상처를 입지 않은 이유가 있나요.

답 최찬경 회장의 손바닥은 부드럽고 저의 손바닥은 훨씬 거칠어서 그런 것 같습니다.

피고인 박전당에게

검 사

문 피고인의 잘못을 인정하는가요.

답 장물인지 알고 나서도 대여금을 변제받을 욕심으로 반지를 피해자에게 곧바로 돌려주지 않은 점을 반성하고 있습니다.

문 돈 3,000만원은 변제받았는가요.

답 한 푼도 변제받지 못했습니다.

재판장

피고인신문을 마쳤음을 고지

재판장

변론속행(변론준비를 위한 변호인의 요청으로)

2011. 7. 12.

법 원 사 무 관 국영수 ㊞

재판장 판 사 배현일 ㊞

서 울 중 앙 지 방 법 원

증인신문조서(제2회 공판조서의 일부)

사 건 2011고합4321 강도상해 등
증 인 이 름 최찬경
생년월일 1950. 5. 1.
주 거 서울 서초구 방배동 350

재판장

증인에게 형사소송법 제148조 또는 제149조에 해당하는가의 여부를 물어 이에 해당하지 아니함을 인정하고, 위증의 벌을 경고한 후 별지 선서서와 같이 선서를 하게 하였다. 다음에 신문할 증인은 재정하지 아니하였다.

검 사

증인에게

문 증인의 현재 근무처와 직위는 어떤가요.

답 서울 강남구 삼성동 소재 청계저축은행의 회장입니다.

문 2011. 5. 14. 23:00경 증인의 집에 강도가 들어 피해를 입은 경위는 어떤가요.

답 피고인 이 혁이 안방에서 다이아반지를 훔쳐 도망가는데 제가 뒤따라가서 윗옷을 붙잡으니까 갑자기 뒤돌아서서 주먹과 각목으로 저를 때려 제가 손바닥을 크게 다쳤습니다.

문 당시 이 혁인 줄 알았는가요.

답 이 혁은 말단 직원이고 모자를 눌러쓰고 있어서 누구인지 몰랐습니다.

문 증인은 위 피해사실에 대하여 경찰에서 진술한 사실이 있지요.

답 예, 그렇습니다.

이때 검사는 수사기록에 편철된 사법경찰관이 작성한 증인에 대한 2011. 5. 27.자 진술조서를 제시하여 읽어보게 한 다음

문 증인은 경찰에서 진술한 대로 기재되어 있음을 확인하고 서명날인하

였나요.

답 예, 그렇습니다.

문 당시 자유로운 분위기 속에서 임의로, 충분히 진술하였나요.

답 예.

변호사 차인표

문 증인의 휴가 계획표를 보면 사건 당일 낮에 미국으로 출국하는 항공기를 탑승하기로 되어 있는데 출국하지 않은 이유는 무엇인가요.

답 저의 처와 딸이 미국에 가서 살고 있는데, 그 날 아침에 갑자기 딸에게서 전화가 걸려와 처와 딸이 국내로 와서 휴가를 보내고 싶다고 하면서 출국하지 말라고 하기에 집에서 쉬고 있었습니다.

문 각목은 누가 먼저 집어 들었는가요.

답 잘 기억이 나지 않습니다.

문 피고인이 각목으로 증인을 내리치려고 하였는가요.

답 잘 기억이 나지 않습니다.

문 피고인과 증인이 서로 각목을 뺏으려고 한참 동안 서로 잡아당긴 사실이 있는가요.

답 그랬던 기억이 납니다.

문 증인의 손바닥 상처를 좀 볼 수 있는가요.

(이 때 증인은 손바닥 상처를 보여주다.)

문 본 변호인이 보기에, 증인의 손바닥 상처는 각목에 맞았다기 보다는 각목의 날카로운 부분에 의하여 찢어진 상처 같아 보이는데 어떤가요.

답 서로 각목을 뺏으려고 하다가 손바닥이 찢어진 것 같습니다.

2011. 7. 12.

법 원 사 무 관 국영수 ㊞

재판장 판 사 배현일 ㊞

서 울 중 앙 지 방 법 원

증인신문조서(제2회 공판조서의 일부)

사 건 2011고합4321 강도상해 등
증 인 이 름 김태희
생년월일 1978. 4. 8.
주 거 경기도 성남시 분당구 이매동 54

재판장

증인에게 형사소송법 제148조 또는 제149조에 해당하는가의 여부를 물어 이에 해당하지 아니함을 인정하고, 위증의 벌을 경고한 후 별지 선서서와 같이 선서를 하게 하였다.

검 사

증인에게

문 증인의 현재 근무처와 직위는 어떤가요.

답 청계저축은행 회장 비서입니다.

문 증인이 지난 5. 15. 아침에 회장 최찬경이 회사에 출근했을 때 손바닥의 상처를 발견하고 그 사유를 물어본 사실이 있지요.

답 예.

문 최찬경이 뭐라고 말하던가요.

답 밤에 강도가 들었는데 강도를 붙잡으려고 하다가 강도가 각목을 내리쳐 손바닥을 다쳤다고 했습니다.

문 분명히 강도가 각목으로 내리쳤다고 하던가요.

답 예. 분명히 그렇게 들었습니다.

문 증인이 피고인들을 범인으로 지목하여 회장에게 말한 경위는 어떤가요.

답 저는 피고인 김강철과 2년 정도 교제해온 사이인데, 김강철이 사건발생일 며칠 전부터 회장 휴가계획을 물어보았고 또 사건 당일에는 몇 시 비행기로 출국하는지 물어본 것이 생각나 이상한 생각이 들어 김강철을 만나 "나를 속이려고 하면 절교하겠다."고 하면서 추궁하였더니 "뜻밖에 일이 커져버렸다."고 하면서 범행을 인정하고 다이아 반지를 전당포에 잡혀먹은 이야기를 하므로 저는 그 말을 듣는 순간 절교하기로 결심하고 회장에게 알렸습니다.

변호사 차인표

증인에게

문 피고인들이 회장의 집을 범행 대상으로 삼은 이유를 아는가요.

답 평소에 회장이 부실 대출을 해주고 검은 돈을 받아 부자가 되었다고 욕을 많이 했습니다.

문 회장 집에 가정부나 경비원이 없다는 사실을 피고인 김강철에게 말한 사실이 있는가요.

답 예, 제가 그런 말을 한 적이 있습니다.

2011. 7. 12.

법 원 사 무 관 국영수 ㊞

재판장 판 사 배현일 ㊞

제	1	책
제	1	권

서울중앙지방법원

증거서류등(검사)

사 건 번 호	2011고합4321	담임	제26형사부	주심	다

사 건 명	가. 강도상해 나. 공무집행방해치상 다. 야간주거침입절도 라. 장물취득	
검 사	윤 미 현	2011년 형제70011호
피 고 인	구속 1. 가. 나. 다. **김강철** 구속 2. 가. **이 혁** 불구속 3. 라. **박전당**	
공소제기일	2011. 6. 14.	

1심 선고	20 . . .	항소	20 . . .
2심 선고	20 . . .	상고	20 . . .
확 정	20 . . .	보존	

제 1 책
제 1 권

구공판

서울중앙지방검찰청
증 거 기 록

검 찰	사건번호	2011년 형제70011호	법원	사건번호	2011년 고합4321호
	검 사	윤미현		판 사	

피 고 인	[구속] 1. 가. 나. 다. **김강철** [구속] 2. 가. **이 혁** [불구속] 3. 라. **박전당**
죄 명	가. 강도상해 나. 공무집행방해치상 다. 야간주거침입절도 라. 장물취득
공소제기일	2011. 6. 14.
구 속	1. 2011. 5. 30. 구속(2011. 5. 28. 체포) 2. 2011. 5. 30. 구속(2011. 5. 28. 체포) | 석 방 |
변 호 인	1. 2. 3. 변호사 차인표
증 거 물	없 음
비 고	

증 거 목 록 (증거서류 등)

2011고합4321

2011형제 70011호 신청인: 검사

순번	증거방법					참조사항 등	신청기일	증거의견		증거결정		증거조사기일	비고
	작성	쪽수(수)	쪽수(증)	증 거 명 칭	성 명			기일	내용	기일	내용		
1	검사	48		피의자신문조서	이 혁								
2	〃	(생략)		피의자신문조서	김강철								
3	〃	(생략)		피의자신문조서	박전당								
4	사경	28		압수조서	박전당								
5	〃	29		진술조서	최찬경								
6	〃	32		진단서	최찬경								
7	〃	33		각목사진									
8	〃	34		피의자신문조서	이 혁								
9	〃	38		진술서	경장 조재민								
10	〃	39		피의자신문조서	김강철								
11	〃	43		현장검증조서									
12	〃	45		피의자신문조서	박전당								
13	〃	52		판결문 사본	김강철								

※ 증거의견 표시 - 피의자신문조서 : 인정 ○, 부인 ×
(여러 개의 부호가 있는 경우, 성립/임의성/내용의 순서임)
- 기타 증거서류 : 동의 ○, 부동의 ×

※ 증거결정 표시 : 채 ○, 부 ×

※ 증거조사 내용은 제시, 내용고지

[별지 제47호서식] <개정 2010.7.19>

압 수 조 서

김강철외 2명에 대한 강도상해, 장물취득 등 피의사건에 관하여 2011. 5. 27. 08:00경 서울 서초구 반포동 12소재 신용전당포에서 사법경찰관 경위 박식해는 사법경찰리 경사 최투철을 참여하게 하고, 별지 목록의 물건을 다음과 같이 압수하다.

압 수 경 위

본직은 2011. 5. 14. 밤 서울 서초구 방배동 350소재 피해자 최찬경의 집에서 발생한 강도상해 사건을 수사하던 중, 피해자로부터 장물의 소재에 관한 제보를 받고 신용전당포(박전당 운영)에 임하여 피해품(3캐럿 다이아몬드 반지 1점)을 발견하고, 박전당으로부터 임의제출 받아 압수하다.

참여인	성 명	주민등록번호	주 소	서명 또는 날인
	박전당	45####-1######	서울 강동구 구의동 108	(인)

서울강남경찰서
사법경찰관 경위 박식해 (인)
사법경찰리 경사 최투철 (인)

※ 사건송치서, 압수물 총목록, 압수물 피해자환부 관련 서류는 생략함.
※ 범죄인지서, 체포영장, 구속영장은 생략함.

진술조서

성 명 : 최찬경

주민등록번호 : 50####-1###### 만 61세

직 업 : 회사임원

주 거 : 서울특별시 서초구 방배동 350

등록기준지 : (생략)

직 장 주 소 : 서울 강남구 삼성동 청계저축은행

연 락 처 : (자택전화) 02-###-#### (휴대전화) 010-###-####

(직장전화) 02-###-#### (전자우편) 생략

위의 사람은 피의자 김강철, 이 혁에 대한 강도상해 등 피의사건에 관하여 2011. 5. 27. 서울강남경찰서 형사팀 사무실에 임의 출석하여 다음과 같이 진술하다.

1. 피의자와의 관계

피의자들은 제가 회장으로 근무하는 청계저축은행의 부장과 평직원입니다.

1. 피의사실과의 관계

저는 2011. 5. 14. 밤에 저의 집에서 피의자들로부터 강도를 당하고 상해를 입은 사실이 있습니다.

이 때 사법경찰관은 진술인 최찬경을 상대로 다음과 같이 문답하다.

문 피해를 당한 경위는 어떠한가요.

답 제가 그날 밤 서재에서 책을 읽다가 깜박 잠이 들었는데 안방에서 달그락거리는 소리가 들려 안방 쪽으로 조심 조심 걸어가는데 한 남자가 급히 뛰어 나갔습니다. 그래서 제가 현관 밖 마당까지 뒤쫓아 가서 상의를 붙잡으니까 이 남자가 뒤돌아서더니 주먹으로 저의 얼굴을 때려 제가 그 자리에 주저앉았습니다. 또 현관 부근에 정원수 지지대용으로 세워둔 각목(가로, 세로 6센티미터, 길이 120센티미터)을 하나 집어들더니 저의 머리쪽으로 내리쳐서 제가 머리를 맞지 않으려고 손으로 막다가 손바닥이 찢어지는 상처를 입었습니다. 각목과 진단서는 오늘 가지고 왔습니다.

(이 때 사법경찰관은 진단서를 조서말미에 첨부하고, 각목은 사진을 찍어 첨부하다)

문 피해품은 무엇인가요.

답 문갑 속에 보관하고 있던 3캐럿 다이아몬드 반지입니다. 구입할 때 감정최고등급을 받았으며 시가는 1억 5,000만 원 정도입니다.

(이 때 피의자 박전당으로부터 압수한 다이아몬드 반지를 보여주자 "맞다"고 하다.)

문 진술인이 피의자들을 범인으로 지목하고 제보한 경위는 어떤가요.

답 제가 다음날 회사에 출근하였는데 비서실의 김태희 양이 저의 손바닥 상처를 보고 놀라기에 자초지종 설명을 했는데, 그로부터 열흘이 지난 5. 24. 저에게 "회사 직원들의 소행인 것 같다, 반지도 찾을 수 있을 것 같다."고 하며 자기가 확인한 사실을 알려주어서 제가 경찰서에 신고를 했습니다.

문 범인이 회사의 직원인데도 현장에서 범인의 얼굴을 알아보지 못했는가요.

답 범인이 모자를 눌러 쓰고 있고 어두운 마당에서 벌어진 일이라 사람을 알아보지는 못했습니다.

문 이상의 진술은 사실인가요.

답 예, 사실입니다. ㉢

위의 조서를 진술자에게 열람하게 하였던바, 진술한 대로 오기나 증감 · 변경할 것이 전혀 없다고 말하므로 간인한 후 서명날인하게 하다.

진술자 허찬경 ㊞

2011. 5. 27.

서울강남경찰서

사법경찰관 경위 박 식 해 ㊞

진 단 서

원본부 대조필인

병록번호 :

연 번 호 : 주민등록번호: 50####-1######

환자의 성명	허찬경	성 별	남	생년월일	50.#.##.	연 령	61세
환자의 주소	서울 서초구 방배동 350				전 화	(생략)	
병 명 □임상적추정 □최종진단	○오른손 손바닥 열상(3센티미터 정도 찢어짐) ○강도에게 각목으로 맞아 상처를 입었다고 함					한국질병 분류기호	
발 병 일	2011년 5월 14일			진 단 일	2011년 5월 14일		
향후치료 의 견	약 3주간의 통원 치료를 요함						
비 고					용 도	경찰서 제출용	

위와 같이 진단함.

발 행 일 : 2011년 5월 14일

의 료 기 관 : 강남성모병원

주소 및 명칭 : (생략)

전화 및 팩스 : (생략)

면 허 번 호 제 호 의사성명 허 준 (인)

(사진설명: 범행에 사용된 각목)

피의자신문조서

피의자 이　혁에 대한 강도상해 피의사건에 관하여 2011. 5. 28. 서울강남경찰서 형사과 형사팀 사무실에서 사법경찰관 경위 박식해는 사법경찰리 경사 최투철을 참여하게 하고, 아래와 같이 피의자임에 틀림없음을 확인하다.

문　피의자의 성명, 주민등록번호, 직업, 주거, 등록기준지 등을 말하십시오.
답　성명은　이　혁(李　赫)
　　주민등록번호는　76####- 1######　직업은 회사원
　　주거는　경기도 구리시 교문동 255
　　등록기준지는 (생략)
　　직장 주소는　(생략)
　　연락처는　　자택전화 없음　　휴대전화 010-####-####
　　　　　　　　직장전화 (생략)　　　　전자우편(e-mail) (생략)
　　　　　　　　입니다.

사법경찰관은 피의사건의 요지를 설명하고 사법경찰관의 신문에　대하여 「형사소송법」 제244조의3에 따라 진술을 거부할 수 있는 권리 및 변호인의 참여 등 조력을 받을 권리가 있음을 피의자에게 알려주고 이를 행사할 것인지 그 의사를 확인하다.

진술거부권 및 변호인 조력권 고지 등 확인

1. 귀하는 일체의 진술을 하지 아니하거나 개개의 질문에 대하여 진술을 하지 아니할 수 있습니다.
2. 귀하가 진술을 하지 아니하더라도 불이익을 받지 아니합니다.
3. 귀하가 진술을 거부할 권리를 포기하고 행한 진술은 법정에서 유죄의 증거로 사용될 수 있습니다.
4. 귀하가 신문을 받을 때에는 변호인을 참여하게 하는 등 변호인의 조력을 받을 수 있습니다.

문 피의자는 위와 같은 권리들이 있음을 고지받았는가요.
답 예, 고지받았습니다.
문 피의자는 진술거부권을 행사할 것인가요.
답 아닙니다.
문 피의자는 변호인의 조력을 받을 권리를 행사할 것인가요.
답 아닙니다. 혼자서 조사를 받겠습니다.

이에 사법경찰관은 피의사실에 관하여 다음과 같이 피의자를 신문하다.

※ 범죄전력, 병역, 학력, 가족관계, 재산, 정당 및 사회단체가입여부, 사회단체가입여부, 건강상태에 관한 문답은 기재 생략함.

문 피의자는 김강철과 함께 피해자 최찬경의 집에서 강도행위를 하다가 최찬경에게 상해를 가한 사실이 있는가요.
답 예. 그런 사실이 있습니다.
문 강도 범행을 모의한 경위는 어떠한가요.

답 저와 김강철이 근무하는 청계저축은행은 회사는 흥청망청하면서도 직원들 월급은 박봉이어서 둘이 종종 만나 불만을 토로하던 중 범행을 모의하게 되었습니다. 김강철이 말하기를, 회장인 최찬경이 부실 기업에 대출을 해주고 거액을 받아챙겨 현금이 많다고 했습니다. 그래서 그의 집을 범행 대상으로 정하고 강도를 하기로 했습니다.

문 범행을 하다가 사람을 만나면 힘으로 제압할 생각이었나요.

답 그럴 수밖에 없는 것 아닙니까.

문 범행 당일의 경위는 어떠한가요.

답 김강철이 담 밖에서 망을 보고 제가 담을 넘어 열려진 현관문을 통하여 안방에 들어가 다이아몬드 반지를 훔친 다음 다른 물건을 찾고 있는데 복도를 걸어오는 발자국 소리가 들려서 제가 깜짝 놀라 밖으로 뛰어 나갔습니다. 그런데 피해자가 저를 뒤에서 붙들기에 주먹으로 얼굴을 때리고 각목을 휘둘러 손을 다치게 했습니다. 이어 피해자는 "강도야"라고 소리를 지르는 중에 저는 담을 넘어 이강철과 같이 도망갔습니다.(이 때 증거품인 각목을 보여주니 "맞다"고 하다)

문 훔친 다이아 반지는 어떻게 처리했는가요.

답 김강철에게 주었는데 김강철이 전당포에 맡기고 대여금으로 3,000만원을 받아서 1,500만 원씩 나누었습니다.

문 이상 진술은 모두 사실인가요.

답 예, 모두 사실대로 진술하였습니다.

문 이상의 진술내용에 대하여 이의나 의견이 있는가요.

답 없습니다. (무인)

위의 조서를 진술자에게 열람하게 하였던바, 진술한 대로 오기나 증감 · 변경할 것이 전혀 없다고 하므로 간인한 후 서명 무인하게 하다.

진술자 이 혁 (무인)

2011. 5. 28.

서울서초경찰서

사법경찰관 경위 박 식 해 ㊞

사법경찰리 경사 허 두 철 ㊞

진 술 서

소속: 서울강남경찰서
직위: 형사과 형사계
계급: 경장
이름: 조재면

본인은 오늘 07:00경 경기도 성남시 당대동 130 소재 김강철의 집에서 김강철을 상대로 체포영장을 집행하던 중, 김강철이 이에 저항하면서 골프채를 집어 들고 휘둘러 경찰관의 정당한 체포영장 집행 업무를 심하게 방해받은 사실이 있습니다.

2011. 5. 28.
진술자 조 재 면 (인)

피의자신문조서

피의자 김강철에 대한 강도상해 등 피의사건에 관하여 2011. 5. 29. 서울강남경찰서 형사과 형사팀 사무실에서 사법경찰관 경위 박식해는 사법경찰리 경사 최투철을 참여하게 하고, 아래와 같이 피의자임에 틀림없음을 확인하다.

문 피의자의 성명, 주민등록번호, 직업, 주거, 등록기준지 등을 말하십시오.

답 성명은 김강철(金鋼鐵)
주민등록번호는 73####-1###### 직업은 회사원
주거는 경기도 성남시 단대동 130
등록기준지는 (생략)
직장 주소는 (생략)
연락처는 자택전화 없음 휴대전화 010-####-####
직장전화 (생략) 전자우편(e-mail) (생략)
입니다.

사법경찰관은 피의사건의 요지를 설명하고 사법경찰관의 신문에 대하여 「형사소송법」 제244조의3에 따라 진술을 거부할 수 있는 권리 및 변호인의 참여 등 조력을 받을 권리가 있음을 피의자에게 알려주고 이를 행사할 것인지 그 의사를 확인하다.

※ 진술거부권, 변호인조력권 고지를 하였으나 기재 생략함.

※ 범죄전력, 병역, 학력, 가족관계, 재산, 정당 및 사회단체가입여부, 사회단체가입여부, 건강상태에 관한 문답은 기재 생략함.

[강도상해]

문 피의자는 2011. 5. 14. 23:00경 이 혁과 함께 피해자 최찬경의 집에서 강도행위를 한 사실이 있는가요.

답 물건을 훔치기로 모의한 사실은 있지만 처음부터 강도를 할 계획은

없었습니다.

문 범행을 모의한 경위는 어떠한가요.

답 저와 이 혁이 근무하는 청계저축은행은 사실은 은행이 아니라 상호신용금고인데, 부실한 기업에 P/F대출(프로젝트 파이낸싱 대출)을 해주면서 거액을 받아먹는 등 부도덕한 기업입니다. 그래서 저와 부하직원 이 혁은 회사에 대한 불만이 많았는데 어느 날 술자리에서 회장 집을 털기로 모의를 했습니다. 회장 최찬경은 대출관련 이권을 많이 챙기고 또 금융감독원, 정치권로비를 맡고 있는 사람인데 그의 집을 털면 뭔가 큰 것이 나올 것이라고 생각하고 범행 대상으로 정했습니다. 그래서 최찬경이 집을 비우는 날이 언제인지 알아내야 하는데, 저의 애인인 김태희가 회장 비서실에 근무하는데 김태희를 통하여 피해자가 가족을 만나러 미국으로 출국하는 날짜를 알아내어 그날 밤을 범행일자로 잡았습니다.

문 최찬경이 출국하는 날짜는 어떻게 확인이 되나요.

답 최찬경의 항공권 발권을 비서인 김태희가 합니다.

문 범행 경위는 어떠한가요.

답 그날 밤 23:00경 피해자의 집에 이르러 저는 대문 밖에 서서 행인이나 경찰관이 오는지 망을 보고 이 혁이 담을 넘어 들어갔습니다. 그 이후에도 계속 망을 보고 있는데 10분 쯤 지났을 때 집안에서 "도둑이야"라는 최찬경의 고함소리가 들리고 곧바로 이 혁이 담을 넘어 나오기에 둘이 도망을 갔습니다. 이 혁이 저에게 "집안에 사람이 없을 거라고 하더니 어떻게 된 겁니까?"라고 했는데, 사실 저도 황당했습니다.

문 훔친 다이아 반지는 어떻게 처분했는가요.

답 이 혁에게서 반지를 받아 바로 팔려고 했는데 워낙 큰 물건이라 매매하는 것은 위험할 것 같아 우선 전당포에 맡겨서 돈을 빌려 쓰기로 하고 신용전당포에 맡기고 3,000만원을 받아 이 혁과 절반씩 나누었습니다.

[공무집행방해]

문 피의자는 체포영장을 집행하러온 경찰관을 폭행한 사실이 있는가요.

답 예.

문 그 경위는 어떠한가요.

답 오늘(5. 28.) 아침 07:00경 현관문을 두드리는 소리가 나서 저와 저의 처가 자다가 일어나 잠옷바람으로 현관문을 열었는데 문을 열자마자 경찰관 세 명이 저를 밀치면서 현관 안으로 들어와 저를 붙들려고 하기에 저가 순간적으로 당황하여 현관 입구 쪽에 세워 둔 골프채를 들고 경찰관들을 향하여 휘두른 사실이 있습니다. 그러나 경찰관에게 맞지는 않았고 조재민이라는 경찰관이 골프채를 피하다가 팔에 멍이 들었다는 말을 들었습니다.

[야간주거침입절도]

문 2006. 8. 1. 서울 강남구 내곡동 254에 있는 이도선의 집에서 금괴절도 사건이 있었는데 피의자의 범행이 아닌가요.

답 저가 저지른 일입니다.

문 피의자가 이 범행을 자백하는 동기가 무엇인가요.

답 방금 수사관이 제시한 범인 몽타쥬와 인상착의가 저와 똑 같아 도저히 부인하지 못하겠습니다. 당시 제가 직장이 없어 놀고 있을 때 저지른 일인데 이번에 저의 과거를 다 털고 새사람이 되고 싶습니다.

문 그 경위는 어떠한가요.

답 그날 밤 01:00경 내곡동 신흥부자인 이도선의 집에 들어가 안방 장롱 속에서 금괴(1kg짜리 골드바 시가 1,300만원) 10개 시가 1억 3,000만원 상당을 가지고 나왔는데 그 후 금거래소에 가서 매각절차에 따라서 팔았습니다.

문 이상 진술은 모두 사실인가요.

답 예, 모두 사실대로 진술하였습니다.

문 이상의 진술내용에 대하여 이의나 의견이 있는가요.

답 없습니다. (무인)

위의 조서를 진술자에게 열람하게 하였던바, 진술한 대로 오기나 증감 · 변경할 것이 전혀 없다고 하므로 간인한 후 서명 무인하게 하다.

진술자 김강철 (무인)

2011. 5. 28.

서울강남경찰서

사법경찰관 경위 박 식 해 (인)

사법경찰리 경사 허 투 철 (인)

〔별지 제99호 서식〕 〔집규 제49호〕

검 증 조 서

김강철외 1명에 대한 강도상해 피의사건에 관하여 2011. 5. 29. 10:00경 서울 서초구 방배동 350 최찬경의 집에 임하여 사법경찰관 경위 박식해는 사법경찰리 경사 최투철을 참여하게 하고 다음과 같이 검증하다.

1. 검증의 장소(대상)

피해자 최찬경의 집 대문 부근, 안방과 마당

2. 검증의 목적

피의자들의 현장에서의 역할 분담, 피의자 이 혁의 범행 내용

3. 검증의 참여인

피의자 김강철, 이 혁과 피해자 최찬경

4. 검증의 경위 및 결과

※ 현장 약도 생략

※ 현장에서의 피의자들의 범행 내용은 공소사실 제1항과 같은 것으로 기재 생략함.

※ 피고인 이 혁과 김강철이 당시의 범행을 재연하므로 사진을 찍어 별첨하다.

이 검증은 2011. 5. 29. 10:00에 시작하여 11:00에 끝나다.

2011. 5. 29.

서울강남경찰서

사법경찰관 경위 박식해 (인)

사법경찰리 경사 최투철 (인)

[현장검증 첨부사진]

(사진설명: 피의자 이 혁이 피해자 최찬경을 향하여 각목을 휘두르는 장면)

(사진설명: 피의자 김강철이 담장 밖에서 망을 보는 장면)

작성자: 경사 최투철

피의자신문조서

피의자 박전당에 대한 장물취득 피의사건에 관하여 2011. 5. 29. 서울강남경찰서 형사과 형사팀 사무실에서 사법경찰관 경위 박식해는 사법경찰리 경사 최투철을 참여하게 하고, 아래와 같이 피의자임에 틀림없음을 확인하다.

문 피의자의 성명, 주민등록번호, 직업, 주거, 등록기준지 등을 말하십시오.
답 성명은 박전당(朴典當)
주민등록번호는 45####-1###### 직업은 전당포업
주거는 서울특별시 강동구 구의동 108
등록기준지는 서울특별시(이하생략)
직장 주소는 (생략)
연락처는 자택전화 없음 휴대전화 010-####-####
직장전화 (생략) 전자우편 (e-mail)(생략)입니다.

사법경찰관은 피의사건의 요지를 설명하고 사법경찰관의 신문에 대하여 「형사소송법」 제244조의3에 따라 진술을 거부할 수 있는 권리 및 변호인의 참여 등 조력을 받을 권리가 있음을 피의자에게 알려주고 이를 행사할 것인지 그 의사를 확인하다.
※ 진술거부권, 변호인조력권 고지를 하였으나 기재 생략함.
※ 범죄전력, 병역, 학력, 가족관계, 재산, 정당 및 사회단체가입여부, 사회단체가입여부, 건강상태에 관한 문답은 기재 생략함.

문 피의자는 피의자 김강철이 훔쳐온 다이아몬드 반지를 취득한 사실이 있는가요.
답 반지를 취득한 사실은 있지만 훔친 물건인지는 몰랐습니다.
문 그 경위는 어떠한가요.

답 2011. 5. 16. 서울 서초구 반포동 12에 있는 제가 운영하는 신용전당포에서 김강철이 가져온 다이아몬드 반지를 담보로 잡고 3,000만 원을 대여하였습니다.

문 시가 1억 5,000만 원이나 되는 다이아몬드 반지를 담보로 잡을 때 장물인지 몰랐는가요.

답 그 때 김강철이 다이아몬드 반지의 취득 경위와 전당 이유를 그럴싸하게 말하므로 제가 몇 가지 확인을 한 후 김강철의 신분증을 제시받아 전당물대장에 소정의 양식대로 기재하고 담보로 잡았습니다.
[※ 전당계약 당시의 박전당의 확인 내용에 대한 문답이 있었으나 기재생략함]

문 그 뒤로는 어떻게 되었는가요.

답 5. 23. 저녁에 김태희라는 여자가 전화를 걸어와서 3캐럿 다이아몬드 반지를 맡기고 간 사람이 있는지 물어서 사실대로 대답을 해 주었는데 그 여자 분이 "그 반지가 우리 회사 회장님이 도난당한 물건이다. 돌려달라."라고 하기에 곰곰이 생각해보니 장물일 것 같다는 생각이 들었습니다. 그러나 대여금 담보물이기 때문에 돌려주지 않고 있었는데 5. 27. 경찰관이 압수영장을 가지고 와서 압수해갔습니다.

문 5. 23.부터 27. 사이에는 다이아반지가 장물인 점을 알면서도 가지고 있었네요.

답 그 점은 잘못된 것 같습니다.

문 이상의 진술은 모두 사실인가요.

답 예, 모두 사실입니다.

위의 조서를 진술자에게 열람하게 하였던바, 진술한 대로 오기나 증감·변경할 것이 전혀 없다고 하므로 간인한 후 서명 무인하게 하다.

진술자 박전당 (인)

2011. 5. 29.

서울강남경찰서

사법경찰관 경위 박 식 해 (인)

사법경찰리 경사 허 투 철 (인)

피의자신문조서

피의자 : 이 혁

위의 사람에 대한 강도상해 피의사건에 관하여 2011. 6. 6. 서울중앙지방검찰청 1005호 검사실에서 검사 이상철은 검찰주사보 김권태를 참여하게 하고 아래와 같이 피의자임에 틀림없음을 확인하다.

문 피의자의 성명, 주민등록번호, 직업, 주거, 등록기준지 등을 말하시오.
답 성명은 이 혁(李 赫)
주민등록번호는 76####-1######
직업은 회사원
주거는 경기도 구리시 교문동 255
등록기준지는 경기도(이하생략)
연락처는 010-###-####입니다.

검사는 피의사건의 요지를 설명하고 검사의 신문에 대하여 형사소송법 제244조의3에 따라 진술을 거부할 수 있는 권리 및 변호인의 참여 등 조력을 받을 권리가 있음을 피의자에게 알려주고 이를 행사할 것인지 그 의사를 확인하다.

진술거부권 및 변호인조력권 고지 등 확인

1. 귀하는 일체의 진술을 하지 아니하거나 개개의 질문에 대하여 진술을 하지 아니할 수 있습니다. 2. 귀하가 진술을 하지 아니하더라도 불이익을 받지 아니합니다. 3. 귀하가 진술을 거부할 권리를 포기하고 행한 진술은 법정에서 유죄의 증거로 사용될 수 있습니다. 4. 귀하가 신문을 받을 때에는 변호인을 참여하게 하는 등 변호인의 조력을 받을 수 있습니다.

문　피의자는 위와 같은 권리들이 있음을 고지받았는가요.
답　예, 고지받았습니다.
문　피의자는 진술거부권을 행사할 것인가요.
답　아닙니다.
문　피의자는 변호인의 조력을 받을 권리를 행사할 것인가요.
답　아닙니다. 혼자서 조사를 받겠습니다.

이에 검사는 피의사실에 관하여 다음과 같이 피의자를 신문하다.

문　피의자는 김강철과 공모하여 2011. 5. 14. 23:00경 피해자 최찬경의 집에 들어가 강도행위를 하다가 피해자에게 상해를 입힌 사실이 있는가요.
답　강도를 공모한 사실이 없고 상해를 입힐 의사도 없었습니다.
문　범행경위는 어떠한가요.
답　저와 김강철이 회사에 대하여 불만이 많았던 것은 사실이지만 강도같은 큰 범행은 생각해본 적도 없습니다. 범행 전날 김강철이 저를 보자고 하여 갔더니 "내일 밤이 좋겠다. 내일 회장이 휴가를 가족과 보내기 위해 미국으로 출국한다. 비서실에 다 알아봤다."고 하므로 편안하게 절도를 할 수 있을 줄 알았습니다. 사건 당일 회장 집 앞에 이르러 김강철은 망을 보고 젊은 제가 담을 넘어 들어가 열려져 있는 현관문을 통하여 안방에 들어갔습니다. 거기 문갑 속에서 다이아몬드 반지를 집어 호주머니에 넣고 다시 방을 둘러보고 있는데 갑자기 안방 쪽으로 사람이 걸어 들어와서 제가 깜짝 놀라 현관 쪽으로 도망가는데 피해자가 저를 붙들기에 제가 붙잡히지 않기 위하여 주먹으로 얼굴을 때리니까 피해자가 넘어졌습니다. 그 때 피해자가 일어서면서 각목을 집어들고 나를 내리치려고 하기에 제가 맞지 않으려고 각목을 붙잡았고 피해자도 각목을 뺏기지 않으려고 잡아당기다가 피해자가 각목의 날카로운 부분에 의하여 손바닥이 찢어지는 상처를 입으면서 각목을 놓기에 제가 담장을 뛰어 넘어 밖에서 기다리던 김강철과 함께 도망을 갔습니다.
문　피의자가 각목을 들고 휘두르니까 피해자가 이를 막으려고 하다가 손바닥을 다친 것이 아닌가요.

답 그렇지 않습니다. 각목을 피해자가 먼저 들었습니다.

문 범행을 하다가 사람을 만나면 힘으로 제압할 생각이었나요.

답 집에 사람이 있을 거라는 생각은 하지 못했습니다.

문 훔친 다이아 반지는 어떻게 처리했는가요.

답 김강철에게 주었는데 김강철이 전당포에 맞기고 대여금으로 3,000만 원을 받아서 1,500만 원씩 나누었습니다.

문 이상의 진술이 사실인가요.

답 예, 사실대로 진술하였습니다.

문 더 하고 싶은 말이 있나요.

답 없습니다.

위 조서를 진술자에게 열람하게 한 바, 진술한 대로 오기나 증감·변경할 것이 전혀 없다고 말하므로 간인한 후 서명 날인케 하다.

진술자 이 혁 ㊞

2011. 6. 6.

검 사 이 상 철 ㊞
검찰주사보 김 권 태 ㊞

서울중앙지방검찰청

수 신　주임검사
제 목　수사보고(판결문사본첨부보고)

◦ 본건 피의자 김강철은 2007. 3. 8. 서울남부지방법원에서 특정범죄가중처벌등에관한법률위반(절도)죄로 징역 1년6월, 집행유예 3년을 선고받고 피고인 항소포기로 선고 당일 확정되었는바, 위 판결문을 입수하여 기록에 첨부하였기에 수사보고합니다.

첨 부 : 판결문 사본 1부

2011. 6. 6.

검찰주사보　김 권 태 ㊞

서울남부지방법원
판 결

사 건 2006고단3007 특정범죄가중처벌등에관한법률위반(절도)
피 고 인 김강철(73####-1######)
직업 무직
주거 경기도 성남시 수정구 단대동 130
등록기준지 경기도(이하생략)
검 사 황 철 호

주 문

피고인을 징역 1년 6월에 처한다.
이 판결 선고 전의 구금일수 50일을 위 형에 산입한다.
다만 이 판결 확정일로부터 3년간 위 형의 집행을 유예한다.

이 유

범죄사실

피고인은, 상습으로

1. 2006. 9. 5. 02:00경 서울 구로구 구로동 215 소재 피해자 박명희의 집에 주인이 집을 비운 틈을 타서 침입하여 그 집 안방 장롱에서 금목걸이 등 패물 시가 150만원 상당을 가지고 가 이를 절취하고,

2. 위 같은 달 20. 01:00경 서울 영등포구 문래동 320 소재 피해자 김길수의 집에 주인이 집을 비운 틈을 타서 침입하여 그 집 안방 장롱에서 현금 100만원을 가지고 가 이를 절취하고,

3. 위 같은 달 30. 22:00경 서울 송파구 방이동 564 소재 피해자 이귀녀의 집에 금품을 절취할 의사로 침입하여 안방으로 접근하던 중 잠에서 깨어난 피해자에 발각되어 출동한 경찰에 검거됨으로써 그 뜻을

이루지 못하고 미수에 그쳤다.

증거의 요지(생략)

법령의 적용

1. 범죄사실에 대한 해당법조 : 특정범죄가중처벌등에관한법률 제5조의4 제1항, 형법 제330조. (이하 생략)

2007. 3. 8.

판사 이 명 판㊞

원본에의한사본임

기타 법원에 제출되어 있는 증거들

※ 편의상 다음 증거서류의 내용을 생략하였으나, 법원에 증거로 적법하게 제출되어 있음을 유의하여 변론할 것.

○ **김강철에 대한 검사 작성의 제1회 피의자신문조서(2011. 6. 6.)**
- 경찰에서의 진술과 동일한 취지임.

○ **박전당에 대한 검사 작성의 제1회 피의자신문조서(2011. 6. 6.)**
- 경찰에서의 진술과 동일한 취지임.

○ **이 혁, 박전당에 대한 조회회보서(2011. 6. 3.)**
- 각 범죄경력 없는 초범임.

〔제 4 문〕 김토건 외 1, 특수강도교사 등[1)]

---

1) 이 문제는 제1회 변호사시험 문제이며, 저자와 윤태석 교수(연세대), 정한중 교수(한국외국어대), 노 로 변호사(당시 광주지방검찰청 검사)가 공동 출제한 것이다.

【문제】

다음 기록을 읽고 피고인 김토건의 변호인 김힘찬과 피고인 이달수의 변호인 이사랑의 변론요지서를 작성하되, 다음 쪽 변론요지서 양식 중 본문 Ⅰ, Ⅱ 부분만 작성하시오.

【작성요령】

1. 시험의 편의상 두 변호인의 변론을 하나의 변론요지서에 작성함.
2. 피고인들 사이에 이해가 상충되는 경우 피고인들 각각의 입장에 충실하게 변론할 것.
3. 학설·판례 등의 견해가 대립되는 경우, 한 견해를 취하여 변론할 것. 다만, 대법원 판례와 다른 견해를 취하여 변론을 하고자 하는 경우에는 자신의 입장에 따른 변론을 하되 대법원 판례의 취지를 적시할 것.
4. 증거능력이 없는 증거는 실제 소송에서는 증거로 채택되지 않아 증거조사가 진행되지 않지만, 이 문제에서는 시험의 편의상 증거로 채택되어 증거조사가 진행된 것을 전제하였음. 따라서 필요한 경우 증거능력에 대하여도 변론할 것.

【기록 형식 안내】

1. 쪽 번호는 편의상 연속되는 번호를 붙였음.
2. 조서, 기타 서류에는 필요한 서명, 날인, 무인, 간인, 정정인이 있는 것으로 볼 것.
3. 증거목록 중 '기재생략'이라고 표시된 부분에는 법에 따른 절차가 진행되어 그에 따라 적절한 기재가 있는 것으로 볼 것.
4. 공판기록과 증거기록에 첨부하여야 할 일부 서류 중 '(생략)' 표시가 있는 것, 증인선서서와 수사기관의 조서에 첨부하여야 할 '수사과정확인서'는 적법하게 존재하는 것으로 볼 것.
5. 송달이나 접수, 통지, 결재가 필요한 서류는 모두 적법한 절차를 거친 것으로 볼 것.

【변론요지서 양식】

변론요지서

사 건 2011고합1234 특수강도교사 등
피고인 1. 김토건
2. 이달수

위 사건에 관하여 피고인 김토건의 변호인 변호사 김힘찬, 피고인 이달수의 변호인 변호사 이사랑은 다음과 같이 변론합니다.

다 음

Ⅰ. 피고인 김토건에 대하여(45점)

Ⅱ. 피고인 이달수에 대하여(55점)
1. 횡령의 점
2. 성폭력범죄의처벌등에관한특례법위반(주거침입강간등)의 점
3. 교통사고처리특례법위반의 점
4. 사기의 점

※ 평가제외사항 - 공소사실의 요지, 정상관계, 피고인 이달수의 특수강도 부분(답안지에 기재하지 말 것)

2012. 1. 4.

피고인 김토건의 변호인 변호사 김힘찬 ㊞
피고인 이달수의 변호인 변호사 이사랑 ㊞

서울중앙지방법원 제26형사부 귀중

기록내용시작

구속만료	2012. 1. 15.	미결구금
최종만료	2012. 5. 15.	
대행 갱신 만료		

서 울 중 앙 지 방 법 원

구공판 **형사제1심소송기록**

기일 1회기일	사건번호	2011고합1234	담임	제26부	주심	다
12/14 A10 12/28 P2	사 건 명	가. 특수강도교사 나. 특수강도 다. 성폭력범죄의처벌등에관한특례법위반(주거침입강간등) 라. 사기 마. 횡령 바. 교통사고처리특례법위반				
	검 사	명검사	2011형제53874호			
	공소제기일	2011. 11. 16.				
	피 고 인	1. 가. 김토건 구속 2. 나.다.라.마.바. 이달수				
	변 호 인	사선 변호사 김힘찬(피고인 김토건) 사선 변호사 이사랑(피고인 이달수)				

확 정	
보존종기	
종결구분	
보 존	

완결공람	담 임	과 장	국 장	주심 판사	재판장	원장

접 수 공 람	과 장	국 장	원 장
	㊞	㊞	㊞

공 판 준 비 절 차

회 부 수명법관 지정 일자	수명법관 이름	재 판 장	비 고

법정외에서지정하는기일

기일의 종류	일 시				재 판 장	비 고
1회 공판기일	2011.	12.	14.	10:00	㊞	

서울중앙지방법원

목　　록		
문 서 명 칭	장 수	비 고
증거목록	8	검사
증거목록	10	피고인 및 변호인
공소장	12	
변호인선임신고서	(생략)	피고인 김토건
변호인선임신고서	(생략)	피고인 이달수
영수증(공소장부본 등)	(생략)	
영수증(공소장부본 등)	(생략)	피고인 김토건
영수증(공판기일통지서)	(생략)	피고인 김힘찬
영수증(공판기일통지서)	(생략)	피고인 이사랑
의견서	(생략)	피고인 김토건
의견서	(생략)	피고인 이달수
공판조서(제1회)	16	
증인신청서	(생략)	검사
증인신청서	(생략)	피고인 김힘찬
증거서류제출서	18	피고인 이사랑
공판조서(제2회)	21	
증인신문조서	24	박대우
증인신문조서	25	이칠수
증인신문조서	26	정미희

서울중앙지방법원

목 록 (구속관계)		
문 서 명 칭	장 수	비 고
긴급체포서	(생략)	피고인 이달수
구속영장(체포된 피의자용)	(생략)	피고인 이달수
피의자 수용증명	(생략)	피고인 이달수

증 거 목 록 (증거서류 등)

2011고합1234

2011형제53874

① 김토건
② 이달수
신청인: 검사

순번	증거방법					참조사항 등	신청기일	증거의견		증거결정		증거조사기일	비고
	작성	쪽수(수)	쪽수(증)	증 거 명 칭	성 명			기일	내용	기일	내용		
1	검사	(생략)		피의자신문조서	김토건		1	1	① ○ ② ○	기재생략			기재생략
2	〃	(생략)		피의자신문조서	이달수		1	1	① × ② ○				
3	사경	30		진술조서	박대우		1	1	① ○ ② ○				
4	〃	33		피의자신문조서	이달수		1	1	① × ② ○				
5	〃	37		진술조서	정미희		1	1	② ×				
6	〃	40		진술조서 (제2회)	정미희		1	1	② ×				
7	〃	43		압수조서 및 압수목록(신발)			1	1	② 진정 성립만 인정				
8	〃	45		교통사고보고 (실황조사서)			1	1	② ○				
9	〃	46		진술서	조범생		1	1	② ○				
10	〃	(생략)		진단서	조범생		1	1	② ○				
11	〃	47		진술서	장희빈		1	1	② ○				
12	〃	(생략)		영수증			1	1	② ○				
13	〃	48		피의자신문조서	김토건		1	1	① ○ ② ○				
14	〃	51		피의자신문조서 (제2회)	이달수		1	1	② ○				
15	〃	55		감정서(신발)			1	1	② 진정 성립만 인정				
16	〃	56		조회회보서	이달수		1	1	② ○				
17	〃	(생략)		조회회보서	김토건		1	1	① ○				

※ 증거의견 표시 - 피의자신문조서 : 인정 ○, 부인 ×
(여러 개의 부호가 있는 경우, 성립/임의성/내용의 순서임)
- 기타 증거서류 : 동의 ○, 부동의 ×
※ 증거결정 표시 : 채 ○, 부 ×
※ 증거조사 내용은 제시, 내용고지

증 거 목 록 (증인 등)

2011고합1234

① 김토건
② 이달수
2011형제53874 신청인: 검사

증 거 방 법	쪽수 (공)	입증취지 등	신청 기일	증거결정		증거조사기일	비고
				기일	내용		
증인 정미희	26	공소사실 2의 나항 관련	1	1	○	2011. 12. 28. 14:00 (실시)	
나이키 신발		공소사실 2의 나항 관련	1	2	○	2011. 12. 28. 14:00 (실시)	

※ 증거결정 표시 : 채 ○, 부 ×

증 거 목 록 (증거서류 등)

2011고합1234

① 김토건
② 이달수

2011형제53874 신청인: 피고인 및 변호인

순번	증거방법					참조사항 등	신청기일	증거의견		증거결정		증거조사기일	비고
	작성	쪽수(수)	쪽수(증)	증 거 명 칭	성 명			기일	내용	기일	내용		
1			19	합의서	조범생		2	2	○	기재생략			② 신청
2			20	약식명령	이달수		2	2	○				② 신청
3			(생략)	'H건설 주식회사' 하도급규정집			2	2	○				② 신청
4			(생략)	건설업등록증 (김토건)			2	2	○				② 신청

※ 증거의견 표시 - 피의자신문조서 : 인정 ○, 부인 ×
(여러 개의 부호가 있는 경우, 성립/임의성/내용의 순서임)
- 기타 증거서류 : 동의 ○, 부동의 ×
※ 증거결정 표시 : 채 ○, 부 ×
※ 증거조사 내용은 제시, 내용고지

증 거 목 록 (증인 등)

2011고합1234

① 김토건
② 이달수
2011형제53874　신청인: 피고인 및 변호인

증 거 방 법	쪽수 (공)	입증취지 등	신청 기일	증거결정		증거조사기일	비고
				기일	내용		
증인 박대우	24	공소사실 1 범행도구 관련	1	1	○	2011. 12. 28. 14:00 (실시)	① 신청
증인 이칠수	25	공소사실 1 관련	1	1	○	2011. 12. 28. 14:00 (실시)	① 신청

※ 증거결정 표시 : 채 ○, 부 ×

서울중앙지방검찰청

2011. 11. 16.

사건번호　2011년 형제53874호
수 신 자　서울중앙지방법원
제　　목　**공소장**
검사 명검사는 아래와 같이 공소를 제기합니다.

I. 피고인 관련사항

1. 피 고 인　김토건 (******-*******), 50세
직업　건설업체 사장, ***-****-****
주거　서울특별시 강남구 대치1동 기아아파트 101동 1007호
등록기준지 (생략)

죄　　명　특수강도교사
적용법조　형법 제334조 제2항, 제1항, 제333조, 제31조 제1항
구속여부　불구속
변 호 인　변호사 김힘찬

1234

접수
No. 15775
2011. 11. 16.
서울중앙지방법원
형사접수실

2. 피 고 인　이달수 (******-*******), 40세
직업　무직, ***-****-****
주거　서울특별시 서초구 양재2동 125
등록기준지 (생략)

죄　　명　특수강도, 성폭력범죄의처벌등에관한특례법위반(주거침입강간등), 사기, 횡령, 교통사고처리특례법위반
적용법조　형법 제334조 제2항, 제1항, 제333조, 성폭력범죄의 처벌 등에 관한 특례법 제15조, 제3조 제1항, 형법 제319조 제1항, 제297조, 제347조 제1항, 제355조 제1항, 교통사고처리 특례법 제3조 제1항, 제2항 단서 제6호, 형법 제268조, 제37조, 제38조
구속여부　2011. 11. 4. 구속 (2011. 11. 2. 체포)
변 호 인　변호사 이사랑

Ⅱ. 공소사실

피고인 김토건은 서울 서초구 서초1동 10에 있는 'D건설'을 운영하는 사람이고, 피고인 이달수는 피고인 김토건의 고향 후배로서 일정한 직업이 없는 사람이다.

1. 피고인들의 범행

피고인 김토건은 피해자 박대우(55세)에게 1억 원을 빌려주었다가 돌려받지 못하고 있었다. 피고인 이달수가 피고인 김토건에게 3,000만 원을 빌려달라고 부탁하자, 피고인 김토건은 피고인 이달수에게 피해자가 빌려간 돈 1억 원을 받아 오면 그 중 3,000만 원을 빌려주겠다고 하였다. 이에 피고인 이달수는 피해자에게 가서 채무변제를 여러 번 독촉하였다.

가. 피고인 김토건

피고인은 2011. 10. 31. 15:00경 인천국제공항에서 서울로 가는 98허7654호 에쿠스 승용차 안에서 이달수에게 "박대우가 어제 아니면 오늘 공사 기성금을 받은 것으로 알고 있다. 순순히 말해서는 주지 않을 것이니 확실히 받아 와라. 돈을 받아 오면 그 중 일부를 빌려주겠다."라고 말하면서 흉기인 주방용 식칼(칼날 길이 15cm, 손잡이 길이 10cm)이 든 봉투를 건네주어 이달수로 하여금 피해자로부터 금원을 강취할 것을 마음먹게 하였다.

이달수는 그 다음 날인 2011. 11. 1. 09:00경 서울 서초구 서초2동 250에 있는 피해자의 집을 찾아가 1억 원의 변제를 독촉하였으나 피해자가 돈이 없다고 거절하였다. 이달수는 집 안을 둘러보다가 안방 화장대 위에 있던 5,000만 원이 든 봉투를 발견하였다. 피해자가 돈 봉투를 집어 가슴에 품은 채 지급을 거절하자, 이달수는 미리 가지고 간 위 식칼을 피해자의 목에 들이대어 반항을 억압한 다음 돈 봉투를 빼앗아 가지고 나왔다.

이로써 피고인은 이달수로 하여금 위와 같이 피해자로부터 5,000만 원을 빼앗게 함으로써 특수강도를 교사하였다.

나. 피고인 이달수

피고인은 위 김토건의 교사에 따라 2011. 11. 1. 09:00경 서울 서초구 서초2동 250에 있는 피해자의 집에서 전항과 같이 피해자로부터 5,000만 원을 빼앗아 강취하였다.

2. 피고인 이달수

가. 횡령

피고인은 2010. 10. 1.경 서울 서초구 서초1동 10에 있는 위 'D건설' 사무실에서 피해자 김토건으로부터 'H건설 주식회사' 계약담당이사 최현대에게 가져다주라는 지시와 함께 현금 4,000만 원을 교부받아 피해자를 위하여 보관하였다. 피고인은 그날 위 4,000만 원을 피고인의 개인 채무 변제에 임의로 사용하여 횡령하였다.

나. 성폭력범죄의처벌등에관한특례법위반(주거침입강간등)

피고인은 2011. 6. 1. 23:00경 서울 서초구 서초3동 130에 있는 피해자 정미희(여, 27세)의 집에 이르러 잠겨 있지 아니한 문간방 창문을 통하여 집 안으로 침입하였다. 피고인은 안방에서 잠들어 있는 피해자를 발견하고 피해자를 간음할 목적으로 피해자의 하의를 벗겼다. 그때 피해자가 깨어나자 피고인은 한 손으로 피해자의 입을 막고 몸으로 피해자를 눌러 반항을 억압한 다음 자신의 바지를 내리고 피해자를 간음하려 하였으나 피해자가 소리치며 격렬히 저항하는 바람에 간음하지 못하고 집 밖으로 도망쳐 나왔다.

이로써 피고인은 주거에 침입하여 피해자를 강간하려다가 미수에 그쳤다.

다. 교통사고처리특례법위반

피고인은 2011. 9. 1. 08:00경 12가3456호 쏘나타 승용차를 운전하고 서울 서초구 서초1동 114에 있는 'S고등학교' 앞길을 방배역 쪽에서 서초역 쪽으로 진행하고 있었다. 그곳 전방에 횡단보도가 있으므로 운전자는 횡단보도 앞에서 일시정지 하는 등으로 보행자를 보호하여야 할 업무상 주의의무가 있었다. 그럼에도 피고인은 그 주의의무를 게을리 한 과실로 때마침 자전거를 타고 횡단보도를 건너던 피해자 조범생(22세)을 위 승용차 앞 범퍼 부분으로 들이받아 그 충격으로 피해자가 약 4주간의 치료가 필요한 왼쪽 다리 골절 등의 상해를 입게 하였다.

라. 사기

피고인은 2011. 10. 10. 23:00경 서울 서초구 서초2동 119에 있는 피해자 장희빈이 운영하는 '룰루' 유흥주점에서 마치 술값 등을 제대로 지급할 것처럼 행세하며 술 등을 주문하여 이에 속은 피해자로부터 100만 원에 해당하는 술과 서비스 등을 제공받았다. 그러나 피고인은 현금 2만 원만 가지고 있어 그 대금을 지급할 의사나 능력이 없었다.

Ⅲ. 첨부서류

1. 긴급체포서 1통 (생략)
2. 구속영장(체포된 피의자용) 1통 (생략)
3. 변호인선임신고서 2통 (생략)
4. 피의자수용증명 1통 (생략)

검사 명검사 ㊞

서 울 중 앙 지 방 법 원

공 판 조 서

제 1 회

사 건	2011고합1234 특수강도교사 등		
재판장 판사	배현일	기 일 :	2011. 12. 14. 10:00
판사	김 석	장 소 :	제418호 법정
판사	문현주	공개 여부 :	공개
법원사무관	국영수	고 지 된 다음기일 :	2011. 12. 28. 14:00

피 고 인	1. 김토건 2. 이달수	각 출석
검 사	강선주	출석
변 호 인	변호사 김힘찬 (피고인 1을 위하여)	출석
	변호사 이사랑 (피고인 2을 위하여)	출석

재판장

피고인들은 진술을 하지 아니하거나 각개의 물음에 대하여 진술을 거부할 수 있고, 이익 되는 사실을 진술할 수 있음을 고지

재판장의 인정신문

성 명: 1. 김토건 2. 이달수

주민등록번호: 각 공소장 기재와 같음.

직 업: 〃

주 거: 〃

등 록 기 준 지: 〃

재판장

피고인들에 대하여

주소가 변경될 경우에는 이를 법원에 보고할 것을 명하고, 소재가 확인되지 않을 때에는 그 진술 없이 재판할 경우가 있음을 경고

검 사

공소장에 의하여 공소사실, 죄명, 적용법조 낭독

피고인 김토건

피고인 이달수에게 강도를 교사한 사실이 없다고 진술

피고인 이달수

피해자 정미희에 대한 공소사실은 인정할 수 없고, 나머지 공소사실은 인정한다고 진술

피고인 김토건의 변호인 변호사 김힘찬

피고인 김토건이 피고인 이달수에게 피해자 박대우가 빌려 간 돈을 받아 오면 그 돈을 빌려주겠다고 말한 사실과, 피해자 박대우가 공사 기성금을 받아 돈을 갖고 있을 것이라고 알려 준 사실은 있으나, 칼을 주면서 강도를 교사하지는 않았다고 진술

피고인 이달수의 변호인 변호사 이사랑

피고인 이달수는 피해자 정미희를 알지 못한다고 진술

재판장

증거조사를 하겠다고 고지

증거관계 별지와 같음(검사, 변호인)

재판장

각 증거조사 결과에 대하여 의견을 묻고 권리를 보호하는 데에 필요한 증거조사를 신청할 수 있음을 고지

소송관계인

별 의견 없다고 각각 진술

재판장

변론속행

2011. 12. 14.

법 원 사 무 관 국영수 ㊞

재판장 판 사 배현일 ㊞

증거서류제출서

사건번호 2011고합1234 특수강도교사 등

피고인 이달수

위 사건에 관하여 피고인 이달수의 변호인은 피고인의 이익을 위하여 다음 증거서류를 제출합니다.

다 음

1. 합의서 1통
1. 약식명령 1통
1. ‘H건설 주식회사’ 하도급규정집 (생략)
1. 건설업등록증(김토건) (생략)

2011. 12. 20.

피고인 이달수의 변호인
변호사 이사랑 ㉒

서울중앙지방법원 제26형사부 귀중

합 의 서

가해자 성명: 이달수
주소: (생략)

피해자 성명: 조범생
주소: (생략)

피해자는 2011. 9. 1. 08:00경 서울 서초구 서초1동 114에 있는 'S고등학교' 앞 길 횡단보도에서 가해자가 운전하는 12가3456호 쏘나타 승용차에 부딪혀 약 4주간의 치료가 필요한 왼쪽 다리 골절 등의 상해를 입었습니다. 피해자는 가해자에게서 치료비 등 일체의 손해를 변상받고 합의하였습니다. 이에 피해자는 가해자의 처벌을 원하지 아니하고, 이후 민형사상 일체의 이의를 제기하지 않을 것을 확인합니다.

2011. 12. 16.

피해자 조범생 ㊞

첨부: 인감증명 1통(생략)

춘천지방법원 강릉지원

약 식 명 령

2011. 12. 17. 확정
검찰주사보 황참여 ㊞

사 건 2011고약692 상습사기
(2011년형제3577호)

피 고 인 이달수 (******-*******), 무직
주거 서울 서초구 양재2동 125
등록기준지 (생략)

주 형 과 피고인을 벌금 3,000,000(삼백만)원에 처한다.
피고인이 위 벌금을 납입하지 아니하는 경우 금 50,000(오만)원을 1일로 환산한 기간 피고인을 노역장에 유치한다.

범죄사실 피고인은 2009. 10. 30. 서울중앙지방법원에서 상습사기죄로 벌금 3,000,000원의 약식명령을 받는 등 동종전력 3회가 있는 자로서, 상습으로,
수중에 현금이나 신용카드 등 다른 대금지급 수단이 없어 술값 등을 지급할 의사나 능력이 없었음에도, 2011. 10. 25. 23:00경 강릉시 경포동 113에 있는 피해자 이미순이 운영하는 '경포' 유흥주점에서 마치 술값 등을 제대로 지급할 것처럼 행세하며 술 등을 주문하여 이에 속은 피해자로부터 80만 원에 해당하는 술과 서비스를 제공받았다.

적용법령 형법 제351조, 제347조 제1항 (벌금형 선택), 제70조, 제69조 제2항

검사 또는 피고인은 이 명령등본을 송달받은 날부터 7일 이내에 정식재판의 청구를 할 수 있습니다.

2011. 11. 20.

판 사 이 원 철 ㊞

서울중앙지방법원

공 판 조 서

제 2 회

사 건	2011고합1234 특수강도교사 등		
재판장 판사	배현일	기 일 :	2011. 12. 28. 14:00
판사	김 석	장 소 :	제418호 법정
판사	문현주	공개 여부 :	공개
법원사무관	국영수	고 지 된 다음기일 :	2012. 1. 4. 10:00

피 고 인	1. 김토건 2. 이달수	각 출석
검 사	강선주	출석
변 호 인	변호사 김힘찬 (피고인 1을 위하여)	출석
	변호사 이사랑 (피고인 2을 위하여)	출석
증 인	박대우, 이칠수, 정미희	출석

재판장

전회 공판심리에 관한 주요사항의 요지를 공판조서에 의하여 고지

소송관계인

변경할 점이나 이의할 점이 없다고 진술

출석한 증인 박대우, 이칠수, 정미희를 별지와 같이 신문하다

증거관계 별지와 같음(검사, 변호인)

재판장

각 증거조사 결과에 대하여 의견을 묻고 권리를 보호하는 데에 필요한 증거조사를 신청할 수 있음을 고지

소송관계인

별 의견 없으며, 달리 신청할 증거도 없다고 각각 진술

재판장

증거조사를 마치고 피고인 신문을 하겠다고 고지

검 사

피고인 김토건에게

문 피고인 이달수에게 “순순히 주지 않을 것이니 확실히 받아 와라.”라는 말을 하였는가요.

답 예.

문 그 말은 결국 강제로라도 돈을 빼앗아 오라는 뜻이 아닌가요.

답 아닙니다.

피고인 이달수에게

문 피해자 박대우를 협박한 칼은 피고인 김토건에게서 받은 것인가요.

답 예.

이때 검사는 수사기록에 편철되어 있는 사법경찰관이 각각 작성한 피고인 이달수에 대한 피의자신문조서와 검사가 작성한 동인에 대한 피의자신문조서를 각각 제시하여 읽어보게 한 다음

문 피고인이 수사기관에서 진술한 대로 기재되어 있음을 확인하고 서명무인 하였나요.

답 예, 그렇습니다.

문 당시 자유로운 분위기 속에서 임의로, 충분히 진술하였나요.

답 예.

이때 검사는 나이키 신발 1켤레를 제시하고

문 이 신발이 피고인의 것이 맞는가요.

답 예, 맞습니다.

피고인 김토건의 변호인 변호사 김힘찬

피고인 이달수에게

문 피해자 박대우를 협박한 칼은 왜 버렸나요.

답 20㎝ 이상이 되는 주방용 식칼을 계속 가지고 다니기에는 부담스러웠습니다.

재판장

피고인신문을 마쳤음을 고지

재판장

변론속행 (변론 준비를 위한 변호인의 요청으로)

2011. 12. 28.

법 원 사 무 관 국영수 ㊞

재판장 판 사 배현일 ㊞

서 울 중 앙 지 방 법 원

증인신문조서(제2회 공판조서의 일부)

사　　건　　2011고합1234　특수강도교사 등
증　　인　　이　　름　　박대우
　　　　　　생년월일　　****. **. **.
　　　　　　주　　거　　서울 서초구 서초2동 250

재판장

증인에게 형사소송법 제148조 또는 제149조에 해당하는가의 여부를 물어 증인이 이에 해당하지 아니함을 인정하고, 위증의 벌을 경고한 후 별지 선서서와 같이 선서를 하게 하였다. 다음에 신문할 증인은 재정하지 아니하였다.

피고인 김토건의 변호인 변호사 김힘찬

증인에게

문　당시 피고인 이달수가 증인에게 칼을 보여주며 협박한 것은 사실인가요.

답　예, 피고인 이달수가 점퍼 안주머니에서 칼을 꺼내어 저의 목에 들이대는 순간 접힌 칼날이 '척' 소리를 내며 펼쳐졌습니다.

문　피고인 김토건의 처벌을 원하는가요.

답　예, 처벌을 원합니다.

2011. 12. 28.

법 원 사 무 관　　　국영수 ㊞

재판장　판　사　　　배현일 ㊞

서 울 중 앙 지 방 법 원

증인신문조서(제2회 공판조서의 일부)

사 건 2011고합1234 특수강도교사 등
증 인 이 름 이칠수
생년월일 ****. **. **.
주 거 서울 서초구 양재동 100 호성빌라 305동 102호

재판장

증인에게 형사소송법 제148조 또는 제149조에 해당하는가의 여부를 물어 증인이 이에 해당하지 아니함을 인정하고, 위증의 벌을 경고한 후 별지 선서서와 같이 선서를 하게 하였다. 다음에 신문할 증인은 재정하지 아니하였다.

피고인 김토건의 변호인 변호사 김힘찬

증인에게

문 증인은 2011. 11. 1. 이달수에게서 3,000만 원을 송금받은 사실이 있나요.

답 예, 그날 오전에 저에게 송금하였다고 전화하여 확인하였습니다.

문 증인이 그 돈을 송금받을 이유가 있었나요.

답 예, 제가 1년 전에 고교 동창인 피고인 이달수에게 3,000만 원을 빌려주었다가 돌려받지 못하고 있던 중 저의 아내가 큰 수술을 받게 되어 피고인 이달수에게 돈을 갚아달라고 최근에 독촉하여 받은 돈입니다.

검사

증인에게

문 그 돈이 어떻게 마련된 것인지 아는가요.

답 예, 그날 밤 피고인 이달수가 저의 집으로 찾아 와서 "김토건 선배의 채권을 받아다 주고 그 돈을 빌렸다. 김토건 선배가 칼을 주면서 꼭 받아오라고 하길래 한 번 사고를 쳤다."라고 말해서 알았습니다.

2011. 12. 28.

법 원 사 무 관 국영수 ㉧
재판장 판 사 배현일 ㉧

서 울 중 앙 지 방 법 원

증인신문조서(제2회 공판조서의 일부)

사 건 2011고합1234 특수강도교사 등
증 인 이 름 정미희
생년월일 ****. **. **.
주 거 서울 서초구 서초3동 130

재판장
증인에게 형사소송법 제148조 또는 제149조에 해당하는가의 여부를 물어 증인이 이에 해당하지 아니함을 인정하고, 위증의 벌을 경고한 후 별지 선서서와 같이 선서를 하게 하였다.
검사
증인에게
문 증인은 2011. 6. 1. 23:00경 증인의 집에서 강간 피해를 당할 뻔한 적이 있었고, 그 사실에 대하여 경찰에서 진술한 사실이 있지요.
답 예, 그렇습니다.
이때 검사는 수사기록에 편철된 사법경찰리가 각각 작성한 증인에 대한 2011. 6. 2.자 및 2011. 11. 2.자 진술조서를 각각 제시하여 읽어보게 한 다음
문 증인은 경찰에서 진술한 대로 기재되어 있음을 확인하고 서명무인 하였나요.
답 예, 그렇습니다.
문 당시 자유로운 분위기 속에서 임의로, 충분히 진술하였나요.
답 예.
피고인 이달수의 변호인 변호사 이사랑
이때 변호인은 피고인 이달수의 얼굴을 들게 하고
문 피고인 이달수가 범인이 맞는가요.
답 예, 그렇습니다.

2011. 12. 28.
법 원 사 무 관 국영수 ㊞
재판장 판 사 배현일 ㊞

제	1	책
제	1	권

서울중앙지방법원

증거서류등(검사)

사 건 번 호	2011고합1234	담임	제26형사부	주심	다
사 건 명	가. 특수강도교사 나. 특수강도 다. 성폭력범죄의처벌등에관한특례법위반(주거침입강간등) 라. 사기 마. 횡령 바. 교통사고처리특례법위반				
검　　사	명검사		2011년 형제53874호		
피 고 인	1. 가. **김토건** 구속 2. 나.다.라.마.바. **이달수**				
공소제기일	2011. 11. 16.				
1심 선고	20 . . .	항소	20 . . .		
2심 선고	20 . . .	상고	20 . . .		
확　정	20 . . .	보존			

제 1 책
제 1 권

구공판

서 울 중 앙 지 방 검 찰 청
증 거 기 록

<table>
<tr><td rowspan="2">검 찰</td><td>사건번호</td><td>2011년 형제53874호</td><td rowspan="2">법원</td><td>사건번호</td><td>2011년 고합1234호</td></tr>
<tr><td>검 사</td><td>명검사</td><td>판 사</td><td></td></tr>
<tr><td>피 고 인</td><td colspan="5">1. 가. 김토건
구속 2. 나.다.라.마.바. 이달수</td></tr>
<tr><td>죄 명</td><td colspan="5">가. 특수강도교사
나. 특수강도
다. 성폭력범죄의처벌등에관한특례법위반(주거침입강간등)
라. 사기
마. 횡령
바. 교통사고처리특례법위반</td></tr>
<tr><td>공소제기일</td><td colspan="5">2011. 11. 16.</td></tr>
<tr><td>구 속</td><td colspan="2">2. 2011. 11. 4. 구속(2011. 11. 2. 체포)</td><td>석 방</td><td colspan="2"></td></tr>
<tr><td>변 호 인</td><td colspan="5">1. 변호사 김힘찬
2. 변호사 이사랑</td></tr>
<tr><td>증 거 물</td><td colspan="5">있 음</td></tr>
<tr><td>비 고</td><td colspan="5"></td></tr>
</table>

증 거 목 록 (증거서류 등)

2011고합1234

2011형제53874호 신청인: 검사

순번	증거방법					참조사항등	신청기일	증거의견		증거결정		증거조사기일	비고
	작성	쪽수(수)	쪽수(증)	증거명칭	성명			기일	내용	기일	내용		
1	검사	(생략)		피의자신문조서	이달수								
2	〃	(생략)		피의자신문조서	김토건								
3	사경	30		진술조서	박대우								
4	〃	33		피의자신문조서	이달수								
5	〃	37		진술조서	정미희								
6	〃	40		진술조서 (제2회)	정미희								
7	〃	43		압수조서 및 압수목록(신발)									
8	〃	45		교통사고보고 (실황조사서)									
9	〃	46		진술서	조범생								
10	〃	(생략)		진단서	조범생								
11	〃	47		진술서	장희빈								
12	〃	(생략)		영수증									
13	〃	48		피의자신문조서	김토건								
14	〃	51		피의자신문조서 (제2회)	이달수								
15	〃	55		감정서(신발)									
16	〃	56		조회회보서	이달수								
17	〃	(생략)		조회회보서	김토건								

※ 증거의견 표시 - 피의자신문조서 : 인정 ○, 부인 ×
(여러 개의 부호가 있는 경우, 성립/임의성/내용의 순서임)
- 기타 증거서류 : 동의 ○, 부동의 ×
※ 증거결정 표시 : 채 ○, 부 ×
※ 증거조사 내용은 제시, 내용고지

진술조서

성　　　　명: 박대우

주민등록번호: ******-*******　　55세

직　　　　업: K건설 운영

주　　　　거: 서울특별시 서초구 서초2동 250

등록기준지: (생략)

직 장 주 소: (생략)

연　락　처: (자택전화) (생략)　　　(휴대전화) (생략)
(직장전화) (생략)　　　(전자우편) (생략)

위의 사람은 피의자 이달수에 대한 특수강도 피의사건에 관하여 2011. 11. 1. 서울서초경찰서 형사팀 사무실에 임의 출석하여 다음과 같이 진술하다.

1. 피의자와의 관계

피의자는 저와 아무런 관계가 없습니다.

2. 피의사실과의 관계

저는 피의자에게 5,000만 원을 빼앗긴 사실과 관련하여 피해자 자격으로 출석하였습니다.

이때 사법경찰리는 진술인 박대우를 상대로 다음과 같이 문답하다.

문　진술인은 오늘 진술인의 집에서 피의자 이달수에게 5,000만 원을 빼앗겼다고 하였지요.

답 예, 그렇습니다.
문 그 경위에 대하여 자세히 진술하시오.
답 오늘 2011. 11. 1. 09:00경 서울 서초구 서초2동 250에 있는 저의 집으로 이달수가 찾아왔습니다. 제가 약 3년 전에 동종의 건설업체를 운영하는 김토건으로부터 1억 원을 빌려 갚지 못하고 있었는데, 최근 이달수가 김토건 대신 저를 찾아와 돈을 갚을 것을 요구하여 이달수를 알게 되었습니다.
이달수는 집 안으로 들어오더니 다짜고짜 "기성금을 받았다는데 돈을 갚아야 할 것이 아니냐."라고 하였습니다. 제가 어제 기성금 2억 원을 받은 것은 사실이나 이미 1억 5,000만 원은 하도급 업체에 공사대금으로 지급하였고, 딸의 전세보증금 지급을 위하여 5,000만 원(100만원권 자기앞수표 50장)만 봉투에 담아 안방 화장대 위에 놓아두고 있었습니다.
제가 "이미 돈을 다 써버려 갚을 돈이 없다."라고 하자 이달수가 돈을 찾는지 집안을 둘러보다 안방에 있는 봉투를 쳐다보았습니다. 저는 순간 봉투를 집어 가슴에 품었고 "이건 딸의 전세보증금이니 줄 수 없다."라고 하였습니다. 그러자 이달수는 칼을 저의 목에 들이대면서 봉투를 빼앗아 갔습니다.
문 이달수의 처벌을 원하는가요.
답 엄한 처벌을 원합니다.
문 이상의 진술은 사실인가요.
답 예, 사실입니다. (무인)

위의 조서를 진술자에게 열람하게 하였던바, 진술한 대로 오기나 증감 · 변경할 것이 전혀 없다고 말하므로 간인한 후 서명무인하게 하다.

진술자 박 대 우 (무인)

2011. 11. 1.

서울서초경찰서

사법경찰리 경사 강 철 중 ㉠

피의자신문조서

피의자 이달수에 대한 특수강도 피의사건에 관하여 2011. 11. 2. 서울서초경찰서 형사과 형사팀 사무실에서 사법경찰관 경위 홍반장은 사법경찰리 경사 강철중을 참여하게 하고, 아래와 같이 피의자임에 틀림없음을 확인하다.

문　피의자의 성명, 주민등록번호, 직업, 주거, 등록기준지 등을 말하십시오.
답　성명은　이달수(李達洙)

주민등록번호는	******-*******	직업은 무직
주거는	서울 서초구 양재2동 125	
등록기준지는	(생략)	
직장 주소는	없음	
연락처는	자택전화 (생략)	휴대전화 (생략)
	직장전화 없음	전자우편(e-mail) (생략)

입니다.

사법경찰관은 피의사건의 요지를 설명하고 사법경찰관의 신문에 대하여 「형사소송법」 제244조의3에 따라 진술을 거부할 수 있는 권리 및 변호인의 참여 등 조력을 받을 권리가 있음을 피의자에게 알려주고 이를 행사할 것인지 그 의사를 확인하다.

진술거부권 및 변호인 조력권 고지 등 확인

1. 귀하는 일체의 진술을 하지 아니하거나 개개의 질문에 대하여 진술을 하지 아니할 수 있습니다.
2. 귀하가 진술을 하지 아니하더라도 불이익을 받지 아니합니다.
3. 귀하가 진술을 거부할 권리를 포기하고 행한 진술은 법정에서 유죄의 증거로 사용될 수 있습니다.
4. 귀하가 신문을 받을 때에는 변호인을 참여하게 하는 등 변호인의 조력을 받을 수 있습니다.

문 피의자는 위와 같은 권리들이 있음을 고지받았는가요.
답 예, 고지받았습니다.
문 피의자는 진술거부권을 행사할 것인가요.
답 아닙니다.
문 피의자는 변호인의 조력을 받을 권리를 행사할 것인가요.
답 아닙니다. 혼자서 조사를 받겠습니다.

이에 사법경찰관은 피의사실에 관하여 다음과 같이 피의자를 신문하다.
[피의자의 범죄전력, 경력, 학력, 가족 · 재산 관계 등은 생략]

문 피의자는 박대우로부터 5,000만 원을 빼앗은 사실이 있는가요.
답 예, 그런 사실이 있습니다.
문 언제, 어디에서인가요.
답 2011. 11. 1. 09:00경 서울 서초구 서초2동 250에 있는 피해자의 집에서입니다.
문 그 경위는 어떠한가요.
답 저의 고향선배 김토건이 'D건설'을 운영하는데 박대우에게 1억 원을 빌려주고 돌려받지 못하고 있었습니다. 제가 김토건에게 3,000만 원을 빌려달라고 부탁하였는데 처음에는 거절하다가 박대우가 빌려 간 돈을 대신 받아 오면 그 돈을 빌려주겠다는 것입니다. 그래서 몇 번 박대우를 찾아갔는데 번번이 돈이 없다는 것입니다.
그런데 2011. 10. 31. 오전에 김토건이 전화하여 지금 일본에서 한국으로 들어가고 있는데 자신의 에쿠스 승용차(**허****호)를 가지고 14:00까지 인천국제공항으로 마중 나오라고 하였습니다. 인천국제공항에서 김토건을 마중하여 서울로 오는 차 안에서 김토건이 "박대우가 어제 아니면 오늘 공사 기성금을 받은 것으로 알고 있다. 순순히 말해서는 주지 않을 것이니 확실히 받아 와라. 돈을 받아 오면 그 중 일부를 빌려주겠다."라고 말하였습니다. 그때 휴대용 서류 가방에서 봉투를 꺼내 주었는데 그 속에 주방용 식칼이 들어 있었습니다.
다음날 09:00경 서울 서초구 서초2동 250에 있는 박대우의 집에 찾아가 박대우에게 1억 원을 갚으라고 하였더니 돈이 없다는 것입니다.

그래서 돈을 숨겨놓지 않았나 집 안을 둘러보던 중 안방 화장대 위에 봉투가 놓여 있어 살펴보려고 하니 박대우가 먼저 봉투를 집어 가슴에 품으면서 딸의 전세보증금이라는 것입니다. 박대우가 너무 완강해 보여 그냥 받을 수 없을 것 같아 제가 미리 점퍼 안주머니에 넣어 둔 주방용 식칼을 꺼내어 박대우의 목에 들이대면서 봉투를 빼앗았습니다. 그 후 바로 김토건의 사무실로 가서 봉투 안에 든 5,000만 원 중에서 3,000만 원을 빌리고 2,000만 원을 김토건에게 주었습니다.

문 그 칼은 지금 어디에 있는가요.

답 박대우 집을 나온 뒤 길거리에서 버렸는데 어디에 버렸는지는 정확히 기억나지 않습니다.

문 그 칼은 어떻게 생겼는가요.

답 주방용 식칼인데 손잡이는 검고, 칼날은 15cm, 손잡이는 10cm 정도입니다.

문 김토건이 돈을 어떻게 받아 왔는지 묻지 않았는가요.

답 김토건이 묻지 않아서 굳이 설명하지 않았습니다.

문 피의자가 가져간 3,000만 원은 어떻게 하였는가요.

답 바로 사채를 갚았습니다.

문 피의자는 어떻게 체포되었는가요.

답 신고된 사실을 알고 도망가기 위하여 옷가지라도 챙기러 집에 들어가려다가 새벽 4:00경에 긴급체포 되었습니다.

문 이상의 진술내용에 대하여 이의나 의견이 있는가요.

답 없습니다. (무인)

위의 조서를 진술자에게 열람하게 하였던바, 진술한 대로 오기나 증감 · 변경할 것이 전혀 없다고 하므로 간인한 후 서명무인하게 하다.

진술자 이 달 수 (무인)

2011. 11. 2.

서울서초경찰서

사법경찰관 경위 홍 반 장 ㊞

사법경찰리 경사 강 철 중 ㊞

진술조서

성　　　　명: 정미희

주민등록번호: ******-*******　　27 세

직　　　　업: 회사원

주　　　　거: 서울 서초구 서초3동 130

등 록 기 준 지: (생략)

직 장　주 소: (생략)

연　　락　　처: (자택전화) (생략)　　　(휴대전화) (생략)

(직장전화) (생략)　　　(전자우편) (생략)

위의 사람은 피의자 성명불상자에 대한 성폭력범죄의처벌등에관한특례법위반(주거침입강간등) 피의사건에 관하여 2011. 6. 2. 서울서초경찰서 형사팀 사무실에 임의 출석하여 다음과 같이 진술하다.

1. 피의자 및 피의사실과의 관계

저는 성명불상의 피의자로부터 강간을 당할 뻔한 사실과 관련하여 피해자 자격으로 출석하였습니다.

이때 사법경찰리는 진술인 정미희를 상대로 다음과 같이 문답하다.

문　진술인은 어제인 2011. 6. 1. 23:00경 서울 서초구 서초3동 130 진술인의 집에서 강간당할 뻔하였다고 하였지요.

답　예, 그렇습니다.

문　그 경위에 대하여 자세히 진술하시오.

답 예, 저는 다세대주택의 1층에 세 들어 살고 있습니다. 엊저녁에 안방에서 잠을 자고 있는데 이상하여 눈을 떠보니 어떤 남자가 제 하의를 벗기고 있었습니다. 제가 소리를 치면서 몸을 밀어내려 하자 남자는 한 손으로 제 입을 막고 몸으로 눌러 움직이지 못하게 하면서 자신의 바지를 내리는 것이었습니다. 이대로 있다가는 당하겠구나 하는 생각에 계속해서 몸부림치면서 소리치자 당황한 남자가 문간방을 통하여 바로 도망갔습니다. 정신을 차리고 보니 문간방 창문이 열려 있었고 창문 턱에 신발자국이 남아 있었습니다. 아마 제가 창문 잠그는 것을 잊어버렸나 봅니다.

문 범인의 인상착의 등 특징에 대하여 기억나는 대로 진술하시오.

답 저는 침대 스탠드 보조등을 켜놓고 잠을 자는데 그 빛으로 어느 정도 볼 수 있습니다. 범인은 30~40대로 보이고, 짧은 곱슬머리에 얼굴이 각이 졌고 눈썹이 짙었습니다. 도망갈 때 보니 키는 중간 정도였고, 짙은 색 계통의 점퍼와 트레이닝복 바지를 입고 있었습니다.

문 범인의 처벌을 원하는가요.

답 꼭 처벌해 주십시오.

문 이상의 진술은 사실인가요.

답 예, 사실입니다. (무인)

위의 조서를 진술자에게 열람하게 하였던바, 진술한 대로 오기나 증감 · 변경할 것이 전혀 없다고 말하므로 간인한 후 서명무인하게 하다.

진술자 정 미 희 (무인)

2011. 6. 2.

서울서초경찰서

사법경찰리 경장 송 민 철 ㊞

진술조서(제2회)

성　　　　명: 정미희

주민등록번호: ******-*******　　27 세

직　　　　업: 회사원

주　　　　거: 서울 서초구 서초3동 130

등 록 기 준 지: (생략)

직 장　주 소: (생략)

연　　락　　처: (자택전화) (생략)　　　(휴대전화) (생략)

(직장전화) (생략)　　　(전자우편) (생략)

위의 사람은 피의자 이달수에 대한 성폭력범죄의처벌등에관한특례법위반(주거침입강간등) 피의사건에 관하여 2011. 11. 2. 서울서초경찰서 형사팀 사무실에 임의 출석하여 다음과 같이 진술하다.

1. 피의자와의 관계
피의자와 아무런 관계가 없습니다.

2. 피의사실과의 관계
저는 피의자로부터 강간을 당할 뻔한 사실과 관련하여 피해자 자격으로 출석하였습니다.

이때 사법경찰리는 진술인 정미희를 상대로 다음과 같이 문답하다.

문 진술인은 2011. 6. 1. 23:00경 서울 서초구 서초3동 130 진술인의 집에서 강간당할 뻔한 사실이 있어 2011. 6. 2. 우리 경찰서에서 피해자로서 진술한 사실이 있지요.

답 예, 그렇습니다.

2011. 6. 2. 작성된 피해자에 대한 진술조서를 제시하여 읽어보게 한 다음

문 이때 사실대로 진술하였는가요.

답 예, 그렇습니다.

문 진술인은 오늘 12:00경 피의자 이달수의 얼굴을 확인하였지요.

답 경찰관이 용의자 한 명을 한 쪽에서만 볼 수 있는 유리창 너머에 세워 놓고 저에게 확인시켰습니다. 첫눈에 범인이라는 생각이 들었습니다.

문 피의자의 처벌을 원하는가요.

답 예, 엄히 처벌해주시기 바랍니다.

문 이상의 진술은 사실인가요.

답 예, 사실입니다. (무인)

위의 조서를 진술자에게 열람하게 하였던바, 진술한 대로 오기나 증감 · 변경할 것이 전혀 없다고 말하므로 간인한 후 서명무인하게 하다.

진술자 정미희 (무인)

2011. 11. 2.

서울서초경찰서

사법경찰리 경장 송민철 ㊞

압 수 조 서

피의자 이달수에 대한 특수강도 등 피의사건에 관하여 2011년 11월 2일 17시00분경 서울 서초구 양재2동 125 이달수의 집에서 서초경찰서 형사과 형사팀 사법경찰관 경위 최경수는 사법경찰리 경장 송민철을 참여하게 하고 별지 목록의 물건을 다음과 같이 압수하다.

압 수 경 위

2011. 11. 2. 04:00 피의자 이달수를 특수강도 혐의로 긴급체포하여 서울서초경찰서 형사과 형사팀 사무실로 인치하였는데, 피의자의 인상착의가 당서에서 수사 중인 2011. 6. 1.자 주거침입 강간미수사건의 용의자와 유사하여 피해자 정미희를 당서로 불러 피의자를 보여준 결과 범인이 맞다고 하다. 이에 피의자의 주거지를 수색한 결과 용의자의 신발자국과 유사한 신발을 발견하고 형사소송법 제217조 제1항에 따라 긴급체포한 지 24시간 이내에 압수하다.

	성 명	주민등록번호	주 소	서명 또는 날인
참여인	박숙자 (동거녀)	(생략)	피의자와 동일	(생략)

2011년 11월 2일

서 울 서 초 경 찰 서

사법경찰관 경위 최 경 수 ㊞

사법경찰리 경장 송 민 철 ㊞

압 수 목 록

<table>
<tr><td rowspan="3">번호</td><td rowspan="3">품 종</td><td rowspan="3">수량</td><td colspan="4">피 압 수 자 주 거 성 명</td><td rowspan="3">소 유 자
주 거 · 성 명</td><td rowspan="3">비 고</td></tr>
<tr><td>1</td><td>2</td><td>3</td><td>(4)</td></tr>
<tr><td>유류자</td><td>보관자</td><td>소지자</td><td>소유자</td></tr>
<tr><td>1</td><td>나이키 신발</td><td>1켤레</td><td colspan="4">서울 서초구 양재2동 125
이달수</td><td>이달수</td><td></td></tr>
<tr><td></td><td></td><td></td><td colspan="4"></td><td></td><td></td></tr>
<tr><td></td><td></td><td></td><td colspan="4"></td><td></td><td></td></tr>
<tr><td></td><td></td><td></td><td colspan="4"></td><td></td><td></td></tr>
<tr><td></td><td></td><td></td><td colspan="4"></td><td></td><td></td></tr>
<tr><td></td><td></td><td></td><td colspan="4"></td><td></td><td></td></tr>
<tr><td></td><td></td><td></td><td colspan="4"></td><td></td><td></td></tr>
<tr><td></td><td></td><td></td><td colspan="4"></td><td></td><td></td></tr>
<tr><td></td><td></td><td></td><td colspan="4"></td><td></td><td></td></tr>
<tr><td></td><td></td><td></td><td colspan="4"></td><td></td><td></td></tr>
<tr><td></td><td></td><td></td><td colspan="4"></td><td></td><td></td></tr>
<tr><td></td><td></td><td></td><td colspan="4"></td><td></td><td></td></tr>
<tr><td></td><td></td><td></td><td colspan="4"></td><td></td><td></td></tr>
<tr><td></td><td></td><td></td><td colspan="4"></td><td></td><td></td></tr>
<tr><td></td><td></td><td></td><td colspan="4"></td><td></td><td></td></tr>
</table>

교 통 사 고 보 고

(실황조사서)

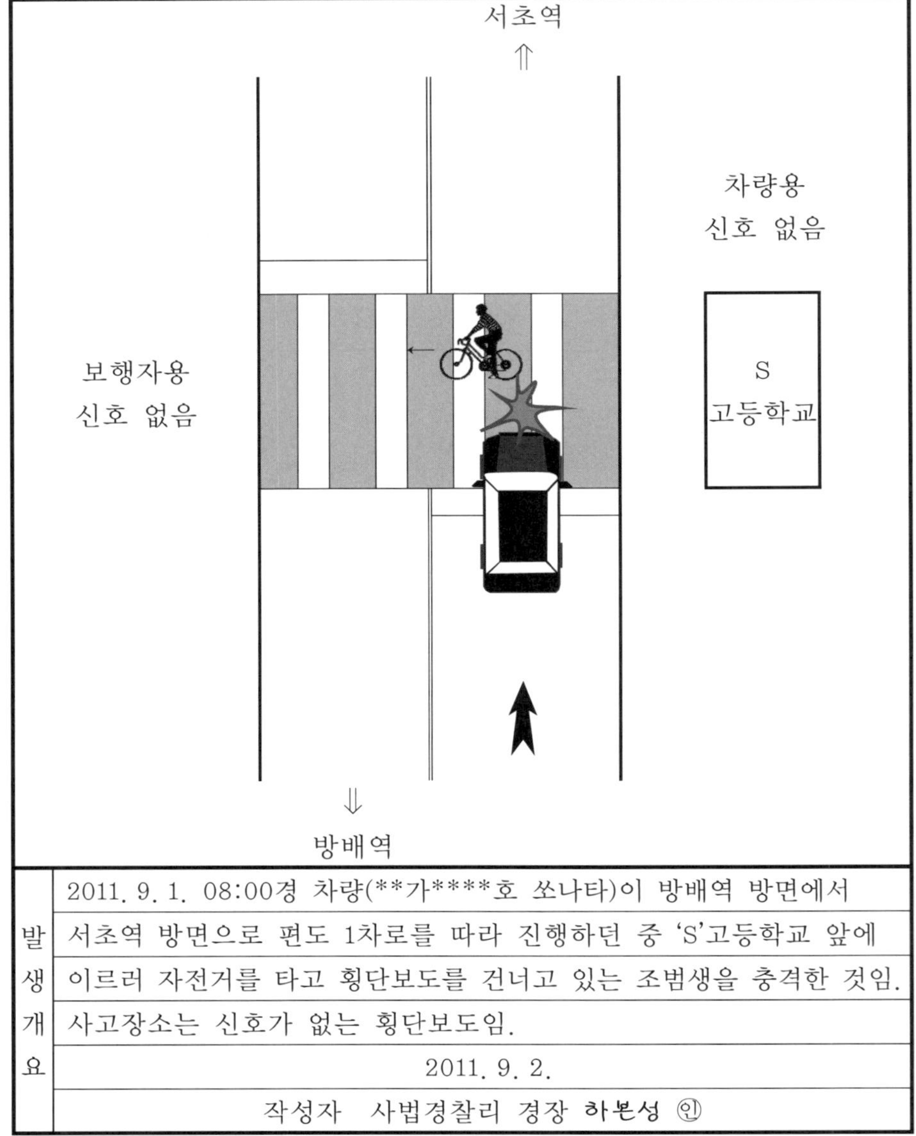

발생개요	2011. 9. 1. 08:00경 차량(**가****호 쏘나타)이 방배역 방면에서 서초역 방면으로 편도 1차로를 따라 진행하던 중 'S'고등학교 앞에 이르러 자전거를 타고 횡단보도를 건너고 있는 조범생을 충격한 것임. 사고장소는 신호가 없는 횡단보도임.
	2011. 9. 2.
	작성자　사법경찰리 경장 **하본성** ㊞

진 술 서

성 명 조범생 (******_*******)
주 소 서울 서초동 이하 생략

1. 저는 2011. 9. 1. 08:00경 서울 서초구 서초1동 114 'S고등학교' 정문 앞 횡단보도에서 교통사고를 당한 사실이 있습니다.
1. 제가 자전거를 타고 신호등이 없는 횡단보도를 건너는데 **가****호 쏘나타 승용차가 저와 자전거 왼쪽을 들이받아 길바닥에 넘어지면서 다리가 골절되는 등 상해를 입었습니다.
1. 가해자 차량은 종합보험에 가입되지 않은 것으로 알고 있습니다.
1. 아직 가해자가 피해를 배상하지 아니하여 처벌을 원합니다.
1. 진단서를 제출하겠습니다.

첨부: 진단서(생략)

2011. 9. 3.
진술자 조 범 생 ㊞

진 술 서

성 명 장희빈 (******-*******)
주 소 서울 동대문구 이문동 333

1. 저는 서울 서초구 서초2동 119에서 '룰루' 유흥주점을 운영하고 있습니다.
1. 저는 2011. 10. 10. 23:00경 무전취식의 피해를 당한 사실이 있습니다.
1. 이달수가 혼자 들어와 호기롭게 술 등을 주문하여 돈이 없는 줄 몰랐습니다. 도우미 1명을 부르고 21년 산 양주 2병을 마셨습니다. 대금이 100만 원이 나와 지급을 요구하니까 외상으로 하자고 하여 바로 경찰에 신고하였습니다.
1. 경찰이 출동하여 확인해 보니 수중에 현금 2만 원만 있고, 신용카드도 없었습니다.
1. 술값만 지급하면 처벌을 원하지는 않습니다.
1. 영수증을 제시하겠습니다.

첨부: 영수증(생략)

2011. 10. 11.
진술자 장 희 빈 ㊞

피의자신문조서

피의자 김토건에 대한 특수강도교사 피의사건에 관하여 2011. 11. 3. 서울서초경찰서 형사과 형사팀 사무실에서 사법경찰관 경위 홍반장은 사법경찰리 경사 강철중을 참여하게 하고, 아래와 같이 피의자임에 틀림없음을 확인하다.

문 피의자의 성명, 주민등록번호, 직업, 주거, 등록기준지 등을 말하십시오.
답 성명은 김토건(金土建)
　주민등록번호는 ******-******* 직업은 건설업체 사장
　주거는 서울 강남구 대치1동 기아아파트 101동 1007호
　등록기준지는 (생략)
　직장 주소는 서울 서초구 서초1동 10
　연락처는 자택전화 (생략) 휴대전화 (생략)
　직장전화 (생략) 전자우편 (e-mail) (생략) 입니다.

사법경찰관은 피의사건의 요지를 설명하고 사법경찰관의 신문에 대하여 「형사소송법」 제244조의3에 따라 진술을 거부할 수 있는 권리 및 변호인의 참여 등 조력을 받을 권리가 있음을 피의자에게 알려주고 이를 행사할 것인지 그 의사를 확인하다.

[진술거부권 및 변호인 조력권 고지함. 그 내용은 생략]

[피의자의 범죄전력, 경력, 학력, 가족 · 재산 관계 등 생략]

문 피의자는 2011. 10. 31. 15:00경 이달수를 시켜 박대우가 빌려 간 돈 5,000만 원을 받아 오게 한 사실이 있지요
답 예, 그렇습니다.
문 그 경위를 진술하시오.
답 제가 3년 전에 박대우에게 빌려준 1억 원을 받지 못하고 있었습니다. 그러던 중 제 고향후배인 이달수가 저에게 3,000만 원을 빌려달라고

조르기에 박대우에게서 돈을 받아 오면 3,000만 원을 빌려주겠다고 하면서 박대우의 연락처, 사무실과 집 위치를 가르쳐주었습니다.

2011. 10. 31.경 일본 출장 중이었는데 거래처와 통화하던 중 박대우가 원청으로부터 기성금을 수억 원 받는다는 이야기를 들었습니다. 이때 받지 않으면 당분간 못 받을 것 같아서 바로 이달수에게 전화하여 오후에 귀국하니까 제 차를 가지고 공항에서 대기하라고 하였습니다. 그리고 인천국제공항에서 서울로 들어오는 길에 이달수에게 "박대우가 어제 아니면 오늘 공사 기성금을 받은 것으로 알고 있다. 순순히 말해서는 주지 않을 것이니 확실히 받아 와라. 돈을 받아오면 그중 일부를 빌려주겠다."라고 말하였습니다. 다음날 오전에 이달수가 박대우의 집을 찾아가서 5,000만 원을 받아 왔기에 그중 3,000만 원을 빌려주었습니다. 속으로 용케 받아 왔구나 생각하고 더 이상 묻지 않았습니다.

문 이달수는 피의자가 인천공항에서 서울로 오는 자동차 안에서 주방용 식칼이 든 봉투를 서류가방 속에서 꺼내 주어 그 식칼로 범행을 하였다고 진술하는데 어떠한가요.

답 말도 안 됩니다.

이때 피의자가 추가로 진술할 내용이 있다고 하다.

문 추가로 진술할 내용에 대하여 말하시오.

답 저는 2010. 9.경에 'H건설 주식회사'에서 시공하는 낙동강 창녕-함안보 공사를 하도급 받으려고 시도하였습니다. 그런데 저희 업체는 건설업체로서 보 공사 관련 전문면허와 공사 실적이 없어 하도급에 참여할 수 없었습니다. 그래서 'H건설 주식회사'의 내부 규정에 반하지만 어떤 식으로든지 공사의 하도급을 맡게 해 달라는 취지로 'H건설 주식회사' 이사 최현대에게 4,000만 원을 주려고 하였습니다.

2010. 10. 1. 저의 사무실에서 이런 내용을 알고 있는 이달수에게 현금 4,000만 원을 주면서 최현대에게 주고 오라고 심부름을 시켰는데 이달수가 그 돈을 마음대로 써버렸습니다.

지금까지 참고 있었는데 이 사건에 저를 끌어들이기까지 하여 진술을 하는 것입니다. 처벌해주시기 바랍니다.

문 이상의 진술내용에 대하여 이의나 의견이 있는가요.

답 없습니다. (무인)

위의 조서를 진술자에게 열람하게 하였던바, 진술한 대로 오기나 증감 · 변경할 것이 전혀 없다고 하므로 간인한 후 서명무인하게 하다.

진술자 김 토 건 (무인)

2011. 11. 3.

서울서초경찰서

사법경찰관 경위 홍 반 장 ㊞

사법경찰리 경사 강 철 중 ㊞

피의자신문조서(제2회)

피의자: 이달수

위의 사람에 대한 특수강도 등 피의사건에 관하여 2011. 11. 3. 서울서초경찰서에서 사법경찰관 경위 홍반장은 사법경찰리 경사 강철중을 참여하게 한 후, 피의자에 대하여 다시 아래의 권리들이 있음을 알려주고 이를 행사할 것인지 그 의사를 확인하다.

[진술거부권 및 변호인 조력권 고지함. 그 내용은 생략]

[피의자의 범죄전력, 경력, 학력, 가족 · 재산 관계 등 생략]

[횡령]

문 피의자는 2010. 10. 1.경 김토건이 'H건설 주식회사' 계약담당이사 최현대에게 전해주라며 받은 4,000만 원을 가져다주지 않고 임의로 사용한 사실이 있는가요.

답 예, 그렇습니다.

문 그 경위를 진술하시오.

답 김토건은 2010. 9.경에 'H건설 주식회사'에서 시공하는 낙동강 창녕-함안보 공사를 하도급 받으려고 시도하였습니다. 그런데 김토건의 사업체는 건설업체로서 보 공사 관련 전문면허와 공사 실적이 없어 하도급에 참여할 수 없었습니다. 그래서 'H건설 주식회사'의 내부 규정에 반하지만 어떤 식으로든지 공사의 하도급을 맡게 해 달라는 취지로 'H건설 주식회사' 이사 최현대에게 4,000만 원을 주라고 하였습니다. 그런데 그날 제 개인 채무 변제에 써버렸습니다.

[성폭력범죄의처벌등에관한특례법위반(주거침입강간등)]

문 피의자는 2011. 6. 1. 23:00경 서울 서초구 서초3동 130에 있는 피해자 정미희의 집에 들어가 피해자를 강간하려 한 사실이 있는가요.

답 없습니다.

문 피해자는 피의자의 얼굴을 확인하고 피의자가 범인이 맞다고 하는데요.

답 억울합니다.

문 범행 장소가 김토건의 사무실과 가까운데 범행 장소에 가본 적이 있는가요.

답 어디인지 모릅니다.

이때 피의자의 집에서 압수해 온 나이키 신발과 피해자의 집 창문 턱에 난 신발자국 사진을 제시하며

문 피의자가 신고 다니는 나이키 신발이 맞지요.

답 예, 제가 가끔 신는 것입니다.

문 피해자 집 창문 턱에 난 신발자국과 피의자의 나이키 신발 바닥 무늬가 육안으로 같아 보이는데 어떻게 된 것인가요.

답 같은 나이키 신발을 신는 사람이 어디 한두 명이겠습니까? 저는 인정할 수 없습니다.

문 피의자는 이전에도 주거에 침입하여 강간한 전력이 있는데요.

답 오래 전 젊었을 때의 일입니다. 전과만으로 용의자로 몰리는 것은 억울합니다.

[교통사고처리특례법위반]

문 피의자는 2011. 9. 1. 08:00경 서울 서초구 서초1동 114 'S고등학교' 정문 앞 횡단보도에서 교통사고를 낸 사실이 있는가요.

답 예, 그렇습니다.

문 그 경위를 진술하시오.

답 제가 12가3456호 쏘나타 승용차를 운전하다가 횡단보도를 통과하면서 자전거를 타고 횡단보도를 건너던 피해자를 뒤늦게 발견하고 제 승용차 앞 범퍼 부분으로 자전거를 들이받아 피해자가 넘어지면서 다리가 골절되는 상해를 입혔습니다.

제 차는 종합보험에 가입되어 있지 않고, 아직 합의하지 못하고 있습니다.

[사기]

문　피의자는 2011. 10. 10. 23:00경 서울 서초구 서초2동 119에 있는 피해자 장희빈이 운영하는 유흥주점에서 100만 원에 해당하는 술과 서비스를 제공받고, 그 대금을 지급하지 아니한 사실이 있지요.

답　예, 그렇습니다.

문　당시 술값을 지급할 수 있었는가요.

답　당시 수중에 2만 원밖에 없어 지급할 수 없었습니다.

문　피의자는 상습사기와 사기로 여러 번 처벌받은 전력이 있는데 모두 무전취식인가요.

답　예, 모두 무전취식입니다.

문　피해자 장희빈에게 변제하였는가요.

답　아직 변제하지 못하였습니다.

문　이상의 진술내용에 대하여 이의나 의견이 있는가요.

답　없습니다. (무인)

위의 조서를 진술자에게 열람하게 하였던바, 진술한 대로 오기나 증감 · 변경할 것이 전혀 없다고 하므로 간인한 후 서명무인하게 하다.

진술자 이 달 수 (무인)

2011. 11. 3.

서울서초경찰서

사법경찰관 경위 홍 반 장 ㊞

사법경찰리 경사 강 철 중 ㊞

국립과학수사연구원

1. 형사과-8342호 (1122-165)(2011-M-46804 경장 송민철)와 관련된 것입니다.
2. 위 건에 대한 감정결과를 회보합니다.
3. 문서처리자는 각 담당자에게 열람을 요청합니다.
4. 비밀번호 조회는 http://pwd.nisi.go.kr 에서 로그인 후 확인 바랍니다.

감정결과: 창문 턱에 있는 신발자국과 피의자 이달수의 나이키 신발의 바닥 무늬와 크기가 일치함. 끝.

국립과학수사연구원장 국립과학수사연구원장인

수신자

전결 11/6

○○연구관　정○○　　○○분석과장　홍○○

협조자

시행　00분석과-5229(2011.11.3)　　접수　(2011.11.3)

우 158-707 서울 양천구 신월7동 국립과학수사연구원 / http://www.mopas.go.kr

전화 02-2600-**** 전송 02-2600-**** /*****@nisi.go.kr /비공개

조회회보서

제2011-5231호

2011. 11. 2.

□ **조회대상자**

성명	이달수	주민등록번호	******-*******	성별	남
지문번호	*****-75***	주민지문번호	*****-758**	일련번호	********
주소	서울 서초구 양재2동 125				
등록기준지	(생략)				

□ **주민정보 - (생략)**

□ **범죄경력자료**

연번	입건일 / 처분일	입건관서	작성번호	송치번호 / 처분관서	형제번호 / 처분결과
		죄명			
1	2000. 9. 2.	서울강동경찰서	003323	2000-131	****-***-*****
	2001. 1. 22.	성폭력범죄의처벌및피해자보호등에관한법률위반(주거침입강간등)		서울지방법원 동부지원	징역 3년 집행유예 5년
2	2006. 3. 26.	서울강남경찰서	003421	2006-3877	****-***-*****
	2006. 5. 21.	사기		서울중앙지방법원	벌금 100만 원
3	2007. 9. 2.	서울강남경찰서	004323	2007-9900	****-***-*****
	2007. 11. 22.	상습사기		서울중앙지방법원	벌금 200만 원
4	2009. 9. 2.	서울강남경찰서	004357	2009-9999	****-***-*****
	2009. 10. 30.	상습사기		서울중앙지방법원	벌금 300만 원

□ **수사경력자료 (생략)** □ **지명수배내역 (생략)**

위와 같이 조회 결과를 통보합니다.

조 회 용 도 : 접수번호 2011-**** 수사
조회의뢰자 : 형사팀 경위 홍반장
작 성 자 : 형사팀 경사 김주용

서울서초경찰서장 인

기타 법원에 제출되어 있는 증거들

※ 편의상 다음 증거서류의 내용을 생략하였으나, 법원에 증거로 적법하게 제출되어 있음을 유의하여 변론할 것.

○ **검사 작성의 피의자 이달수에 대한 피의자신문조서(2011. 11. 9.)**

- 경찰에서의 진술과 동일한 취지로 내용 생략

○ **검사 작성의 피의자 김토건에 대한 피의자신문조서(2011. 11. 10.)**

- 경찰에서의 진술과 동일한 취지로 내용 생략

○ **김토건에 대한 조회회보서(2011. 11. 3.)**

- 범죄경력이 없는 초범으로 내용 생략

〔제 5 문〕 박노식, 공직선거법위반 등

【문제】

당신은 피고인 박노식의 변호인 변호사 박준이다.

다음 기록을 보고 변호인으로서 보석허가청구서를 작성하되 다음 쪽 양식의 청구이유 중 Ⅱ. Ⅲ. 부분을 작성하라.

【소송 진행 경과】

검사가 피고인을 공소제기 한 후 제1회 공판기일 이전임.

변호인은 기록열람등사청구권을 행사하여 수사기록 일체를 복사하여 읽었으며, 통영경찰서 유치장에서 피고인을 접견하여 사건에 대한 설명을 들었음.

【작성요령】

1. 학설 · 판례 등의 견해가 대립되는 경우, 어느 한 견해를 취하여 가장 적절한 변론을 할 것. 다만, 대법원 판례와 다른 견해를 취하여 변론을 하는 경우에는 자신의 입장에 따른 변론을 하되 대법원 판례의 취지를 적시할 것.
2. 증거능력이 없는 증거는 실제 소송에서는 증거로 채택되지 않아 증거조사가 진행되지 않지만, 이 문제에서는 시험의 편의상 증거로 채택되어 증거조사가 진행된 것을 전제하였음. 따라서 필요한 경우 증거능력에 대하여도 변론할 것.

【기록 형식 안내】

1. 쪽 번호는 편의상 연속되는 번호를 붙였음.
2. 조서, 기타 서류에는 필요한 서명, 날인, 무인, 간인, 정정인이 있는 것으로 볼 것.
3. 증거목록 중 '기재생략'이라고 표시된 부분에는 법에 따른 절차가 진행되어 그에 따라 적절한 기재가 있는 것으로 볼 것.
4. 증거기록에 첨부하여야 할 일부 서류 중 '(생략)' 표시가 있는 것, 수사기관의 조서에 첨부하여야 할 '수사과정확인서'는 적법하게 존재하는 것으로 볼 것.
5. 송달이나 접수, 통지, 결재가 필요한 서류는 모두 적법한 절차를 거친 것으로 볼 것.

【보석허가청구서 양식】

보석허가청구서

사 건 2010고합120 공직선거법위반 등
피고인 박노식(######-1#######), 정치인
주거 경남 고성군 동해면 일출리 330
등록기준지 위 같은 곳
청구인 변호인 변호사 박준
창원시 사파동 124

피고인은 현재 통영경찰서 유치장에 수감 중인바, 피고인의 변호인은 아래와 같이 피고인에 대한 보석을 청구합니다.

청구취지

피고인의 보석을 허가한다.
라는 결정을 구합니다.

청구이유

Ⅰ. 공소사실의 요지(생략할 것)
Ⅱ. 보석사유(10점)
Ⅲ. 공소사실별 청구이유(90점)
1. 공직선거법위반과 명예훼손의 점(김희갑에 대한 허위사실 공표 부분)(50점)
2. 정보통신망이용촉진및정보보호등에관한법률위반(명예훼손)의 점(20점)
3. 특정경제범죄가중처벌등에관한법률위반(배임)의 점(배삼룡에 대한 배임)(20점)
Ⅳ. 정상관계(생략할 것)
Ⅴ. 보석조건에 관한 의견(생략할 것)
Ⅵ. 결어(생략할 것)

첨부서류(생략)

2010. 12. 10.

피고인의 변호인 변호사 박 준 ㉑

창원지방법원 통영지원 제1형사부 귀중

기록내용시작

구속만료	2011.1.29.	미결구금
최종만료	2011.5.29.	
대행 갱신 만료		

창원지방법원 통영지원

구공판 **형사제1심소송기록**

기일 1회기일	사건번호	2010고합120	담임	제1형사부	주심	다
	사 건 명	가. 공직선거법위반 나. 명예훼손 다. 정보통신망이용촉진및정보보호등에관한법률위반 (명예훼손) 라. 특정경제범죄가중처벌등에관한법률위반(배임)				
	검 사	오재도	2010형제9660호			
	공소제기일	2010. 11. 30.				
	피 고 인	구속 박노식				
	변 호 인	변호사 박 준				

확 정	
보존종기	
종결구분	
보 존	

완결 공람	담 임	과 장	국 장	주심 판사	재판장	원장

<table>
<tr><td rowspan="2">접 수
공 람</td><td>과 장</td><td>국 장</td><td>원 장</td></tr>
<tr><td>㊞</td><td>㊞</td><td>㊞</td></tr>
</table>

공 판 준 비 절 차

회 부 수명법관 지정 일자	수명법관 이름	재 판 장	비 고

법 정 외 에 서 지 정 하 는 기 일

기일의 종류	일 시				재 판 장	비 고
1회 공판기일	2010.	12.	14.	10:00	㊞	

창원지방법원 통영지원

목 록		
문 서 명 칭	장 수	비 고
공소장	8	검사
변호인선임신고서	(생략)	피고인 박노식
영수증(공소장부본 등)	(생략)	변호사 박 준
영수증(공판기일통지서)	(생략)	변호사 박 준

창원지방법원 통영지원

목 록		
문서명칭	장 수	비 고
긴급체포서	(생략)	피고인 박노식
구속영장	(생략)	피고인 박노식
피의자 수용증명	(생략)	피고인 박노식

창원지방검찰청 통영지청

2010. 11. 30.

사건번호　2010형제9660호, 10025호(이송된 사건 번호)
수 신 자　창원지방법원 통영지원
제　　목　**공소장**
　　　　　검사 오재도는 아래와 같이 공소를 제기합니다.

Ⅰ. 피고인 관련사항　　120

피 고 인　박노식(******-1******), 55세
　　　　　직업　정치인, 010-****-****
　　　　　주거　경남 고성군 동해면 일출리 330
　　　　　등록기준지 위 같은 곳
죄　　명　공직선거법위반, 명예훼손, 정보통신망이용촉진및정보보호등에관한법률위반(명예훼손), 특정경제범죄가중처벌등에관한법률위반(배임)
적용법조　공직선거법 제250조 제2항, 형법 제307조 제2항, 정보통신망 이용촉진 및 정보보호 등에 관한 법률 제70조 제2항, 특정경제범죄 가중처벌 등에 관한 법률 제3조 제1항 제2호, 형법 제355조 제2항, 제40조, 제37조, 제38조.
구속여부　2010. 11. 24. 구속 (2010. 11. 22. 체포)
변 호 인　변호사 박　준(사선)

Ⅱ. 공소사실

1. 피고인은 2010. 6. 2. 실시된 제5회 전국동시지방선거에 공소외 이철호, 피해자 김희갑과 함께 경남 고성군 기초자치단체장후보로 출마한

사람으로, 사실은 김희갑이 고성군수로 재직 중이던 2008년경 이후 고성군의 부채는 없으며, 당항포리조트 사업, 고성농공단지 사업은 민간투자를 유치하거나 국비지원을 받은 것이지 부채를 얻어 추진한 사업이 아님에도 불구하고, 고성군에 부채가 많아 재정이 어렵고, 김희갑 후보가 군수 재직 중 추진한 사업이 대부분 빚을 얻어 한 것이라는 허위사실을 유포하기로 마음먹었다.

가. 피고인은 2010. 5. 21. 경남 고성군 고성읍 서외리 고성시장에서 박명수, 정준하, 정형돈 등 다수의 청중이 있는 자리에서 "김희갑 후보가 그동안 군정을 이끌면서 고성군을 300억 원의 빚더미에 올려놓았다. 당항포리조트 사업, 고성농공단지 사업도 어마어마한 빚을 내어서 추진한 것이다."라고 연설함으로써 고성군 기초단체장 후보자인 김희갑에게 불리하도록 허위의 사실을 공표함과 동시에 공연히 허위사실을 적시함으로써 김희갑의 명예를 훼손하였다.

나. 피고인은 2010. 5. 23. 경남 고성군 거류면 당동리 당동시장에서 박명수, 정준하, 정형돈 등 다수의 청중이 있는 자리에서 위 가항과 같이 연설함으로써 위 김희갑에게 불리하도록 허위의 사실을 공표함과 동시에 공연히 허위사실을 적시함으로써 동인의 명예를 훼손하였다.

2. 피고인은 피해자인 고성군수 이철호의 선거운동기간의 운전기사였던 이기사가 공직선거법위반죄로 구속되었다는 소문을 듣게 되자 사실은 이기사가 고성군수의 보좌관이 아니고, 통영지청에서는 기자들에게 문자를 보내는 방법으로 수사상황과 피의사실을 공표한 사실이 전혀 없음에도 불구하고, 이철호를 비방하는 내용의 문자를 통영지청에서 발신하는 것처럼 가장하여 보내기로 마음먹었다.

피고인은 2010. 11. 21. 15:18경 경남 고성군 고성읍 북문리 332에 있는 피고인의 별장에서 그곳에 있는 컴퓨터를 이용하여 케이티에서 운영하는 문자메시지 대량발송이 가능한 통합메시지서비스인 크로샷닷컴 사이트(www.xroshot.com)에서 연합뉴스 정학구 기자 등 8명의 기자들에게 발신번호가 통영지청(지청장실 055-664-3311)인 것처럼 허위의 발신번호를 게재하여 마치 창원지방검찰청 통영지청에서 수사상황과 피의사실을 미리 알려주는 것처럼 '발신번호: 055643311/ 11. 20. 통영지청, 고성군수 보좌관 이기사 멸치 1,000포 살포혐의구속, 이군수 집중조사중'이라는 내용의 문자를 발송하였다.

이로써 피고인은 공연히 허위의 사실을 적시하여 피해자인 창원지방검찰청 통영지청장 또는 통영지청 구성원의 명예를 훼손함과 동시에 비방할 목적으로 정보통신망을 통하여 공공연하게 거짓의 사실을 드러내어 피해자인 고성군수 이철호의 명예를 훼손하였다.

3. 피고인은 2002. 6. 30. 10:00경 경기도 이천시 모가면 중리 50에 있는 모가부동산중개사무소에서 피고인 소유의 위 모가면 두미리 산 70 소재 임야 100,000㎡를 피해자 배삼룡에게 시가 7억 원에 매도하는 매매계약을 체결하고, 피해자로부터 계약 당일 계약금 7,000만 원을, 8. 30. 중도금 3억 3,000만 원을 건네받았다. 그러므로 피고인은 약정에 따라 잔금기일인 같은 해 10. 30. 잔금 수령과 동시에 피해자에게 위 임야에 대한 소유권이전등기절차를 이행하여야 할 임무가 발생하였다.

같은 해 9. 1. 언론에서 정치권의 실세가 소유하고 있는 '영일울릉목장' 인근에 추진 중인 중부고속도로 북이천 나들목 신설에 특혜의혹이 있으며 이 지역 땅값이 이미 3배 이상 폭등하였다고 보도하자, 피고인은 땅을 판 것을 크게 후회하면서 새로운 매수인을 물색하였다. 피고인은 같은 해 9. 30. 위 모가면 중리 49에 있는 이천부동산중개사무소에서 공소외 구봉서에게 위 임야를 매매대금 12억 원에 매도하고 그 다음날 이천등기소에서 위 공소외인에게 임야에 대한 소유권이전등기를 마쳐주었다.

이로써 피고인은 위 부동산 시가 7억 원 상당의 재산상 이익을 취득하고 피해자에게 같은 액수에 해당하는 손해를 가하였다.

Ⅲ. 첨부서류

1. 긴급체포서 1통(생략)
2. 구속영장(체포된 피의자용) 1통(생략)
3. 변호인선임서 1통(생략)
4. 피의자수용증명 1통(생략)

검사 오재도 ㊞

제	1	책
제	1	권

창원지방법원 통영지원

증거서류등(검사)

사 건 번 호	2010고합120	담임	제1형사부	주심	다
사 건 명	가. 공직선거법위반 나. 명예훼손 다. 정보통신망이용촉진및정보보호등에관한법률위반(명예훼손) 라. 특정경제범죄가중처벌등에관한법률위반(배임)				
검 사	오재도		2010형제9660호		
피 고 인	박노식				
공소제기일	2010. 11. 30.				
1심 선고	20 . . .	항소	20 . . .		
2심 선고	20 . . .	상고	20 . . .		
확 정	20 . . .	보존			

제 1 책
제 1 권

구공판

창원지방검찰청 통영지청

증 거 기 록

검 찰	사건번호	2010형제9660호 2010형제10025호	법원	사건번호	2010고합120호
	검 사	오재도		판 사	
피 고 인	구속 박노식				
죄 명	가. 공직선거법위반 나. 명예훼손 다. 정보통신망이용촉진및정보보호등에관한법률위반(명예훼손) 라. 특정경제범죄가중처벌등에관한법률위반(배임)				
공소제기일	2010. 11. 30.				
구 속	2010. 11. 24. 구속(2010. 11. 22. 체포)		석 방		
변 호 인	변호사 박 준				
증 거 물	없 음				
비 고					

증 거 목 록 (증거서류 등)

2010고합120

2010형제9660호
2010형제10025호

신청인: 검사

순번	증거방법					참조사항등	신청기일	증거의견		증거결정		증거조사기일	비고
	작성	쪽수(수)	쪽수(증)	증 거 명 칭	성 명			기일	내용	기일	내용		
1	검사	14		고소장	김희갑								
2	〃	16		사실확인서	박명수 외49명								
3	〃	17		진술조서	김희갑								
4	〃	20		진술서	박명수								
5	〃	22		진술조서	박명수								
6	〃	26		수첩사본	박명수								
7	〃	27		진술조서	정준하								
8	〃	31		진술조서	정형돈								
9	〃	37		고소장	배삼룡								
10	〃	39		등기부등본									
11	〃	41		부동산매매계약서									
12	〃	45		피의자신문조서	박노식								
13	〃	50		선거운동원 명단									
14	〃	53		사실조회회보	고성군 선관위								

※ 증거의견 표시 - 피의자신문조서 : 인정 ○, 부인 ×
(여러 개의 부호가 있는 경우, 성립/임의성/내용의 순서임)
- 기타 증거서류 : 동의 ○, 부동의 ×

※ 증거결정 표시 : 채 ○, 부 ×

※ 증거조사 내용은 제시, 내용고지

고 소 장

고 소 인: 김희갑

피고소인: 박노식

죄 명: 공직선거법위반, 명예훼손

360 

창원지방검찰청 통영지청 귀중

고 소 장

고소인 김희갑(######-#######)

피고소인 박노식(######-#######)

죄 명 공직선거법위반, 명예훼손

1. 고소인과 피고소인의 관계

2010. 6. 2. 실시된 제5회 전국동시지방선거에 고소인, 피고소인, 고소외 이철호 3명은 고성군수에 출마하여 경쟁한 관계입니다. 당시 고소인이 현직군수이자 무소속후보로서 여론조사 1위를 달리며 당선이 유력하게 되자 피고소인은 저를 허위사실로 집중적으로 공격하였으며 결국 한나라당 공천을 받은 이철호 후보가 당선되었습니다. 다시는 이런 혼탁선거가 발붙이지 못하도록 철저하게 수사하여 처벌하여 주시기 바랍니다.

2. 고소사실

피고소인 박노식은 경남 고성군 기초자치단체장선거의 후보자로서, 사실은 같은 선거의 후보자인 김희갑이 고성군수로 재직 중이던 2008년경 이후 고성군의 부채는 없는데도 불구하고, 당시 여론조사 1위를 달리는 김희갑 후보를 불리하게 하기 위하여 허위사실을 유포하기로 마음먹고,

가. 2010. 5. 21. 경남 고성군 고성읍 서외리 고성시장에서 박명수, 정준하, 정형돈 등 다수의 청중이 있는 자리에서 "김희갑 후보가 그동안 군정을 이끌면서 고성군을 300억 원의 빚더미에 올려놓았다. 당항포리조트 사업, 고성농공단지 사업도 어마어마한 빚을 내어서 추진한 것이다."라고 연설하여 허위의 사실을 공표하고 공연히 허위사실을 적시함으로써 김희갑의 명예를 훼손하였습니다.

나. 2010. 5. 23. 경남 고성군 거류면 당동리 당동시장에서 박명수, 정준하, 정형돈 등 다수의 청중이 있는 자리에서 위와 같이 연설하여 허위의 사실을 공표하고 공연히 허위사실을 적시함으로써 동인의 명예를 훼손하였습니다.

별첨서류 - 확인서 1부

2010. 11. 10. 고소인 김희갑 (金熙甲印)

사실확인서

저희들은 고성군민으로서, 지난 6. 2. 지방선거에 고성군수 후보로 출마한 박노식이 선거유세에서 김희갑 후보를 심하게 비방하는 것을 직접 들었으므로 다음과 같이 연명으로 확인서를 제출합니다.

확인 내용:

1. 2010년 5월 21일 고성시장 유세에서 박노식 후보가 "김희갑 후보가 그동안 군정을 이끌면서 고성군을 300억 원의 빚더미에 올려놓았다. 당항포리조트 사업, 고성농공단지 사업도 어마어마한 빚을 내어서 추진한 것이다."라고 주장하였고, 박노식 후보의 처도 "김희갑 후보가 두 번 군수를 했는데 세 번째 군수가 되면 자기 몫을 한 몫 두둑이 챙길 것이다, 도둑이다"라고 했습니다.
2. 2010년 5월 23일 당동시장 유세에서 박노식 후보가 "김희갑 후보가 그동안 군정을 이끌면서 고성군을 300억 원의 빚더미에 올려놓았다. 당항포리조트 사업, 고성농공단지 사업도 어마어마한 빚을 내어서 추진한 것이다."라고 했고 또 "김희갑 후보는 자기 몫을 챙기기 위하여 3선에 출마한 것이다."라고 비방했습니다. 저희 확인자들은 위 유세를 똑똑히 들었습니다.
3. 그 외에도 박노식 후보는 가는 곳마다 김희갑 후보를 심하게 비방했으며, 김희갑 후보는 해명하기에 바빠 선거운동을 못할 지경이었으며, 지지율 여론조사에서 압도적 1위를 달리다가 결국 낙선하였습니다.

(확인자 명단은 별첨합니다)

2010. 11. 9. 확인자 대표 박명수 (박명수)

(※ 확인자 명단은 생략함. 확인자 명단에는 확인자 50명의 자필 서명 · 날인이 되어 있음.)

진술조서(고소인)

성 명 : 김희갑
주민등록번호 : 43####-1######
직 업 : 무직
주 거 : 경남 고성군 고성읍 읍성리 310
등 록 기 준 지 : (생략)
직 장 주 소 : (생략)
연 락 처 : (자택전화) (휴대전화)
(직장전화) (전자우편)

위의 사람은 피의자 박노식에 대한 공직선거법위반 피의사건에 관하여 2010. 11. 11. 통영지청 1호 검사실에서 다음과 같이 진술하다.

1. 피의자와의 관계

저는 피의자 박노식과 아무런 관계가 없습니다.

1. 피의사실과의 관계

저는 피의사실과 관련하여 피해자로서 참고인 자격으로 출석하였습니다.

문 고소의 취지는 무엇인가요.

답 선거도 다 끝나고 잊어버리고 살았지만, 그동안 고생했던 선거사무원들이 "우리가 떨어진 것은 군수님이 도둑놈으로 몰려서 그렇게 된 것입니다."라고 했습니다. 고성군이 5년 동안 전국에서 유일하게 부채가 없는 군인데도 박노식 후보 측이 유세 때마다 "300억 원의 빚더미에 앉아 있다. 도둑놈이다. 3선을 하면 한 몫 챙길 것이다."라고 공격했습니다. 그래서 명예회복을 하기 위하여 박노식을 명예훼손죄로 고소하기로 했습니다.

문 박노식이 고소인을 '고성군 빚더미, 도둑놈' 등으로 비방했다는 근거자료로서 녹화자료나 녹음자료가 있는가요.

답 사무실에 알아보았더니 녹음, 녹화는 한 것이 없다고 합니다. 처음에 비디오 촬영팀에서 촬영을 하다가 박노식 후보 측에서 거세게 몸싸움을 하는 바람에 그 뒤로는 촬영을 하지 못했습니다.

문 박노식이 고소인에 대한 비방연설을 얼마나 많이 했는가요.

답 박노식의 처가 많이 했습니다. 서상장날, 안의장날, 함양장날, 마천장날, 각 장날마다 많이 했습니다. 저가 직접 들은 것도 2회 정도 됩니다.

문 박노식은 고소인을 비방하지 않았나요.

답 후보자는 바빠서 상대방의 유세를 들을 시간이 없습니다. 그래서 직접 듣지는 못했는데, 저의 선거운동원들은 박노식이 비방연설을 하는 것을 많이 들었다고 합니다. 저가 스트레스를 받을까 염려했는지 저에게 자세한 발언 내용은 말하지 않고 "비방이 극심하다."고 보고했습니다.

문 그렇다면 그 당시에 선관위나 사법당국에 고발을 해야 하는 것이 아닌가요.

답 저의 불찰입니다.

문 고소인은 당선자인 이철호 군수가 공직선거법위반죄로 재판을 받고 있는데 나중에 보궐선거가 있으면 출마할 계획인가요.

답 예. 제가 2위를 했고, 박노식의 비방 때문에 억울하게 낙선했기 때문에 출마할 계획입니다.

문 피고소인의 처벌을 원하는가요.

답 엄한 처벌을 원합니다. 그러나 지금이라도 군민 앞에 공개적으로 사과하면 용서할 수 있습니다.

문 더 할 말이 있는가요.

답 없습니다.

위의 조서를 진술자에게 열람하게 하였던바, 진술한 대로 오기나 증감 · 변경할 것이 전혀 없다고 말하므로 간인한 후 서명 날인(무인)하게 하다.

진술자 김희갑 金熙甲印

2010. 11. 11.

창원지방검찰청 통영지청

검 사 오재도 인

검찰주사보 김대호 인

진술서

진술인: 박명수
고성군 회화면 배둔리 1104

본인은 올해 6.2.지방선거 당시 박노식 후보가 김희강 후보를 상대로 허위사실을 유포하는 것을 본 사실이 있어 다음과 같이 진술합니다.
2010년 5월 21일 고성시장 유세에서 박노식 후보가 김희강 후보의 모든 치적은 빚을 얻어다 한 일이다, 고성군이 300억 원이 넘는 빚더미에 앉아 있다고 주장하였고, 박노식 후보의 처도 김희강 후보가 두 번 군수를 했는데 세 번째 군수가 되면 자기 몫을 한 몫 두둑이 챙길 것이라고, 도둑이라고 했습니다.
2010년 5월 23일 당동시장 유세에서도 박노식 후보가 당항포리조트 사업, 고성농공단지 사업도 모두가 빚을 내어서 한 일이다, 김희강 후보는 자기 몫을 챙기기 위하여 3선에 출마한 것이라고 비방했습니다.
이러한 내용의 선거유세를 선거기간 내내 박노식 후보와 그의 처, 그의 딸까지 동원하여 진행했습니다.

참고자료제출: 김희강 군수의 재직 중 고성군이 채무가 없다는 기사가 실린 신문기사를 제출하겠습니다.

2010. 11. 12. 진술인 박명수 (박명수)

※ 검사가 고성군청 회계과로부터 군 재정에 관한 제반 자료를 받아 검토한 결과, 고성군의 채무는 극히 양호한 상태로 확인되었음.
※ 재정 관련 제반 자료는 생략함.

MK뉴스

종합 NEWS

대구 남구·경남 고성군 빚 한 푼도 없어요
예산 범위내서 알뜰살림 꾸려… 필요한 사업 국비·시비로 해결
기사입력 2010.07.23 14:34:02

최근 지방자치단체의 재정위기가 문제가 되고 있는 가운데 부채가 전혀 없는 기초자치단체가 있어 눈길을 끌고 있다.
대구 남구와 경남의 고성군이 대표적인 사례. 이 두 기초단체는 현재 부채가 0이다.
특히 두 지자체 모두 변변한 기업도 없고 세수마저 적어 재정자립도가 극도로 낮은데도 불구하고 빚이 전혀 없어 다른 지자체가 본받아야 할 좋은 사례로 손꼽히고 있다.
대구 남구에 따르면....(중략)
경남 고성군도 재정자립도가 11.8%로 경남지역 18개 시·군 중 최하위 수준이지만 3년째 단 한 푼의 빚도 지지 않는 알뜰 살림을 하고 있다. 2009년 기준으로 산청군(61억 원)을 제외한 경남도 내 16개 시·군의 채무액이 최소 142억 원(거창군), 최대 2715억 원(김해시)인 것과는 비교 자체가 안 된다.
이처럼 고성군이 채무 '제로' 상태를 유지하고 있는 것은 군수와 실·과장들이 빚을 내야 하는 무리한 사업을 추진하지 않고 필요한 사업비의 상당 부분을 국·도비를 확보해 충당하고 있기 때문. 고성박물관 건립과 종합복지관 등 문화기반시설 사업비 228억 원, 소도읍육성사업비 70억 원, 폐기물종합처리장 건립비 208억 원, 상수도개발사업비 220억 원 가운데 80~90%를 국·도비로 충당했다. 새로 당선된 이철호 군수는 "전임 군수에 이어 채무 '0' 상태를 유지하기 위하여 선거공약인 실내수영장 건립비 200억여 원도 예산 지원을 건의해 놓고 있다"며 "관광지개발사업 등의 경우에는 민간자본을 유치해 재정에 부담을 주지 않고 있다"고 말했다.
[박동진 기자]

※ 매일경제의 기사 중, 자치단체의 이름 등을 바꾼 것임.

진술조서

성　　　명 : 박명수

주민등록번호 : 59####-1######

직　　　업 : 농업

주　　　거 : 경남 고성군 회화면 배둔리 1104

등 록 기 준 지 : (생략)

직 장 주 소 : (생략)

연　락　처 : (자택전화) 생략　　(휴대전화) 생략

(직장전화)　　(전자우편)

위의 사람은 피의자 박노식에 대한 공직선거법위반등 피의사건에 관하여 2010. 11. 12. 창원지방검찰청 통영지청 수사계에 임의 출석하여 다음과 같이 진술하다.

1. 피의자와의 관계

아무 관계 없습니다.

1. 피의사실과의 관계

저는 피의사실과 관련하여 참고인 자격으로 출석하였습니다.

이때 검사는 진술인 박명수를 상대로 다음과 같이 문답하다.

문　진술인은 2010. 6. 2. 제5회 전국 동시지방선거에서 고성군수 후보로 출마한 박노식이 선거유세를 하는 과정에서 상대후보자인 김희갑을 헐뜯는 말을 들은 사실이 있는가요.

답　예. 제가 유세현장에서 직접 들었습니다.

문 진술인이 들은 말은 무엇인가요.

답 2010. 5. 21. 고성시장 유세에서 박노식 후보가 "김희갑 후보가 그동안 군정을 이끌면서 고성군을 300억 원의 빚더미에 올려놓았다. 당항포리조트 사업, 고성농공단지 사업도 어마어마한 빚을 내어서 추진한 것이다."라고 주장하였고, 박노식 후보의 처도 "김희갑 후보가 두 번 군수를 했는데 세 번째 군수가 되면 자기 몫을 한 몫 두둑이 챙길 것이다, 도둑이다"라고 했습니다. 2010. 5. 23. 당동시장 유세에서도 박노식 후보가 "김희갑 후보가 그동안 군정을 이끌면서 고성군을 300억 원의 빚더미에 올려놓았다. 당항포리조트 사업, 고성농공단지 사업도 어마어마한 빚을 내어서 추진한 것이다."라고 했고 또 "김희갑 후보는 자기 몫을 챙기기 위하여 3선에 출마한 것이다."라고 비방했습니다. 선거기간 내내 박노식 후보와 그의 처, 그의 딸이 이러한 내용의 선거유세를 계속했습니다.

문 박노식 후보와 그의 처, 그의 딸의 유세 내용은 각각 어떠한가요.

답 박노식 후보는 앞서 말한 것과 같이 연설을 하였고, 그의 처는 김희갑 후보를 도둑이라고 하였고, 그의 딸은 아버지의 행적에 대하여 말을 하면서 눈물로써 한 표라도 얻으려고 하였습니다.

문 박노식 등은 어떤 방식으로 유세를 하였나요.

답 선거차량에 탑승하여 연설대에서 마이크를 잡고 연설을 하였습니다.

문 이런 유세를 같이 들은 사람은 누구인가요.

답 고성시장 유세와 당동시장 유세에 정준하, 정형돈과 항상 같이 있었습니다.

문 당시 유세장의 청중 규모는 어떠한가요.

답 고성시장 유세는 250명 정도, 당동시장 유세는 300명 정도 되었습니다.

문 위와 같은 말을 듣게 된 경위는 어떠한가요.

답 장날 유세에는 모든 후보자의 유세 차량이 집중되는데 제가 김희갑 후보자의 자원봉사자로서 연설원으로 일을 했기 때문에 상대후보자의 주장에 대하여 대응 논리를 펼치기 위하여 항상 상대 후보자의 연설을 잘 듣고 수첩에 기재하였습니다.

이때, 진술인은 상의 호주머니에서 수첩을 꺼내어 보여주므로 관련 자료를 사본하여 조서말미에 편철하다.

문 당시 박노식 후보자의 비방연설을 들은 후에 선거관리위원회 등에 신고한 사실이 있는가요.

답 당시 여론조사 결과가 김희갑 후보 1위, 이철호 후보 2위, 박노식 후보는 좀 처지는 3위였기 때문에 대수롭지 않게 생각하고 신고하지 않았습니다.

문 이상의 진술은 사실인가요.

답 예, 사실입니다. (무인)

위의 조서를 진술자에게 열람하게 하였던바, 진술한 대로 오기나 증감·변경할 것이 전혀 없다고 말하므로 간인한 후 서명 날인(무인) 하게 하다.

진술자　박명수 (박명수)

2010. 11. 12.

창원지방검찰청 통영지청

검　　사　　　오재도 (인)
검찰주사보　　김대호 (인)

별지 - 진술인 박명수의 수첩 사본

300억 빚 - 확인 가능, 고성군 빚 無

다곡리조트 - 빚이 아니고 민자유치, 미국발 금융위기 영향받아
착공지연, 투자자 컨소시엄 형성되면 착공시작

안의농공단지 - 김희갑이 발로 뛰어 민자유치, 빚이 아님.

3선되면 제 몫 챙긴다? - 일 잘하는 머슴 한 번 더 부리자.
법적으로 세 번, 법대로 하자.
선거 때만 되면 나오는 흑색선전
고성군민의 수준이 높아졌다.

차라리 마누라를 바꿔라가 여성비하?
- 여성비하가 아니라 비유일 뿐

진술조서

성　　　명 : 정준하

주민등록번호 : 75####-1######

직　　　업 : 건설업

주　　　거 : 경남 고성군 고성읍 읍성리 읍내 아파트 103 - 205

등 록 기 준 지 : 생략

직 장 주 소 :

연　락　처 : (자택전화) 생략　　(휴대전화) 생략

(직장전화)　　(전자우편)

위의 사람은 피의자 박노식에 대한 공직선거법위반등 피의사건에 관하여 2010. 11. 13. 창원지방검찰청 통영지청 수사계에 임의 출석하여 다음과 같이 진술하다.

1. 피의자와의 관계

아무 관계 없습니다.

1. 피의사실과의 관계

저는 피의사실과 관련하여 참고인 자격으로 출석하였습니다.

이때 검사는 진술인 정준하를 상대로 다음과 같이 문답하다.

문　진술인은 현재 어떤 일을 하고 있는가요.

답　건설업을 하면서 고성군의 상하수도 관련 관급공사를 주로 하고 있습니다.

문　이 사건을 알게 된 경위는 어떠한가요.

답　저는 이번 선거 때 김희갑 후보자의 자원봉사자로서 김희갑 후보자를 수행하였으므로 유세현장에서 상대후보자의 유세를 잘 들을 수 있었습니다.

문 진술인은 이번 선거에서 고성군수 후보로 출마한 박노식이 선거유세를 하는 과정에서 김희갑 후보를 헐뜯는 말을 들은 사실이 있는가요.

답 예. 제가 유세현장에서 직접 들었습니다.

문 진술인이 들은 말은 무엇인가요.

답 박노식 후보와 그의 처, 그의 딸이 김희갑 군수가 해온 일에 대하여 연설을 하였는데 그 요지는 '고성군에 빚이 많고, 군수가 3선을 하면 비리를 많이 저지를 것이다'는 주장이었습니다.

문 박노식 후보와 그의 처, 그의 딸의 유세 내용은 각각 어떠한가요.

답 5. 21. 고성시장 유세와 5. 23. 당동시장 유세 내용을 모두 들었고 내용도 비슷했는데, 박노식 후보는 당항포리조트 사업, 고성농공단지 사업을 주로 비판하였고, 그의 처는 "고성군이 빚더미에 앉아 있다. 김희갑 후보가 3선을 하면 수많은 비리를 저지르고 떠날 것이다. 3선은 막아야 한다."고 하였고, 그의 딸도 같은 주장을 하였습니다.

문 박노식 등은 어떤 방식으로 유세를 하였나요.

답 선거차량에 탑승하여 연설대에서 마이크를 잡고 연설을 하였습니다.

문 이 유세를 같이 들은 사람은 누구인가요.

답 고성시장 유세와 당동시장 유세에 박명수, 정형돈과 항상 같이 있었습니다.

문 박노식 등의 비방 장면을 촬영을 하였나요.

답 고성시장 유세 이틀 전(5. 19.)에 배둔시장 유세가 있었는데 거기에서도 같은 비방연설을 하였는데 제가 비방 장면을 촬영하려고 하니까 박노식 측 운동원 2명이 저에게 달려들어 카메라를 뺏으려고 하여 몸싸움이 벌어져 촬영이 제대로 되지 않았습니다. 나중에 확인해 보니까 화면이 흔들리고 말소리가 안 나왔습니다.

문 김희갑 후보 측은 5. 20.경 김희갑 후보를 비난하는 불법 유인물이 발견되자 박노식 후보를 지목하여 선관위에 신고한 사실이 있지요.

답 예. 그런 사실이 있습니다.

문 그 사건은 어떻게 처리되었나요.

답 박노식 후보 측이 조사를 받았는데 아무 증거를 발견하지 못한 것으로 알고 있습니다.

문 이상의 진술은 사실인가요.

답 예, 사실입니다. (무인)

위의 조서를 진술자에게 열람하게 하였던바, 진술한 대로 오기나 증감 · 변경할 것이 전혀 없다고 말하므로 간인한 후 서명 무인하게 하다.

진술자 정준하 (정준하)

2010. 11. 13.

창원지방검찰청 통영지청

검 사 오재도 (인)
검찰주사보 김대호 (인)

진술조서

성 명 : 정형돈
주민등록번호 : 76####-1######
직 업 : 농업
주 거 : 경남 고성군 고성읍 공룡나라아파트 나동 301호
등록기준지 : 생략
직 장 주 소 :
연 락 처 : (자택전화) 생략 (휴대전화) 생략
(직장전화) (전자우편)

위의 사람은 피의자 박노식에 대한 공직선거법위반등 피의사건에 관하여 2010. 11. 14. 창원지방검찰청 통영지청 1호 검사실에 임의 출석하여 다음과 같이 진술하다.

1. 피의자와의 관계

아무 관계 없습니다.

1. 피의사실과의 관계

저는 피의사실과 관련하여 참고인 자격으로 출석하였습니다.

이 때 검사는 진술인 정형돈을 상대로 다음과 같이 문답하다.

문 진술인은 현재 어떤 일을 하고 있는가요.

답 농업에 종사하고 있습니다.

문 이 사건을 알게 된 경위는 어떠한가요.

답 저는 김희갑 후보자의 생질(누나의 아들)로서 이번 선거 때 김희갑 후보의 선거사무원으로 자원봉사자의 업무 분장 등의 일을 하였고 유세현장에도 나갔으므로 그곳에서 만나는 상대후보자의 유세를 잘 들을 수 있었습니다.

문 진술인은 이번 선거에서 고성군수 후보로 출마한 박노식이 유세를 하면서 김희갑 후보를 비방하는 것을 들은 사실이 있는가요.

답 예. 제가 직접 들었습니다.

문 진술인이 들은 말은 무엇인가요.

답 박노식 후보와 그의 처, 그의 딸이 김희갑 군수가 해온 일에 대하여 연설을 하였는데 그 요지는 '고성군에 빚이 많고, 군수가 3선을 하면 비리를 많이 저지를 것이다'는 주장이었습니다.

문 박노식 후보와 그의 처, 그의 딸의 유세 내용은 각각 어떠한가요.

답 고성시장 유세와 당동시장 유세를 모두 들었습니다. 박노식 후보는 당항포리조트 사업, 고성농공단지 사업을 비판하였고, "고인 물은 썩는다. 3선은 막아야 한다."고 주장했습니다. 그의 처는 "김희갑 후보가 3선을 하면 수많은 비리를 저지르고 떠날 것이다. 3선은 막아야 한다."고 하였고, 그의 딸은 "김희갑 군수가 추진한 사업 때문에 고성군이 빚더미에 앉아 있다."고 주장을 하였습니다.

문 이 유세를 같이 들은 사람은 누구인가요.

답 고성시장 유세와 당동시장 유세를 할 때 박명수, 정준하와 항상 같이 있었습니다.

문 이상의 진술은 사실인가요.

답 예, 사실입니다. (무인)

위의 조서를 진술자에게 열람하게 하였던바, 진술한 대로 오기나 증감·변경할 것이 전혀 없다고 말하므로 간인한 후 서명 무인하게 하다.

진술자 정형돈 (정형돈)

2010. 11. 14.

창원지방검찰청 통영지청

검 사 오재도 (인)
검찰주사보 김대호 (인)

창원지방검찰청 통영지청

수신 검사 오재도
제목 수사보고(보궐선거 출마 예상자의 대량 문자 발송)

고성군수 이철호의 선거운동기간 중 운전기사인 이기사에 대한 수사와 관련하여, 고성군수 후보로 출마하였다가 낙선한 박노식(보궐선거가 실시되면 출마가 예상됨)이 2010. 11. 21. 연합뉴스 정학구 기자 등 8명의 기자들에게 발신번호가 통영지청인 것처럼 허위의 발신번호를 게재하여 '발신번호: 055643311/ 11. 20. 통영지청, 고성군수 보좌관 이기사 멸치 1,000포 살포혐의구속, 이군수 집중조사중'이라는 내용의 문자를 발송하였음. 이에 대하여 우리 청 출입기자들 사이에 "검찰청에서 수사상황을 이렇게 친절하게 공표하는 것이 이상하다. 검찰청이 이철호 군수를 표적 수사하고 있는 것 같다."는 여론이 있다고 합니다.

2010. 11. 22.
검찰주사보 김대호 (김대호인)

※ 1. 이철호가 피의자 박노식을 명예훼손죄로 고소하였음. 고소장은 생략함.
2. 정학구 기자의 핸드폰에 저장된 문자메시지를 촬영한 사진은 생략함.

창원지방검찰청 통영지청

사건과장	2010. 11. 22.	주임검사	부장검사	지청장
(생략)	2010형제10025호	오재도	(생략)	(생략)

범 죄 인 지 서

<table>
<tr><td rowspan="5">피의자</td><td>성 명</td><td>박노식</td></tr>
<tr><td>주민등록번호</td><td>******-1******</td></tr>
<tr><td>주 거</td><td>경남 고성군 동해면 일출리 330</td></tr>
<tr><td>등 록 기 준 지</td><td>위 같은 곳</td></tr>
<tr><td>직 업</td><td>정치인</td></tr>
<tr><td colspan="2">죄 명</td><td>정보통신망이용촉진및정보보호등에관한법률위반
(명예훼손)</td></tr>
</table>

<table>
<tr><td rowspan="6">위 사람에 대하여 2010형제9660호 공직선거법위반, 명예훼손 피의사건을 수사 중 별지 범죄사실을 인지하여 수사를 개시함.

2010. 11. 22.

창원지방검찰청 통영지청
검사 오 재 도 (인)</td><td>수사자료표 작성번호</td></tr>
<tr><td></td></tr>
<tr><td>구속영장 청구부번호</td></tr>
<tr><td></td></tr>
<tr><td>수리전산 입력</td></tr>
<tr><td></td></tr>
</table>

범죄사실

피의자는 피해자인 고성군수 이철호의 선거운동기간의 운전기사였던 이기사가 공직선거법위반죄로 구속되었다는 소문을 듣게 되자 사실은 이기사가 고성군수의 보좌관이 아니고, 통영지청에서는 기자들에게 문자를 보내는 방법으로 수사상황과 피의사실을 공표한 사실이 전혀 없음에도 불구하고, 이철호를 비방하는 내용의 문자를 통영지청에서 발신하는 것처럼 가장하여 보내기로 마음먹었다.

피의자는 2010. 11. 21. 15:18경 경남 고성군 고성읍 북문리 332에 있는 피의자의 별장에서 그곳에 있는 컴퓨터를 이용하여 케이티에서 운영하는 문자메시지 대량발송이 가능한 통합메시지서비스인 크로샷닷컴 사이트(www.xroshot.com)에서 연합뉴스 정학구 기자 등 8명의 기자들에게 발신번호가 통영지청(지청장실 055-664-3311)인 것처럼 허위의 발신번호를 게재하여 마치 창원지방검찰청 통영지청에서 수사상황과 피의사실을 미리 알려주는 것처럼 '발신번호: 055643311/ 11. 20. 통영지청, 고성군수 보좌관 이기사 멸치 1,000포 살포혐의구속, 이군수 집중조사중'이라는 내용의 문자를 발송하였다.

이로써 피의자는 공연히 허위의 사실을 적시하여 피해자인 창원지방검찰청 통영지청장 또는 통영지청 구성원의 명예를 훼손함과 동시에 비방할 목적으로 정보통신망을 통하여 공공연하게 거짓의 사실을 드러내어 피해자인 고성군수 이철호의 명예를 훼손하였다. (인)

고 소 장

고 소 인: 배삼룡

피고소인: 박노식

죄 명: 특정경제범죄가중처벌등에관한법률위반(배임)

수원지방검찰청 여주지청 귀중

고소장

고 소 인 배삼룡(######-#######)

피고소인 박노식(######-#######)

죄 명 특정경제범죄가중처벌등에관한법률위반(배임)

고소사실:

1. 고소인은 2002. 6. 30. 피고소인으로부터 그의 소유 경기도 이천시 모가면 두미리 산 70 소재 임야 100,000㎡를 7억 원에 매수하는 매매계약을 체결하였습니다. 피고소인의 은행 채무 3억 5,000만 원은 매매대금조로 고소인이 승계하기로 하였습니다. 그리하여 계약 당일 계약금 7,000만 원을, 두 달 뒤인 8. 30. 중도금 2억 원을 지급하였고 잔금 8,000만 원의 지급일은 그해 10. 30.이었습니다.

2. 그 해 9월경 그 임야 인근에 중부고속도로 북이천 나들목(IC) 신설이 결정되고 그 지역 땅값이 폭등하였습니다. 그러자 피고소인은 매도인으로서의 임무에 위배하여, 같은 해 9. 30. 고소외 구봉서에게 위 임야를 매매대금 12억 원에 매도하고 그 다음 날 여주등기소에서 소유권 이전등기를 마쳤습니다.

이로써 고소인은 막대한 재산적 피해를 입었습니다.

3. 그 후 피고소인은 "다른 땅을 대토로 주겠다.", "이중매매로 남긴 차액 중 절반을 주겠다."라는 등 빈말을 계속하면서 8년이 지난 지금까지 왔습니다. 엄히 처벌하여 주시기 바랍니다.

증거자료

1. 부동산등기부등본
2. 매매계약서
3. 영수증

2010. 6. 25. 고소인 배삼룡 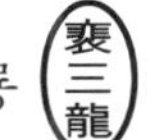

※ 고소인 배삼룡의 고소사건의 기록은 수원지방검찰청 여주지청에서 고소인조사를 마친 상태에서 피고소인 박노식의 주거지 관할 검찰청인 창원지방검찰청 통영지청으로 이송된 것임.

※ 고소인 배삼룡의 진술조서의 내용은 고소장 내용과 같은 취지이며, 생략함.

등기부 등본 (말소사항 포함) - 토지

경기도이천시 모가면 두미리 산 70 고유번호 1152-1996-531219

【표 제 부】 (토지의 표시)					
표시번호	접 수	소 재 지 번	지 목	면 적	등기원인 및 기타사항
1 (전2)	1999년4월11일	경기도 이천시 모가면 두미리 산 70	임야	100,000㎡	
					부동산등기법 제177조의6 제1항의 규정에 의하여 2000년 9월 15일 전산이기

【갑 구】 (소유권에 관한 사항)				
순위번호	등 기 목 적	접 수	등기원인	권리자 및 기타사항
1 (전7)	소유권이전	1998년11월20일 제2278호	1998년9월22일 매매	소유자 박노식 ******-******* 경남 고성군 동해면 일출리
				부동산등기법 제177조의6 제1항의 규정에 의하여 2000년 9월 15일 전산이기
2	소유권이전	2002년10월5일 제107330호	2002년9월30일 매매	소유자 구봉서 ******-******* 경기도 이천시 중앙동 장미아파트105동 1510호

발행번호 115200116021910350109651 61SLG0312018R1G119440311121

발급확인번호 ALTQ-COHX-3572 1/2 발행일 2008/09/09

경기도 이천시 모가면 두미리 산 70　　　　고유번호 1152-1996-531219

【을　　　구】 (소유권 이외의 권리에 관한 사항)				
순위번호	등 기 목 적	접　수	등기원인	권리자 및 기타사항
1	근저당권설정	1999년3월10일 제107333호	1999년3월9일 설정계약	채권최고액 금 500,000,000원 채무자　박노식 ******-******* 경남 고성군 동해면 일출리 근저당권자 주식회사 대박저축은행 서울 강남구 논현2동 369

-- 이 하 여 백 --

수수료 금 1,200원 영수함　　　　관할등기소 수원지방법원 여주등기소

이 등본은 부동산 등기부의 내용과 틀림없음을 증명합니다.

서기 2010년 6월 24일

수원지방법원 여주등기소　　　**등기관　　임 광 덕**

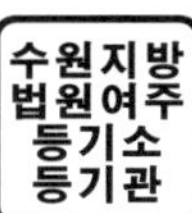

* 실선으로 그어진 부분은 말소사항을 표시함.　　* 등기부에 기록된 사항이 없는 갑구 또는 을구는 생략함.

* 대법원 등기인터넷서비스 홈페이지(http://registry.scourt.go.kr)에 접속하여 등기부발급확인메뉴를 통해 발급확인번호로 내용의 진위여부를 확인할 수 있습니다.

발행번호 115200116021910350109651615LG0312018R1G119440311121

발급확인번호 ALTQ-COHX-3572　　　2/2　　　발행일　2010/06/24

부 동 산 매 매 계 약 서

매도인과 매수인 쌍방은 아래 표시 부동산에 관하여 다음 계약 내용과 같이 매매계약을 체결한다.

1. 부동산의 표시

소 재 지	경기도 이천시 모가면 두미리 산 70			
토　지	지　목	임야	면 적	100,000㎡
건　물	구조 · 용도		면 적	

2. 계약내용

제 1 조 (목적) 위 부동산의 매매에 대하여 매도인과 매수인은 합의에 의하여 매매대금을 아래와 같이 지불하기로 한다.

매매대금	금 七億 원정(₩ 700,000,000)		
계 약 금	금 七阡萬 원정은 계약시에 지불하고 영수함. 영수자 박노식 (박노식인) ㊞		
융 자 금	금 參億五阡萬원정(대박저축은행)을 승계키로 한다.	임대보증금	총　　원정을 승계키로 한다.
중 도 금	금 貳億원정은 2002년 8월 30일에 지불하며		
	금　　원정은　년　월　일에 지불한다.		
잔　금	금 八阡萬　원정은 2002년 10월 30일에 지불한다.		

제 2 조 (**소유권 이전 등**) 매도인은 매매대금의 잔금 수령과 동시에 매수인에게 소유권이전등기에 필요한 모든 서류를 교부하고 등기절차에 협력하며, 위 부동산의 인도일은 2002년 10월 30일로 한다.

제 3 조 (**제한물권 등의 소멸**) 매도인은 위의 부동산에 설정된 저당권, 지상권, 임차권 등 소유권의 행사를 제한하는 사유가 있거나, 조세공과 기타 부담금의 미납금 등이 있을 때에는 잔금 수수일까지 그 권리의 하자 및 부담 등을 제거하여 완전한 소유권을 매수인에게 이전한다. 다만, 승계하기로 합의하는 권리 및 금액은 그러하지 아니하다.

제 4 조 (**지방세 등**) 위 부동산에 관하여 발생한 수익의 귀속과 제세공과금 등의 부담은 위 부동산의 인도일을 기준으로 하되, 지방세의 납부의무 및 납부책임은 지방세법의 규정에 의한다.

제 5 조 (**계약의 해제**) 매수인이 매도인에게 중도금(중도금이 없을 때

에는 잔금)을 지불하기 전까지 매도인은 계약금의 배액을 상환하고, 매수인은 계약금을 포기하고 본 계약을 해제할 수 있다.
제 6 조 (**채무불이행과 손해배상**) 매도자 또는 매수자가 본 계약상의 내용에 대하여 불이행이 있을 경우 그 상대방은 불이행한 자에 대하여 서면으로 최고하고 계약을 해제할 수 있다. 그리고 계약당사자는 계약해제에 따른 손해배상을 각각 상대방에게 청구할 수 있으며, 손해배상에 대하여 별도의 약정이 없는 한 계약금을 손해배상의 기준으로 본다.
제 7 조 (**중개수수료**) 부동산중개업자는 매도인 또는 매수인의 본 계약 불이행에 대하여 책임을 지지 않는다. 또한, 중개수수료는 본 계약체결과 동시에 계약 당사자 쌍방이 각각 지불하며, 중개업자의 고의나 과실 없이 본 계약이 무효·취소 또는 해약되어도 중개수수료는 지급한다. 공동 중개인 경우에 매도인과 매수인은 자신이 중개 의뢰한 중개업자에게 각각 중개수수료를 지급한다(중개수수료는 거래가액의 0.5%로 한다).
제 8 조 (**중개대상물확인·설명서 교부 등**) 중개업자는 중개대상물 확인·설명서를 작성하고 업무보증관계증서(공제증서 등) 사본을 첨부하여 2002년 6월 30일 거래당사자 쌍방에게 교부한다.

특약사항

1. 금일 매매목적물 위에 근저당설정된 매도인 박노식의 대박저축은행에 대한 채무의 원금·이자 합계액은 삼억 오천만원임을 확인함.
2. 잔금지급일에 매도인과 매수인은 위 금융기관을 방문하여 채무인수절차를 마치기로 함.

본 계약을 증명하기 위하여 계약 당사자가 이의 없음을 확인하고 각각 서명·날인 후 매도인, 매수인 및 중개업자는 매장마다 간인하여야 하며, 각 1통씩 보관한다.

2002년 6월 30일

매도인	주소	경남 고성군 동해면 일출리 330						박노식인
	주민등록번호	******-1******		전화	(생략)	성명	박노식	
	대리인	주소		주민등록번호		성명		
매수인	주소	경기도 이천시 (이하생략)						裵三龍
	주민등록번호	******-1******		전화	(생략)	성명	배삼룡	
	대리인	주소		주민등록번호		성명		
중개업자	사무소소재지	경기도 이천시 모가면 중리 50						
	사무소명칭	모가부동산중개사무소						
	대표	공인중개사 최중개 최중개인						
	등록번호	(생략)		전화	(생략)			

영 수 증

금 칠천만(70,000,000)원 정

위 돈을 경기도 이천시 모가면 두미리 산 70 임야 100,000㎡에 대한 매매계약금으로 정히 영수함.

2002. 6. 30.

영수인 박노식 (박노식인)

배삼용 님 귀하

영 수 증

금 이억(200,000,000)원 정

위 돈을 경기도 이천시 모가면 두미리 산 70 임야 100,000㎡에 대한 매매대금 중 중도금으로 정히 영수함.

2002. 8. 30.

영수인 박노식 

배삼용 님 귀하

피의자신문조서

성명: 박노식
주민등록번호: 55####-#######
위 사람에 대한 공직선거법위반 등 피의사건에 관하여 2010. 11. 22. 창원지방검찰청 통영지청 1호 검사실에서 검사 오재도는 검찰주사보 김대호를 참여하게 하고 피의자에 대하여 아래와 같이 신문하다.

문 피의자의 성명, 주민등록번호, 직업, 주거, 등록기준지 등을 말하시오.
답 성명은 박노식
주민등록번호는 55####-1######
직업은 정치인
주거는 고성군 동해면 일출리 330
등록기준지는 생략
직장 주소는 생략
연락처는 자택전화 생략 휴대전화 생략
직장전화 전자우편 (e-mail) 생략
입니다.

검사는 피의사실의 요지를 설명하고 검사의 신문에 대하여 「형사소송법」 제244조의3에 따라 진술을 거부할 수 있는 권리 및 변호인의 참여 등 조력을 받을 권리가 있음을 피의자에게 알려주고 이를 행사할 것인지 그 의사를 확인하다.

진술거부권 및 변호인 조력권 고지 등 확인

1. 귀하는 일체의 진술을 하지 아니하거나 개개의 질문에 대하여 진술을 하지 아니할 수 있습니다.
2. 귀하가 진술을 하지 아니하더라도 불이익을 받지 아니합니다.
3. 귀하가 진술을 거부할 권리를 포기하고 행한 진술은 법정에서 유죄의 증거로 사용될 수 있습니다.
4. 귀하가 신문을 받을 때에는 변호인을 참여하게 하는 등 변호인의 조력을 받을 수 있습니다.

문 피의자는 위와 같은 권리들이 있음을 고지받았는가요.

답 예, 고지받았습니다. (인)

문 피의자는 진술거부권을 행사할 것인가요.

답 아닙니다. (인)

문 피의자는 변호인의 조력을 받을 권리를 행사할 것인가요.

답 아닙니다. 혼자서 조사를 받겠습니다. (인)

이에 검사는 피의사실에 관하여 다음과 같이 피의자를 신문하다.

[피의자의 범죄전력, 경력, 학력, 가족 · 재산관계 등은 생략]

문 이번 6. 2. 지방선거에 출마한 경위와 그 후의 과정은 어떠한가요.

답 저는 ##대학교를 졸업하고 82년도에 경위로 경찰공무원을 시작해서 이후 총경 승진을 하여 경기도 이천경찰서장 등으로 근무하다가 2009. 12. 31. 퇴직하고, 고향 고성 발전을 위하여 군수에 출마했습니다. 이철호 후보가 한나라당 공천을 받고, 당시 군수인 김희갑 후보와 저가 무소속으로 출마하여 이철호 후보가 당선되었습니다.

문 피의자는 이번 선거운동기간에 유세를 하면서 "김희갑이 고성군수를 하면서 고성군을 300억 원의 빚더미에 올려놓았다. 당항포리조트 사업, 고성농공단지 사업도 빚을 내어 추진한 것이다."라고 주장한 사실이 있는가요.

답 없습니다. 빚 이야기 자체를 하지 않았습니다. 저는 고성군이 지자체 중에서 빚이 별로 없다고 알고 있습니다. 누구든지 쉽게 확인할 수 있는 사항에 대하여 제가 거짓말을 할 수 있겠습니까.

문 피의자의 처와 딸이 김희갑 후보를 비방한 사실이 있는가요.

답 없었습니다. 김희갑의 연설원 중에 박명수가 있는데, 박명수가 "박노식 후보는 일 잘하는 김희갑을 바꾸라고 하느냐, 김희갑을 바꾸려면 마누라부터 바꿔라"라는 연설을 했습니다. 그 말을 듣고 저의 처가 발끈하여, 연설원인 박명수를 비난하는 연설을 한 적은 있습니다.

문 피의자가 고소인을 비방하였다는 확인서에 서명한 사람이 50명이나 되는데 어떤가요.

답 이해가 되지 않습니다. 또 명예훼손을 당했다면 그 당시 고소하지 않고 5개월이나 지난 지금 고소하는지 모르겠습니다.

문 이철호 후보가 당선무효가 되어 보궐선거가 실시된다면 출마할 계획인가요.

답 예. 당연히 출마합니다. 이미 지역 사회에 널리 출마한다는 입장을 밝혔습니다.

문 피의자는 경남 지역의 기자들에게 '발신번호: 055944353/ 11. 20. 통영지청, 고성군수 보좌관 이기사 멸치 1,000포 살포혐의 구속, 이군수 집중조사중'이라는 내용의 문자를 발송한 사실이 있는가요.

답 예. 그런 사실이 있습니다.

문 그 경위는 어떠한가요.

답 저가 2010. 11. 21. 15:18경 경남 고성군 고성읍 북문리 332에 있는 저의 별장에서 그곳에 있는 컴퓨터를 이용하여 케이티에서 운영하는 문자메시지 대량발송이 가능한 통합메시지서비스인 크로샷닷컴 사이트(www.xroshot.com)에서 연합뉴스 정학구 기자 등 10명의 기자들에게 통영지청(지청장실 055-944-3533)전화번호와 비슷한 번호로 위와 같은 내용으로 문자메시지 발송을 했습니다.

문 이기사는 고성군수의 보좌관이 아니고 운전기사인 사실은 알고 있었지요.

답 예. 알고 있었습니다.

문 통영지청에서는 기자들에게 문자를 보내는 방법으로 수사상황과 피의사실을 공표하지 않는 사실을 아는가요.

답 검찰청에서 그렇게 하는 것은 보지 못했습니다. 문자 메시지의 공신력을 높이기 위해서 일부러 그렇게 했습니다.

문 피의자는 피의자 소유의 경기도 이천시 소재 부동산을 고소인 배삼룡에게 매도했다가 다시 구봉서에게 이중으로 매도한 사실이 있는가요.

답 예. 그러한 사실이 있습니다.

문 그 경위는 어떠한가요.

답 저의 소유 경기도 이천시 모가면 두미리 산 70 소재 임야 100,000㎡를 배삼룡에게 7억 원에 매도하고 계약금과 중도금을 받았는데 그 후 그 일대 토지 시세가 폭등하자 구봉서라는 사람이 12억 원을 주겠다고 하면서 매입의사를 밝히므로 조금 고민하다가 구봉서에게 매각하고 이전등기절차까지 마쳤습니다.

문 단기간에 시세가 폭등한 이유가 있는가요.

답 저의 임야와 가까운 곳에 포항출신인 정치권의 실세인물이 광대한 면적의 '영일울릉목장'을 소유하고 있는데 이 인물이 힘을 써서 교통수요가 현저히 낮은 북이천 나들목(IC)이 신설되었고 그 일대의 땅값이 폭등하여 그 정치권 실세 인물은 돈방석에 앉게 되었다고 언론의 비판이 대단하였습니다. 실제로 북이천 나들목 신설 전후의 땅값은 3배 이상 차이 납니다.

문 배삼룡에게 피해변제는 했는가요.

답 제가 구봉서에게 임야를 최종 매각한 후 배삼룡에게는 미안하다고 하면서 계약금과 중도금으로 받은 돈 2억 7,000만 원과 위약금 7,000만 원 합계 3억 4,000만 원을 주었는데, 배삼룡이 "당신이 어떤 방법을 쓰든지 최종적으로 이전등기를 해주지 않으면 형사고소를 하겠다."고 하므로 제가 같은 면적의 대토(代土)를 구입해줄 테니 기다려달라고 통사정을 하면서 그 인근의 대토를 구입하기 위하여 노력하였으나 잘 되지 않은 채 8년이 지나갔습니다.

문 이상 진술은 모두 사실인가요.

답 예, 모두 사실대로 진술하였습니다. (무인)

위의 조서를 진술자에게 열람하게 하였던바, 진술한 대로 오기나 증감·변경할 것이 전혀 없다고 하므로 간인한 후 서명 무인하게 하다.

진술자　박노식 (박노식인)

2010. 11. 22.

창원지방검찰청 통영지청

검　　사　　　오재도 (인)

검찰주사보　　김대호 (인)

창원지방검찰청 통영지청

수신 검사 오재도
제목 수사보고(선거운동원 명단 등)

금일 17:00경 함양선거관리위원회로부터 김희갑, 박노식이 선거비용과 관련하여 제출한 선거운동원 명단 등을 팩스로 제출받아 붙임과 같이 첨부하였기에 보고합니다.

붙임: 선거비용 관련 자료 1부. 끝.

2010. 11. 23.
검찰주사보 김대호 (김대호인)

(팩스전송 자료)

선거사무장, 회계책임자 및 선거사무원 등 명단

	후보자(예비후보자)		선거사무장		회계책임자		비고
	성명	전화번호	성명	전화번호	성명	전화번호	
고성군수	박노식	**********	문길수	**********	정일호	**********	
	이철호	**********	(이하 생략)		(이하 생략)		
	김희갑	**********					
	김무송	**********					후보 미등록
	서영춘	**********					예비후보 등록무효

	선거사무원
박노식	박금식(이하 15명 명단 생략)
이철호	이철문(이하 30명 명단 생략)
김희갑	정형돈(이하 30명 명단 생략)
김무송	없음
서영춘	없음

(팩스전송자료)

자원봉사자 명단

선거명	후보자명	자원봉사자명	연락처
고성군수	이철호	이명호	**********
		(이하생략)	
	김희갑	박명수	*********
		정준하	*********
		(이하생략)	
	박노식	박춘자	*********
		(이하생략)	

"민주주의의 꽃은 선거입니다"

(선관위 로고)

고성군선거관리위원회

수신자 창원지방검찰청 통영지청 검사 오재도

제목 사실조회 회보

---

1. 창원지방검찰청 통영지청 검사 오재도의 사실조회서(2010. 11. 22.)와 관련됩니다.

2. 귀청에서 사실조회 의뢰한 건에 대하여 붙임과 같이 회보하오니 업무에 참고하시기 바랍니다.

붙임: 사실조회 회보 내역 1부. 끝.

120

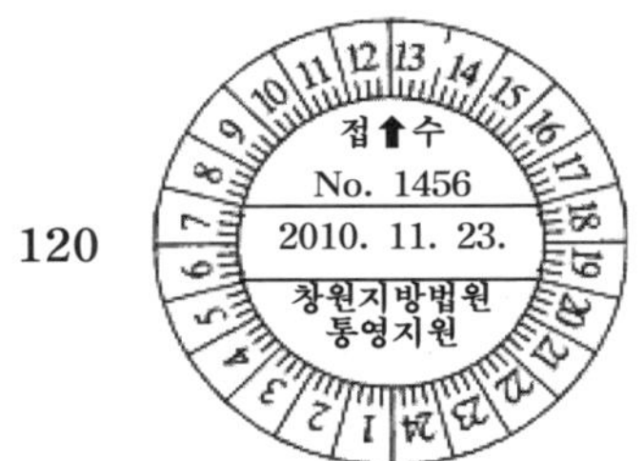

고성군선거관리위원회위원장

사실조회 회보 내역

Ⅰ. 사실조회 의뢰 기관: 창원지방검찰청 통영지청 검사 오재도
- 사　　건: 2010형제9660호 공직선거법위반 등
- 피의자: 박노식(######-#######)
- 의뢰일자: 2010. 11. 22.

Ⅱ. 사실조회사항

1. 2010. 6. 2. 지방선거 당시 고성군선거관리위원회 불법선거감시단 감시단원들 중에서 고성군수후보자 박노식의 유세현장을 중점적으로 감시하는 역할을 한 감시단원이 있는지, 있다면 누구인지 그 인적사항

2. 당시 고성군선거관리위원회 불법선거감시단 감시단원들 중 고성군수후보자 박노식이 고성장날(5월 21일), 당동장날(5월 23일) 각 유세를 한 내용과 관련하여 불법사항(특이사항)을 보고한 사람이 있는지, 있다면 그 사람의 인적사항.

3. 선거관리위원회 직원이 직접 현장에서 채증활동을 하는 경우는 어떤 경우인지, 어떤 방법으로 하는지

Ⅲ. 사실조회에 대한 회보

1. "사실조회사항 1"에 대하여

특정후보자의 공개장소 연설·대담을 중점적으로 감시하는 불법선거감시단원은 없으며, 박노식 후보자도 마찬가지임.

2. "사실조회사항 2"에 대하여

고성읍(고성시장)에 4명, 거류면(당동시장)에 2명의 감시단원이 있으며, 위 각 장날 유세와 관련하여 특이사항을 보고한 사람은 없었음.

3. "사실조회사항 3"에 대하여

군수후보 합동 유세시 선거관리위원회 직원의 현장 채증활동은 인원이나 장비 사정에 따라 현장채증활동을 하는 경우도 있고 하지 못하는 경우도 있으며, 다만 현장에서 불법선거운동(후보자비방 등) 신고가 들

어오면 반드시 현장에 가서 녹음·녹화를 하거나 목격자의 진술을 듣는 방법으로 채증활동을 하며 관련자를 출석 요구하여 조사함. -끝-

※ 변호사 박준이 검사에게 제출한 사실조회신청서, 검사 오재도의 사실조회서는 생략함.

합 의 서

사 건 2010고합120 공직선거법위반 등
피고인 박노식

2010. 11. 21. 15:18경 문자메시지를 발송한 본건 형사사건과 관련하여 피고인이 진심으로 용서를 구하기에 본 피해자 이철호는 피고인에 대한 처벌을 원하지 않으며, 앞으로 민·형사상 일체의 이의를 제기하지 않기로 하고 이 합의서를 제출합니다.

*첨부: 인감증명서 1통

2010. 12. 8.

위 피해자 이철호 (李哲浩印)

창원지방법원 통영지원 귀중

※ 인감증명서는 생략함.

〔제 6 문〕 김평산 외 1, 강도살인 등[1)]

1) 이 문제는 2012. 8. 실시한 법학전문대학원협의회 주관 모의고사 문제로서 저자가 출제한 것임.

【문제】

다음 기록을 읽고 피고인 김평산의 변호인 남궁진과 피고인 이칠성의 변호인 제갈선의 변론요지서를 작성하되, 다음 쪽 변론요지서 양식 중 본문 Ⅰ, Ⅱ 부분만 작성하시오.

【작성요령】

1. 시험의 편의상 두 변호인의 변론을 하나의 변론요지서에 작성함.
2. 피고인들 사이에 이해가 상충되는 경우 피고인들 각각의 입장에 충실하게 변론할 것.
3. 증거능력이 없는 증거는 실제 소송에서는 증거로 채택되지 않아 증거조사가 진행되지 않지만, 이 문제에서는 시험의 편의상 증거로 채택되어 증거조사가 진행된 것을 전제하였음. 따라서 필요한 경우 증거능력에 대하여도 변론할 것.

【기록 형식 안내】

1. 쪽 번호는 편의상 연속되는 번호를 붙였음.
2. 조서, 기타 서류에는 필요한 서명, 날인, 무인, 간인, 정정인이 있는 것으로 볼 것.
3. 증거목록 중 '기재생략'이라고 표시된 부분에는 법에 따른 절차가 진행되어 그에 따라 적절한 기재가 있는 것으로 볼 것.
4. 공판기록과 증거기록에 첨부하여야 할 일부 서류 중 '(생략)' 표시가 있는 것, 증인선서서와 수사기관의 조서에 첨부하여야 할 '수사과정확인서'는 적법하게 존재하는 것으로 볼 것.
5. 송달이나 접수, 통지, 결재가 필요한 서류는 모두 적법한 절차를 거친 것으로 볼 것.

【변론요지서 양식】

변론요지서

사 건 2012고합1234 강도살인 등

피고인 1. 김평산
2. 이칠성

위 사건에 관하여 피고인 김평산의 변호인 변호사 남궁진, 피고인 이칠성의 변호인 변호사 제갈선은 다음과 같이 변론합니다.

다 음

Ⅰ. 피고인 김평산에 대하여
1. 강도살인, 현주건조물방화치사의 점(15점)
2. 살인의 점(60점)
3. 도로교통법위반(음주측정거부)의 점(15점)

Ⅱ. 피고인 이칠성의 절도에 대하여(10점)

※ 평가제외사항 - 공소사실의 요지, 정상관계, 피고인 이칠성의 강도살인, 현주건조물방화치사 부분(답안지에 기재하지 말 것)

2012. 7. 31.

피고인 김평산의 변호인 변호사 남궁진 ㉑
피고인 이칠성의 변호인 변호사 제갈선 ㉑

서울중앙지방법원 제26형사부 귀중

기록내용시작

구속만료	2012. 8. 4.	미결구금
최종만료	2012. 12. 4.	
대행 갱신 만 료		

서 울 중 앙 지 방 법 원

구 공 판 **형사제1심소송기록**

기일 1회기일						
7/3 A10	**사건번호**	**2011고합1234**	**담임**	**제26부**	**주심**	**다**
7/17 P2	**사 건 명**	가. 강도살인 나. 현주건조물방화치사 다. 살인 라. 절도 마. 도로교통법위반(음주측정거부)				
	검 사	**명검사**	**2012형제53874호**			
	공소제기일	**2012. 6. 5.**				
	피 고 인	구속 1. 가.나.다.마 **김평산** 구속 2. 가.나.라 **이칠성**				
	변 호 인	사선 변호사 남궁진(피고인 김평산) 사선 변호사 제갈선(피고인 이칠성)				

확 정	
보존종기	
종결구분	
보 존	

완결 공람	담 임	과 장	국 장	주심 판사	재판장	원장

증 거 목 록 (증거서류 등)

2012고합1234

① 김평산
② 이칠성
신청인: 검사

2012형제53874

순번	작성	쪽수(수)	쪽수(증)	증거명칭	성명	참조사항 등	신청기일	증거의견 기일	증거의견 내용	증거결정 기일	증거결정 내용	증거조사기일	비고
1	검사	43		피의자신문조서	김평산		1	1	① × ② ○	기재생략			기재생략
2	〃	(생략)		피의자신문조서	이칠성		1	1	① ○ ② ○				
3	사경	23		수사보고서	홍반장		1	1	① ○				
4	〃	24		진술조서	임재범		1	1	① ○				
5	〃	26		진술조서	손지창		1	1	① ×				
6	〃	28		진술서	한상경		1	1	① ○				
7	〃	29		피의자신문조서	김평산		1	1	① ○				
8	〃	35		수사보고(방화사건 용의자 검거)	강철중		1	1	① ○ ② ○				
9	〃	36		수사보고서 (엽총수색결과)	강철중		1	1	① ○				
10	〃	38		피의자신문조서	이칠성		1	1	① ○ ② ○				
11	〃	(생략)		진술조서	이삼숙		1	1	② ○				
12	〃	41		감정결과회보			1	1	① ○				
13	〃	42		조회회보서	김평산		1	1	① ○				
14	〃	45		조회회보서	이칠성		1	1	② ○				
15	〃	(생략)		사망진단서			1	1	① ○ ② ○				
16	〃	(생략)		화재감식보고서			1	1	① ○ ② ○				

※ 증거의견 표시 - 피의자신문조서 : 인정 ○, 부인 ×
(여러 개의 부호가 있는 경우, 성립/임의성/내용의 순서임)
- 기타 증거서류 : 동의 ○, 부동의 ×
※ 증거결정 표시 : 채 ○, 부 ×
※ 증거조사 내용은 제시, 내용고지

증 거 목 록 (증인 등)

2012고합1234

2012형제53874

① 김평산
② 이칠성
신청인: 검사

증 거 방 법	쪽수 (공)	입증취지 등	신청 기일	증거결정		증거조사기일	비고
				기일	내용		
증인 윤계장	17	공소사실 2의 가항 관련	1	1	○	2012. 7. 17. 14:00 (실시)	
증인 손지창	18	공소사실 2의 가항 관련	1	1	○	2012. 7. 17. 14:00 (실시)	

※ 증거결정 표시 : 채 ○, 부 ×

서울중앙지방검찰청

2012. 6. 5.

사건번호 2012년 형제53874호
수 신 자 서울중앙지방법원
제 목 **공소장**
검사 명검사는 아래와 같이 공소를 제기합니다.

Ⅰ. 피고인 관련사항

1. 피 고 인 김평산 (******-*******), 45세
직업 무직, ***-****-****
주거 성남시 중원구 하대원동 125
등록기준지 (생략)
죄 명 강도살인, 현주건조물방화치사, 살인, 도로교통법위반(음주측정거부)
적용법조 형법 제338조, 제334조 제2항, 제164조 제2항, 제1항, 제250조 제1항, 도로교통법 제148조의2 제1항 제2호, 제44조 제2항, 형법 제40조, 제37조, 제38조
구속여부 2012. 5. 21. 구속 (2012. 5. 20. 체포)
변 호 인 변호사 남궁진

2. 피 고 인 이칠성 (******-*******), 40세
직업 무직, ***-****-****
주거 성남시 중원구 은행동 25
등록기준지 (생략)
죄 명 강도살인, 현주건조물방화치사, 절도
적용법조 형법 제338조, 제334조 제2항, 제1항, 제164조 제2항, 제1항, 형법 제329조, 제40조, 제37조, 제38조
구속여부 2012. 5. 22. 구속 (2012. 5. 21. 체포)
변 호 인 변호사 제갈선

1234

접수
No. 7654
2012. 6. 5.
서울중앙지방법원
형사접수실

Ⅱ. 공소사실

범죄전력

피고인 김평산은 2011. 11. 24. 서울중앙지방법원에서 도로교통법위반(음주운전)죄로 벌금 300만 원의 약식명령을 고지받은 외 동종범죄 전력이 3회 더 있는 자로서 일정한 직업이 없고, 이칠성은 김평산의 고향 후배로서 일정한 직업이 없다.

1. 피고인들의 강도살인 및 현주건조물방화치사

피고인 김평산은 국회의원인 피해자 이권세(70세)의 운전기사로 일하다가 사소한 실수로 해고당한 데 대하여 앙심을 품고 있던 중, 이권세가 금융권의 대형 이권에 개입했다는 정보가 정가에 나돌자, 고향 후배인 피고인 이칠성과 피해자로부터 금품을 강취하기로 공모하였다.

피고인들은 2012. 4. 1. 22:00경 서울시 서초구 우면동 330에 있는 피해자의 주택에 이르러 피고인 김평산은 집 밖에서 망을 보고 피고인 이칠성은 복면을 한 채 담을 넘어 집 안으로 들어갔다. 피고인 이칠성이 피해자의 비밀 창고에 들어섰을 때 마침 그곳에 있던 피해자에게 발각되자 피고인 이칠성은 주먹으로 피해자를 때리고 노끈으로 피해자의 손발을 묶고 몸 전체를 그곳의 가스관에 묶음으로써 피해자의 반항을 불가능하게 하였다. 피고인 이칠성은 피해자가 뜻밖에도 "너, 내 운전기사 김평산과 같이 어울려 다니던 놈이 아니냐!"라고 소리치는 것을 듣고 자신의 신원이 노출되었다고 생각하고 피해자를 살해하기로 마음먹었다. 피고인 이칠성은 금품 물색을 그만두고 그곳에 있던 휘발유를 창고 내부와 주택 외벽에 붓고 소지하고 있던 라이터로 불을 질러 사람이 현존하는 건조물인 주택을 소훼함과 동시에 피해자로 하여금 현장에서 화염에 의한 질식으로 사망하게 함으로써 피해자를 살해하였다.

2. 피고인 김평산

가. 살인

피고인은 2012. 5. 20. 04:10경 서울 서초구 신원동 산 40에 있는 청계산 등산로 부근 공터에서 내연관계에 있는 피해자 박봉순(여, 43세)으로부터 내연관계의 청산을 요구받고 피해자와 말다툼하던 중 격분하여, 미리 소지하고 있던 엽총을 피해자에게 1회 발사하여 피해자로 하여금 흉부 총상에 따른 과다출혈로 인한 쇼크로 즉시 사망에 이르게 하여 피해자를 살해하였다.

나. 도로교통법위반

피고인은 2012. 5. 20. 05:00경 위 2의 가항과 같은 살인 사건으로 서울 서초구 신원동에 있는 서울서초경찰서 신원지구대에서 조사를 받던 중, 음주운전을 하였다고 인정할 만한 사유가 있어 경찰관 강철중으로부터 음주측정을 요구받았으나 정당한 이유 없이 이에 응하지 아니함으로써 음주측정을 거부하였다.

3. 피고인 이칠성

피고인은 2012. 3. 1. 18:00경 서울 서초구 반포본동 130에 있는 피해자 이삼숙의 집에서 피해자 소유의 현금 20만 원과 은행신용카드 1개를 가지고 가 절취하였다.

Ⅲ. 첨부서류

1. 긴급체포서 2통 (생략)
2. 구속영장(체포된 피의자용) 2통 (생략)
3. 변호인선임신고서 2통 (생략)
4. 피의자수용증명 2통 (생략)

검사 명검사 ㊞

서울중앙지방법원

공 판 조 서

제 1 회

사　　건	2012고합1234	강도살인 등	
재판장 판사	배현일	기　　일 :	2012. 7. 3. 10:00
판사	김 석	장　　소 :	제418호 법정
판사	문현주	공개 여부 :	공개
법원사무관	국영수	고 지 된 다음기일 :	2012. 7. 17. 14:00

피 고 인	1. 김평산　2. 이칠성	각 출석
검　　사	강선주	출석
변 호 인	변호사　남궁진 (피고인 1을 위하여)	출석
	변호사　제갈선 (피고인 2를 위하여)	출석

재판장

　피고인들은 진술을 하지 아니하거나 각개의 물음에 대하여 진술을 거부할 수 있고, 이익 되는 사실을 진술할 수 있음을 고지

재판장의 인정신문

　성　　　명 : 1. 김평산　2. 이칠성

　주민등록번호 : 각 공소장 기재와 같음

　직　　　업 :　　　〃

　주　　　거 :　　　〃

　등 록 기 준 지 :　　　〃

검 사

공소장에 의하여 공소사실, 죄명, 적용법조 낭독

피고인 김평산

공소사실 1에 대하여, 강도를 공모한 사실은 있으나 살인은 피고인 이칠성이 저지른 것으로서 전혀 뜻밖의 일이라고 진술.

공소사실 2의 가에 대하여, 피해자를 살해한 사실이 없으며 피해자는 불상의 남자가 총을 쏘아 살해된 것이라고 진술.

공소사실 2의 나에 대하여, 음주운전을 하지 않았기 때문에 호흡측정에 응하지 않았다고 진술.

피고인 이칠성

공소사실 1, 3에 대하여, 전부 인정한다고 진술.

재판장

증거조사를 하겠다고 고지

증거관계 별지와 같음(검사, 변호인)

재판장

각 증거조사 결과에 대하여 의견을 묻고 권리를 보호하는 데에 필요한 증거 조사를 신청할 수 있음을 고지

소송관계인

별 의견 없으며 달리 신청할 증거도 없다고 각각 진술

재판장

변론속행

2012. 7. 3.

법 원 사 무 관 국영수 ㊞

재판장 판 사 배현일 ㊞

증거서류제출서

사건번호 2012고합1234 강도살인 등

피고인 김평산 외 1

위 사건에 관하여 검사는 이칠성의 절도 사건의 피해자 이삼숙의 고소장을 접수받아 귀원에 제출합니다.

다 음

1. 고소장 1통

접 수
No. 7556
2012. 7. 7.
서울중앙지방법원
형사접수실

2012. 7. 7.

검사 강선주 (인)

서울중앙지방법원 제26형사부 귀중

고 소 장

고 소 인: 이삼숙
주 소: (생략)
피고소인: 이칠성
주 소: (생략)
죄 명: 절도

피고소인은 고소인의 4촌 동생인데, 2012. 3. 1. 18:00경 서울 서초구 반포본동 130에 있는 저의 집에서, 현금 20만 원과 은행신용카드 1개가 들어 있는 지갑을 몰래 가지고 갔습니다. 피고소인은 큰집인 저희 집에서 키우다시피 한 자입니다. 배은망덕한 피고소인을 처벌하여주시기 바랍니다.

2012. 7. 7.

고소인 이삼숙 ㊞

첨부: 이삼숙의 인감증명 1통(생략)

서 울 중 앙 지 방 법 원

공 판 조 서

제 2 회

사 건	2012고합1234	강도살인 등	
재판장 판사	배현일	기 일:	2012. 7. 17. 14:00
판사	김 석	장 소:	제418호 법정
판사	문현주	공개 여부:	공개
법원사무관	국영수	고 지 된	
		다음기일:	2012. 7. 31. 10:00

피 고 인	1. 김평산 2. 이칠성	각 출석
검 사	강선주 출석	
변 호 인	변호사 남궁진 (피고인 1을 위하여)	출석
	변호사 제갈선 (피고인 2을 위하여)	출석
증 인	윤계장, 손지창	각 출석

재판장

전회 공판심리에 관한 주요사항의 요지를 공판조서에 의하여 고지

소송관계인

각 변경할 점이나 이의할 점이 없다고 진술

출석한 증인 윤계장, 손지창을 별지와 같이 신문하다

증거관계 별지와 같음(검사, 변호인)

재판장

각 증거조사 결과에 대하여 의견을 묻고 권리를 보호하는 데에 필요한

증 거

조사를 신청할 수 있음을 고지

검 사

수사 과정의 참고인 손지창의 진술조서에 나타나는 '털모자 등산객'을 증인신청하기 위하여, 동인의 소재수사지휘를 하였고, 경찰은 청계산의 모든 등산로입구에 '목격자를 찾습니다'라는 현수막을 붙이는 등 최대한의 노력을 하였으나, 소재확인이 불가능하다고 진술

소송관계인

별 의견 없으며, 달리 신청할 증거도 없다고 각각 진술

재판장

증거조사를 마치고 피고인 신문을 하겠다고 고지

검 사

피고인 김평산에게

(공소사실 1 관련)

문 이칠성이 범행을 하다가 피해자를 마주치면 어떻게 행동할 줄 알았는가요.

답 이칠성이 힘이 세므로 노인인 피해자를 제압할 수 있고, 복면을 했으므로 신원이 발각되지 않을 줄 알았습니다.

(공소사실 2의 가 관련)

문 피고인은 박봉순이 피살된 직후에 등산객에게, "내가 사람을 죽였다."라고 말하고, 경찰관에게도 "내가 사람을 죽였소.", "내연관계인데 2년 동안 사귀었다. 사람을 죽여 괴로웠는데 남자답게 책임을 지겠다."라고 말한 사실이 있는가요.

답 예. 그렇게 말한 사실이 있습니다. 그러나 등산객에게는 신고를 해주기 바라고 말했고, 경찰관에게는 당시 죄책감에 괴로워서 말했습니다.

문 피고인은 박봉순을 살해한 괴한들이 빨리 검거되기를 바랐다면 지나가는 등산객들에게 "괴한들이 사람을 살해하고 도망갔다. 신고해 달라."라고 말해야 하는 것 아닌가요.

답 당시 술에 취했고 정신이 없었습니다.

문 경찰순찰차에 탄 이후에도 경찰관에게 괴한들을 신고하지 않았지요.

답 예.

피고인 이칠성에게

문 피고인 김평산과 같이 강도범행을 모의할 때, 범행도구로 총을 사용하는 것은 의논하지 않았나요.

답 당시 김평산이 저에게 "나한테 총이 있는데...."라고 지나가는 말처럼 말했으나 제가 "총까지는 필요 없다."라고 말했습니다. 속으로 '총을 가지고 있구나'라고 생각하면서도 되물어보지는 않았습니다.

김평산의 변호인 남궁진

피고인 이칠성에게 반대신문하지 않겠다고 하다.

피고인 김평산에게

문 피고인은 국회의원 집 강도를 모의하면서, 이칠성에게 "나한테 총이 있는데"라고 말한 사실이 있는가요.

답 말도 안 됩니다. 제가 총을 갖고 있지도 않거니와, 이칠성이 힘이 장사이고 피해자는 노인이기 때문에 얼마든지 힘으로 제압할 수 있는데 총을 왜 가져갑니까.

재판장

피고인신문을 마쳤음을 고지

재판장

변론속행 (변론 준비를 위한 변호인의 요청으로)

2012. 7. 17.

법 원 사 무 관 국영수 ㊞

재판장 판 사 배현일 ㊞

서 울 중 앙 지 방 법 원

증인신문조서(제2회 공판조서의 일부)

사 건 2012고합1234 강도살인 등
증 인 이 름 윤계장
생년월일 ****. **. **.
주 거 서울 서초구 서초2동 250

재판장

증인에게 형사소송법 제148조 또는 제149조에 해당하는가의 여부를 물어 증인이 이에 해당하지 아니함을 인정하고, 위증의 벌을 경고한 후 별지 선서서와 같이 선서를 하게 하였다. 다음에 신문할 증인은 재정하지 아니하였다.

검사

증인에게

문 증인은 2012. 5. 29. 서울중앙지방검찰청에서 검사 이명재의 피고인 김평산에 대한 피의자신문에 참여한 사실이 있지요.

답 예.

문 당시 김평산의 진술의 요지는 어떠한가요.

답 당시 김평산은 살인 사건의 경위를 묻는 검사의 질문에 대하여, 박봉순이 헤어지자고 요구하면서 여관방에도 가지 않으려고 하더라, 그래서 산으로 데리고 갔다, 박봉순이 욕설을 하여 심하게 다투었다, 자신의 이마의 상처도 그때 난 것 같다, 라고 진술하였으며, 이 모든 진술은 임의로, 자유스럽게, 충분히 진술한 것입니다.

이때 검사는 검사 이명재가 작성한 김평산에 대한 피의자신문조서를 읽어보게 한 후,

문 당시 김평산이 진술한 내용이 이 조서의 기재내용과 같은가요.

답 틀림없이 똑 같습니다.

2012. 7. 17.

법 원 사 무 관 국영수 ㉿
재판장 판 사 배현일 ㉿

서 울 중 앙 지 방 법 원

증인신문조서(제2회 공판조서의 일부)

사　　건　　2012고합1234　강도살인 등
증　　인　　이　　름　　손지창
　　　　　　생년월일　　****. **. **.
　　　　　　주　　거　　서울 서초구 서초2동 250

재판장

증인에게 형사소송법 제148조 또는 제149조에 해당하는가의 여부를 물어 증인이 이에 해당하지 아니함을 인정하고, 위증의 벌을 경고한 후 별지 선서서와 같이 선서를 하게 하였다.

검사

증인에게

문　증인이 청계산 등산로 살인사건이 발생한 당일 05:00경 청계산 정상에서 다른 등산객과 이 사건과 관련성이 있는 대화를 나눈 사실이 있는가요.

답　예.

문　그 경위는 어떠한가요.

답　그날 새벽 청계산 등산을 했는데 05:00경 청계산 정상에서 먼저 올라와 있던 등산객(50대 중반의 남성)이 "청계사 쪽 등산로를 올라오는데 정자 위의 공터에서 어떤 남자가 차량 트렁크에서 총을 꺼내어 운전석에 오르는 것을 보았는데, 청계산에 사냥이 허가되었습니까"라고 물어서 제가 "사냥 금지구역입니다."라고 대답한 사실이 있습니다.

문　총소리에 대하여 대화를 한 사실은 없는가요.

답　두 사람 모두 총소리를 이미 들은 상태였으며, 그 등산객이 "새벽에 사냥을 하는 취미생활이 있나?"라고 하며 의아스러워 했습니다.

이때 검사는 수사기록에 편철된 사법경찰리가 작성한 증인에 대한 2012. 5. 20.자 진술조서를 제시하여 읽어보게 한 다음

문　증인은 경찰에서 진술한 대로 기재되어 있음을 확인하고 서명무인 하였나요.

답 예, 그렇습니다.
문 당시 자유로운 분위기 속에서 임의로, 충분히 진술하였나요.
답 예.

2012. 7. 17.

법 원 사 무 관 국영수 ㊞
재판장 판 사 배현일 ㊞

제	1	책
제	1	권

서울중앙지방법원

증거서류등(검사)

<table>
<tr><td rowspan="3">사 건 번 호</td><td>2012고합1234</td><td rowspan="3">담임</td><td>제26형사부</td><td rowspan="3">주심</td><td>다</td></tr>
<tr><td></td><td></td><td></td></tr>
<tr><td></td><td></td><td></td></tr>
<tr><td>사 건 명</td><td colspan="5">가. 강도살인
나. 현주건조물방화치사
다. 살인
라. 절도
마. 도로교통법위반(음주측정거부)</td></tr>
<tr><td>검 사</td><td colspan="2">명검사</td><td colspan="3">2012년 형제53874호</td></tr>
<tr><td>피 고 인</td><td colspan="5">구속 1. 가.나.다.마 김평산
구속 2. 가.나.라 이칠성</td></tr>
<tr><td>공소제기일</td><td colspan="5">2012. 6. 5.</td></tr>
<tr><td>1심 선고</td><td>20 . . .</td><td colspan="2">항소</td><td colspan="2">20 . . .</td></tr>
<tr><td>2심 선고</td><td>20 . . .</td><td colspan="2">상고</td><td colspan="2">20 . . .</td></tr>
<tr><td>확 정</td><td>20 . . .</td><td colspan="2">보존</td><td colspan="2"></td></tr>
</table>

제 1 책
제 1 권

구공판

서 울 중 앙 지 방 검 찰 청
증 거 기 록

검 찰	사건번호	2012년형제53874호	법원	사건번호	2012년고합1234호
	검 사	명검사		판 사	

피 고 인	구속 1. 가.나.다.마 **김평산** 구속 2. 가.나.라 **이칠성**		
죄 명	가. 강도살인 나. 현주건조물방화치사 다. 살인 라. 절도 마. 도로교통법위반(음주측정거부)		
공소제기일	2012. 6. 5.		
구 속	1. 2012. 5.21.구속(2012. 5.20.체포) 2. 2012. 5.22.구속(2012. 5.21.체포)	석 방	
변 호 인	1. 변호사 남궁진 2. 변호사 제갈선		
증 거 물	없 음		
비 고			

증 거 목 록 (증거서류 등)

2012고합1234

2012형제53874 신청인: 검사

순번	증거방법 작성	쪽수(수)	쪽수(증)	증거명칭	성명	참조사항 등	신청기일	증거의견 기일	증거의견 내용	증거결정 기일	증거결정 내용	증거조사기일	비고
1	검사	43		피의자신문조서	김평산								
2	〃	(생략)		피의자신문조서	이칠성								
3	사경	23		수사보고서	홍반장								
4	〃	24		진술조서	임재범								
5	〃	26		진술조서	손지창								
6	〃	28		진술서	한상경								
7	〃	29		피의자신문조서	김평산								
8	〃	35		수사보고(방화사건 용의자 검거)	강철중								
9	〃	36		수사보고서 (엽총수색결과)	강철중								
10	〃	38		피의자신문조서	이칠성								
11	〃	(생략)		진술조서	이삼숙								
12	〃	41		감정결과회보									
13	〃	42		조회회보서	김평산								
14	〃	45		조회회보서	이칠성								
15	〃	(생략)		사망진단서									
16	〃	(생략)		화재감식보고서									

※ 증거의견 표시 - 피의자신문조서 : 인정 ○, 부인 ×
(여러 개의 부호가 있는 경우, 성립/임의성/내용의 순서임)
- 기타 증거서류 : 동의 ○, 부동의 ×

※ 증거결정 표시 : 채 ○, 부 ×

※ 증거조사 내용은 제시, 내용고지

수사보고서

수신: 형사과장
제목: 살인피의자 검거 및 진술청취 보고

1. 금일 04:45경 경찰청 112상황실로부터 "살인사건이 발생하였으며, 용의자가 이동하고 있다"는 연락을 받고, 청계산 등산로 방향으로 급히 출동하였음.
2. 04:50경 청계산 아래 주택가 쪽으로 걸어 내려오고 있는 용의자 김평산을 발견하고 경찰차를 정차하고, "어디서 오는 길이냐"라고 질문하니 "산에서요. 내가 사람을 죽였소."라고 하므로 경찰 순찰차 뒷좌석에 타게 한 후 본직이 "왜 죽였느냐"라고 물으니 "나도 모르겠다. 내연관계인데 2년 동안 사귀었다. 사람을 죽여 괴로웠는데 남자답게 책임을 지겠다."라고 말했음.
3. "어떻게 죽였느냐."라고 물었으나 대답을 하지 않았음.
   "총은 어떻게 하였느냐."라고 물었으나 역시 대답을 하지 않았음.
4. 범행현장 보존하고, 범행도구(총) 수색, 유족 진술 확보 등 수사 예정임.

2012. 5. 20.
서울서초경찰서
신원지구대장

경위 홍 반 장 (인)

진 술 조 서

성　　　명 : 임재범

주민등록번호 : ******-******* 58세

직　　　업 : 회사원

주　　　거 : 서울 서초구 신원동 산 30

등 록 기 준 지 : 생략

직 장 주 소 : 생략

연　락　처 : (자택전화) 생략 (휴대전화) 생략

(직장전화) 생략 (전자우편) 생략

위의 사람은 피의자 김평산에 대한 살인 피의사건에 관하여 2012. 5. 20. 서울서초경찰서 형사팀 사무실에 임의 출석하여 다음과 같이 진술하다.

1. 피의자 및 피의사실과의 관계

김평산은 평소 전혀 모르는 사람이고, 청계산 등산로 살인사건에 관하여 참고인 자격으로 출석하였습니다.

이때 사법경찰리는 진술인 임재범을 상대로 다음과 같이 문답하다.

문 진술인이 2012. 5. 20. 발생한 청계산 등산로 살인 사건에 대하여 아는 대로 진술하겠는가요.

답 예. 제가 새벽 등산을 즐기는데 그날도 평소와 같이 청계산 등산을 하기 위하여 04:30에 집을 나서서 04:45경 정자 앞을 지나가는데, 어떤 남자가 "내가 사람을 죽였다. 신고해 달라."고 하였습니다. 당시 그 남자는 걸음을 비틀거리며 걸어 내려왔는데 한눈에 보기에도 술에 취하여 있었고 좌측 이마가 찢어져 피가 흐르고 있었으며 상의에도 피가 묻어 있었습니다. 그래서 뭔가 심각한 일이 일어났음을 느꼈으며, 또한 자기가 사람을 죽였다는 놀라운 말을 하므로, 그 순간에는 아무 대꾸도 하지 않고 있다가 그 사람이 지나가자마자 핸드폰으로 시간을 확인하니 04:45이었으며, 곧바로 112 신고전화를 걸어 상황을 설명했습니다.

문 이상의 진술은 사실인가요.

답 예, 사실입니다. (무인)

위의 조서를 진술자에게 열람하게 하였던바, 진술한 대로 오기나 증감 · 변경할 것이 전혀 없다고 말하므로 간인한 후 서명무인하게 하다.

진술자 임 재 범 (무인)

2012. 5. 20.

서울서초경찰서

사법경찰리 경장 송 민 철 ㊞

진 술 조 서

성 명 : 손 지 창

주민등록번호 : ******-******* 55세

직 업 : 회사원

주 거 : 서울 서초구 도곡동 230

등 록 기 준 지 : 생략

직 장 주 소 : 생략

연 락 처 : (자택전화) 생략 (휴대전화) 생략

(직장전화) 생략 (전자우편) 생략

위의 사람은 피의자 김평산에 대한 살인 피의사건에 관하여 2012. 5. 20. 서울서초경찰서 형사팀 사무실에 임의 출석하여 다음과 같이 진술하다.

1. 피의자 및 피의사실과의 관계

김평산은 평소 전혀 모르는 사람이고, 청계산 등산로 살인사건에 관하여 참고인 자격으로 출석하였습니다.

이때 사법경찰리는 진술인 손지창을 상대로 다음과 같이 문답하다.

문 진술인은 위 사건에 관하여 어떤 사람으로부터 중요한 말을 들었다고 하였지요.

답 예. 그렇습니다.

문 그 경위에 대하여 자세히 진술하시오.

답 저는 오늘 새벽 평소처럼 청계산 등산을 했는데 05:00경 청계산 정상에서 먼저 올라와 있던 등산객(50대 중반의 남성이며, 봄인데도 털모자를 쓰고 있었음. 처음 보는 사람이었고 이름과 직업은 알 수 없음. 다만 인근 지역 주민인 것 같았음)과 이런 저런 이야기를 나누던 중, 그 털모자 등산객이 "청계사 쪽 등산로를 올라오는데 정자 위의 공터에서 어떤 남자가 차량 트렁크에서 총을 꺼내어 운전석에 오르는 것을 보았는데, 청계산에 사냥이 허가되었습니까."라고 물었습니다. 그래서 제가 "사냥 금지구역입니다."라고 대답했습니다.

문 이상의 진술은 사실인가요.

답 예, 사실입니다. (무인)

위의 조서를 진술자에게 열람하게 하였던바, 진술한 대로 오기나 증감 · 변경할 것이 전혀 없다고 말하므로 간인한 후 서명무인하게 하다.

진술자 손 지 창 (무인)

2012. 5. 20.

서울서초경찰서

사법경찰리 경장 송 민 철 ㊞

진 술 서

성 명 　 한상경 (******-*******)

주 소 　 서울 관악구 봉천동 250 장군빌라 201호

1. 저는 서초경찰서 신원지구대 소속 의경입니다.
1. 저는 2012. 5. 20. 05:00경 김평산을 상대로 음주감지기 시험을 하였고, 경찰관 강철중이 김평산에게 음주측정 요구를 하였으나 김평산이 거부하는 과정을 지켜본 사실이 있습니다.
1. 당시 김평산이 저녁 식사를 하면서 소주 1병을 여자와 함께 나누어 먹고 운전했다고 스스로 말하였으며, 당시 걸음이 비틀거렸고, 말을 횡설수설하였으며, 입에서 술 냄새가 많이 났습니다.
1. 김평산이 "살인사건 신고하러 왔는데 음주측정을 하느냐. 너희들 일 똑바로 해라."라고 소리를 질렀으며, "음주측정기를 못 믿는다."라고 주장했습니다.
1. 김평산이 30분 이상 거부하다가 나중에 혈액 측정에는 응하였습니다.
1. 이상 사실대로 진술하였습니다.

2012. 5. 22.

진술자 　 한 상 경 ㊞

피의자신문조서

피의자 김평산에 대한 살인 피의사건에 관하여 2012. 5. 20. 서울서초경찰서 형사과 형사팀 사무실에서 사법경찰관 경위 홍반장은 사법경찰리 경사 강철중을 참여하게 하고, 아래와 같이 피의자임에 틀림없음을 확인하다.

문 피의자의 성명, 주민등록번호, 직업, 주거, 등록기준지 등을 말하십시오.
답 성명은 김평산(金平山)
주민등록번호는 ******-******* 직업은 무직
주거는 성남시 중원구 하대원동 170
등록기준지는 (생략)
직장 주소는 없음
연락처는 자택전화 (생략) 휴대전화 (생략)
직장전화 없음 전자우편(e-mail) (생략) 입니다.

사법경찰관은 피의사건의 요지를 설명하고 사법경찰관의 신문에 대하여 「형사소송법」 제244조의3에 따라 진술을 거부할 수 있는 권리 및 변호인의 참여 등 조력을 받을 권리가 있음을 피의자에게 알려주고 이를 행사할 것인지 그 의사를 확인하다.

진술거부권 및 변호인 조력권 고지 등 확인

1. 귀하는 일체의 진술을 하지 아니하거나 개개의 질문에 대하여 진술을 하지 아니할 수 있습니다.
2. 귀하가 진술을 하지 아니하더라도 불이익을 받지 아니합니다.
3. 귀하가 진술을 거부할 권리를 포기하고 행한 진술은 법정에서 유죄의 증거로 사용될 수 있습니다.
4. 귀하가 신문을 받을 때에는 변호인을 참여하게 하는 등 변호인의 조력을 받을 수 있습니다.

문 피의자는 위와 같은 권리들이 있음을 고지받았는가요.

답 예, 고지받았습니다.

문 피의자는 진술거부권을 행사할 것인가요.

답 아닙니다.

문 피의자는 변호인의 조력을 받을 권리를 행사할 것인가요.

답 아닙니다. 혼자서 조사를 받겠습니다.

이에 사법경찰관은 피의사실에 관하여 다음과 같이 피의자를 신문하다.
[피의자의 범죄전력, 경력, 학력, 가족·재산 관계 등은 생략]

[살인]

문 피의자는 오늘 새벽 04:00경 서울 서초구 신원동 44-10에 있는 청계산 등산로 옆 공터에 박봉순과 함께 간 사실이 있는가요.

답 예, 그런 사실이 있습니다.

문 피의자는 04:10경 박봉순과 함께 있다가 박봉순을 총을 쏘아 죽게 한 사실이 있는가요.

답 그런 사실이 없습니다.

문 피의자는 등산로를 내려오면서 지나가는 등산객에게 "내가 사람을 죽였다. 신고해 달라."라고 말한 사실이 있고, 지구대장 홍반장에게 "내연관계인데 2년 동안 사귀었다. 사람을 죽여 괴로웠는데 남자답게 책임을 지겠다."라고 말한 사실이 있지요.

답 예. 그렇게 말한 사실이 있습니다. 당시 지나가는 사람에게 경찰에 신고해달라고 부탁을 해도 들어주지 않아 어떤 등산객이 지나가기에 그렇게 말하면 신고를 해줄 것 같아서 그런 말을 했고, 지구대장에게는, 당시 취중이고 저 때문에 박봉순이 죽어서 너무나 괴로워서 그런 말을 했습니다.

문 박봉순을 만나 그곳에 간 경위는 어떠한가요.

답 피해자는 유부녀인데 친구 소개로 사귄 지 1년 정도 되며 몇 차례 성관계도 가진 관계입니다. 사건 전날 저녁에 청계산 아래 식당에서 저녁 식사를 하고(반주로 소주 1병을 나누어 마심), 카페로 옮겨 즐겁게

놀다가 기분 전환을 하기 위하여 차를 운전하여 다음날인 5. 20. 3:30 경 청계산 등산로 옆 공터에 도착했습니다. 차안에서 피해자와 이야기를 나누다가 트렁크에서 소주를 꺼내어 둘이서 먹었습니다.

문 박봉순은 어떻게 하여 죽었나요.

답 04:00경 제가 술에 너무 취하여 속이 불편하여 박봉순을 차에 남겨두고 저 혼자 차에서 내려 공터 옆 너럭바위에 누워 잠깐 잠이 들었는데 갑자기 총소리가 나서 차 있는 쪽을 쳐다보니 어둠 속에서 사람들이 엉켜 있었습니다. 당시 저는 술에 많이 취하였고 잠깐 잠들었다가 깨어난 상태라 정확한 기억은 나지 않습니다만, 제가 어둠 속에서 그쪽으로 뛰어가 보니 박봉순이 어떤 남자의 멱살을 잡고 있다가 제가 뛰어서 다가가니 저에게도 손을 내저으며 마지막 발악을 한 후 땅에 쓰러졌습니다. 제가 남자들(2명)을 보고 "당신들 누구냐"라고 소리 지르며 그 중 한 명을 붙들자 그 남자가 엎어치기 식으로 저를 땅바닥에 처박고는 2명이 함께 산 쪽으로 도망갔으며, 곧 이어 제가 쓰러진 박봉순의 상체를 일으켜 세워 보니 가슴 쪽이 온통 피범벅이었고 이미 숨을 거둔 상태였습니다.

문 그 다음 경위는 어떠한가요.

답 그래서 경찰에 신고하기 위하여 휴대폰을 찾았으나 배터리충전이 남아 있지 않았습니다. 그래서 차와 피해자를 그대로 버려두고 신고하기 위하여 등산로를 걸어 내려오는 중 지나가는 등산객에게 "사람이 죽어간다. 신고해 달라."라고 소리쳤지만 그대로 지나가 버렸습니다. 그래서 제가 사람을 죽였다고 하면 신고를 해줄 것 같아 그 다음 등산객이 지나갈 때 "내가 사람을 죽였소. 신고 좀 해주시오."라고 말했습니다. 그 후 5분 정도 더 걸어서 청계산 아래 주택가 쪽으로 접어드는데 경찰 순찰차가 와서 경찰차를 탔습니다.

문 사건이 발생한 04:10경 이미 사람이 사망했는데 그때부터 현장을 떠난 04:40경까지 무려 30분 동안이나 그 공터에서 무엇을 했나요.

답 너무 당황하여 넋을 놓고 앉아 있었습니다.

문 피의자의 이마의 찢어진 상처는 피해자와 싸우던 중 발생한 것이 아닌가요.

답 괴한을 붙들려고 하다가 넘어질 때 다친 것 같습니다.

문 피의자는 사냥을 취미생활로 하고 있는가요.

답 총을 쏠 줄도 모르고 총 소지허가도 받지 않았습니다.
이 때 본직은 피의자의 동의를 얻어 피의자의 몸에 난 상처의 모양을 확인하고 사진 촬영하여 조서말미에 첨부하다.

[도로교통법위반]

문 피의자는 5. 20. 05:00경 서초경찰서 신원지구대에서 경찰관로부터 음주측정을 요구받고 거부한 사실이 있는가요.

답 예.

문 그 경위는 어떠한가요.

답 전날 저녁 식사를 하면서 박봉순과 같이 소주 1명을 나누어 먹었지만 술을 다 깬 상태로 운전했으며, 산에서도 술을 마셨고, 무엇보다도 살인사건을 신고하러 간 사람을 상대로 음주측정을 하겠다고 하니 화가 나서 거부했습니다. 또 저는 호흡측정이 정확하다고 생각하지 않으며, 나중에 혈액 채취를 요구하므로 응했습니다.

[강도살인, 현주건조물방화치사]

문 피고인은 4. 1. 22:00경 서울 서초구 방배동 330에 있는 이권세의 주택에서 발생한 화재사건을 알고 있는가요.

답 예. 알고 있습니다.

문 피고인은 그 사건이 발생할 때 집 밖에서 망을 본 사실이 있는가요.

답 예.

문 그 경위는 어떠한가요.

답 저는 정권의 실세인 국회의원 이권세(남, 70세)의 운전기사를 10년간 하면서 충성을 다했는데 사소한 실수로 해고당하여 감정이 좋지 않았습니다. 그런데 최근에 이권세가 저축은행들로부터 거액의 뇌물을 받았다는 정보가 여의도 정가에 나돌므로 검은 돈을 분명히 집에 숨겨두고 있을 것이라고 생각하고 고향 후배인 이칠성을 만나 금품 강취를 제의하자 이칠성도 흔쾌히 승낙하였습니다.

저와 이칠성은 2012. 4. 1. 22:00경 이권세의 주택에 이르러 저는 집 밖에서 망을 보고 이칠성이 복면을 하고 담을 넘어 들어갔는데 10분쯤 지난 후 집에서 화염이 솟구치고 이칠성이 담을 뛰어 넘어서 나오며 "튀자!"라고 하기에 저는 영문을 모른 채 같이 뛰어 달아났습니다. 한참을 도망간 후 이칠성이 자초지종 설명해주었고, 다음 날 아침 뉴스를 통하여 이권세가 불에 타 죽었다는 소식을 들었습니다.

문 당시 이권세의 집에 사람이 있는 줄은 알았지요.

답 예. 이권세가 퇴근하여 집에 있는 줄은 알았습니다.

문 이칠성이 강도짓을 하다가 피해자와 마주치면 붙잡히지 않으려고 사람을 죽게 할 수도 있겠지요.

답 이칠성이 거의 괴력의 소유자이므로 70대 노인 정도는 완력으로 제압할 수 있고 또 복면을 하였으므로 신원이 노출될 염려는 없습니다. 그러므로 사람을 다치게 할 이유가 별로 없습니다. 그런데 천만 뜻밖에 피해자가 복면을 한 이칠성을 알아보는 바람에 이칠성이 그런 짓을 저지른 것 같습니다.

(※ 이칠성의 은신처와 전화번호에 대한 문답은 기재 생략함)

문 이상의 진술내용에 대하여 이의나 의견이 있는가요.

답 없습니다. (무인)

위의 조서를 진술자에게 열람하게 하였던바, 진술한 대로 오기나 증감·변경할 것이 전혀 없다고 하므로 간인한 후 서명무인하게 하다.

진술자 김 평 산 (무인)

2012. 5. 20.

서울서초경찰서

사법경찰관 경위 홍 반 장 ㉤

사법경찰리 경사 강 철 중 ㉤

※ 피의자의 몸의 상처는 왼쪽 이마에 길이 5센티미터, 깊이 0.5센티미터 가량의 열상이 있으며, 그 밖에 몸 전체에 작은 생채기 등 어떤 상처도 없음. 상처를 촬영한 사진은 기재 생략함.

※ 경찰은 상처를 사진촬영한 후 즉시 의사의 치료를 받게 하였음.

※ 국립과학수사연구소의 혈액감정(알콜농도감정)회보서는 기재 생략함.

수사보고서

수신: 형사과장
제목: 국회의원 주택 방화 · 살해사건 용의자 검거

1. 4. 1.자 국회의원 주택 방화 · 살해사건 당시, 동네주민 정관찰이 "어떤 사람이 피해자의 집 주변에서 서성거리는 것을 보았다."고 하면서 그 인상착의를 진술하였는바, 청계산 등산로 살인사건의 피의자 김평산과 인상착의가 비슷하여 당일의 행적을 추궁하던 중, 4. 1. 밤 김평산은 피해자의 집 밖에서 망을 보고, 그의 고향 후배 이칠성이 집 안에 들어가 불을 지른 범행전모를 자백하였음.
2. 오늘 새벽 3시 이칠성의 은신처를 급습하여 체포하였으며 범행 일체를 자백받았음.

2012. 5. 21.

경사 강 철 중 (인)

수사보고서

수신: 형사과장
제목: 엽총수색결과 등

(1) 엽총수색결과
○ 범행현장의 승용차(구형 그랜저 68구7654)를 수색하였으나 총기는 발견되지 않았고 뒷좌석에서 빈 소주병 2개만 발견되었음.
○ 사건 당일 오전 09:00부터 18:00까지 등산로를 전면 통제하고 다음과 같이 현장 주변지역을 수색하였으나 총기는 발견되지 않았음.
1) 수색 인원: 의경 1개 중대, 방범순찰대원, 경찰관 등 300명
2) 수색 장소: 범행 장소에서 반경 2km 이내의 모든 장소. 청계산 일대 숲속, 인근 대나무 밭, 탱자나무 숲, 각종 건물의 옥상과 도로변에 노출된 화장실, 하수구, 주택가의 빈집.
3) 장비: 금속탐지기 6대 사용.

(2) 총기소지허가 관계
서울지방경찰청에 확인한 결과, 피의자 김평산은 총기소지허가를 받은 바 없음.

(3) 일출 시각 등
사건 당일인 5. 20.의 일출 시각은 05:19이며, 사건 발생 시각인 04:10경은 달이 없고, 가로등도 없어서 어두운 편임.

(4) 사건 장소 약도
별지와 같음.

2012. 5. 22. 경사 강철중 (인)

[사건장소 약도]

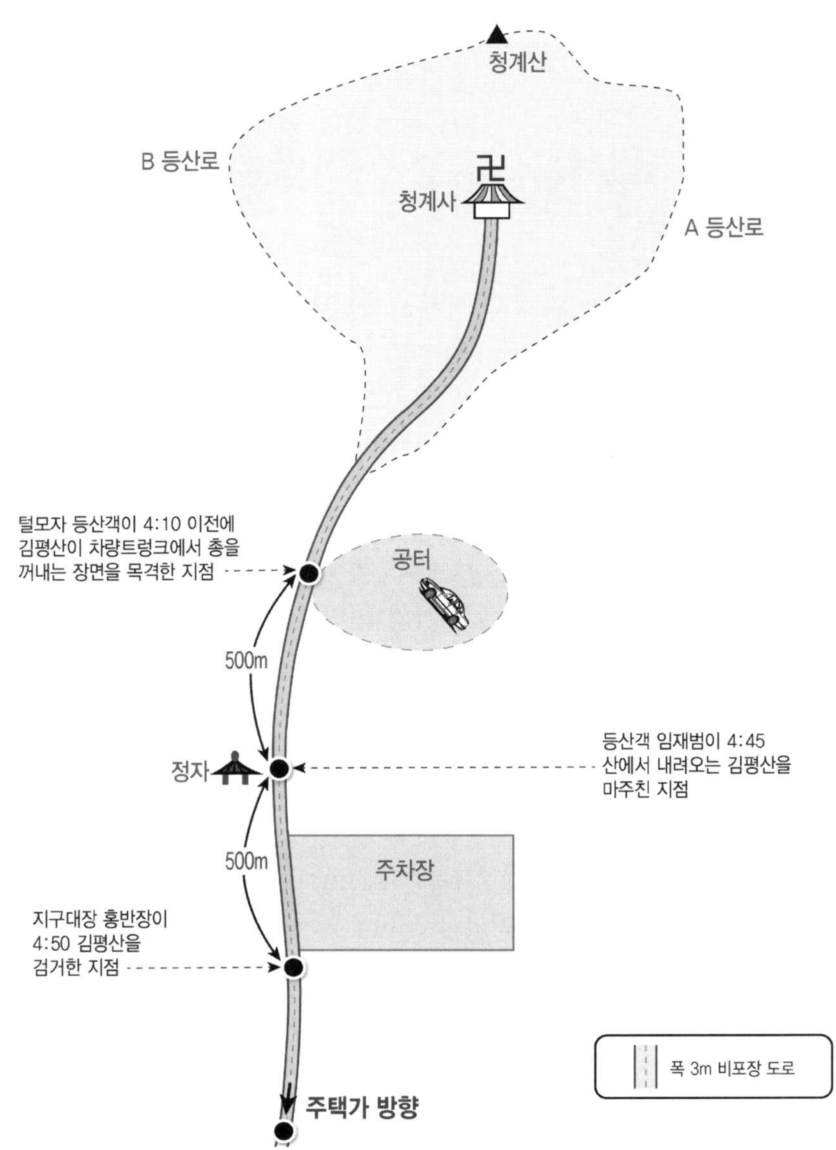
청계산
B 등산로
청계사
A 등산로
털모자 등산객이 4:10 이전에
김평산이 차량트렁크에서 총을
꺼내는 장면을 목격한 지점
공터
500m
정자
등산객 임재범이 4:45
산에서 내려오는 김평산을
마주친 지점
500m
주차장
지구대장 홍반장이
4:50 김평산을
검거한 지점
폭 3m 비포장 도로
주택가 방향

피의자신문조서

피의자 이칠성에 대한 강도살인, 현주건조물방화치사, 절도 피의사건에 관하여 2012. 5. 23. 서울서초경찰서 형사과 형사팀 사무실에서 사법경찰관 경위 홍반장은 사법경찰리 경사 강철중을 참여하게 하고, 아래와 같이 피의자임에 틀림없음을 확인하다.

문 피의자의 성명, 주민등록번호, 직업, 주거, 등록기준지 등을 말하십시오.
답 성명은 이칠성(李七星)
주민등록번호는 ******-******* 직업은 무직
주거는 성남시 중원구 은행동 221
등록기준지는 (생략)
직장 주소는 없음
연락처는 자택전화 (생략) 휴대전화 (생략)
직장전화 (생략) 전자우편 (e-mail) (생략)

사법경찰관은 피의사건의 요지를 설명하고 사법경찰관의 신문에 대하여 「형사소송법」 제244조의3에 따라 진술을 거부할 수 있는 권리 및 변호인의 참여 등 조력을 받을 권리가 있음을 피의자에게 알려주고 이를 행사할 것인지 그 의사를 확인하다.

[진술거부권 및 변호인 조력권 고지함. 그 내용은 생략]
[피의자의 범죄전력, 경력, 학력, 가족·재산 관계 등 생략]

문 피의자는 2012. 4. 1. 22:00경 서울 서초구 방배동 330에 있는 이권세의 주택에 들어가 금품을 강취하려고 하다가 이권세를 사망하게 하고, 집을 불태운 사실이 있는가요.
답 예, 그렇습니다.

문 그 경위를 진술하시오.

답 2012. 4. 1. 아침에 김평산이 전화를 걸어 “좀 보자.”고 해서 만났더니 자기가 모시고 있던 국회의원인 이권세가 평소에도 뇌물을 좋아하는 사람인데 지금 정권의 최고 실세가 되었으니 얼마나 뇌물을 많이 받았겠느냐, 뇌물을 은행에 저금하지도 못하고 집에 보관하고 있을 것이다, 한 번 털자고 제의하므로 복면을 준비하고 강도를 하기로 모의했습니다. 그날 밤 22:00경 피해자의 주택에 이르러 김평산은 집 밖에서 망을 보고 제가 복면을 하고 담을 넘어 들어가서 김평산이 가르쳐준 대로 비밀 창고에서 들어섰는데 마침 그곳에 피해자가 있었습니다. 그래서 즉시 주먹으로 피해자를 때려 제압한 다음 노끈으로 손발을 꽁꽁 묶고 다시 몸 전체를 그곳의 가스관에 묶어 놓고 금품을 물색하였습니다. 그런데 뜻밖에도 피해자가 “너, 내 운전기사 김평산이와 어울려 다니던 놈이 아니냐!”라고 소리쳤습니다. 저를 알아보는데 깜짝 놀라 금품 물색을 그만두고 그곳에 있던 휘발유를 창고 내부와 주택 외벽에 붓고 라이터로 불을 지르고 담을 뛰어 넘어 나왔습니다. 도망가면서 집이 점점 화염에 휩싸이는 것을 보고 ‘이권세는 죽겠구나.’라고 생각했습니다.

이 때 피의자는 50일간 도피생활을 하면서 죄책감에 시달렸다고 하면서 다른 여죄에 대하여 스스로 진술하겠다고 하다.

문 피의자가 저지른 다른 여죄가 있는가요.

답 2012. 3. 1. 18:00경 서울 서초구 반포본동 130에 있는 사촌 누나인 피해자 이삼숙의 집에 놀러 갔다가 이삼숙의 현금 20만 원과 은행신용카드 1개가 들어있는 지갑을 몰래 가지고 나왔습니다.

이 때 피의자가 이삼숙의 은행 신용카드를 임의제출하므로 압수하다.

문 이상의 진술내용에 대하여 이의나 의견이 있는가요.

답 없습니다. (무인)

위의 조서를 진술자에게 열람하게 하였던바, 진술한 대로 오기나 증감 · 변경할 것이 전혀 없다고 하므로 간인한 후 서명무인하게 하다.

진술자 이칠성 (무인)

2012. 5. 23.

서울서초경찰서

사법경찰관 경위 홍 반 장 ㉿

사법경찰리 경사 강 철 중 ㉿

※ 강도살인 사건 피해자의 유족 진술조서는 생략함.
※ 절도 사건 피해자의 진술조서는 생략함.
※ 압수조서는 기재 생략함.

국립과학수사연구원

1. 형사과-2345호 (1122-165)(2012-M-23402 경장 송민철)와 관련된 것입니다.
2. 위 건에 대한 감정결과를 회보합니다.
3. 문서처리자는 각 담당자에게 열람을 요청합니다.
4. 비밀번호 조회는 http://pwd.nisi.go.kr 에서 로그인 후 확인 바랍니다.

감정결과: 1. 증거물 제1호(박봉순의 모발)의 혈액형은 A형임.
2. 증거물 제2호(김평산의 모발)의 혈액형은 B형임.
3. 증거물 제3호(박봉순의 손톱)의 안쪽 면에서 사람의 혈흔이 검출되었으며, 그 혈액형은 B형, O형 두 가지임. 끝.

국립과학수사연구원장 [국립과학수사연구원장인]

수신자

전결 5/24

○○연구관 정○○ ○○분석과장 홍○○

협조자

시행 00분석과-5229(2012. 5. 24.) 접수 (2012.5.21.)

우 158-707 서울 양천구 신월7동 국립과학수사연구원 / http://www.mopas.go.kr

전화 02-2600-**** 전송 02-2600-**** /*****@nisi.go.kr /비공개

조회회보서

제2011-5231호

2012. 5. 27.

□ **조회대상자**

성명	김평산	주민등록번호	******-*******	성별	남
지문번호	*****-75***	주민지문번호	*****-758**	일련번호	********
주소	성남시 중원구 하대원동 170				
등록기준지	(생략)				

□ **주민정보 – (생략)**

□ **범죄경력자료**

연번	입건일	입건관서	작성번호	송치번호	형제번호
	처분일	죄명		처분관서	처분결과
1	2005. 2. 2.	서울강동경찰서	003323	2005-131	****-***-*****
	2005.4.9.	도로교통법위반(음주운전)		서울동부지방법원	벌금 50만 원
2	2009. 3. 26.	서울강남경찰서	003421	2006-3877	****-***-*****
	2009. 5. 21.	도로교통법위반(음주운전)		서울중앙지방법원	벌금 100만 원
3	2010. 9. 2.	서울강남경찰서	004323	2010-2400	****-***-*****
	2010. 11. 22.	도로교통법위반(음주운전)		서울중앙지방법원	벌금 200만 원
4	2011. 9. 10.	서울강남경찰서	004357	2011-3333	****-***-*****
	2011.11.24.	도로교통법위반(음주운전)		서울중앙지방법원	벌금 300만 원

□ **수사경력자료 (생략)** □ **지명수배내역 (생략)**

위와 같이 조회 결과를 통보합니다.

조 회 용 도 : 접수번호 2012-**** 수사
조회의뢰자 : 형사팀 경위 홍반장
작 성 자 : 형사팀 경사 강철중

서울서초경찰서장 인

피의자신문조서

피의자: 김평산

위의 사람에 대한 강도살인 등 피의사건에 관하여 2012. 5. 29. 서울중앙지방검찰청 검사 이명재는 검찰주사보 윤계장을 참여하게 한 후, 피의자에 대하여 다시 아래의 권리들이 있음을 알려주고 이를 행사할 것인지 그 의사를 확인하다.

문 피의자의 성명, 주민등록번호, 직업, 주거, 등록기준지 등은 어떤가요.

답 성명은 김평산(金平山)

주민등록번호는 ******-******* 직업은 무직

주거는 성남시 중원구 하대원동 170

등록기준지는 (생략) 입니다.

[진술거부권 및 변호인 조력권 고지함. 그 내용은 생략]

※ 경찰에서의 진술과 같은 취지의 진술은 기재 생략함.

문 피의자는 평소 박봉순을 만나면 성관계를 가지는 관계라고 하였고, 박봉순은 가정주부이므로 귀가를 해야 하는데, 성관계를 가지지도 않고 새벽까지 야산에 머무른 이유는 무엇인가요.

답 사실은 그날 박봉순이 헤어지자고 요구하고, 여관방에도 들어가지 않으려고 하고 자꾸 집에 가겠다고 하므로, 산으로 데리고 가면 무서워서 도망가지 못할 것이고, 그곳에서 설득하기 위하여 데리고 간 것입니다.

문 그곳에서 순조롭게 설득이 되었나요.

답 설득이 되지 않아 박봉순이 저에게 욕설까지 하여 심하게 다투었습니다.

문 피의자의 이마의 상처는 그때 난 것이지요.

답 그런 것 같습니다.

문 박봉순과 심하게 다투던 중 격분하여 총을 쏜 것이지요.

답 총을 쏘지 않았습니다.

※ 공소사실 1(강도살인, 현주건조물방화치사), 공소사실 2의 나(도로교통법위반) 관련 진술은 경찰에서의 진술과 동일한 취지이며 기재 생략함.
문 이상의 진술내용에 대하여 이의나 의견이 있는가요.
답 없습니다. (무인)

위의 조서를 진술자에게 열람하게 하였던바, 진술한 대로 오기나 증감·변경할 것이 전혀 없다고 하므로 간인한 후 서명무인하게 하다.

진술자 김평산 (무인)

2012. 5. 29.

서울중앙지방검찰청

검 사 이명재 ㊞

검찰주사보 윤계장 ㊞

기타 법원에 제출되어 있는 증거들

※ 편의상 다음 증거서류의 내용을 생략하였으나, 법원에 증거로 적법하게 제출되어 있음을 유의하여 변론할 것.

○ 검사 작성의 이칠성에 대한 피의자신문조서(2012. 5. 29.)

- 경찰에서의 진술과 동일한 취지로 기재 생략

○ 이칠성에 대한 조회회보서(2012. 5. 27.)

- 범죄경력이 없는 초범으로 기재 생략

〔제 7 문〕[1)]

1) 이 문제는 2014. 6. 실시한 법학전문대학원협의회 주관 모의고사 문제이며, 저자와 정한중 교수(한국외국어대)가 공동 출제한 것이다.

2014년도 제1차 변호사시험 모의시험 - 논술형(기록형)

시험과목	형사법(기록형)

응시자 준수사항

1. 시험 시작 전 문제지의 봉인을 손상하는 경우, 봉인을 손상하지 않더라도 문제지를 들추는 행위 등으로 문제 내용을 미리 보는 경우 모두 부정행위로 간주되어 그 답안은 영점 처리 됩니다.
2. 답안은 흑색 또는 청색 필기구(사인펜이나 연필 사용 금지) 중 한 가지 필기구만을 사용하여 답안 작성 난(흰색 부분) 안에 기재하여야 합니다.
3. 답안지에 성명과 수험 번호를 기재하지 않아 인적 사항이 확인되지 않는 경우에는 영점 처리 등 불이익을 받게 됩니다. 특히 답안지를 바꾸어 다시 작성하는 경우, 성명 등의 기재를 빠뜨리지 않도록 유의하여야 합니다.
4. 답안지에는 문제 내용을 기재할 필요가 없으며, 답안 내용 이외의 사항을 기재하거나 밑줄 기타 어떠한 표시도 하여서는 안 됩니다. 답안을 정정할 경우에는 두 줄로 긋고 다시 기재하여야 하며, 수정액 등은 사용할 수 없습니다.
5. 시험 종료 시각에 임박하여 답안지를 교체 요구한 경우라도 시험시간 종료 후 즉시 새로 작성한 답안지를 회수합니다.
6. 시험 종료 후에는 답안지 작성을 일절 할 수 없으며, 이에 위반하여 시험시간이 종료되었음에도 불구하고 시험관리관의 답안지 제출 지시에 불응한 채 계속 답안을 작성하거나 답안지를 늦게 제출할 경우 그 답안은 영점 처리 됩니다.
7. 답안은 답안지 쪽수 번호 순으로 기재하여야 하고, 배부받은 답안지는 백지 답안이라도 모두 제출하여야 하며, 답안지를 제출하지 아니한 경우 그 시험시간 및 나머지 시험시간의 시험에 응시할 수 없습니다.
8. 지정된 시간까지 지정된 시험실에 입실하지 아니하거나 시험관리관의 승인을 얻지 아니하고 시험시간 중에 그 시험실에서 퇴실한 경우 그 시험시간 및 나머지 시험시간의 시험에 응시할 수 없습니다.
9. 시험시간이 종료되기 전에는 어떠한 경우에도 문제지를 시험장 밖으로 가지고 갈 수 없고, 시험 종료 후 가지고 갈 수 있습니다.

법학전문대학원협의회
KOREAN ASSOCIATION OF LAW SCHOOLS

【문 제】

다음 기록을 읽고 피고인 염상구의 변호인 이보영의 변론요지서를 작성하되, 다음 쪽 변론요지서 양식 중 **본문 Ⅰ, Ⅱ 부분만 작성하시오.**

【작성요령】

1. 학설·판례 등의 견해가 대립되는 경우, 한 견해를 취하여 변론할 것. 다만, 대법원 판례와 다른 견해를 취하여 변론을 하고자 하는 경우에는 자신의 입장에 따른 변론을 하되 대법원 판례의 취지를 적시할 것.
2. 증거능력이 없는 증거는 실제 소송에서는 증거로 채택되지 않아 증거조사가 진행되지 않지만, 이 문제에서는 시험의 편의상 증거로 채택되어 증거조사가 진행된 것을 전제하였음. 따라서 필요한 경우 증거능력에 대하여도 변론할 것.

【기록 형식 안내】

1. 쪽 번호는 편의상 연속되는 번호를 붙였음.
2. 조서, 기타 서류에는 필요한 서명, 날인, 무인, 간인, 정정인이 있는 것으로 볼 것.
3. 증거목록 중 '기재생략'이라고 표시된 부분에는 법에 따른 절차가 진행되어 그에 따라 적절한 기재가 있는 것으로 볼 것.
4. 공판기록과 증거기록에 첨부하여야 할 일부 서류 중 '(생략)' 표시가 있는 것, 증인선서서와 수사기관의 조서에 첨부하여야 할 '수사과정확인서'는 적법하게 존재하는 것으로 볼 것.
5. 송달이나 접수, 통지, 결재가 필요한 서류는 모두 적법한 절차를 거친 것으로 볼 것.

【변론요지서 양식】

변론요지서

사 건 2013고합1234 살인 등

피고인 염상구

위 사건에 관하여 피고인의 변호인 변호사 이보영은 다음과 같이 변론합니다.

다 음

Ⅰ. 살인의 점에 대하여(70점)

Ⅱ. 성폭력범죄의처벌등에관한특례법위반(공중밀집장소에서의추행)의 점에 대하여(30점)

※ 평가제외사항 – 공소사실의 요지, 정상관계(답안지에 기재하지 말 것)

2013. 9. 19.

피고인의 변호인 변호사 이보영 ㊞

서울중앙지방법원 제26형사부 귀중

기록내용시작

구속만료	2013. 10. 19.	미결구금
최종만료	2014. 2. 19.	
대행 갱신 만　　료		

서 울 중 앙 지 방 법 원

구 공 판 **형 사 제 1 심 소 송 기 록**

기일 1회기일	사건번호	2013고합1234	담임	제26부	주심	다
9/3 A10	사 건 명	가. 살인 나. 성폭력범죄의처벌등에관한특례법위반(공중밀집장소에서의추행)				
9/17 P2						
	검　　사	신정수	2013형제53874호			
	공소제기일	2013. 8. 20.				
	피 고 인	구속　염상구				
	변 호 인	사선　변호사　이보영				

확　　정	
보존종기	
종결구분	
보　　존	

완결 공람	담　임	과　장	주심 판사	재판장

<table>
<tr><td rowspan="2">접 수
공 람</td><td>과 장</td><td>국 장</td><td>원 장</td></tr>
<tr><td>㊞</td><td>㊞</td><td>㊞</td></tr>
</table>

공 판 준 비 절 차

회 부 수명법관 지정 일자	수명법관 이름	재 판 장	비 고

법 정 외 에 서 지 정 하 는 기 일

기일의 종류	일 시				재 판 장	비 고
1회 공판기일	2013.	9.	3.	10:00	㊞	

서울중앙지방법원

목 록		
문 서 명 칭	장 수	비 고
증거목록	8, 9	검사
증거목록	9	피고인 및 변호인
공소장	10	
변호인선임신고서	(생략)	피고인
영수증(공소장부본 등)	(생략)	피고인
영수증(공판기일통지서)	(생략)	변호사 이보영
의견서	(생략)	피고인
공판조서(제1회)	12	
증인신청서	(생략)	검사
증거서류제출서	14	변호사 이보영
고소취소장	15	성미나
공판조서(제2회)	16	
증인신문조서	19	이한량
증인신문조서	20	홍순남
증인신문조서	21	박보호

증 거 목 록 (증거서류 등)

2013고합1234

2013형제53874호 신청인: 검사

순번	증거방법					참조사항 등	신청기일	증거의견		증거결정		증거조사기일	비고
	작성	쪽수(수)	쪽수(증)	증거명칭	성명			기일	내용	기일	내용		
1	검사	46		피의자신문조서(제1회)	염상구		1	1	×○×	기재 생략			입증취지부인
2	〃	47		피의자신문조서(제2회)	염상구		1	1	○				
3	〃	49		진술조서	박보호		1	1	×				
5	사경	24		진술조서	성미나		1	1	×				
6	〃	(생략)		고소장	성미나		1	1	×				입증취지부인
7	〃	26		피의자신문조서(제1회)	염상구		1	1	○				
8	〃	29		수사보고서	홍반장		1	1	○				입증취지부인
9	〃	32		압수조서	홍반장		1	1	○				
10	〃	34		피의자신문조서(제2회)	염상구		1	1	○				
12	〃	37		진술조서	김농부		1	1	○				
13	〃	39		진술조서	이한량		1	1	×				
14	〃	41		피의자신문조서(제3회)	염상구		1	1	×				
15	〃	43		감정결과 및 질의회신	국립과학수사연구원		1	1	○				
16	〃	(생략)		조회회보서	염상구		1	1	○				

※ 증거의견 표시 – 피의자신문조서: 인정 ○, 부인 ×
(여러 개의 부호가 있는 경우, 적법성/실질성립/임의성/내용의 순서임)
– 기타 증거서류: 동의 ○, 부동의 ×
– 진술이 특히 신빙할 수 있는 상태하에서 행하여졌다는 점 부인: "특신성 부인"(비고란기재)
※ 증거결정 표시: 채 ○, 부 ×
※ 증거조사 내용은 제시, 낭독(내용고지, 열람)

증 거 목 록 (증인 등)

2013고합1234

2013형제53874호　　　　신청인: 검사

증 거 방 법	쪽수 (공)	입증취지 등	신청 기일	증거결정 기일	증거결정 내용	증거조사기일	비고
흰 티셔츠 1점 (증 제1호)		범행시 착용한 옷	1	1	○	2013. 9. 3. 10:00	
청바지 1점 (증 제2호)		범행시 착용한 옷	1	1	○	2013. 9. 3. 10:00	
검은 가죽장갑 1켤레(증 제3호)		범행에 사용된 물건	1	1	○	2013. 9. 3. 10:00	
식칼 1자루 (증 제4호)		범행에 사용된 물건	1	1	○	2013. 9. 3. 10:00	
증인 이한량	19	공소사실 1항 관련	1	1	○	2013. 9. 17. 14:00 (실시)	
증인 홍순남	20	공소사실 1항 관련	1	1	○	2013. 9. 17. 14:00 (실시)	
증인 성머나		공소사실 2항 관련	1	1	○	2013. 9. 17. 14:00 2013. 9. 17. 신청철회	
증인 박보호	21	공소사실 2항 관련	1	1	○	2013. 9. 17. 14:00 (실시)	

<이하 증거목록 미기재 부분 생략>

증 거 목 록 (증거서류 등)

2013고합1234

2013형제53874호　　　　신청인: 피고인 및 변호인

순번	증거방법 작성	쪽수 (수)	쪽수 (증)	증 거 명 칭	성 명	참조 사항 등	신청 기일	증거의견 기일	증거의견 내용	증거결정 기일	증거결정 내용	증거조사기일	비고
1			16	고소취소장	성머나		2	2	○				

<이하 증거목록 미기재 부분 생략>

서울중앙지방검찰청

2013. 8. 20.

사건번호 2013년 형제53874호
수 신 자 서울중앙지방법원
제 목 **공소장**

검사 신정수는 아래와 같이 공소를 제기합니다.

Ⅰ. 피고인 관련사항

피 고 인 염상구(******-*******), 38세
직업 무직, ***-****-****
주거 서울 서초구 양재2동 125
등록기준지 (생략)

죄 명 살인, 성폭력범죄의처벌등에관한특례법위반(공중밀집장소에서의 추행

적용법조 형법 제250조 제1항, 성폭력범죄의 처벌 등에 관한 특례법 제11조, 형법 제37조, 제38조

구속여부 2013. 8. 7. 구속(2013. 8. 5. 체포)

변 호 인 변호사 이보영

1234

접수 No. 15775 2013. 8. 20. 서울중앙지방법원 형사접수실

Ⅱ. 공소사실

피고인은 일정한 직업이 없는 사람이다.

1. 살인

피고인은 2013. 8. 1. 10:00 경 서울 강남구 세곡동 범바위길 18에 있는 피해자 홍순녀(여, 36세)의 집에서 내연관계인 피해자가 채무 변제를 독촉하자 이에 격분하여 피해자를 살해하기로 마음먹고 그곳에 있던 식칼(칼날 길이 15㎝)로 피해자의 가슴부위를 찔러 대동맥 파열에 따른 과다출혈로 인해 즉시 그곳에서 사망하게 함으로써 동녀를 살해하였다.

2. 성폭력범죄의처벌및피해자보호등에관한법률위반(공중밀집장소에서의추행)

피고인은 2013. 8. 1. 01:00경 서울 강남구 개포동 55에 있는 황토찜질방에서 피고인의 옆에 누워 잠자고 있는 피해자 성미나(여, 21세)에 대하여 추행의 충동을

느끼고 피해자의 옆으로 다가가 상체를 피해자의 방향으로 돌려 모로 누운 후 오른 손으로 피해자의 상의(찜질방에서 제공하는 옷) 위로 피해자의 가슴을 만졌다. 이로써 피고인은 공중밀집장소에서 피해자를 추행하였다.

Ⅲ. 첨부서류

1. 현행범인인수서 1통(생략)
2. 석방보고서 1통(생략)
3. 긴급체포서 1통(생략)
4. 구속영장(체포된 피의자용) 1통 (생략)
5. 변호인선임신고서 1통 (생략)
6. 피의자수용증명 1통 (생략)

검사 신정수 ㊞

서 울 중 앙 지 방 법 원

공 판 조 서

제 1 회

사 건 2013고합1234 살인 등

재판장 판사	배현일	기 일:	2013. 9. 3. 10:00
판사	김 석	장 소:	제418호 법정
판사	문현주	공개 여부:	공개
법원사무관	국영수	고 지 된 다음기일:	2013. 9. 17. 14:00

피 고 인	염상구	출석
검 사	강선주	출석
변 호 인	변호사 이보영	출석

재판장

피고인은 진술을 하지 아니하거나 각개의 물음에 대하여 진술을 거부할 수 있고, 이익 되는 사실을 진술할 수 있음을 고지

재판장의 인정신문

성 명: 염상구

주민등록번호: 공소장 기재와 같음.

직 업: 〃

주 거: 〃

등록기준지: 〃

재판장

피고인에 대하여

주소가 변경될 경우에는 이를 법원에 보고할 것을 명하고, 소재가 확인되지 않을 때에는 그 진술 없이 재판할 경우가 있음을 경고

검　사

공소장에 의하여 공소사실, 죄명, 적용법조 낭독

피고인

공소사실 제1항에 대하여

피해자를 살해한 사실이 없다고 진술

공소사실 제2항에 대하여

피해자의 가슴을 만지지 않았다고 진술

재판장

증거조사를 하겠다고 고지

증거관계 별지와 같음(검사)

재판장

각 증거조사 결과에 대하여 의견을 묻고 권리를 보호하는 데에 필요한 증거조사를 신청할 수 있음을 고지

소송관계인

별 의견 없다고 각각 진술

재판장

변론속행

2013. 9. 3.

법 원 사 무 관　　국영수 ㊞

재판장　판 사　　배현일 ㊞

증거서류제출서

사건번호 2013고합1234 살인 등

피고인 염상구

위 사건에 관하여 피고인의 변호인은 피고인의 이익을 위하여 다음 증거서류를 제출합니다.

다 음

1. 고소취소장 1통

2013. 9. 4.

피고인의 변호인
변호사 이보영 ㊞

서울중앙지방법원 제26형사부 귀중

고소취소장

피고소인 성명: 염상구

주소: (생략)

고소인 성명: 성미나

주소: (생략)

고소인은 피고소인을 성폭력범죄의처벌등에관한특례법위반(공중밀집장소에서의추행)죄로 고소하였는바, 피고소인의 진심어린 사과를 받고 고소를 취소합니다.

2013. 9. 1.

고소인 성미나 ㉞

첨부: 인감증명 1통(생략)

서 울 중 앙 지 방 법 원

공 판 조 서

제 2 회			
사 건	2013고합1234 살인 등		
재판장 판사	배현일	기 일:	2013. 9. 17. 14:00
판사	김 석	장 소:	제418호 법정
판사	문현주	공개 여부:	공개
법원사무관	국영수	고 지 된 다음기일:	2013. 9. 24. 10:00
피 고 인	염상구		출석
검 사	강선주		출석
변 호 인	변호사 이보영		출석
증 인	이한량, 홍순남, 박보호		각 출석
	성미나(폐문부재, 송달불능)		불출석

재판장

전회 공판심리에 관한 주요사항의 요지를 공판조서에 의하여 고지

소송관계인

변경할 점이나 이의할 점이 없다고 진술

검 사

검사가 경찰에 성미나에 대한 소재수사지휘를 하였으나 소재탐지불능보고서가 들어왔다고 진술. 소재탐지불능보고서를 법원에 제출함(첨부생략)

재판장

출석한 증인들을 별지와 같이 신문하다

증거관계 별지와 같음(검사, 변호인)

재판장

각 증거조사 결과에 대하여 의견을 묻고 권리를 보호하는 데에 필요한 증거조사를 신청할 수 있음을 고지

소송관계인

별 의견 없으며, 달리 신청할 증거도 없다고 각각 진술

재판장

증거조사를 마치고 피고인 신문을 하겠다고 고지

검　사

피고인에게

문　피고인은 검사로부터 제1회 피의자신문을 받을 당시 '2013. 8. 1. 10:00 경 홍순녀의 집에서 피해자를 칼로 찔러 살해한 사실이 있다'고 진술한 사실이 있지요.

답　예.

문　검사로부터 제1회 피의자신문을 받을 때, 자유롭게 말하지 못할 무슨 사유가 있었나요.

답　그런 것은 없었습니다.

이때 피고인에게 검은 가죽장갑 1켤레(증 제4호)를 제시하고,

문　이 가죽장갑은 무슨 일을 할 때 사용하는 것인가요.

답　그 장갑은 내 것이 아닙니다.

변호인

문　사건 직후 피고인의 얼굴이나 신체에 아무런 상처가 없었으며, 경찰에서는 피고인의 몸에 상처가 없는 상태를 사진을 찍거나 하지 않았지요.

답　예.

문　피고인이 경찰과 검찰에서 범행을 자백한 적이 있는데 왜 그랬나요.

답　경찰에서 조사를 받을 때 경찰관이 김농부와 이한량의 진술과 물증을 들이대면서 끈질기게 추궁하였고, 이틀 동안 수사관들이 번갈아가며 잠을 재우지 않고 신문을 하는 바람에 심신이 지쳐서 자포자기의 심정이 되었습니다. 또 부인해봐야 형만 더 중하게 받게 될 것 같아 허위 자백을 했습니다. 검찰에서도 그와 같은 심정으로 허위 자백을 했습니다.

재판장

피고인신문을 마쳤음을 고지

검　사

이 사건 공소사실은 모두 그 증거가 있으므로 공소장 기재 법조를 적용하여 피고인을 무기징역에 처함이 상당하다는 의견 진술

재판장

피고인 및 변호인에게 최종 의견 진술 기회 부여

변호인

피고인을 위한 유리한 변론을 하고, 판결선고 전에 변론요지서를 제출하겠다고 하다.

피고인

억울합니다.

재판장

변론종결

2013. 9. 17.

법 원 사 무 관 국영수 ㊞

재판장 판 사 배현일 ㊞

서울중앙지방법원

증인신문조서(제2회 공판조서의 일부)

사 건 2013고합1234 살인 등

증 인 이 름 이한량

생년월일 ****. **. **.

주 거 서울 강남구 세곡동 범바위길 45

재판장

증인에게 형사소송법 제148조 또는 제149조에 해당하는가의 여부를 물어 증인이 이에 해당하지 아니함을 인정하고, 위증의 벌을 경고한 후 별지 선서서와 같이 선서를 하게 하였다. 다음에 신문할 증인은 재정하지 아니하였다.

검 사

증인에게

문 증인은 홍순녀 피살 사건에 관하여 경찰에서 진술한 사실이 있지요.

답 예, 그렇습니다.

이때 검사는 사법경찰리가 작성한 증인에 대한 2013. 8. 3.자 진술조서를 제시하여 읽어보게 한 다음,

문 증인은 경찰에서 사실대로 진술하고 읽어본 후 서명·날인한 사실이 있고, 그 때의 진술 내용이 동일하게 기재되어 있나요.

답 예, 그렇습니다.

변호인

증인에게

문 증인은 왜 밤중에 남의 집에서 흘러나오는 소리를 귀 기울여 듣고 있었나요.

답 피해자를 좋아했기 때문입니다.

문 증인이 피해자에게 사귀자고 제의했다가 거절당한 것은 당시 피해자가 피고인을 만나고 있었기 때문인가요.

답 당시 피해자가 피고인을 만나고 있었는지는 잘 모르겠습니다.

문 사건 전날 밤 피해자의 집 안에서 남녀가 '심한 언쟁'을 어떻게 하던가요.

답 서로 심한 욕설을 하는 것 같았습니다.

2013. 9. 17.

법 원 사 무 관 국영수 ㊞

재판장 판 사 배현일 ㊞

서울중앙지방법원

증인신문조서 (제2회 공판조서의 일부)

사 건 2013고합1234 살인 등
증 인 이 름 홍순남
생년월일 ****. **. **.
주 거 서울 서초구 양재동 100

재판장

증인에게 형사소송법 제148조 또는 제149조에 해당하는가의 여부를 물어 증인이 이에 해당하지 아니함을 인정하고, 위증의 벌을 경고한 후 별지 선서서와 같이 선서를 하게 하였다. 다음에 신문할 증인은 재정하지 아니하였다.

검 사

증인에게

문 증인은 여동생인 피해자 홍순녀와 피고인의 관계에 대하여 아는 바가 있는가요.

답 두 사람은 내연관계이고, 여동생이 피고인에게 3,000만 원을 빌려주고 돈을 못 받아서 마음고생이 심했습니다. 이 사건이 발생하기 약 한 달 전에 여동생과 통화를 했는데 여동생이 "그 남자에게 돈 갚으란 말을 꺼내었더니 탁자를 손으로 치면서 사람이 폭력적으로 변하더라."라고 말하며 한숨을 쉬었습니다. 이 사건 전날인 2013. 7. 31. 23:30경에도 홍순녀와 통화를 했는데, 이때는 염상구가 방금 다녀갔다고 하면서 목소리가 밝고 기분이 좋아 보였습니다.

변호인

문 사건 전날 밤 통화할 때 홍순녀가 피고인에 대하여 나쁘게 말한 사실이 있는가요.

답 홍순녀가 "오늘은 모처럼 기분 좋게 헤어졌다."라고 했고 피고인에 대한 나쁜 말은 전혀 없었습니다.

2013. 9. 17.

법원사무관 국영수 ㉥

재판장 판 사 배현일 ㉥

서울중앙지방법원

증인신문조서 (제2회 공판조서의 일부)

사 건 2013고합1234 살인 등
증 인 이 름 박보호
생년월일 ****. **. **.
주 거 서울 강남구 개포동 215

재판장

증인에게 형사소송법 제148조 또는 제149조에 해당하는가의 여부를 물어 증인이 이에 해당하지 아니함을 인정하고, 위증의 벌을 경고한 후 별지 선서서와 같이 선서를 하게 하였다.

검사

증인에게

문 피해자가 증인에게 피고인이 가슴을 만졌다고 분명히 말했는가요.

답 예. 분명하게 들었습니다.

이때 검사는 검사가 작성한 2013. 8. 11.자 진술조서를 제시하여 읽어보게 한 다음,

문 증인은 검찰에서 사실대로 진술하고 읽어본 후 서명·날인한 사실이 있고, 그 때의 진술 내용이 동일하게 기재되어 있나요.

답 예, 그렇습니다.

변호인

문 증인이 추행하는 장면을 본 것은 아니지요.

답 예.

문 성미나가 피고인이 가슴을 만졌다고 말한 경위는 어떤가요.

답 성미나가 처음에는 "나를 끌어안으려고 했다."라고 말했는데, 나중에 어떤 중년 여성 손님이 성미나에게 별것 아닌 일로 호들갑을 떠느냐고 나무라자, 성미나가 "남자가 내 가슴을 만졌다."라고 했습니다.

문 그런 말을 할 때 성미나의 태도는 어떠했는가요.

답 성미나가 술에 심하게 취하여 있었고 그 중년 여성에게 반박하기 위해서 일부러 말을 세게, 단정적으로 하는 것 같았습니다.

2013. 9. 17.

법 원 사 무 관 국영수 ㊞

재판장 판 사 배현일 ㊞

제	1	책
제	1	권

서울중앙지방법원

증거서류등(검사)

사 건 번 호	2013고합1234	담임	제26형사부	주심	다

사 건 명	가. 살인 나. 성폭력범죄의처벌등에관한특례법위반(공중밀집장소에서의 추행)	
검 사	신정수	2013년 형제53874호
피 고 인	구속 **염상구**	
공소제기일	2013. 8. 20.	

1심 선고	20 . . .	항소	20 . . .
2심 선고	20 . . .	상고	20 . . .
확 정	20 . . .	보존	

제 1 책
제 1 권

<table>
<tr><td>구공판</td><td colspan="5">서 울 중 앙 지 방 검 찰 청
증 거 기 록</td></tr>
<tr><td rowspan="2">검 찰</td><td>사건번호</td><td>2013년 형제53874호</td><td rowspan="2">법원</td><td>사건번호</td><td>2013년 고합1234호</td></tr>
<tr><td>검 사</td><td>신정수</td><td>판 사</td><td></td></tr>
<tr><td>피 고 인</td><td colspan="5">구속 염상구</td></tr>
<tr><td>죄 명</td><td colspan="5">가. 살인
나. 성폭력범죄의처벌등에관한특례법위반(공중밀집장소에서의 추행)</td></tr>
<tr><td>공소제기일</td><td colspan="5">2013. 8. 20.</td></tr>
<tr><td>구 속</td><td colspan="3">2013. 8. 7. 구속(2013. 8. 5. 체포)</td><td>석 방</td><td></td></tr>
<tr><td>변 호 인</td><td colspan="5">변호사 이보영</td></tr>
<tr><td>증 거 물</td><td colspan="5">있 음</td></tr>
<tr><td>비 고</td><td colspan="5"></td></tr>
</table>

진술조서

성 명: 성미나

주민등록번호: ******-******* 21세

직 업: 유흥주점 종업원

주 거: 서울 서초구 서초2동 250

등록기준지: (생략)

직 장 주 소: (생략)

연 락 처: (자택전화) (생략) (휴대전화) (생략)

(직장전화) (생략) (전자우편) (생략)

위의 사람은 피의자 염상구의 성폭력범죄의처벌등에관한특례법위반(공중밀집장소에서의추행) 피의사건에 관하여 2013. 8. 1. 서울강남경찰서 형사과 형사1팀 사무실에 임의 출석하여 다음과 같이 진술하다.

1. 피의자와의 관계

피의자는 저와 아무런 관계가 없습니다.

2. 피의사실과의 관계

저는 피의자가 찜질방에서 저를 추행한 사실과 관련하여 피해자 자격으로 출석하였습니다.

이때 사법경찰리는 진술인 성미나를 상대로 다음과 같이 문답하다.

문 진술인이 피의자로부터 추행 피해를 당한 사실이 있는가요.

답 예, 그렇습니다.

문 그 경위에 대하여 자세히 진술하시오.

답 어제 밤 친구와 놀다가 헤어진 후 집에 갈 택시비가 없어 개포동 55에 있는 황토찜질방에 들어가 잠이 들었습니다. 내가 왼쪽 옆으로 누워 자고 있었는데 상체 쪽으로 손길이 느껴져 놀라서 팔을 휘저어 저 남자(뒤에 대기하고 있는 염상구를 가리킴)의 팔을 떨쳐내게 되었습니다. 제가 깜작 놀라 일어나 앉아 염상구를 바라보니 염상구도 상체를 일으켜 앉더니 시치미를 뚝 떼고 "안 만졌어요."라고 했습니다. 그래서 제가 곧바로 찜질방 주인을 불렀고 주인이 저의 설명을 듣더니 경찰에 신고했습니다.

문 염상구가 어디를 만졌는가요.

답 제가 그 남자의 손을 떨쳐내기 전에, 제가 깊이 잠든 상태에서 이미 그 남자가 저의 가슴을 만진 것 같습니다.

문 피의자의 처벌을 바라는가요.

답 엄중하게 처벌해주시기 바랍니다.

문 이상의 진술은 사실인가요.

답 예, 사실입니다. (무인)

위의 조서를 진술자에게 열람하게 하였던바, 진술한 대로 오기나 증감·변경할 것이 전혀 없다고 말하므로 간인한 후 서명무인하게 하다.

진술자 성미나 (무인)

2013. 8. 1.
서울강남경찰서
사법경찰리 경사 서경미 ㊞

피의자신문조서

피의자 염상구에 대한 성폭력범죄의처벌등에관한특례법위반(공중밀집장소에서의추행) 피의사건에 관하여 2013. 8. 1. 서울강남경찰서 형사과 형사1팀 사무실에서 사법경찰관 경위 정반장은 사법경찰리 경사 서동철을 참여하게 하고, 아래와 같이 피의자임에 틀림없음을 확인하다.

문 피의자의 성명, 주민등록번호, 직업, 주거, 등록기준지 등을 말하십시오.

답 성명은 염상구(廉相九)

주민등록번호는 ******-******* 직업은 무직

주거는 서울 서초구 양재2동 125

등록기준지는 (생략)

직장 주소는 없음

연락처는 자택전화 (생략) 휴대전화 (생략)

직장전화 없음 전자우편(e-mail) (생략) 입니다.

사법경찰관은 피의사건의 요지를 설명하고 사법경찰관의 신문에 대하여 「형사소송법」 제244조의3에 따라 진술을 거부할 수 있는 권리 및 변호인의 참여 등 조력을 받을 권리가 있음을 피의자에게 알려주고 이를 행사할 것인지 그 의사를 확인하다.

진술거부권 및 변호인 조력권 고지 등 확인

1. 귀하는 일체의 진술을 하지 아니하거나 개개의 질문에 대하여 진술을 하지 아니할 수 있습니다.
2. 귀하가 진술을 하지 아니하더라도 불이익을 받지 아니합니다.
3. 귀하가 진술을 거부할 권리를 포기하고 행한 진술은 법정에서 유죄의 증거로 사용될 수 있습니다.
4. 귀하가 신문을 받을 때에는 변호인을 참여하게 하는 등 변호인의 조력을 받을 수 있습니다.

문 피의자는 위와 같은 권리들이 있음을 고지받았는가요.

답 예, 고지받았습니다.

문 피의자는 진술거부권을 행사할 것인가요.

답 아닙니다.

문 피의자는 변호인의 조력을 받을 권리를 행사할 것인가요.

답 아닙니다. 혼자서 조사를 받겠습니다.

이에 사법경찰관은 피의사실에 관하여 다음과 같이 피의자를 신문하다.

[피의자의 범죄전력, 경력, 학력, 가족·재산 관계 등은 생략]

문 피의자는 피해자 성미나를 추행한 사실이 있는가요.

답 만지고 싶은 충동을 느꼈지만 만지지는 않았습니다.

문 언제, 어디에서인가요.

답 2013. 8. 1. 01:00경 서울 강남구 개포동 55에 있는 황토찜질방입니다.

문 그 경위는 어떠한가요.

답 저는 어제 저녁 아는 사람의 집에 가서 놀다가 밤 11시 경에 헤어진 후 집에 들어가기가 싫어 밤 11:30경에 황토찜질방에 들어가 잠을 자려고 누웠는데 옆에서 모로 누워 자고 있는 여자(성미나)를 보고 가슴을 만지고 싶은 충동을 느꼈습니다. 그래서 여자의 등 뒤 쪽에서 누운 자세로 오른 손을 여자의 가슴 쪽으로 뻗는 순간 여자가 잠결에 오른 팔을 휘저었고, 그 여자의 오른 팔과 제 오른 팔이 부딪히자 여자가 잠에서 깨어났습니다.

문 여자의 신체 어디를 만졌는가요.

답 여자가 잠에서 깨어나는 바람에 만지지 못했습니다.

문 피해자는 피의자가 가슴을 만졌다고 하는데요.

답 못 만졌습니다.

이때 사법경찰관은 피의자의 승낙을 얻어 소지품을 검사한 후 피의자가 소지하고 있던 콘돔 1개 및 만년필형 소형녹음기 1개를 제시하면서,

문 피의자는 어떤 목적으로 위와 같은 물건을 소지하고 있는가요.

답 콘돔은 동거녀와의 성관계시 피임용도로 가지고 있고, 소형녹음기는 아는

사람으로부터 선물받아 필요할 때 사용하려고 가지고 있습니다.

문 위 물건 이외에 현재 소지하고 있는 다른 물건이 있는가요.

답 지갑 이외에는 다른 물건은 없습니다.

문 피의자는 어떻게 체포되었는가요.

답 찜질방 주인이 밖으로 못나가게 막고는 경찰에 신고하였고, 지구대 경찰관이 출동하여 저를 이곳 경찰서에 넘겼습니다.

문 이상의 진술내용에 대하여 이의나 의견이 있는가요.

답 없습니다. (무인)

위의 조서를 진술자에게 열람하게 하였던바, 진술한 대로 오기나 증감·변경할 것이 전혀 없다고 하므로 간인한 후 서명무인하게 하다.

진술자 연상구 (무인)

2013. 8. 1.

서울강남경찰서

사법경찰관 경위 정반장 ㊞

사법경찰리 경사 서동철 ㊞

수사보고서

수신: 형사과장

발신: 형사2팀장 경위 홍반장

제목: 살인사건 발생보고

1. 피해자

홍순녀(여, 36세), 카페주인

2. 일시, 장소

2013. 8. 1. 10:00에서 10:10 사이(추정), 서울 강남구 세곡동 범바위길 18 피해자의 주택

3. 범행인지 경위

(1) 2013. 8. 1. 10:10경 염상구(남, 38세)의 신고를 받고 5분 이내에 현장 출동하여, 신고자 염상구와 이웃 주민 김농부의 설명을 듣고, 피해자의 내연 관계 남자인 신고자 염상구를 유력한 용의자로 보고 있음.

(2) 당시 염상구는 상의, 하의에 다량의 피가 묻어 있었고, 입에서 술 냄새가 많이 났음.

(3) 특이사항: 용의자는 금일(8. 1.) 01:00에 발생한 찜질방 추행 사건의 현행범인으로 체포되어 형사1팀에서 조사를 받고 03:30경 석방되어 귀가한 자임.

4. 출동 당시인 당일 10:15경의 현장 상황

(1) 사체는 거실 중앙에 상체를 위로 향하여 누운 상태이며, 오른팔, 왼손, 복부에 칼에 찔린 상처가 있음.

(2) 거실 벽면에 점점이 뿌려진 혈흔이 있고, 거실 바닥에 다량의 피가 흘러나와 있으며, 핏방울은 이미 응고되어 있음.

(3) 범행도구로 추정되는 식칼은 안방에서, 피 묻은 검은 가죽장갑은 거실 뒤 창문 아래에서 발견됨.

5. 수사 방향

(1) 사체 부검하여 사인 규명 예정임.

(2) 염상구의 옷, 압수한 식칼, 검은 가죽장갑 등 국과수에 감정의뢰하고, 지문감식 예정임.

(3) 등산객, 우범자 상대 탐문수사도 병행할 예정임.

6. 별첨: 현장 부근 약도, 주택 내부 구조, 염상구의 옷 등 사진

(1) 현장 부근 약도

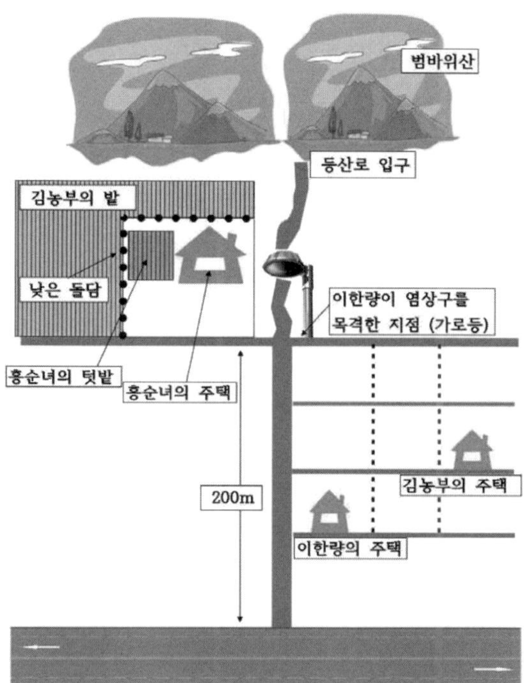

(2) 주택 내부 구조

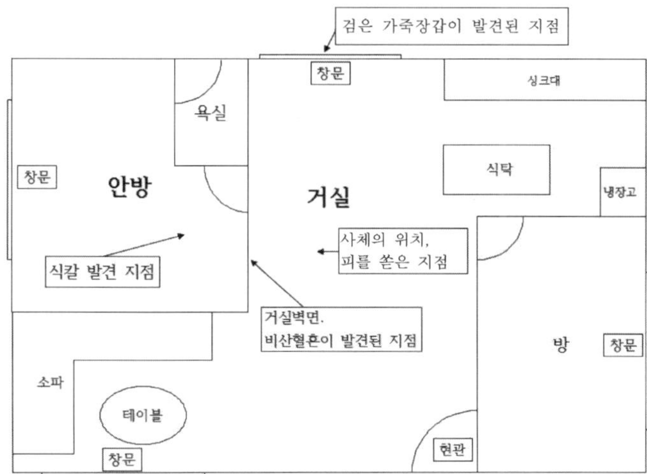

(3) 용의자 염상구의 흰 티셔츠

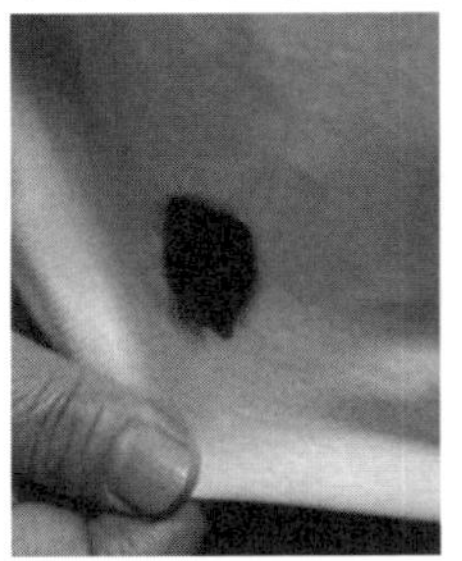

(4) 용의자 염상구의 청바지

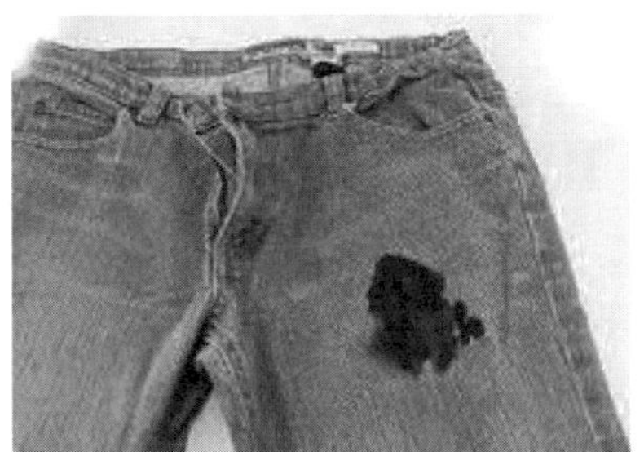

(5) 거실 벽면의 혈흔

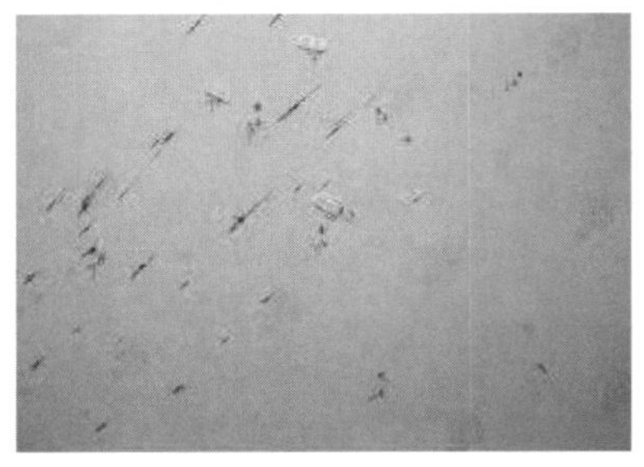

(6) 피 묻은 검은 가죽장갑 1켤레

(7) 식칼

압 수 조 서

피의자 염상구에 대한 살인 등 피의사건에 관하여 2013년 8월 1일 11시경 서울 강남구 세곡동 범바위길 18 피해자 홍순녀의 집에서 서울강남경찰서 형사과 형사2팀 사법경찰관 경위 홍반장은 사법경찰리 경장 송민철을 참여하게 하고 별지 목록의 물건을 다음과 같이 압수하다.

압 수 경 위

2013. 8. 1. 본직은 신고를 받고 사건 현장에 출동하여 주택 내부를 수색한바, 범행도구로 추정되는 식칼은 안방에서 발견되어 증거로 사용하기 위하여 압수하고, 피 묻은 검은 가죽장갑은 거실 뒤 창문 아래에서 발견되어 압수하고, 피의자가 입고 있는 상의와 하의(피가 묻어 있음)는 피의자가 임의제출하므로 영장 없이 압수하다.

	성 명	주민등록번호	주 소	서명 또는 날인
참여인	염상구	(생략)	서울 서초구 양재2동 125	(생략)

2013년 8월 1일

서 울 강 남 경 찰 서

사법경찰관 경위 홍 반 장 ㊞

사법경찰리 경장 송 민 철 ㊞

압 수 목 록

번호	품 종	수량	피 압 수 자 주 거·성 명				소 유 자 주 거·성 명	비 고
			1	2	3	4		
			유류자	보관자	소지자	소유자		
1	흰 티셔츠	1점	소유자: 서울 서초구 양재2동 125 염상구				염상구	
2	청바지	1점	상동				상동	
3	검은 가죽장갑	1켤레	성명불상자				좌동	
4	식칼	1자루	홍순녀의 상속인				좌동	칼날 길이 15㎝

※ 참고사항

위 식칼 1자루에 대하여는 적법한 절차에 따라 사후압수영장을 발부받았음. 압수영장은 기재 생략함.

피의자신문조서(제2회)

피의자 염상구에 대한 살인 피의사건에 관하여 2013. 8. 1. 서울강남경찰서 형사과 형사2팀 사무실에서 사법경찰관 경위 홍반장은 사법경찰리 경사 강철중을 참여하게 하고, 아래와 같이 피의자임에 틀림없음을 확인하다.

문 피의자의 성명, 주민등록번호, 직업, 주거, 등록기준지 등을 말하십시오.

답 성명은 염상구(廉相九)

주민등록번호는 ******-******* 직업은 무직

주거는 서울 서초구 양재2동 125

등록기준지는 (생략)

직장 주소는 없음

연락처는 자택전화 (생략) 휴대전화 (생략)

직장전화 없음 전자우편(e-mail) (생략) 입니다.

※진술거부권 및 변호인조력권 고지 부분 기재 생략함.

문 2013. 8. 1. 10:00경 홍순녀가 자택에서 피살된 경위를 아는 대로 말하시오.

답 저와 홍순녀는 서로 외로운 처지라 애인으로 지내왔는데, 어제 저녁 제가 홍순녀의 집을 찾아가서 놀다가 성관계를 하고 밤 11시경 그 집을 나왔으며 그 다음날인 오늘 아침 10시 경에 다시 찾아 가서 피살된 모습을 발견하였는데 그 사이에 무슨 일이 있었는지는 전혀 모릅니다.

문 오늘 아침 다시 찾아간 이유는 무엇인가요.

답 피해자와 애인 사이인데, 특별한 이유는 없고 늦잠을 자고 있으면 깨워주려고 했습니다.

문 피의자는 조금 전 피가 묻은 흰 면셔츠와 청바지를 임의제출한 사실이 있지요.

답 예.

문 그 옷에 묻은 피는 누구의 피인가요.

답　홍순녀의 피입니다. 제가 쓰러져 있는 홍순녀를 안을 때 묻은 것 같습니다.

문　사람이 피살된 현장을 발견하였으면 현장 보존을 위해서나 의심을 받지 않기 위해서라도 먼저 경찰에 신고하는 것이 상식인데 왜 피해자를 끌어안았나요.

답　쓰러져 있는 피해자를 살려보자는 생각으로 상체를 안고 이름을 불러보았습니다.

문　이상의 진술내용에 대하여 이의나 의견이 있는가요.

답　없습니다. (무인)

위의 조서를 진술자에게 열람하게 하였던바, 진술한 대로 오기나 증감·변경할 것이 전혀 없다고 하므로 간인한 후 서명무인하게 하다.

진술자　연상구 (무인)

2013.　8.　1.

서울강남경찰서

사법경찰관　경위　홍 반 장 ㊞

사법경찰리　경사　강 철 중 ㊞

※ **[감정의뢰]**

사법경찰관은 피해자의 모발, 염상구의 모발, 흰 티셔츠, 청바지, 검은 가죽장갑 1 켤레, 식칼에 묻은 피의 혈액형 감정과, 주택 내부의 여러 장소에서 채취한 지문의 감식을 국립과학수사연구소에 의뢰하였음. (감정의뢰서는 생략함.)

※ **[사체 부검]**

사법경찰관은 피해자의 사체에 대하여 압수·수색·검증영장을 발부받아 사체부검을 시행하였음. 부검 결과 사인은 대동맥 파열 손상과 과다출혈로 인한 쇼크사였음. (부검조서는 생략함.)

※ **[과학수사질의]**

사법경찰관은 다음과 같은 요지로 국립과학수사연구소에 질의함.

질의 1: 식칼(사진 첨부)로 피해자의 대동맥을 정면에서 찔러 살해하는 경우, 범인과 주변 물체에 나타나는 혈흔의 형상

질의 2: 거실 바닥에 떨어진 사람의 핏방울이 마르는(건조하는) 데 소요되는 시간

(과학수사질의서는 생략함)

진술조서

성 명: 김농부

주민등록번호: ******-******* 65 세

직 업: 농업

주 거: 서울 강남구 세곡동 범바위길 35

등록기준지: (생략)

직 장 주 소: (생략)

연 락 처: (자택전화) (생략) (휴대전화) (생략)

(직장전화) (생략) (전자우편) (생략)

위의 사람은 피의자 염상구에 대한 살인 피의사건에 관하여 2013. 8. 2. 서울 강남경찰서 형사과 형사2팀 사무실에 임의 출석하여 다음과 같이 진술하다.

1. 피의자와의 관계

피의자와 아무런 관계가 없습니다.

2. 피의사실과의 관계

저는 이웃주민이 피살된 사건에 관하여 참고인 자격으로 출석하였습니다.

이때 사법경찰리는 진술인 김농부를 상대로 다음과 같이 문답하다.

문 진술인은 2013. 8. 1. 오전에 이웃 주민인 홍순녀가 피살된 후 범행 장소에 간 사실이 있는가요.

답 예, 그렇습니다.

문 그 경위는 어떠한가요.

답 사건 당일인 어제 아침, 제가 평소처럼 아침 6시부터 밭일을 하고 있는데 피해자 홍순녀가 8시경 자기 집 텃밭에서 상추를 뜯어서 들어가는 것을 보았습니다. 그 후 8:30부터 9:30까지는 제가 집에 가서 아침밥을 먹고 나왔는데 10:00에 염상구가 피해자의 집에 들어갔습니다. 제가 밭일을 할 때 밭둑에 라디오를 두고 듣는데 그때가 막 10시 뉴스를 시작할 때입니다. 염상구는 아침부터 술을 먹었는지 걸음이 비틀거렸습니다. 그런데 10:10경에 염상구가 피해자의 집 현관문을 열고 뛰어 나오면서 밭일을 하고 있는 저에게 다가와 "사람이 죽어 있다."고 말하며 도와달라고 하였습니다. 그래서 제가 곧바로 피해자의 집안에 들어가서 보니 피해자가 거실에 쓰러져 있었고 이미 호흡은 멈춘 상태였습니다.

문　8시경에 피해자를 보았을 때 특이한 점은 없었는가요.

답　피해자는 제가 밭일을 하면서 자주 보게 되는 사람이라 만나면 서로 반갑게 인사를 나누는 사이인데, 그날 아침에도 피해자는 매우 밝은 목소리로 "일찍 나오셨네요."라면서 인사를 하였고 몸에 상처 같은 것도 전혀 없었습니다.

문　피해자의 주택 안에서 심하게 다툰다면 밭에서 그 소리가 들리나요.

답　제가 라디오를 크게 틀어놓고 일을 하기 때문에 잘 듣지 못합니다.

문　이상의 진술은 사실인가요.

답　예, 사실입니다. (무인)

위의 조서를 진술자에게 열람하게 하였던바, 진술한 대로 오기나 증감·변경할 것이 전혀 없다고 말하므로 간인한 후 서명무인하게 하다.

진술자　김농부 (무인)

2013.　8.　2.

서울강남경찰서

사법경찰리　경장　　송 민 철 ㊞

진술조서

성　　　명: 이한량

주민등록번호: ******-******* 42세

직　　　업: 무직

주　　　거: 서울 강남구 세곡동 범바위길 45

등록기준지: (생략)

직 장 주 소: (생략)

연　락　처: (자택전화) (생략)　　　(휴대전화) (생략)

(직장전화) (생략)　　　(전자우편) (생략)

위의 사람은 피의자 염상구에 대한 살인 피의사건에 관하여 2013. 8. 3. 서울 강남경찰서 형사과 형사2팀에 임의출석하여 다음과 같이 진술하다.

1. 피의자와의 관계

피의자와 아무런 관계가 없습니다.

2. 피의사실과의 관계

저는 이웃주민이 피살된 사건에 관하여 참고인 자격으로 출석하였습니다.

이때 사법경찰리는 진술인 이한량을 상대로 다음과 같이 문답하다.

문　진술인이 오늘 경찰서에 출석하게 된 경위는 어떠한가요.

답　제가 어제와 오늘, 경찰이 사건 현장에서 수사하는 장면을 구경하였는데, 경찰이 범행현장에서 피 묻은 검은 가죽장갑을 찾아내는 것을 보고, 제가 사건 전날 그 검은 가죽장갑을 착용하고 있는 남자를 본 사실이 있기에 수사에 도움이 되기 위하여 스스로 경찰서에 찾아왔습니다.

문　목격 내용은 어떠한가요.

답　제가 사건 전날인 2013. 7. 31. 23:00경 바람 쐬러 나와서 피해자의 집 옆 길에서 담배를 피우고 있었는데 피해자의 집 안에서 남녀가 서로 심한 언쟁을 하는 것을 들었고, 이어서 염상구가 피해자의 집을 나와서 마을입구 쪽으로 걸어가는 것을 보았는데 당시 가로등 불빛 아래로 염상구가 검은 가죽장갑을 끼고 있는 것을 보았습니다.

문　염상구를 잘 관찰한 특별한 이유라도 있는가요.

답　솔직히 저는 혼자 살고 있는 피해자를 좋아했고 피해자의 집 근처에 자주 갔습니다. 최근 6개월 가량 염상구가 피해자의 집을 자주 드나드는 것을 지켜보아왔습니다.

문　진술인은 피해자와 내연관계인 염상구에 대하여 나쁜 감정이 있는 것 아닌가요.

답　나쁜 감정은 없습니다.

문　진술인이 피해자를 만나본 사실이 있는가요.

답　만나서 사귀자고 제의한 사실이 있지만 거절당했습니다.

문　그러면 진술인은 피해자에게 나쁜 감정이 있었는가요.

답　나쁜 감정은 없었습니다.

이 때 사법경찰관은 압수된 검은 가죽장갑 1켤레를 제시하고,

문　이 장갑이 당시 염상구가 착용한 것이 맞는가요.

답　예. 그 장갑이 맞습니다.

문　이상의 진술은 사실인가요.

답　예, 사실입니다. (무인)

위의 조서를 진술자에게 열람하게 하였던바, 진술한 대로 오기나 증감·변경할 것이 전혀 없다고 말하므로 간인한 후 서명무인하게 하다.

진술자　이한량 (무인)

2013.　8.　3.

서울강남경찰서

사법경찰리　경장　송면철 ㊞

피의자신문조서(제3회)

피의자 염상구에 대한 살인 피의사건에 관하여 2013. 8. 7. 서울강남경찰서 형사과 형사2팀 사무실에서 사법경찰관 경위 홍반장은 사법경찰리 경사 강철중을 참여하게 하고, 아래와 같이 피의자임에 틀림없음을 확인하다.

※ 진술거부권 및 변호인 조력권 고지 부분 기재 생략함.

문　피의자의 전회 진술은 사실인가요.

답　예.

문　피해자는 당일 아침 8시까지 생존해 있었음이 명확하게 확인되고, 그 뒤에 피해자의 집에 들어간 사람은 피의자가 유일하며 제3자의 침입 흔적은 전혀 나타나지 않고, 피의자와 피해자가 전날 밤 심한 언쟁을 하였다는 사실이 확인되며, 검은 가죽장갑은 피의자가 사건 전날 밤에도 착용하고 있었으므로 피의자의 것임이 명확한데도 범행을 부인하는가요.
(이 때 사법경찰관은 피의자에게 김농부, 이한량의 진술내용을 모두 읽어주고, 피 묻은 검은 가죽장갑, 현장의 혈흔, 지문, 정액의 혈액형 등의 증거자료를 제시하며 설명하다.)

답　범행을 인정하겠습니다.

문　피해자를 살해한 이유는 무엇인가요.

답　제가 사건 당일 아침 10:00경 피해자의 집에 찾아갔는데, 피해자가 갑자기 채무 얘기를 꺼내면서 욕설을 하여 저도 순간적으로 격분하여 살해하였습니다.

문　피해자를 어떻게 살해하였나요.

답　제가 식칼을 집어 들고 3회 찔렀습니다.

문　어디에서 찔렀는가요.

답　거실에서 팔과 손을 찌르고 안방에서 가슴부위를 찔렀습니다.

문　피해자 반항하지 않았는가요.

답　반항하였습니다.

이때 사법경찰관은 압수된 검은 가죽장갑 1켤레를 보여주고,

문　검은 가죽장갑은 피의자의 것이 맞는가요.

답　예. 저의 집에 있던 것이고 제가 착용한 것입니다.

문　피의자는 사건 당일 03:30경 찜질방 추행 사건으로 조사를 받고 귀가하였는데 어디에서 술을 먹었는가요.

답　경찰서에서 나와서 기분이 나빠 경찰서 부근의 실내포장마차에서 소주를 많이 마셨습니다.

문　이상의 진술내용에 대하여 이의나 의견이 있는가요.

답　없습니다. (무인)

위의 조서를 진술자에게 열람하게 하였던바, 진술한 대로 오기나 증감·변경할 것이 전혀 없다고 하므로 간인한 후 서명무인하게 하다.

진술자　연상구 (무인)

2013. 8. 7.

서울강남경찰서

사법경찰관　경위　홍 반 장 ㊞

사법경찰리　경사　강 철 중 ㊞

국립과학수사연구원

1. 형사과-2345호 (1122-165)(2013-M-23402 경장 송민철)와 관련된 것입니다.
2. 위 건에 대한 감정결과 및 질의회신입니다.
3. 문서처리자는 각 담당자에게 열람을 요청합니다.
4. 비밀번호 조회는 http://pwd.nisi.go.kr 에서 로그인 후 확인 바랍니다.

1. 혈액형 감정결과

(1) 증거물 제1호(염상구의 모발)의 혈액형은 A형임.

(2) 증거물 제2호(홍순녀의 모발)의 혈액형은 B형임.

(3) 증거물 제3호(홍순녀의 질 내에서 채취한 정액)의 혈액형은 A형임.

(4) 증거물 제4호(염상구의 흰 티셔츠), 제5호(염상구의 청바지), 제6호(검은 가죽장갑), 제7호(식칼)에 묻은 피의 혈액형은 모두 B형임.

2. 지문 감식결과

송부하여주신 염상구, 홍순녀의 지문과 주택 내의 여러 장소에서 채집한 지문을 대조한 결과,

(1) A장소(현관 출입문 손잡이)와 B장소(침대 머리맡 유리부분)에서 염상구의 지문이 확인됨.

(2) 위 두 장소와 그 밖의 여러 장소에서 홍순녀의 지문이 확인됨.

(3) 제3의 인물의 지문은 일절 없음.

3. 질의회신

(1) 질의1에 대하여: 실내에서 피해자의 대동맥을 정면에서 찔러 살해하는 경우, 부근의 벽면과 바닥에 비산혈흔(飛散血痕)이 발생하며, 행위자가 정면에 위치한 경우에는 행위자의 의복이나 신체에 비산혈흔이 발생할 확률이 매우 높음.

참고자료 - 비산혈흔의 전형적인 예(사진 2매), 별첨함.

(2) 질의2에 대하여: 거실 바닥에 떨어진 사람의 핏방울이 마르는(건조하는) 데 소요되는 시간은 실내의 습도에 따라 차이가 있으나, 생활상 최적 실내 습도인 40-60%를 기준으로 하면, 최소한 30분 이상이 소요됨. -끝-

(※출제자 주 - 위 질의회신은 시험을 위한 가상의 회신이며, 구체적 수치는 최근 연구결과와 상이할 수 있음)

국립과학수사연구원장

수신자

전결 8/5

00연구관 정00 00분석과장 홍00

협조자

시행 00분석과-5229(2013. 8. 5.) 접수 (2013. 8. 2.)

우 158-707 서울 양천구 신월7동 국립과학수사연구원 / http://www.mopas.go.kr

전화 02-2600-**** 전송 02-2600-**** /*****@nisi.go.kr /비공개

별첨 자료 - 비산혈흔의 전형적 예

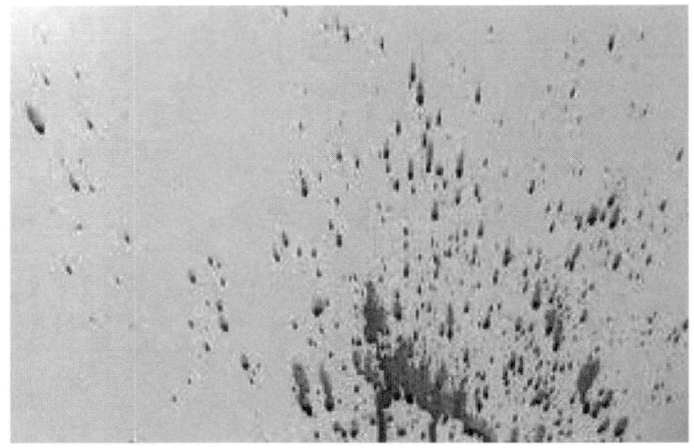

(참고 예 - 벽면에 나타난 비산혈흔)

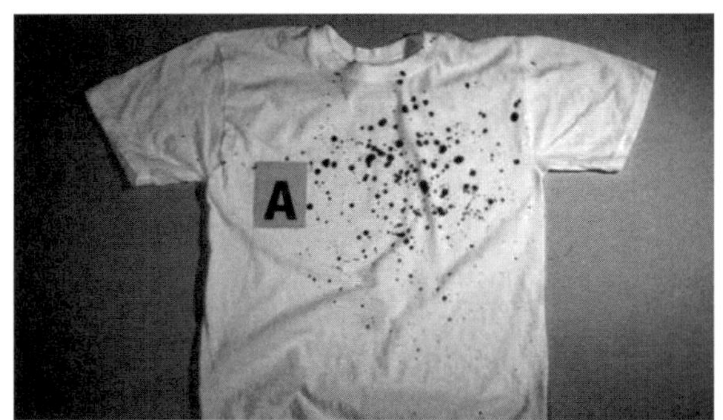

(참고 예 - 의복에 나타난 비산혈흔)

피의자신문조서

피의자: 염상구

위의 사람에 대한 살인 등 피의사건에 관하여 2013. 8. 13. 서울중앙지방검찰청 검사 신정수는 검찰주사보 윤계장을 참여하게 한 후, 피의자에 대하여 다시 아래의 권리들이 있음을 알려주고 이를 행사할 것인지 그 의사를 확인하다.

문 피의자의 성명, 주민등록번호, 직업, 주거, 등록기준지 등은 어떤가요.

답 성명은 염상구(廉相九)

주민등록번호는 ******-******* 직업은 무직

주거는 서울 서초구 양재2동 125

등록기준지는 (생략) 입니다.

[진술거부권 및 변호인 조력권, 영상녹화 사실 등 적법한 피의자신문에 필요한 사항을 모두 고지함. 그 내용은 생략]

[살인]

문 피의자는 2013. 8. 1. 10:00 경 홍순녀(여, 36세)의 집에서 피해자를 칼로 찔러 살해한 사실이 있는가요.

답 예. 그런 사실이 있습니다.

문 어디에서 찔렀나요.

답 거실에서 팔과 손을 찌르고, 안방에서 가슴 부위를 찔렀습니다.

[성폭력범죄의처벌등에관한특례법위반]

문 피의자는 2013. 8. 1. 01:00경 황토찜질방에서 피해자 성미나(여, 21세)의 가슴을 만진 사실이 있는가요.

답 만지려고 했으나 만지지 못했습니다.

(차회에 다시 신문하기로 하다.)

위의 조서를 진술자에게 열람하게 하였던바, 진술한 대로 오기나 증감·변경할 것이 전혀 없다고 하므로 간인한 후 서명무인하게 하다.

진술자 염상구 (무인)

2013. 8. 13.

서울중앙지방검찰청

검 사 신정수 ㊞

검찰주사보 윤계장 ㊞

피의자신문조서(제2회)

성 명 : 염상구

위의 사람에 대한 살인 피의사건에 관하여 2013. 8. 14. 서울중앙지방검찰청 검사 신정수는 검찰주사 윤계장을 참여하게 한 후, 피의자 염상구에 대하여 다음과 같이 신문하다.

[진술거부권 및 변호인 조력권, 영상녹화 사실 등 적법한 피의자신문에 필요한 사항을 모두 고지함. 그 내용은 생략]

문 피의자는 2013. 8. 1. 01:00경 황토찜질방에서 성미나를 추행한 사실이 있나요.

답 제가 잠들어 있는 성미나의 가슴을 만지려 한 적은 있지만, 성미나가 잠에서 깨어나는 바람에 가슴을 만지지 못하였습니다. 그 점에 대하여는 많이 반성하고 있습니다.

문 성미나는 피의자가 가슴을 만졌다고 진술하고 있는데, 성미나가 거짓말을 하고 있다는 것인가요.

답 성미나가 착각을 한 것 같습니다. 제가 잠들어 있는 성미나를 발견하고 성미나의 옆에 누워 가슴을 만지러 조심조심 오른 손을 뻗는 순간 성미나가 잠결에 팔을 움직이는 바람에 성미나의 오른 팔과 제 오른 팔이 닿았습니다. 그 순간 성미나가 잠에서 깨어나 가슴을 만지지 못하였습니다.

문 피의자는 2013. 8. 1. 10:00경 홍순녀의 집에서 홍순녀를 살해한 사실이 있나요,

답 아닙니다. 저와 홍순녀는 약 6개월 정도 사귀는 사이였는데, 제가 홍순녀를 살해할 이유는 전혀 없습니다. 제가 홍순녀를 살해하였다는 것은 정말 억울합니다.

문 피의자는 경찰에서 조사를 받는 과정에서 홍순녀를 살해하였다고 자백하였고 검찰에서 전회 진술시에도 자백하지 않았나요.

답 경찰에서 조사를 받을 때 담당 경찰관이 각종 증거를 들이대며 끈질기게

추궁하였고, 저를 철제 의자에 앉혀 놓고 경찰관들이 번갈아가며 잠도 재우지 않고 신문을 계속하였습니다. 제가 심신이 지친 상태에서 자포자기 심정으로 자백하였습니다. 그런 상태에서 검찰에 넘겨졌고 차라리 허위의 자백이라도 해서 경한 형을 받는 것이 낫다는 생각에 허위로 자백한 것입니다.

문　이한량은 사건 전날인 2013. 7. 31. 밤에 피해자의 집에서 피의자와 피해자가 심하게 다투는 소리를 들었고, 이어서 피의자가 검은 가죽장갑을 끼고 나가는 것을 보았다고 진술한 바 있는데 이한량이 거짓말을 하고 있다는 것인가요.

답　제가 그날 저녁 피해자의 집에 간 것은 맞지만 피해자와 다툰 적은 없습니다. 그리고 저는 아예 가죽장갑을 가지고 있지도 않습니다.

문　이상의 진술에 대하여 이의나 의견이 있는가요.

답　없습니다. (무인)

위의 조서를 진술자들에게 열람하게 하였던바, 진술한 대로 오기나 증감·변경할 것이 전혀 없다고 말하므로 각 간인한 후 서명 무인 및 날인하게 하다.

진술자　연상구 (무인)
2013. 8. 14.
서울중앙지방검찰청
검　　사　신정수　㊞
검찰주사보　윤계장　㊞

진술조서

성 명: 박보호

주민등록번호: ******-******* 58세

직 업: 찜질방 경영

주 거: 서울 강남구 개포동 215

등 록 기 준 지: (생략)

직 장 주 소: (생략)

연 락 처: (자택전화) (생략) (휴대전화) (생략)

(직장전화) (생략) (전자우편) (생략)

위의 사람은 피의자 염상구에 대한 성폭력범죄의처벌등에관한특례법위반(주거침입강간등) 피의사건에 관하여 2013. 8. 16. 서울중앙지방검찰청 제1805호 검사실에 임의출석하여 다음과 같이 진술하다.

1. 피의자와의 관계

피의자와 아무런 관계가 없습니다.

2. 피의사실과의 관계

저는 제가 운영하는 황토찜질방에서 추행 사건이 발생하여 참고인 자격으로 출석하였습니다.

이때 검사는 진술인 박보호를 상대로 다음과 같이 문답하다.

문 진술인은 2013. 8. 1. 01:00경 황토찜질방에서 발생한 추행 사건에 대하여 아는 대로 진술하시오.

답 당시 관리실에 있는데 피해자 성미나가 찾아와 남자(염상구)를 가리키며 "저 남자를 붙들어 달라. 저 남자가 나를 끌어안으려고 했다."고 하여 그 남자를 나가지 못하게 막은 상태에서 경찰에 신고했습니다.

문　당시 업소의 손님은 어느 정도 있었는가요.

답　저희 업소는 평소 50평 정도의 홀에 야간에는 5, 6명이 이곳저곳에 누워 자고, 황토벽으로 구획된 여러 개의 방실에 1, 2명이 자는 것이 보통입니다. 보통 찜질방에 손님들이 밀집하는 경우는 거의 없습니다. 사건이 발생한 방에는 단 2명이 자고 있었습니다.

문　피해자가 "남자가 가슴을 만졌다."고 말한 사실이 있는가요.

답　예. 그 말을 들었습니다. 어떤 여자 손님이 피해자에게 별것 아닌 일로 호들갑을 떤다고 나무라자, 피해자가 "남자가 내 가슴을 만졌다."라고 했습니다. 피해자는 술에 취해 있었습니다.

문　이상의 진술은 사실인가요.

답　예, 사실입니다. (무인)

위의 조서를 진술자에게 열람하게 하였던바, 진술한 대로 오기나 증감·변경할 것이 전혀 없다고 말하므로 간인한 후 서명무인하게 하다.

진술자　박보호 (무인)

2013. 8. 16.

서울중앙지방검찰청

검　　사　신정수　㊞

검찰주사보　윤계장　㊞

기타 법원에 제출되어 있는 증거들

※ 편의상 다음 증거서류의 내용을 생략하였으나, 법원에 증거로 적법하게 제출되어 있음을 유의하여 변론할 것.

○ 2013. 8. 1.자 성미나의 고소장

– 피고소인: 염상구, 죄명: 성폭력범죄의처벌등에관한특례법위반(공중밀집장소에서의추행)

○ 염상구에 대한 조회회보서(2013. 8. 13.자)

– 범죄경력이 없는 초범으로 내용 생략

〔제 8 문〕[1]

1) 이 문제는 제4회 변호사시험 문제이다.

2015년도 제4회 변호사시험 문제

시험과목	형사법(기록형)

응시자 준수사항

1. 시험 시작 전 문제지의 봉인을 손상하는 경우, 봉인을 손상하지 않더라도 문제지를 들추는 행위 등으로 문제 내용을 미리 보는 경우 그 답안은 영점으로 처리됩니다.
2. 답안은 흑색 또는 청색 필기구(사인펜이나 연필 사용 금지) 중 한 가지 필기구만을 사용하여 답안 작성란(흰색 부분) 안에 기재하여야 합니다.
3. 답안지에 성명과 수험번호 등을 기재하지 않아 인적사항이 확인되지 않는 경우에는 영점으로 처리되는 등 불이익을 받게 됩니다. 특히 답안지를 바꾸어 다시 작성하는 경우, 성명 등의 기재를 빠뜨리지 않도록 유의하여야 합니다.
4. 답안지에는 문제 내용을 쓸 필요가 없으며, 답안 이외의 사항을 기재하거나 밑줄 기타 어떠한 표시도 하여서는 안 됩니다. 답안을 정정할 경우에는 두 줄로 긋고 다시 써야 하며, 수정액 등은 사용할 수 없습니다.
5. 시험 종료 시각에 임박하여 답안지를 교체했더라도 시험 시간이 끝나면 그 즉시 새로 작성한 답안지를 회수합니다.
6. 시험 시간이 지난 후에는 답안지를 일절 작성할 수 없습니다. 이를 위반하여 **시험 시간이 종료되었음에도 불구하고 계속 답안을 작성할 경우 그 답안은 영점으로 처리됩니다.**
7. 답안은 답안지의 쪽수 번호 순으로 써야 합니다. **배부된 답안지는 백지 답안이라도 모두 제출**하여야 하며, **답안지를 제출하지 아니한 경우 그 시간 시험과 나머지 시험에 응시할 수 없습니다.**
8. 지정된 시각까지 지정된 시험실에 입실하지 않거나 시험관리관의 승인 없이 시험 시간 중에 시험실에서 퇴실한 경우, 그 시간 시험과 나머지 시간의 시험에 응시할 수 없습니다.
9. 시험 시간 중에는 어떠한 경우에도 문제지를 시험실 밖으로 가지고 갈 수 없고, 그 시험 시간이 끝난 후에는 문제지를 시험장 밖으로 가지고 갈 수 있습니다.

【문 제】

피고인 김갑동의 특정범죄가중처벌등에관한법률위반(뇌물)의 점에 대해서는 변론요지서를, 피고인 이을남의 사문서변조, 변조사문서행사, 사기, 폭력행위등처벌에관한법률위반(집단·흉기등협박), 명예훼손의 점에 대해서는 법무법인 공정 담당변호사 이사랑이 객관적인 입장에서 대표변호사에게 보고할 검토의견서를 작성하되, 다음 쪽 변론요지서 및 검토의견서 양식 중 **본문 Ⅰ, Ⅱ, Ⅲ, Ⅳ 부분만 작성하시오.**

【작성요령】

1. 학설·판례 등의 견해가 대립되는 경우, 한 견해를 취할 것. 단, 대법원 판례와 다른 견해를 취하여 의견을 제시하고자 하는 경우에는 대법원 판례의 취지를 적시할 것.
2. 증거능력이 없는 증거는 실제 소송에서는 증거로 채택되지 않아 증거조사가 진행되지 않지만, 이 문제에서는 시험의 편의상 증거로 채택되어 증거조사가 진행된 것을 전제하였음. 따라서 필요한 경우 증거능력에 대하여도 논할 것.
3. 검토의견서에서는 제2회 공판기일에 이루어진 재판장의 석명사항에 대한 검사의 향후 소송대응 및 법원의 판단을 염두에 두고 작성할 것.

【주의사항】

1. 쪽 번호는 편의상 연속되는 번호를 붙였음.
2. 조서, 기타 서류에는 필요한 서명, 날인, 무인, 간인, 정정인이 있는 것으로 볼 것.
3. 증거목록, 공판기록 또는 증거기록 중 '(생략)'이라고 표시된 부분에는 법에 따른 절차가 진행되어 그에 따라 적절한 기재가 있는 것으로 볼 것.
4. 공판기록과 증거기록에 첨부하여야 할 일부 서류 중 '(생략)' 표시가 있는 것, '증인선서서'와 수사기관의 조서에 첨부하여야 할 '수사과정확인서'는 적법하게 존재하는 것으로 볼 것.
5. 송달이나 접수, 통지, 결재가 필요한 서류는 모두 적법한 절차를 거친 것으로 볼 것.

【변론요지서 양식】

변론요지서 (50점)

사 건 2014고합1277 특정범죄가중처벌등에관한법률위반(뇌물) 등
피고인 김갑동

위 사건에 관하여 피고인 김갑동의 변호인 변호사 김힘찬은 다음과 같이 변론합니다.

다 음

Ⅰ. 특정범죄가중처벌등에관한법률위반(뇌물)의 점

※ 평가제외사항 - 공소사실의 요지, 정상관계 (답안지에 기재하지 말 것)

2015. 1. 6.

피고인 김갑동의 변호인 변호사 김힘찬 ㊞

서울중앙지방법원 제26형사부 귀중

【검토의견서 양식】

검토의견서 (50점)

사 건 2014고합1277 특정범죄가중처벌등에관한법률위반(뇌물) 등
피고인 이을남

Ⅱ. 사문서변조, 변조사문서행사, 사기의 점
Ⅲ. 폭력행위등처벌에관한법률위반(집단・흉기등협박)의 점
Ⅳ. 명예훼손의 점

※ 평가제외사항 - 공소사실의 요지, 정상관계 (답안지에 기재하지 말 것)

2015. 1. 6.

담당변호사 이사랑 ㊞

기록내용 시작

구속만료		미결구금
최종만료		
대행 갱신 만 료		

서 울 중 앙 지 방 법 원

구공판 **형사제1심소송기록**

기일 1회기일	사건번호	2014고합1277	담임	제26부	주심	다
12/5 A10 12/19 P3	사 건 명	가. 특정범죄가중처벌등에관한법률위반(뇌물) 나. 폭력행위등처벌에관한법률위반(집단・흉기등협박) 다. 사기 라. 뇌물공여 마. 사문서변조 바. 변조사문서행사 사. 명예훼손				
	검 사	구영재	2014형제99999호			
	피 고 인	1. 가. **김갑동** 2. 나.다.라.마.바.사. **이을남**				
	공소제기일	2014. 10. 17.				
	변 호 인	사선 변호사 김힘찬(피고인 김갑동) 사선 법무법인 공정 담당변호사 이사랑(피고인 이을남)				

확 정	
보존종기	
종결구분	
보 존	

완결 공람	담 임	과 장	국 장	주심 판사	재판장	원장

접 수 공 람	과 장	국 장	원 장
	㉑	㉑	㉑

공 판 준 비 절 차

회 부 수명법관 지정 일자	수명법관 이름	재 판 장	비 고

법정외에서지정하는기일

기일의 종류	일 시				재 판 장	비 고
1회 공판기일	*2014.*	*12.*	*5.*	*10:00*	㉑	

서울중앙지방법원

목 록		
문 서 명 칭	장 수	비 고
증거목록	8	검사
공소장	10	
변호인선임신고서	(생략)	피고인 김갑동
변호인선임신고서	(생략)	피고인 이을남
영수증(공소장부본 등)	(생략)	피고인 김갑동
영수증(공소장부본 등)	(생략)	피고인 이을남
영수증(공판기일통지서)	(생략)	변호사 김힘찬
영수증(공판기일통지서)	(생략)	변호사 이사랑
국민참여재판 의사 확인서(불희망)	(생략)	피고인 김갑동
국민참여재판 의사 확인서(불희망)	(생략)	피고인 이을남
의견서	(생략)	피고인 김갑동
의견서	(생략)	피고인 이을남
공판조서(제1회)	14	
공소장변경허가신청	16	
영수증(공소장변경허가신청서부본)	(생략)	변호사 이사랑
공판조서(제2회)	17	
증인신문조서	20	박고소
증인신문조서	21	황금성

서울중앙지방법원

목　　록 (구속관계)		
문 서 명 칭	장　　수	비　　고
긴급체포서	13	피고인 이을남
피의자석방보고	(생략)	피고인 이을남

증 거 목 록 (증거서류 등)

2014고합1277

① 김갑동
② 이을남

2014형제99999호 신청인: 검사

순번	증거방법 작성	쪽수(수)	쪽수(증)	증거명칭	성명	참조사항 등	신청기일	증거의견 기일	증거의견 내용	증거결정 기일	증거결정 내용	증거조사기일	비고
1	검사	41		피의자신문조서	이을남	(생략)	1	1	② ○ ① ×	(생략)			
2	〃	45		〃	김갑동		1	1	① ○ ② ×				
3	〃	47		수사보고 (금융거래내역)			1	1	① ○ ② ○				
4	〃	〃		각 금융거래내역	이을남		1	1	① ○ ② ○				
5	〃	48		수사보고 (조은숙에 대한 소재수사)			1	1	① ○ ② ○				
6	사경	24		피의자신문조서	이을남		1	1	② ○ ① ×				
7	〃	26		〃(제2회)	이을남		1	1	② ○ ① ×				
8	〃	28		피의자신문조서	김갑동		1	1	① ○○○× ② ×				
9	〃	30		압수조서 및 압수목록(수첩)			1	1	① ○ ② ○				
10	〃	31		고소장	박고소		1	1	② ×				
11	〃	32		차용증(사본)	박고소		1	1	② ○				
12	〃	(생략)		금융거래내역	박고소 황금성		1	1	② ○				
13	〃	33		진술조서	박고소		1	1	② ×				
14	〃	35		압수조서 및 압수목록(칼)			1	1	② ○				
15	〃	36		피의자신문조서 (제3회)	이을남		1	1	② ○				
16	〃	38		진술조서	황금성		1	1	② ×				
17	〃	40		진술서	조은숙		1	1	① × ② ○				
18	〃	(생략)		각 조회회보서	김갑동 이을남		1	1	① ○ ② ○				
19	〃	(생략)		수첩 (증 제1호)			1	1	① × ② ○				
20		49		고소장	김갑동		2	2	② ○				

※ 증거의견 표시 – 피의자신문조서: 인정 ○, 부인 ×
(여러 개의 부호가 있는 경우, 적법성/성립/임의성/내용의 순서임)
– 기타 증거서류: 동의 ○, 부동의 ×
– 진술이 특히 신빙할 수 있는 상태 하에서 행하여졌다는 점 부인 : "특신성 부인"(비고란 기재)
※ 증거결정 표시 : 채 ○, 부 ×
※ 증거조사 내용은 제시, 내용고지

증 거 목 록 (증인 등)

2014고합1277

① 김갑동
② 이을남

2014형제99999호

신청인: 검사

증 거 방 법	쪽수 (공)	입증취지 등	신청 기일	증거결정		증거조사기일	비고
				기일	내용		
등산용 칼 (증 제2호)		공소사실 2의 나항	1	1	○	2014. 12. 19. 15:00 (실시)	
증인 박고소		공소사실 2의 가, 나항	1	1	○	〃	
증인 황근성		공소사실 2의 가항	1	1	○	〃	

※ 증거결정 표시: 채 ○, 부 ×

서울중앙지방검찰청

2014. 10. 17.

사건번호 2014년 형제99999호
수 신 자 서울중앙지방법원
제 목 **공소장**

검사 구영재는 아래와 같이 공소를 제기합니다.

Ⅰ. 피고인 관련사항

1. 피 고 인 김갑동 (70****-1******), 44세
   직업 구청 공무원, 010-****-****
   주거 서울 강남구 강남대로 111 강남아파트 101동 101호
   등록기준지 부산 서구 원양로 1010

   죄 명 특정범죄가중처벌등에관한법률위반(뇌물)
   적용법조 특정범죄 가중처벌 등에 관한 법률 제2조 제1항 제3호, 제2항, 형법 제129조 제1항, 제134조
   구속여부 불구속
   변 호 인 없음

2. 피 고 인 이을남 (64****-1******), 50세
   직업 건설회사 대표이사, 010-****-****
   주거 서울 서초구 반포대로 222 래미안아파트 202동 202호
   등록기준지 경북 김천시 영남대로 22

   죄 명 폭력행위등처벌에관한법률위반(집단·흉기등협박), 사기, 뇌물공여, 사문서변조, 변조사문서행사, 명예훼손
   적용법조 형법 제133조 제1항, 제129조 제1항, 제231조, 제234조, 제347조 제1항, 폭력행위 등 처벌에 관한 법률 제3조 제1항, 제2조 제1항 제1호, 형법 제283조 제1항, 제307조 제1항, 제37조, 제38조, 제48조 제1항
   구속여부 불구속
   변 호 인 없음

1277
접수 No. 15511 2014. 10. 17. 서울중앙지방법원 형사접수실

Ⅱ. 공소사실

1. 피고인들의 범행

피고인 김갑동은 서울 서초구청 건축계장으로 서초구의 건축허가 등 건축 관련 업무를 담당하는 공무원이고, 피고인 이을남은 을남건설 주식회사를 경영하는 대표이사이다.

가. 피고인 김갑동의 특정범죄가중처벌등에관한법률위반(뇌물)

피고인은 2014. 5. 8. 19:00경 서울 서초구 서초대로 130(서초구청 맞은 편)에 있는 '란' 커피숍에서, 이을남으로부터 을남건설 주식회사가 서울 서초구 방배로 240에 요양병원을 신축하기 위해 신청한 건축허가 절차를 신속히 처리하여 달라는 청탁을 받고, 그 자리에서 100만 원, 다음 날 09:00경 위 커피숍 앞에서 2,900만 원 등 합계 3,000만 원을 받았다.

이로써 피고인은 공무원의 직무에 관하여 뇌물을 수수하였다.

나. 피고인 이을남의 뇌물공여

피고인은 위 가.항 기재 일시, 장소에서 김갑동에게 위와 같이 청탁하면서 2회에 걸쳐 합계 3,000만 원을 교부하여 공무원의 직무에 관하여 뇌물을 공여하였다.

2. 피고인 이을남

가. 사문서변조, 변조사문서행사, 사기

피고인은 2009. 2. 1. 서울 서초구 반포대로 222 래미안아파트 202동 202호에 있는 피고인의 집에서 피해자 박고소로부터 "나 대신 사채업자인 황금성을 찾아가 3억 원 한도에서 돈을 빌려서 전해 달라."라는 부탁을 받고 피해자가 차용금액란을 공란으로 하여 작성한 차용증을 교부받았다.

피고인은 2009. 2. 2. 위 피고인의 집에서 위 차용증의 차용금액란에 "6억 원"이라고 임의로 기재하고, 서울 강남구 강남대로 333 황금빌라 G동에 있는 위 황금성의 집에 찾아가 황금성에게 위와 같이 변조한 차용증을 마치 진정한 것처럼 교부하면서 "박고소가 작성해 준 차용증을 가져왔으니 6억 원을 빌려 달라."라고 말하여 그 무렵 이에 속은 황금성으로부터 선이자를 공제한 5억 5,000만 원을 송금받았다.

이로써 피고인은 피해자로부터 위임받은 범위를 초과하여 행사할 목적으로 권리의무에 관한 사문서인 피해자 명의의 차용증을 변조 및 행사하여 피해자로 하여금 3억 원의 채무를 초과 부담하게 함으로써 3억 원을 편취하였다.

나. 폭력행위등처벌에관한법률위반(집단 · 흉기등협박)

피고인은 2009. 2. 3. 11:00경 그 무렵 피해자 박고소(42세)가 피고인에게 전화를 걸어 위와 같이 피해자의 차용증을 변조한 것을 따지자 화가 나서 위험한 물건인 등산용 칼(칼날길이 7㎝)을 휴대하고 서울 서초구 반포대로 444 반포빌라 D동에 있는 위 피해자의 집에 찾아가 "계속 시비를 걸면 평생 불구로 만들어 버리겠다."라고 말하여 피해자를 협박하였다.

다. 명예훼손

피고인은 2014. 7. 30. 10:00경 서울 서초구 서초구청 건축계 사무실에서 그곳 사무실 직원 10여 명이 듣고 있는 가운데 피해자 김갑동에게 "이 나쁜 새끼, 거짓말쟁이"라고 소리침으로써 공연히 사실을 적시하여 피해자의 명예를 훼손하였다.

Ⅲ. 첨부서류

1. 긴급체포서 1통
2. 피의자석방보고 1통 (생략)

검사 구영재 ㊞

긴 급 체 포 서

제 2014-5432 호

피의자	성 명	이을남 (李乙男)
	주민등록번호	64**** - 1****** (50세)
	직 업	건설업
	주 거	서울 서초구 반포대로 222 래미안아파트 202동 202호
변 호 인		

위 피의자에 대한 뇌물공여 등 피의사건에 관하여 「형사소송법」 제200조의3 제1항에 따라 동인을 아래와 같이 긴급체포함

2014. 7. 30.

서울서초경찰서

사법경찰관 경위 **권 장 기** (인)

체포한 일시	2014. 7. 30. 14:00
체포한 장소	서울서초경찰서 수사과
범죄사실 및 체포의 사유	피의자는 을남건설 주식회사 대표이사로서, 2014. 5. 8. 19:00 서울 서초구에 있는 '란' 커피숍에서, 서초구청 건축계장 김갑동에게 요양병원 건축허가 절차를 신속히 처리하여 달라는 청탁을 하면서, 그 자리에서 100만 원을 교부하여 공무원의 직무에 관하여 뇌물을 공여한 것으로 도망하거나 증거인멸의 우려가 있고, 긴급을 요하여 체포영장을 받을 시간적 여유가 없음.
체포자의 관직 및 성명	서울서초경찰서 경위 권장기
인치한 일시	2014. 7. 30. 14:00
인치한 장소	서울서초경찰서 수사과
구금한 일시	2014. 7. 30. 14:30
구금한 장소	경찰서 유치장 내
구금을 집행한 자의 관직 및 성명	경찰서 유치장 근무 순경 유민규

서 울 중 앙 지 방 법 원

공 판 조 서

제 1 회

사 건 2014고합1277 특정범죄가중처벌등에관한법률위반(뇌물) 등

재판장 판사	김성우	기 일:	2014. 12. 5. 10:00
판사	이주현	장 소:	제425호 법정
판사	박정훈	공개 여부:	공개
법원사무관	김효원	고 지 된	
		다음기일:	2014. 12. 19. 15:00

피 고 인	1. 김갑동 2. 이을남	각 출석
검 사	최상준	출석
변 호 인	변호사 김힘찬 (피고인 1을 위하여)	출석
	법무법인 공정 담당변호사 이사랑 (피고인 2를 위하여)	출석

재판장

피고인들은 진술을 하지 아니하거나 각개의 물음에 대하여 진술을 거부할 수 있고, 이익되는 사실을 진술할 수 있음을 고지

재판장의 인정신문

성 명 : 1. 김갑동 2. 이을남

주민등록번호 : 각 공소장 기재와 같음

직 업 : 〃

주 거 : 〃

등록기준지 : 〃

재판장

피고인들에 대하여

주소가 변경될 경우에는 이를 법원에 보고할 것을 명하고, 소재가 확인되지 않을 때에는 피고인들의 진술 없이 재판할 경우가 있음을 경고

검 사

공소장에 의하여 공소사실, 죄명, 적용법조 낭독

피고인 김갑동

피고인 이을남으로부터 돈을 받은 사실이 없다고 진술

피고인 이을남

피고인 김갑동에게 돈을 준 것과 박고소를 찾아가 "계속 시비를 걸면 평생 불구로 만들어 버리겠다."라고 협박한 사실 및 서초구청에서 고함을 친 사실은 인정하나, 박고소 명의의 차용증을 변조 및 행사하여 돈을 편취한 사실이 없다고 진술

피고인 김갑동의 변호인 변호사 김힘찬

피고인 김갑동을 위하여 유리한 변론을 함. (변론기재는 생략).

피고인 이을남의 변호인 법무법인 공정 담당변호사 이사랑

피고인 이을남을 위하여 유리한 변론을 함. (변론기재는 생략).

재판장

증거조사를 하겠다고 고지

증거관계 별지와 같음(검사, 변호인)

재판장

각 증거조사 결과에 대하여 의견을 묻고 권리를 보호하는 데에 필요한 증거조사를 신청할 수 있음을 고지

소송관계인

별 의견 없다고 각각 진술

재판장

변론 속행

2014. 12. 5.

법 원 사 무 관 김효원 ㉤

재판장 판 사 김성우 ㉤

서울중앙지방검찰청

(02-530-3114)

제2014-111호 2014. 12. 18.

수신 서울중앙지방법원 발신 서울중앙지방검찰청

제목 공소장변경허가신청 검사 강 민 지 ㊞

귀원 2014고합1277호 피고인 이을남에 대한 명예훼손

피고사건의 공소장을 다음과 같이 ■ 추가 □ 철회 □ 변경 하고자 합니다.

다음

1. 죄명에

"예비적 죄명 : 모욕"을,

2. 적용법조에

"예비적 적용법조 : 형법 제311조"를,

3. 공소사실에

"예비적 공소사실 : 피고인 이을남은 2014. 7. 30. 10:00경 서울 서초구 서초구청 건축계 사무실에서 그곳 사무실 직원 10여 명이 듣고 있는 가운데 피해자 김갑동에게 "이 나쁜 새끼, 거짓말쟁이"라고 소리침으로써 공연히 피해자를 모욕하였다."

를 각각 추가함. (인)

서 울 중 앙 지 방 법 원

공 판 조 서

제 2 회

사 건 2014고합1277 특정범죄가중처벌등에관한법률위반(뇌물) 등

재판장 판사	김성우	기 일:	2014. 12. 19. 15:00
판사	이주현	장 소:	제425호 법정
판사	박정훈	공개 여부:	공개
법원사무관	김효원	고 지 된	
		다음기일:	2015. 1. 9. 15:00

피 고 인	1. 김갑동 2. 이을남	각 출석
검 사	강민지	출석
변 호 인	변호사 김힘찬 (피고인 1을 위하여)	출석
	법무법인 공정 담당변호사 이사랑 (피고인 2를 위하여)	출석
증 인	박고소, 황금성	각 출석

재판장

전회 공판심리에 관한 주요사항의 요지를 공판조서에 의하여 고지

소송관계인

변경할 점이나 이의할 점이 없다고 진술

재판장

2014. 12. 18.자 공소장변경허가신청을 허가한다는 결정 고지

검 사

위 서면에 의하여 변경된 공소사실, 죄명 및 적용법조 낭독

피고인 이을남 및 그 변호인 법무법인 공정 담당변호사 이사랑

예비적 공소사실을 모두 인정한다고 진술

재판장

출석한 증인 박고소, 황금성을 별지와 같이 신문하다.

증거관계 별지와 같음(검사, 변호인)

재판장

각 증거조사 결과에 대하여 의견을 묻고 권리를 보호하는 데에 필요한 증거조사를 신청할 수 있음을 고지

소송관계인

별 의견 없으며, 달리 신청할 증거도 없다고 각각 진술

재판장

증거조사를 마치고 피고인신문을 하겠다고 고지

검 사

피고인 김갑동에게

문 피고인은 2014. 5. 15.경 퇴근길에 '란' 커피숍에 간 사실이 있나요.

답 예.

문 그때 '란' 커피숍 주인 조은숙에게 "저번에 이을남과 함께 오고 나서 1주일도 안 되었는데 커피숍 인테리어가 바뀌었네."라는 말을 한 사실이 있지요.

답 그러한 사실이 없습니다.

피고인 이을남에게

문 피고인 김갑동은 2014. 5. 8. 피고인과 만난 사실도 없다고 하나 피고인이 그날 피고인 김갑동을 만난 사실은 분명하지요.

답 예.

문 피고인은 박고소로부터 위임받은 범위를 초과하여 박고소 명의의 차용증을 변조 및 행사하여 박고소로 하여금 3억 원의 채무를 초과 부담하도록 한 사실이 있지요.

답 아니오. 그런 사실이 없습니다.

문 피고인은 2009. 2. 3. 등산용 칼을 지니고 박고소를 찾아가 "계속 시비를 걸면 평생 불구로 만들어버리겠다."라고 협박한 사실이 있지요.

답 검찰에서 진술한 바와 같이 그렇게 말한 사실은 있습니다.

피고인 김갑동의 변호인 변호사 김힘찬

피고인 이을남에게

문 피고인은 2014. 5. 9. 12:30 서울 출발 아시아나 항공편으로 부산에 내려간 사실이 있지요.

답 예.

문 서울에는 언제 돌아왔나요.

답 대략 1주일 정도 있다가 귀경하였습니다.

문 부산에는 왜 간 것인가요.

답 업무상 출장입니다.

문 구체적으로 어떤 일인지 말할 수 있나요.

답 여러 사람을 만났고 구체적으로 말할 정도는 아닙니다.

문 혹 그 무렵 부산에서 도박한 것은 아닙니까.

답 아닙니다.

문 부산에서 머문 1주일간 어디에 투숙하였나요.

답 호텔은 아니고, 아는 사람 집에 투숙하였습니다.

문 피고인 김갑동에게 2,900만 원은 어떻게 전달하였나요.

답 5만 원권을 쇼핑백에 담아서 주었습니다.

문 쇼핑백은 어떤 종류인지 설명할 수 있나요.

답 오래되어서 분명하지 않습니다.

문 피고인 김갑동은 보통 출퇴근할 때 빈손으로 출퇴근하는데, 당시 피고인으로부터 쇼핑백을 받아서 그대로 들고 구청으로 들어가던가요.

답 지금은 정확히 기억은 안 나지만 그냥 들고 들어간 것 같습니다.

문 피고인은 그 돈을 피고인 김갑동에게 교부하기 전에 어떻게 보관한 것인가요.

답 2014. 5. 7.에 현금으로 인출하여 제 사무실 서랍에 보관하고 있다가 아침에 가져가서 준 것입니다.

문 피고인 김갑동에게 주기 위해 5. 7. 미리 인출해 둔 것인가요.

답 예.

문 2,900만 원에 대해서 교부하였다는 점을 피고인의 진술 외에 증명할 자료가 있나요.

답 따로는 없습니다. 교부한 것이 사실입니다.

피고인 이을남의 변호인 법무법인 공정 담당변호사 이사랑

피고인 이을남에게

문 피고인은 박고소의 정당한 위임을 받아 황금성으로부터 돈을 빌려서 박고소에게 전달한 것이지요.

답 예. 그렇습니다.

재판장

피고인신문을 마쳤음을 고지

검사에게

공소사실 중 제2의 가항에 대한 죄명, 피해자 등을 검토해 보고 적절한 조치를 할 것을 명하다.

재판장

변론 속행 (변론 준비를 위한 검사, 변호인들의 요청으로)

2014. 12. 19.

법 원 사 무 관　　김효원 ㊞

재판장 판 사　　김성우 ㊞

서울중앙지방법원

증인신문조서 (제2회 공판조서의 일부)

사 건 2014고합1277 특정범죄가중처벌등에관한법률위반(뇌물) 등

증 인 이 름 박고소

생년월일 및 주거는 (생략)

재판장

증인에게 형사소송법 제148조 또는 제149조에 해당하는가의 여부를 물어 증인이 이에 해당하지 아니함을 인정하고, 위증의 벌을 경고한 후 별지 선서서와 같이 선서를 하게 하였다. 다음에 신문할 증인은 재정하지 아니하였다.

검사

증인에게 수사기록 중 증인이 작성한 고소장과 사법경찰관이 작성한 증인에 대한 진술조서를 보여주고 이를 열람하게 한 후,

문 증인은 고소장을 직접 작성하여 경찰에 제출하고, 경찰에서 사실대로 진술하고, 그 조서를 읽어보고 서명, 무인한 사실이 있고, 그 진술조서에는 그때 경찰관에게 진술한 내용과 동일하게 기재되어 있는가요.

답 예. 그렇습니다.

피고인 이을남의 변호인 법무법인 공정 담당변호사 이사랑

문 증인이 먼저 이을남을 찾아가 황금성으로부터 돈을 빌려달라고 부탁한 것은 맞지요.

답 예. 그렇습니다.

2014. 12. 19.

법 원 사 무 관 김효원 ㊞

재판장 판 사 김성우 ㊞

서울중앙지방법원

증인신문조서 (제2회 공판조서의 일부)

사 건 2014고합1277 특정범죄가중처벌등에관한법률위반(뇌물) 등
증 인 이 름 황금성
생년월일 및 주거는 (생략)

재판장
증인에게 형사소송법 제148조 또는 제149조에 해당하는가의 여부를 물어 증인이 이에 해당하지 아니함을 인정하고, 위증의 벌을 경고한 후 별지 선서서와 같이 선서를 하게 하였다.

검사
증인에게 수사기록 중 사법경찰관이 작성한 증인에 대한 진술조서를 보여주고 이를 열람하게 한 후,

문 증인은 경찰에서 사실대로 진술하고 그 조서를 읽어보고 서명, 무인한 사실이 있고, 그 진술조서에는 그때 경찰관에게 진술한 내용과 동일하게 기재되어 있는가요.

답 예. 그렇습니다.

문 통상 사채업을 하는 사람이 돈을 빌려주는 절차는 어떻게 되나요.

답 본인 확인을 거쳐 자력이나 신용을 평가하여 대출액을 정합니다.

피고인 이을남의 변호인 법무법인 공정 담당변호사 이사랑

문 증인은 이을남이 아니라 박고소를 채무자로 생각하고 돈을 빌려준 것이지요.

답 예. 그렇습니다.

2014. 12. 19.

법 원 사 무 관 김효원 ㊞
재판장 판 사 김성우 ㊞

제	1	책
제	1	권

서울중앙지방법원

증거서류등(검사)

사 건 번 호	2014고합1277	담임	제26형사부	주심	다
	20　노		부		
	20　도		부		

사 건 명	가. 특정범죄가중처벌등에관한법률위반(뇌물) 나. 폭력행위등처벌에관한법률위반(집단・흉기등협박) 다. 사기 라. 뇌물공여 마. 사문서변조 바. 변조사문서행사 사. 명예훼손	
검　　사	구영재	2014년 형제99999호
피 고 인	1. 가.　**김갑동** 2. 나.다.라.마.바.사.　**이을남**	
공소제기일	2014. 10. 17.	

1심 선고	20 . . .	항소	20 . . .
2심 선고	20 . . .	상고	20 . . .
확　정	20 . . .	보존	

제 1 책
제 1 권

구공판

서 울 중 앙 지 방 검 찰 청
증 거 기 록

검 찰	사건번호	2014년 형제99999호	법원	사건번호	2014년 고합1277호
	검 사	구영재		판 사	
피 고 인	1. 가. **김갑동** 2. 나.다.라.마.바.사. **이을남**				
죄 명	가. 특정범죄가중처벌등에관한법률위반(뇌물) 나. 폭력행위등처벌에관한법률위반(집단・흉기등협박) 다. 사기 라. 뇌물공여 마. 사문서변조 바. 변조사문서행사 사. 명예훼손				
공소제기일	2014. 10. 17.				
구 속	각 불구속			석 방	
변 호 인					
증 거 물	있음				
비 고					

피 의 자 신 문 조 서

피 의 자 : 이을남

위의 사람에 대한 명예훼손 피의사건에 관하여 2014. 7. 30. 서울서초경찰서 수사과 사무실에서 사법경찰관 경위 권장기는 사법경찰리 경사 변동구를 참여하게 하고, 아래와 같이 피의자임에 틀림없음을 확인하다.

문 피의자의 성명, 주민등록번호, 직업, 주거, 등록기준지 등을 말하십시오.

답 성명은 이을남(李乙男)

주민등록번호, 직업, 주거, 등록기준지, 직장주소, 연락처는 각각 (생략)

사법경찰관은 피의사건의 요지를 설명하고 사법경찰관의 신문에 대하여 「형사소송법」 제244조의3에 따라 진술을 거부할 수 있는 권리 및 변호인의 참여 등 조력을 받을 권리가 있음을 피의자에게 알려주고 이를 행사할 것인지 그 의사를 확인하다.

진술거부권 및 변호인 조력권 고지 등 확인

1. 귀하는 일체의 진술을 하지 아니하거나 개개의 질문에 대하여 진술을 하지 아니할 수 있습니다.
2. 귀하가 진술을 하지 아니하더라도 불이익을 받지 아니합니다.
3. 귀하가 진술을 거부할 권리를 포기하고 행한 진술은 법정에서 유죄의 증거로 사용될 수 있습니다.
4. 귀하가 신문을 받을 때에는 변호인을 참여하게 하는 등 변호인의 조력을 받을 수 있습니다.

문 피의자는 위와 같은 권리들이 있음을 고지받았는가요.

답 예. 고지를 받았습니다.

문 피의자는 진술거부권을 행사할 것인가요.

답 아닙니다.

문 피의자는 변호인의 조력을 받을 권리를 행사할 것인가요.

답 변호사 없이 조사를 받겠습니다.

이에 사법경찰관은 피의사실에 관하여 다음과 같이 피의자를 신문하다.

[피의자의 범죄전력, 경력, 학력, 가족·재산 관계 등(생략)]

문　피의자는 2014. 7. 30. 10:00경 서울 서초구 서초구청 건축계 사무실에서 그곳 사무실 직원 10여 명이 듣고 있는 가운데 피해자 김갑동에게 "이 나쁜 새끼, 거짓말쟁이"라고 소리침으로써 공연히 사실을 적시하여 피해자의 명예를 훼손한 사실이 있나요.

답　예.

문　피의자가 그렇게 한 이유는 무엇인가요.

답　김갑동이 저에게 섭섭하게 하였기 때문입니다.

문　어떤 점이 섭섭하였나요.

답　제가 투자자를 구하여 서울 서초구 방배동에 요양병원을 건축하려고 오랫동안 준비해왔는데, 민원을 이유로 계속하여 허가를 미루었습니다. 법적으로는 문제도 없고 여러 번 하소연도 하였음에도 곧 될 것이니 조금만 기다려보라고 해 놓고는 이제 와서 결재가 안 된다고 하면서 반려하였습니다. 너무 손해가 막심하고 투자자도 그만두려고 하여 억울한 생각에 구청을 찾아간 것인데 제가 잘못하였다고 생각합니다.

문　그렇다고 하여 담당공무원에게 가서 행패까지 부렸나요.

답　이렇게 된 마당에 사실대로 진술하겠습니다. 사실은 김갑동에게 잘 부탁한다고 하면서 100만 원을 준 사실이 있습니다.

문　이상의 진술에 대하여 이의나 의견이 있는가요.

답　**없습니다.**

위의 조서를 진술자에게 열람하게 하였던바, 진술한 대로 오기나 증감·변경할 것이 전혀 없다고 말하므로 간인한 후 서명무인하게 하다.

진술자 **이을남** (무인)

2014. 7. 30.

서울서초경찰서

사법경찰관 경위 **권장기** ㊞

사법경찰리 경사 **변동구** ㊞

피 의 자 신 문 조 서 (제 2 회)

피 의 자 : 이을남

위의 사람에 대한 뇌물공여 등 피의사건에 관하여 2014. 7. 30. 서울서초경찰서 수사과 사무실에서 사법경찰관 경위 권장기는 사법경찰리 경사 변동구를 참여하게 하고, 피의자에 대하여 다시 아래의 권리들이 있음을 알려주고 이를 행사할 것인지 그 의사를 확인하다.

1. 귀하는 일체의 진술을 하지 아니하거나 개개의 질문에 대하여 진술을 하지 아니할 수 있습니다.
2. 귀하가 진술을 하지 아니하더라도 불이익을 받지 아니합니다.
3. 귀하가 진술을 거부할 권리를 포기하고 행한 진술은 법정에서 유죄의 증거로 사용될 수 있습니다.
4. 귀하가 신문을 받을 때에는 변호인을 참여하게 하는 등 변호인의 조력을 받을 수 있습니다.

문 피의자는 위와 같은 권리들이 있음을 고지받았는가요.
답 예. 고지를 받았습니다.
문 피의자는 진술거부권을 행사할 것인가요.
답 아닙니다.
문 피의자는 변호인의 조력을 받을 권리를 행사할 것인가요.
답 변호사 없이 조사를 받겠습니다.

이에 사법경찰관은 피의사실에 관하여 다음과 같이 피의자를 신문하다.

문 피의자는 김갑동을 알고 있나요.
답 예.
문 피의자는 김갑동에게 돈을 준 사실이 있나요.
답 예.
문 그 경위를 자세히 진술하시오.
답 제가 2014. 1.경 제 고향 선배 절친해에게서 돈을 투자받아 서울 서초구 방배동에 요양병원을 세우기로 하였습니다. 제가 그 절차를 모두 진행하기로 하고 절차에 들어가는 비용으로 절친해로부터 1월경 1억 원을 미리 입금받았습니다. 대지를 매수하기 위해 소개인을 만나는 등 많은 비용을 써 가면서 진행해 오다가 건축허가에 편의를 봐 주겠다는 김갑동의 말을 믿고 2014. 5. 8. 19:00경 서울 서초구 서초구청 맞은 편에 있는 '란' 커피숍에서 100만 원을 지급한 것입니다.

문　그 돈을 지급하였다는 사실을 인정할 다른 증거가 있나요.

답　예. 제가 그 사실을 수첩에 기재까지 해 두었습니다.

문　이상의 진술에 대하여 이의나 의견이 있는가요.

답　없습니다.

위의 조서를 진술자에게 열람하게 하였던바, 진술한 대로 오기나 증감·변경할 것이 전혀 없다고 말하므로 간인한 후 서명무인하게 하다.

진술자 이 을 남 (무인)

2014. 7. 30.

서울서초경찰서

사법경찰관 경위 권 장 기 ㊞

사법경찰리 경사 변 동 구 ㊞

피 의 자 신 문 조 서

피 의 자 : 김 갑 동

위의 사람에 대한 뇌물수수 피의사건에 관하여 2014. 7. 30. 서울서초경찰서 수사과 사무실에서 사법경찰관 경위 권장기는 사법경찰리 경사 변동구를 참여하게 하고, 아래와 같이 피의자임에 틀림없음을 확인하다.

문　피의자의 성명, 주민등록번호, 직업, 주거, 등록기준지 등을 말하십시오.

답　성명은 김갑동(金甲東)

주민등록번호, 직업, 주거, 등록기준지, 직장주소, 연락처는 각각 (생략)

사법경찰관은 피의사건의 요지를 설명하고 사법경찰관의 신문에 대하여 「형사소송법」 제244조의3에 따라 진술을 거부할 수 있는 권리 및 변호인의 참여 등 조력을 받을 권리가 있음을 피의자에게 알려주고 이를 행사할 것인지 그 의사를 확인하다.

진술거부권 및 변호인 조력권 고지 등 확인

1. 귀하는 일체의 진술을 하지 아니하거나 개개의 질문에 대하여 진술을 하지 아니할 수 있습니다.
2. 귀하가 진술을 하지 아니하더라도 불이익을 받지 아니합니다.
3. 귀하가 진술을 거부할 권리를 포기하고 행한 진술은 법정에서 유죄의 증거로 사용될 수 있습니다.
4. 귀하가 신문을 받을 때에는 변호인을 참여하게 하는 등 변호인의 조력을 받을 수 있습니다.

문　피의자는 위와 같은 권리들이 있음을 고지받았는가요.

답　예. 고지를 받았습니다.

문　피의자는 진술거부권을 행사할 것인가요.

답　아닙니다.

문　피의자는 변호인의 조력을 받을 권리를 행사할 것인가요.

답　변호사 없이 조사를 받겠습니다.

이에 사법경찰관은 피의사실에 관하여 다음과 같이 피의자를 신문하다.

[피의자의 범죄전력, 경력, 학력, 가족·재산 관계 등(생략)]

문 피의자는 이을남을 알고 있나요.

답 예. 방배동에서 요양병원을 운영하겠다고 하면서 건축허가신청을 한 사람으로 별다른 관계는 없습니다.

문 피의자는 2014. 5. 8. '란' 커피숍에서 이을남을 만난 사실이 있나요.

답 예. 그렇습니다.

문 그날 이을남으로부터 돈을 받은 사실이 있나요.

답 그런 사실은 전혀 없습니다.

문 이을남은 피의자에게 100만 원을 주었다고 하는데요.

답 이을남이 거짓말을 하는 것입니다.

문 이상의 진술에 대하여 이의나 의견이 있는가요.

답 없습니다.

위의 조서를 진술자에게 열람하게 하였던바, 진술한 대로 오기나 증감·변경할 것이 전혀 없다고 말하므로 간인한 후 서명무인하게 하다.

진술자 김 갑 동 (무인)

2014. 7. 30.

서울서초경찰서

사법경찰관 경위 권 장 기 ㉢

사법경찰리 경사 변 동 구 ㉢

압 수 조 서

피의자 이을남에 대한 뇌물공여 등 피의사건에 관하여 2014. 8. 1. 13:00경 서울 서초구 반포대로 233 을남건설 주식회사 사무실에서 사법경찰관 경위 권장기는 사법경찰리 경사 변동구를 참여하게 하고 별지 목록의 물건을 다음과 같이 압수하다.

압 수 경 위

피의자 이을남에 관한 뇌물공여 등 혐의로 서울서초경찰서에서 피의자를 긴급체포한 후, 형사소송법 제217조 제1항에 따라 피의자의 을남건설 주식회사 사무실을 수색하던 중 책상 서랍에 보관 중인 피의자 소유의 수첩을 발견한 바, 그 수첩에 "2014. 5. 8. 100만 원, 란"이라고 기재되어 있어 뇌물공여 혐의의 증거라고 사료되고, 긴급히 압수할 필요가 있어 별지 압수목록과 같이 영장 없이 압수하다.

참여인	성 명	주민등록번호	주 소	서명 또는 날인
	(기재 생략)			

2014년 8월 1일
서울서초경찰서 수사과
사법경찰관 경위 권 장 기 (인)
사법경찰리 경사 변 동 구 (인)

압 수 목 록

번호	품 명	수량	소지자 또는 제출자	소유자	경찰의견	비고
1	수첩	1개	이을남(인적사항 생략)	이을남	압수	이을남 (무인)

고 소 장

서울서초경찰서 접수인(5555호)(2014.8.6.)

고 소 인 박 고 소 (주민등록번호 : 67****-1******)
주소 서울 서초구 반포대로 444 반포빌라 D동
기타 인적사항(생략)

피고소인 이 을 남
인적사항(생략)

죄 명 사기 등

피고소인은

1. 2009. 2. 2. 서울 강남구 강남대로 333 황금빌라 G동 사채업자 황금성의 집에서 피고소인이 제 멋대로 조작한 고소인 명의의 6억 원짜리 차용증을 제시하면서 "박고소가 작성해 준 차용증을 가져왔으니 6억 원을 빌려 달라."라고 거짓말하여 6억 원을 빌리고,
2. 2009. 2. 3. 고소인이 피고소인에게 전화를 걸어 차용증을 변조한 것을 따지자 등산용 칼을 가지고 제 집까지 찾아와 "계속 시비를 걸면 평생 불구로 만들어 버리겠다."라고 협박하였습니다.

피고소인을 조사하여 엄벌해주시기 바랍니다.

참 고 자 료

1. 차용증(사본)
2. 금융거래내역

2014. 8. 6.

고소인 **박 고 소** ㊞

서울서초경찰서장 귀중

차 용 증

차용인 : 박 고 소

휴대폰 010-1234-××××

차용금액 : 6억 원

오늘 박고소는 황금성으로부터 위 금액의 돈을 차용했음을 확인하고, 1년 내로 위 돈을 갚을 것을 약속합니다.

2009. 2. 2.

박 고 소 ㉿

진 술 조 서

성　　　명 : 박 고 소
주민등록번호, 직업, 주거, 등록기준지, 직장주소, 연락처는 각각 (생략)

위의 사람은 피의자 이을남에 대한 사기 등 피의사건에 관하여 2014. 8. 13. 서울서초경찰서 수사과 사무실에 임의 출석하여 다음과 같이 진술하다.

[피의자와의 관계, 피의사실과의 관계 등(생략)]

문　진술인이 박고소인가요.

답　예. 그렇습니다.

문　피의자를 상대로 고소한 취지는 무엇인가요.

답　제 고향 선배인 이을남이 사기를 쳐서 저를 빚더미에 앉게 했다는 것과 흉기를 지니고 와서 저를 협박했다는 것입니다.

문　사기와 관련된 구체적인 고소 내용은 무엇인가요.

답　제가 땅 장사를 하는데 좋은 물건이 나와서 이를 구입하려다 보니 3억 원 정도가 모자랐습니다. 그래서 2009. 2. 1. 이을남의 집에 찾아가 이을남에게 그 다음 날 사채업자인 황금성을 찾아가 제 대신 3억 원의 한도에서 돈을 빌려달라고 부탁했던 것인데, 이을남이 2009. 2. 2. 제 차용증을 변조하여 황금성으로부터 6억 원을 빌렸습니다.

이때 고소인이 제출한 차용증을 보여주면서

문　이 차용증은 누가 작성한 것인가요.

답　금액란을 공란으로 해서 제가 작성한 것인데, 이을남이 마음대로 6억 원이라고 적어넣은 것입니다.

문　금액란은 왜 공란으로 해 두었나요.

답　황금성으로부터 3억 원을 모두 빌릴 수 있을지 알 수 없었기 때문에 이을남에게 3억 원 범위 내에서 실제로 빌리는 액수를 대신 채워넣도록 한 것입니다. 그래서 차용증 작성일도 실제로 돈을 빌릴 날인 2009. 2. 2.로 제가 기재했던 것입니다.

문　이을남이 황금성으로부터 빌린 돈을 전달받았나요.

답　고소장에 첨부된 금융거래내역과 같이 2009. 2. 2. 이을남으로부터 3억 원을 송금받은 것이 전부입니다.

문 이을남이 고소인을 협박한 내용은 무엇인가요.

답 2009. 2. 2. 저녁에 황금성이 제게 전화를 걸어 돈을 잘 받았느냐고 물어봐서 제가 3억 원을 잘 전달받았다고 했습니다. 그러자 황금성이 깜짝 놀라면서 자신은 이을남에게 6억 원에서 선이자만 공제한 금액을 송금했다면서 제게 자신의 금융거래내역까지 보내주었습니다. 그래서 2009. 2. 3. 10:00경 이을남에게 전화를 걸어 왜 차용증을 조작했느냐고 따지니 약 한 시간 후인 11:00경 제 집에 너덜너덜해진 등산용 배낭을 메고 찾아와서는 "계속 시비를 걸면 평생 불구로 만들어 버리겠다."라고 협박했습니다. 이을남이 떠난 후 가슴이 너무 답답해서 집 밖으로 나왔는데 집 앞 쓰레기봉투 놓아두는 곳에 아까 이을남이 가져왔던 배낭이 보였습니다. 무엇인지 궁금해서 배낭을 열어보니 등산용 칼과 찢어진 등산복 상의가 들어있었습니다. 제가 이을남에게 대항했으면 죽을 수도 있었겠다는 생각이 들며 간담이 서늘해졌습니다. 훗날 필요할지도 몰라서 이을남의 칼을 보관해 두었는데 오늘 경찰에 증거로 제출하겠습니다.

문 그런데 왜 그 즉시 고소를 하지 않았나요.

답 보시면 아시겠지만 저는 왜소한 체구인데 반해서 이을남은 체육대학에서 유도선수를 한 사람이라서 너무 겁이 났습니다. 그런데 얼마 전에 이을남이 뇌물죄로 구속될지도 모른다는 소문을 듣고 이제는 진실을 말할 수 있을 것 같아서 용기를 내어 고소를 하게 된 것입니다.

문 이상의 진술은 사실인가요.

답 예. 사실대로 진술하였습니다.

위의 조서를 진술자에게 열람하게 하였던바, 진술한 대로 오기나 증감·변경할 것이 전혀 없다고 말하므로 간인한 후 서명무인하게 하다.

진술자 박 고 소 (무인)

2014. 8. 13.

서울서초경찰서

사법경찰관 경위 권 장 기 ㊞

압 수 조 서 (임의제출)

피의자 이을남에 대한 폭력행위등처벌에관한법률위반(집단·흉기등협박) 피의사건에 관하여 2014. 8. 13. 15:00경 서울서초경찰서 수사과 사무실에서 사법경찰관 경위 권장기는 사법경찰리 경사 변동구를 참여하게 하고 별지 목록의 물건을 다음과 같이 압수하다.

압 수 경 위

피의자 이을남의 폭력행위등처벌에관한법률위반(집단·흉기등협박) 혐의에 관하여 고소인이 관련 증거라며 피의자 이을남의 등산용 칼 1자루를 임의로 제출하므로, 증거물로 사용하기 위하여 영장 없이 압수하다.

참여인	성 명	주민등록번호	주 소	서명 또는 날인
	(기재 생략)			

2014년 8월 13일
서울서초경찰서 수사과
사법경찰관 경위 권 장 기 (인)
사법경찰리 경사 변 동 구 (인)

압 수 목 록

번호	품 명	수량	소지자 또는 제출자	소유자	경찰 의견	비고
2	등산용 칼 (칼날길이 7㎝)	1자루	박고소(인적사항 생략)	이을남	압수	박고소 (무인)

피 의 자 신 문 조 서 (제 3 회)

피 의 자 : 이을남

위의 사람에 대한 명예훼손 등 피의사건에 관하여 2014. 8. 20. 서울서초경찰서 수사과 사무실에서 사법경찰관 경위 권장기는 사법경찰리 경사 변동구를 참여하게 하고, 피의자에 대하여 다시 아래의 권리들이 있음을 알려주고 이를 행사할 것인지 그 의사를 확인하다.

1. 귀하는 일체의 진술을 하지 아니하거나 개개의 질문에 대하여 진술을 하지 아니할 수 있습니다.
2. 귀하가 진술을 하지 아니하더라도 불이익을 받지 아니합니다.
3. 귀하가 진술을 거부할 권리를 포기하고 행한 진술은 법정에서 유죄의 증거로 사용될 수 있습니다.
4. 귀하가 신문을 받을 때에는 변호인을 참여하게 하는 등 변호인의 조력을 받을 수 있습니다.

문 피의자는 위와 같은 권리들이 있음을 고지받았는가요.

답 예. 고지를 받았습니다.

문 피의자는 진술거부권을 행사할 것인가요.

답 아닙니다.

문 피의자는 변호인의 조력을 받을 권리를 행사할 것인가요.

답 변호사 없이 조사를 받겠습니다.

이에 사법경찰관은 피의사실에 관하여 다음과 같이 피의자를 신문하다.

문 피의자는 박고소 명의의 차용증을 변조 및 행사한 사실이 있나요.

답 아니오. 그런 사실이 없습니다.

이때 피의자에게 고소인이 제출한 차용증을 보여주면서

문　위 차용증은 누가 작성한 것인가요.

답　박고소가 전부 작성한 것입니다.

문　박고소를 대신하여 황금성으로부터 얼마를 빌렸고, 이를 어떻게 처분하였나요.

답　차용증에 쓰여진 바와 같이 6억 원을 빌려서 그날 그 돈 전부를 박고소에게 전해주었습니다.

문　피의자는 2009. 2. 3. 11:00경 박고소를 찾아가 "불구로 만들겠다."라고 협박한 사실이 있나요.

답　예. 그런 사실이 있습니다.

문　이상의 진술에 대하여 이의나 의견이 있는가요.

답　없습니다.

위의 조서를 진술자에게 열람하게 하였던바, 진술한 대로 오기나 증감·변경할 것이 전혀 없다고 말하므로 간인한 후 서명무인하게 하다.

진술자 이 을 남 (무인)

2014. 8. 20.

서울서초경찰서

사법경찰관 경위 권 장 기 ㊞

사법경찰리 경사 변 동 구 ㊞

진 술 조 서

성 명 : 황 금 성
주민등록번호, 직업, 주거, 등록기준지, 직장주소, 연락처는 각각 (생략)

위의 사람은 피의자 이을남에 대한 사기 등 피의사건에 관하여 2014. 8. 21. 서울서초경찰서 수사과 사무실에 임의 출석하여 다음과 같이 진술하다.

[피의자와의 관계, 피의사실과의 관계 등(생략)]

문 진술인이 황금성인가요.

답 예. 그렇습니다.

문 진술인은 피의자 이을남을 통해서 박고소에게 돈을 빌려준 사실이 있나요.

답 예. 이을남이 2009. 2. 2. 전화로 자신이 잘 아는 박고소가 급전이 필요한데 얼마를 빌려줄 수 있느냐고 물어봐서 제가 6억 원까지 빌려줄 수 있다고 했습니다. 그러자 그날 이을남이 제 집에 찾아와서 "박고소가 작성해준 차용증을 가져왔으니 6억 원을 빌려달라."라고 했습니다. 저는 이을남의 말만 믿고 선이자 5,000만 원을 공제한 5억 5,000만 원을 이을남의 계좌로 송금했습니다. 그리고 그날 저녁에 박고소에게 전화를 걸어 돈을 잘 받았느냐고 물어보니 자신은 이을남에게 최대 3억 원만 빌려달라고 하면서 차용 금액란을 비워둔 차용증을 만들어준 사실은 있지만, 6억 원짜리 차용증은 만든 사실이 없고 이을남으로부터 3억 원만 전달받았다고 했습니다.

문 박고소와는 원래부터 알던 사이인가요.

답 아니오. 2009. 2. 2. 이을남이 전화를 걸어 돈을 빌려줄 수 있냐고 물어볼 때 처음 들어본 사람입니다. 제가 다른 일로 바빠서 박고소에게 직접 연락한 것은 이을남에게 돈을 송금한 날 저녁에 차용증에 적힌 전화번호로 전화를 걸었을 때가 처음입니다. 이럴 줄 알았으면 돈을 빌려주기 전에 진작 연락을 해 볼 걸 그랬습니다.

문 박고소가 돈을 갚을 의사나 능력도 없으면서 이을남과 짜고 진술인의 돈을 편취한 것은 아닌가요.

답 나중에 확인해보니 박고소는 이을남을 통해서 위 돈을 빌릴 당시 건실한 사업가로서 돈을 갚을 능력이 충분했기 때문에 처음부터 돈을 갚을 의사나 능력이 없으면서 이을남과 짜고 사기를 친 것은 아니라고 생각합니다. 이을남은 박고소를 위해서 위 돈을 빌려갈 무렵에 대박피라미드라는 다단계업체에 투자를 했다가 큰 손해를 봐서 빚이 많았다는 사실을 제가 잘 알고 있었지만, 제 돈을 갚을 사람은 박고소이기 때문에 이을남의 재산 상태는 별로 관계가 없다고 생각했었습니다. 다만 박고소가 이을남에게 본건 차용금과 관련하여 얼마 범위에서 위임을 했는지에 대해서 박고소와 이을남 중 누가 거짓말을 하는 것인지는 정말로 모르겠습니다.

문　이상의 진술은 사실인가요.

답　예. 모두 사실입니다.

위의 조서를 진술자에게 열람하게 하였던바, 진술한 대로 오기나 증감·변경할 것이 전혀 없다고 말하므로 간인한 후 서명무인하게 하다.

진술자 황금성 (무인)

2014. 8. 21.

서울서초경찰서

사법경찰관 경위 권장기 ㊞

진 술 서

성 명 조은숙 (65****-2******)

주 소, 전화번호 (생략)

1. 저는 경찰의 요청으로 서울 서초경찰서에 출석하여 다음과 같이 임의로 진술합니다.
1. 저는 서울 서초구 서초동 서초구청 맞은 편에서 '란' 커피숍을 운영하고 있습니다.
1. 김갑동은 저의 커피숍을 관할하는 서초구청 건축계장이므로 평소 안면이 있고, 이을남은 서초동에서 사업을 하면서 가끔씩 저의 커피숍에 오므로 알고 있습니다.
1. 김갑동과 이을남은 가끔씩 저의 커피숍에 들르기도 하지만 함께 만났는지는 제가 기억이 분명하지 않습니다. 다만, 김갑동이 2014. 5월 스승의 날쯤에 퇴근길에 저의 커피숍에 들러 "저번에 이을남과 함께 오고 나서 1주일도 안되었는데 커피숍 인테리어가 바뀌었네."라고 말한 것은 그 무렵 제가 커피숍 인테리어 공사를 하였기 때문에 기억합니다.
1. 저의 커피숍 근처에 '란'이라는 이름이 들어가는 커피숍은 저희 1곳뿐이지만 '란'이라는 이름이 들어가는 음식점이나 술집 등 다른 가게들은 많이 있는 것으로 알고 있습니다.

2014. 8. 25.

진술자 조 은 숙 ㊞

피의자신문조서

성　　　명 : 이을남
주민등록번호 : (생략)

위의 사람에 대한 명예훼손 등 피의사건에 관하여 2014. 9. 17. 서울중앙지방검찰청 901호 검사실에서 검사 구영재는 검찰주사 전주사를 참여하게 한 후, 아래와 같이 피의자임에 틀림없음을 확인하다.
주민등록번호, 직업, 주거, 등록기준지, 직장주소, 연락처는 각각 (생략)

검사는 피의사실의 요지를 설명하고 검사의 신문에 대하여 「형사소송법」 제244조의3에 따라 진술을 거부할 수 있는 권리 및 변호인의 참여 등 조력을 받을 권리가 있음을 피의자에게 알려주고 이를 행사할 것인지 그 의사를 확인하다.

진술거부권 및 변호인 조력권 고지 등 확인

1. 귀하는 일체의 진술을 하지 아니하거나 개개의 질문에 대하여 진술을 하지 아니할 수 있습니다.
2. 귀하가 진술을 하지 아니하더라도 불이익을 받지 아니합니다.
3. 귀하가 진술을 거부할 권리를 포기하고 행한 진술은 법정에서 유죄의 증거로 사용될 수 있습니다.
4. 귀하가 신문을 받을 때에는 변호인을 참여하게 하는 등 변호인의 조력을 받을 수 있습니다.

문　피의자는 위와 같은 권리들이 있음을 고지받았는가요.
답　예. 고지받았습니다.
문　피의자는 진술거부권을 행사할 것인가요.
답　아닙니다.
문　피의자는 변호인의 조력을 받을 권리를 행사할 것인가요.
답　아닙니다. 혼자서 조사를 받겠습니다.

이에 검사는 피의사실에 관하여 다음과 같이 피의자를 신문하다.

[피의자의 병역, 학력, 가족관계, 재산 및 월수입, 건강상태 등(생략)]

문 피의자는 박고소, 황금성을 아는가요.

답 예. 박고소는 고향 후배로서 건설업자이고, 황금성은 대학 때부터 알던 친구로서 사채업자입니다.

문 피의자는 박고소를 대신하여 황금성으로부터 돈을 빌린 사실이 있나요.

답 예. 2009. 2. 1. 박고소가 제 집에 찾아와서는 "좋은 땅이 나왔는데 돈이 좀 부족하다. 형님 친구 중 사채업자가 있다고 들었는데 그에게 잘 이야기해서 6억 원만 빌려달라."라고 부탁을 하면서 6억 원짜리 차용증을 써 주었습니다. 그래서 제가 다음 날 황금성에게 전화를 해서 "건설업을 하는 박고소라는 고향 후배가 있는데 얼마까지 빌려줄 수 있느냐."라고 물어보니 황금성이 6억 원까지 가능하다고 해서 그 즉시 황금성에게 찾아가 "아까 전화로 말했던 박고소가 작성해 준 차용증을 가져왔으니 6억 원을 빌려달라."라고 하면서 차용증을 건네 주었고 잠시 후 황금성이 제 계좌로 선이자를 공제한 5억 5,000만 원을 송금해주었습니다.

이때 검사는 박고소 명의의 차용증을 제시하면서

문 얼핏 보기에도 차용증 금액란의 글씨체가 다른 것으로 보이는데 어떤가요.

답 (잠시 머뭇거리다가) 실은 그 부분은 제가 채워넣은 것입니다.

문 그런데 왜 박고소가 직접 차용증을 작성했다고 하였나요.

답 박고소가 제게 금액을 대신 적어달라고 부탁했기 때문에 박고소가 직접 작성한 것이나 다름없고 제가 멋대로 작성한 것이 아니라고 생각했기 때문입니다.

문 위와 같이 빌린 돈은 어떻게 하였나요.

답 그날 즉시 박고소에게 5억 5,000만 원 모두 송금해주었습니다.

이때 검사는 박고소가 제출한 금융거래내역을 제시하면서

문 박고소의 금융거래내역을 살펴보면 피의자로부터 3억 원을 받은 자료만 있는데 어떤가요.

답 (이때 피의자는 대답을 하지 못하다가) 오래 전 일이라 제가 착각을 한 것 같습니다. 지금 생각났는데 그날 황금성으로부터 송금받은 계좌에서 3억 원은 박고소의 계좌로 송금하고 2억 5,000만 원은 현금으로 찾아서 박고소에게 직접 건네 준 것이 확실합니다.

문 피의자는 등산용 칼을 지니고 박고소를 찾아가 협박한 사실이 있나요.

답 저는 억울합니다. 2009. 2. 3. 아침에 제가 등산을 하려고 청계산에 가던 중이었는데, 10:00경 박고소가 제게 전화를 해서 다짜고짜 왜 자신의 차용증을 변조했냐고 따져서 제가 너무 황당해서 즉시 방향을 돌려 11:00경 박고소의 집에 찾아가 "더 이상 엉뚱한 시비를 걸면 평생 불구로 살 수도 있다."라고 점잖게 타일렀을 뿐이고 협박까지 한 것은 아닙니다.

문 박고소의 말에 의하면, 피의자는 유도선수까지 한 건장한 체구이고 박고소는 왜소한 체격이어서 피의자의 말에 너무 겁이 났다고 하는데 어떤가요.

답 뭐 그럴 수도 있겠네요. 하지만 박고소의 몸이 부실한 것이 제 탓인가요.

문 등산용 칼은 왜 가져갔나요.

답 실은 그날 아침에 산행을 가려고 짐을 챙기다보니 등산용 배낭, 상의, 칼이 모두 너무 낡아서 이 참에 낡은 것들은 버리고 청계산 앞 단골 매장에서 새 것들로 구입하려고 위 등산용 칼을 상의로 몇 겹으로 싸서 배낭에 넣어 가지고 나왔던 것입니다. 그런데 중간에 위와 같은 박고소의 항의 전화를 받고 너무 화가 나서 저도 모르게 위 배낭을 등에 멘 채로 박고소를 찾아가 위와 같이 박고소에게 따끔하게 충고한 후 그 집을 나오다 집 앞에 놓인 쓰레기봉투들을 보니 버리려고 메고 나왔던 배낭이 생각나서 쓰레기봉투들 옆에 배낭을 버려두고 온 것입니다.

문 피의자는 무심코 등산용 칼을 가지고 갔다고 하지만 박고소를 협박할 당시 피의자가 위 칼을 지니고 있었던 것은 사실이지요.

답 (못마땅하다는 듯이) 예. 그건 사실입니다.

문 피의자는 김갑동에게 건축허가 건과 관련하여 100만 원을 준 사실이 있나요.

답 예. 2014. 5. 8. 19:00경 서울 서초구 서초대로 130(서초구청 맞은 편)에 있는 '란' 커피숍에서 김갑동에게 서울 서초구 방배로 240에 건축할 요양병원 건축허가 절차를 신속히 처리해달라고 부탁하면서 100만 원을 준 사실이 있습니다.

검사는 경찰에서 압수한 피의자 작성의 수첩을 제시하면서

문 이것은 피의자가 작성한 수첩이 맞나요.

답 예.

문 이 수첩 3면에 보면, "2014. 5. 8. 100만 원, 란"이라는 숫자가 기재되어 있는데 이것은 그날 사용한 돈의 액수를 나타내는 것인가요.

답 서초구청 맞은 편 '란' 커피숍에서 김갑동에게 100만 원을 주었다는 내용을 쓴 것입니다.

문 왜 100만 원을 주었나요.

답 요양병원 건축허가 절차를 신속히 처리해달라는 명목이었습니다.

문 피의자는 그 외에도 김갑동에게 뇌물을 주었나요.

답 예. 지금 생각해보니 2014. 5. 9. 09:00경 위 커피숍 앞에서 위와 같은 명목으로 2,900만 원을 더 주었습니다.

문 그 경위를 진술하시오.

답 제가 5. 9. 09:00경 위 커피숍 앞에서 출근하는 김갑동을 기다렸다가 만나서 5만 원권 현금 2,900만 원을 쇼핑백에 넣어 전달하였습니다.

문 피의자는 위 건축허가 건과 관련하여 김갑동을 찾아가 소란을 피운 사실이 있나요.

답 예. 김갑동이 위 돈을 받고도 제 부탁을 들어주지 않아 2014. 7. 30. 10:00경 서초구청 건축계 사무실로 김갑동을 찾아가 직원 10여 명이 들을 수 있게 "이 나쁜 새끼, 거짓말쟁이"라고 크게 말한 적이 있습니다.

문 박고소, 김갑동과 관련된 금융거래내역을 제출할 수 있나요.

답 예. 김갑동과 관련된 것은 다른 것은 없고 제가 그 돈을 저의 계좌에서 2014. 5. 7. 인출하였다는 사실을 나타내는 거래내역은 조만간 제출하도록 하겠습니다. 박고소와 관련된 금융거래내역도 같이 제출하겠습니다.

문 조서에 진술한 대로 기재되지 아니하였거나 사실과 다른 부분이 있는가요.

답 **없습니다.**

위의 조서를 진술자에게 열람하게 하였던바, 진술한 대로 오기나 증감·변경할 것이 전혀 없다고 말하므로 간인한 후 서명무인하게 하다.

진술자 **이 을 남** (무인)

2014. 9. 17.

서울중앙지방검찰청

검 사 **구 영 재** ㊞

검찰주사 **전 주 사** ㊞

피의자신문조서

성　　　　명 : 김갑동
주민등록번호 : (생략)

위의 사람에 대한 특정범죄가중처벌등에관한법률위반(뇌물) 피의사건에 관하여 2014. 9. 18. 서울중앙지방검찰청 901호 검사실에서 검사 구영재는 검찰주사 전주사를 참여하게 한 후, 아래와 같이 피의자임에 틀림없음을 확인하다.
주민등록번호, 직업, 주거, 등록기준지, 직장주소, 연락처는 각각 (생략)

검사는 피의사실의 요지를 설명하고 검사의 신문에 대하여 「형사소송법」 제244조의3에 따라 진술을 거부할 수 있는 권리 및 변호인의 참여 등 조력을 받을 권리가 있음을 피의자에게 알려주고 이를 행사할 것인지 그 의사를 확인하다.

진술거부권 및 변호인 조력권 고지 등 확인

1. 귀하는 일체의 진술을 하지 아니하거나 개개의 질문에 대하여 진술을 하지 아니할 수 있습니다.
2. 귀하가 진술을 하지 아니하더라도 불이익을 받지 아니합니다.
3. 귀하가 진술을 거부할 권리를 포기하고 행한 진술은 법정에서 유죄의 증거로 사용될 수 있습니다.
4. 귀하가 신문을 받을 때에는 변호인을 참여하게 하는 등 변호인의 조력을 받을 수 있습니다.

문　피의자는 위와 같은 권리들이 있음을 고지받았는가요.
답　예. 고지받았습니다.
문　피의자는 진술거부권을 행사할 것인가요.
답　아닙니다.
문　피의자는 변호인의 조력을 받을 권리를 행사할 것인가요.
답　아닙니다. 혼자서 조사를 받겠습니다.

이에 검사는 피의사실에 관하여 다음과 같이 피의자를 신문하다.
[피의자의 병역, 학력, 가족관계, 재산 및 월수입, 건강상태 등(생략)]

문 피의자는 서초구청에서 무슨 일을 하나요.
답 2011. 3.부터 현재까지 서초구청 건축계장으로서 건축허가 등 건축관련 업무를 맡고 있습니다.
문 피의자는 직무와 관련하여 이을남으로부터 돈을 받은 사실이 있나요.
답 아니오. 일체의 돈을 받은 사실이 없습니다.
문 피의자는 서초구청 맞은 편에 있는 '란' 커피숍에서 이을남을 만난 사실은 있지요.
답 위 커피숍에서 이을남을 만난 사실도 없습니다.
문 그럼 다른 장소에서 이을남을 만난 사실도 없나요.
답 제가 근무하는 서초구청 사무실에 찾아왔을 때는 만났지만 사무실 바깥에서 따로 만난 사실은 없습니다.
문 피의자는 경찰에서는 '란' 커피숍에서 이을남을 만난 사실을 인정하지 않았나요.
답 제가 '란' 커피숍에 가끔씩 들른 적이 있었고, 이을남을 저희 사무실에서 민원 관계로 가끔씩 본 사실이 있는데, 갑자기 경찰관이 신문하자 경황이 없어서 혼동한 것입니다. 사실은 사무실 바깥에서 만난 적이 없습니다.
문 피의자가 '란' 커피숍에서 이을남을 만난 사실이 있다면 뇌물을 받은 사실이 밝혀질 것 같아서 이을남을 만난 사실 자체를 부인하는 것은 아닌가요.
답 아닙니다.
문 이을남은 2014. 5. 8. 100만 원, 그 다음 날 2,900만 원을 피의자에게 주었다고 하는데 어떤가요.
답 전혀 그런 사실이 없습니다.
문 조서에 진술한 대로 기재되지 아니하였거나 사실과 다른 부분이 있는가요.
답 없습니다.

위의 조서를 진술자에게 열람하게 하였던바, 진술한 대로 오기나 증감·변경할 것이 전혀 없다고 말하므로 간인한 후 서명무인하게 하다.

진술자 김 갑 동 (무인)

2014. 9. 18.

서울중앙지방검찰청
검 사 구 영 재 ㊞
검찰주사 전 주 사 ㊞

서울중앙지방검찰청

주임검사
㊞

수신　　검사 구영재
제목　　수사보고(피의자 이을남 금융거래내역 제출)

위 사건에 관하여 피의자 이을남이 자신의 금융거래내역을 제출하였기에 보고합니다.

첨부 : 금융거래내역. 끝.

2014. 10. 8.

위 보고자 검찰주사 **전 주 사** ㊞

계좌개설인 인적사항

계좌번호 : (생략)　　　　개설점 : 신안은행 법조타운지점
개 설 일 : (생략)
성　　명 : 이을남 (기타 인적사항 생략)

거 래 내 역 서

조회기간(2009. 2. 1. - 2009. 2. 7.)

거래일시	출금	내용	입금	내용	잔액
2009-02-01			1,000,000	대박피라미드	15,000,000
	5,000,000	대박피라미드			10,000,000
2009-02-02			550,000,000	황금성	560,000,000
	300,000,000	박고소			260,000,000
2009-02-05	10,000,000	대박피라미드			250,000,000
2009-02-07	10,000,000	대박피라미드			240,000,000

조회기간(2014. 5. 4. - 2014. 5. 10.)

거래일시	출금	내용	입금	내용	잔액
2014-05-07	30,000,000				100,000

서 울 서 초 경 찰 서

주임검사
㉑

수신 검사 구영재
제목 조은숙에 대한 소재수사 보고

1. 서울중앙지방검찰청 검사 구영재의 2014. 10. 13. 유선 지휘 내용

○ 서울서초경찰서에서 송치한 서울중앙지방검찰청 2014형제99999호 피의자 김갑동에 대한 특정범죄가중처벌등에관한법률위반(뇌물) 등 피의사건과 관련임

○ 서울중앙지방검찰청에서 위 사건의 보완수사를 위하여 주요 참고인인 조은숙에게 서울중앙지방검찰청 901호 검사실로 2014. 10. 13. 10:00에 출석하라는 출석요구서를 발송하였으나, 수취인 부재로 반송되었고, 경찰 진술서에 기재된 조은숙의 휴대전화(010-****-****)는 계속 전원이 꺼져 있어 소재 파악이 어려우므로 2014. 10. 13. 서울서초경찰서에 위 조은숙에 대한 소재수사를 지휘함

2. 위 조은숙에 대한 소재수사 보고

○ 2014. 10. 15. 3회에 걸쳐 위 조은숙의 휴대전화로 연락한바, 역시 전원이 꺼져 있으므로 10. 16. 10:00 직접 위 조은숙의 주거지에 임하여 소재 확인하였음

○ 위 조은숙 주거지에는 현재 조은숙의 노모 이영란(82세)만 기거하고 있는바, 이영란의 진술에 의하면 조은숙은 2014. 10. 12. 재미교포인 딸 박순덕 방문차 미국 뉴욕 시로 출국하였고, 두 달 정도 머물다가 귀국하겠다고 하였으나 자신은 나이가 많아 정확한 연락처나 귀국일은 잘 모르겠다고 하므로, 출입국 사실을 조회한바, 위 조은숙이 2014. 10. 12. 출국하여 귀국하지 않은 사실을 확인하였으므로 보고합니다. 끝.

2014. 10. 17.

서울서초경찰서
경위 권 장 기 (인)

고 소 장

고 소 인　김 갑 동
인적사항(생략)

피고소인　이 을 남
인적사항(생략)

죄　　명　모욕

피고소인은 2014. 7. 30. 10:00경 서울 서초구 서초구청 건축계 사무실에서 그 곳 사무실 직원 10여 명이 듣고 있는 가운데 고소인에게 "이 나쁜 새끼, 거짓말쟁이"라고 소리침으로써 공연히 피해자를 모욕하였습니다.

피고소인을 조사하여 죄가 인정되면 엄중하게 처벌해 주시기 바랍니다.

2014. 12. 18.

고소인 김 갑 동 ㊞

기타 법원에 제출되어 있는 증거들

※ 편의상 다음 증거서류의 내용을 생략하였으나, 법원에 증거로 적법하게 제출되어 있음을 유의하여 변론할 것.

○ **수첩**

– 3면에 "*2014. 5. 8. 100만 원, 갑*"이라고 기재되어 있음

○ **금융거래내역(박고소 고소장 첨부)**

– 황금성이 2009. 2. 2. 이을남 계좌로 5억 5,000만 원 송금

– 이을남이 2009. 2. 2. 박고소 계좌로 3억 원 송금

○ **피고인들에 대한 각 조회회보서**

– 김갑동 : 전과 없음

– 이을남 : 2014. 9. 5. 부산지방법원 도박죄 벌금 100만 원

모범문안

〔제 1 문〕

변론요지서

Ⅰ. 피고인 김공복의 특정범죄가중처벌등에관한법률위반 (뇌물수수)

1. 증거능력 판단

사법경찰관이 작성한 이영일의 피의자신문조서 내용 중 "김공복에게 돈을 주었으며 김공복에게서 감사인사 전화를 받았다"는 진술부분은 피고인 김공복이 내용부인하므로 증거능력이 없습니다(형사소송법 제312조 3항, 내용인정의 주체에 관한 당해피고인 내용인정설, 판례의 입장).

사법경찰관 앞에서 작성한 이영일의 진술서도 형사소송법 제312조 5항, 3항에 의하여 피고인 김공복이 내용부인하므로 역시 증거능력이 없습니다.

사법경찰관이 작성한 최비서의 진술조서는 형사소송법 제312조 4항의 전문증거이지만 원진술자가 법정에 출석할 수 없는 경우이므로 형사소송법 제314조에 따라 증거능력을 판단하여야 하는 바, 동조의 요건 중 진술불능의 요건은 충족된다고 하더라도,[1] 특신상태 요건은 이 사건의 논리적 구조가 최비서가 금원 전달사실을 부인한다면 최비서 자신이 뇌물금품을 착복한 것이 되어 이에 대한 법적책임을 지게 되는 구조이므로 최비서의 진술(원진술)의 특신상태를 인정하는 데는 극히 신중하여야 할 것입니다.[2]

---

1) 제314조의 진술불능의 요건 중 소재불명은 단순한 소환장 송달불능만으로는 충분하지 않고 소재수사를 통해서도 소재가 확인되지 않는 경우에 충족된다(대법원 2003도171 판결). 사안은 검사가 소재확인수사를 해보았으나 해외로 출국한 상태이므로(제2회 공판조서) 소재불명이라고 볼 수 있다.

2) 최비서의 착복행위가 인정되어도 이 사건 돈 5,000만 원은 불법원인급여물이므로 횡령죄는 성립하지 않지만 뇌물금품 몰수 또는 추징의 처분을 받게 된다

강민완의 증언은 형사소송법 제316조 2항의 전문진술인데, 원진술(최비서의 진술)의 특신상태를 살펴보면, 위와 같이 최비서가 금원 전달사실을 부인하면 자신이 횡령죄의 형사책임을 지게 되는 구조인데다가, 강민완이 언론기자로서 "(공무원에게 돈을 준 사실을) 다 알고 왔다"는 식으로 대답을 유도하는 취재방식에 응하여 한 진술이므로 더더욱 특신상태를 인정하기 어렵습니다.

2. 증명력 판단

(1) 증거능력이 인정되는 검사 측 자료를 종합하더라도 요증사실을 인정하기에는 턱없이 부족하며, 오히려 최비서가 이 사건 금품을 횡령했을 가능성이 충분히 있습니다(이른바 배달사고).

1) 이영일의 진술

검사 작성의 이영일에 대한 피의자신문조서[3]와 법정진술[4] 내용을 전부 사실로 인정한다고 하더라도, 그 진술 내용은 최비서가 피고인 김공복에게 돈을 전달하는 최종과정에 대한 것은 아니어서 최비서가 돈이 든 쇼핑백을 들고 국토해양부 청사 안으로 들어간 후 다시 차로 돌아올 때까지 어떤 일이 있었는지는 여전히 불분명할 뿐입니다.

감사인사 전화 여부[5] – 또 이영일은 일주일이 지난 후 피고인에게서

(형법 제134조). 증뢰물전달죄(형법 제133조 2항)는 전달여부와 관계없이 성립한다.

3) 검사 작성의 이영일에 대한 피의자신문조서의 증거능력을 검토해본다면, 이 조서는 당해피고인(김공복)의 공소사실에 대해서는 형사소송법 제312조 4항의 전문증거인데, 적법한 절차와 방식, 실질적 진정성립, 반대신문 기회보장, 특신상태를 예외인정의 요건으로 한다. 사안에서 원진술의 특신상태에 대한 검사의 입증이 없다고 주장하며 증거능력을 다툴 수도 있다. 그러나 특신상태에 대하여는 다양한 견해들이 있고 특신상태를 의심할 만한 사정이 없는데도 여기에 집중하는 것은 성공 확률이 높지 않으므로 변론에서는 그 증거능력이 인정되는 것으로 가정하여 증명력 다툼을 충분히 해야 한다.

4) 이영일의 법정진술의 증거능력을 검토해본다면, 이영일은 당해피고인(김공복)에 대하여 공범인 공동피고인인바, 법정에서 당해피고인에게 반대신문권을 보장하는 것을 조건으로 증거능력이 있으므로 (변호인이 반대신문권을 행사하였음. 공판 기록 20면) 이 또한 증명력 다툼을 충분히 해야 한다.

5) 이영일의 법정진술 중 피고인 김공복의 전화통화 내용을 전하는 부분은 전문

감사인사 전화를 받았다고 진술하지만, 피고인은 "선배님께서 보낸 사람을 만났습니다. 선배님 회사는 건설 실적이 충분하니까 잘될 겁니다."라고 한 것일 뿐 감사인사를 한 것은 아닙니다. 이영일이 이 전화를 감사인사 전화라고 생각한 것은 최비서가 피고인 김공복에게 자신의 돈을 정상적으로 전달한 것으로 오해하였기 때문입니다.

2) 최비서의 진술조서

가. 최비서의 진술조서의 증거능력이 인정된다고 가정하더라도 그 증명력(진술내용의 신빙성)에는 다음과 같은 강한 의문이 제기됩니다.[6]

나. 착복이 가능한 객관적 상황

최비서가 이 사건 현금을 횡령하고자 마음먹으면 얼마든지 실행할 수 있는 상황입니다. 즉, 최비서가 현금은 자신의 호주머니에 넣고 쇼핑백은 쓰레기통에 버렸을 가능성이 있습니다. 최비서는 평범한 남성정장을 입었는데 남성 정장 상의에는 바깥쪽, 안쪽 호주머니 4개, 바지 호주머니 앞뒤 모두 4개, 모두 8개의 호주머니가 있습니다. 이 사건 현금의 부피는 두께 10센티미터 정도이므로 호주머니에 나누어 넣으면 얼마든지 눈에 띄지 않게 넣을 수 있습니다. 또 조영희의 증언에 의하면, 최비서가 화장실에 들러 쇼핑백을 쓰레기통에 버릴 수 있습니다.

다. 최비서의 퇴직

이 사건 다음날 최비서가 전혀 사전예고를 하지 않고 급작스럽게 퇴직하였으며, 사장인 이영일에게는 다른 직장을 구했다고 말했지만 경찰서에서 조사받은 5. 28.까지도 무직상태였습니다(수사기록 37면, 42면). 이 부분은 최비서가 사장의 돈을 착복한 후 양심의 가책을 느껴 퇴직한 것으로 볼 만한 정황입니다.

진술이다(제316조 1항). 이 전문증거는 특신상태를 예외인정의 요건으로 하는데, 피고인 김공복이 이영일에게 자발적으로 전화를 걸어서 한 말이며, 대화상대방인 이영일이 김공복의 진술을 유도한 흔적도 없으므로 특신상태는 인정된다고 보아야 한다.

6) 진술의 증명력은 진술의 신빙성(진술이 진실일 가능성)과 협의의 증명력(진술이 진실일 때 요증사실을 추인하는 힘)으로 구성되는데, 최비서의 진술의 증명력은 전자가 문제된다. 이에 비하여 이영일의 진술의 증명력은 후자가 문제된다.

3) 강민완의 증언

강민완의 증언의 증거능력이 인정된다고 가정하더라도 이 증언은 최비서의 진술에 전적으로 의존한 것으로 독자적인 증거가치(증명력)를 갖기 어렵습니다. 즉, 최비서의 진술에 증명력을 인정하기 어렵다면 강민완의 증언도 마찬가지가 됩니다.

4) 이영일의 수첩 사본[7)]

이영일의 수첩 사본에 기재된 "국토해양부 5,000만 원"의 의미가 "국토해양부의 김공복에게 전달할 명목으로 최비서에게 5,000만 원을 주었다."는 것에 불과하므로, 최비서가 그 돈을 김공복에게 전달하였는지 여부가 쟁점인 이 사건에서는 이영일의 진술의 증명력을 넘어서지 못하여 별다른 의미가 없습니다.

5) 조영희의 증언

조영희는 최비서가 피고인 김공복을 방문하러 온 날, 최비서의 복장(검정색 신사복 정장)에 대하여는 정확하게 기억하고 있으면서도 손에 쇼핑백을 든 것은 기억나지 않는다고 증언하고 있습니다. 이 증언은 최비서가 피고인 김공복의 집무실에 들어갈 때 손에 쇼핑백을 들지 않았다는 유력한 반증입니다.

(2) 소 결

형사재판에 있어서 유죄의 증거는 단지 우월한 증명력을 가진 정도로서는 부족하고, 법관으로 하여금 합리적인 의심을 할 여지가 없을 정도의 확신을 생기게 할 수 있는 증명력을 가진 것이어야 하는데(대법원 판례), 이 사건은 유죄의 증거가 부족할 뿐 아니라 오히려 제3자(최비서)에 의한 배달사고의 의심이 강하게 대두되는 사건이므로 무죄가 선고되어야 합니다.

---

7) 수첩 사본을 진술증거로 보면 진술서(제313조 1항 본문)에 해당하는데 작성자(이영일)의 자필로 작성한 것이며 작성자가 진정성립을 인정하므로 증거능력이 있다.

Ⅱ. 피고인 박운전

1. 사기의 점

(1) 정수도의 진술조서의 증거능력

정수도의 진술조서의 증거능력에 대하여, 정수도가 법정에 출석한 바 없어서 실질적 진정성립 인정, 반대신문 기회보장의 요건이 충족되지 않아 증거능력이 없습니다(형사소송법 제312조 4항).

(2) 차용금 사기와 민사상 채무불이행

차용금의 편취에 의한 사기죄의 성립 여부는 차용 당시를 기준으로 하여야 하므로, 피고인이 차용 당시에는 변제할 의사와 능력이 있었다면 그 후에 차용금을 변제하지 못하였다고 하더라도 이는 단순한 민사상의 채무불이행에 불과할 뿐 형사상 사기죄가 성립한다고 할 수 없습니다(대법원 95도303 판결).

피고인은 정수도로부터 돈을 차용할 때, 관광버스 운행 수입이 월 400만 원 정도라고 알고 있었고 시내버스와 달리 비수기가 있다는 점도 알지 못했습니다(윤운전의 증언). 피고인은 당초 알고 있던 것과 달리 관광버스 월수입이 300만 원 정도이며 겨울철 비수기마저 있으며, 이 기록에 나타나는 교통사고로 2,000만 원의 손해배상을 하게 되어 결국 파산선고를 받기에 이르렀습니다. 그러므로, 피고인은 이 사건 차용 당시 변제의 의사와 능력이 없었다고 단정하기 어렵습니다.

(3) 파산선고를 받은 경우

한편, 개인파산이나 면책제도를 통하여 면책을 받은 채무자에 대하여, 차용금에 대한 사기죄를 인정하는 것은 그로 인한 손해배상채무가 면책대상에서 제외되어 경제적 회생을 도모하려는 채무자의 의지를 꺾는 결과가 될 수 있다는 점을 감안하여 보다 신중한 판단을 요한다(대법원 2007도8549 판결)는 점을 함께 고려하면 피고인의 사기의 점은 더더욱 무죄라고 보아야 합니다.[7]

---

7) 문제의 사실관계는 대법원 2007도10770 판례의 것과 유사함.

2. 교통사고처리특례법위반의 점

(1) 한예슬의 진술조서의 증거능력

한예슬의 진술조서의 증거능력에 대하여, 한예슬이 법정에 출석한 바 없어서 실질적 진정성립 인정, 반대신문 기회보장의 요건이 충족되지 않아 증거능력이 없습니다(형사소송법 제312조 4항).

(2) 중앙선침범사고인지 여부

피고인과 피해자의 일치된 진술, 교통사고 실황조사서 기재에 의하면, 이 사건 교통사고에 대하여 피고인은 차량 앞바퀴 부분이 중앙선 위를 걸친 상태로 진행한 과실이 있으나 피해자 한예슬의 차량은 반대방향에서 중앙선을 완전히 넘어 들어와 충돌하였습니다. 그러므로 가사 피고인이 중앙선을 침범하지 않고 운전하였더라도 정면충돌사고는 피할 수 없었을 것이므로 피고인의 중앙선침범 과실과 사고(결과) 사이에 인과관계와 객관적 귀속이 부정된다고 보아야 합니다(적법한 대체행위 이론, 주의의무위반관련성). 그러므로 이 사건 교통사고는 교통사고처리특례법 제3조 2항 단서 2호의 중앙선침범사고에 해당하지 않습니다.

(3) 공소기각 사유

피고인의 차량은 자동차공제조합에 가입되어 있으므로 교통사고처리특례법 제3조 2항 본문, 제4조 1항 본문에 의하여 공소기각 판결 사유에 해당합니다.[8)]

3. 특수절도미수의 점(주위적 죄명)

형법 제331조 2항의 흉기휴대 절도에서 흉기의 개념에 관하여, 총이나 칼과 같이 사람을 살상하기 위해 만들어진 물건으로 해석하는 견해(협의)와 '위험한 물건'과 같은 의미로 해석하는 견해(광의, 통설, 판례)가 있으

---

8) 이 교통사고에 대하여 피고인의 과실이 전무하다고 보면 피고인은 무죄가 될 것이다. 그러나 교통사고의 경우에 어떤 조그마한 과실조차도 없다고 단정하기 어려운 것이 보통이므로(가령, 전방주시 태만 과실) 사고차량이 보험에 가입되어 있는 사건은 무혐의 · 무죄로 판단하지 않고 공소권 없음 · 공소기각의 사유로 판단한다. 이것은 형사소송법상 형식 판단(소송요건 판단)이 실체 판단(유 · 무죄 판단)보다 선행하기 때문이다.

며 후자의 견해가 타당합니다.

한편, 흉기(또는 위험한 물건)는 물건의 성질에 따라 객관적으로 판단해야 하는데, 이 사건의 장난감 권총은 피해자가 진짜 권총으로 오인한다고 하더라도 그 물건의 객관적 성질이 변하는 것은 아니므로 흉기(또는 위험한 물건)라고 할 수 없습니다. 그러므로 피고인의 행위는 특수절도미수의 구성요건에 해당하지 않습니다.

4. 절도미수의 점(예비적 죄명)

(1) 실행의 착수

실행의 착수에 관한 주관적 객관설(또는 개별적 객관설)에 따르면 행위자의 범행계획을 고려하여 법익침해에 밀접한 행위가 있을 때 실행의 착수가 인정됩니다(통설, 판례). 이 견해를 이 사건에 적용하면, 피고인이 피해자의 집 안방에 들어가 훔칠 물건을 물색하는 단계에 이르렀을 때 실행의 착수가 있다고 보아야 합니다(물색설).

(2) 이 사건의 경우

피고인은 수사과정과 이 법정에서 피해자의 집 부엌에 이르렀을 때, 옥상에서 누군가 내려오는 발자국 소리를 듣고 급히 도망쳤다고 일관되게 진술하고 있습니다. 이에 대하여 피해자 박정현은 자신이 옥상에 머무른 20분 정도의 시간이면 피고인이 안방에까지 들어갈 수 있는 충분한 시간이 된다고 진술하나 이는 피고인이 피해자가 옥상으로 올라가는 것을 지켜보고 있다가 즉시 침입한 예외적인 경우에만 성립할 수 있는 논리에 불과합니다. 또 안방 쪽에서 인기척이 들렸다는 진술은 안방침입의 자료로 삼기에는 불명확하며, 오히려 피해자는 이 법정에서 사건 후 부엌에서 안방으로 통하는 문이 닫혀 있었으며 방안에 사람이 들어왔던 흔적은 없었다고 진술함으로써 피고인의 변소를 뒷받침하고 있습니다.

그러므로 피고인은 피해자의 집 부엌에까지 침입했다가 도망한 것이어서 절도죄의 실행의 착수가 없으므로 무죄를 선고해주시기 바랍니다.[9]

-끝-

---

9) 주거침입죄는 검사가 기소하지 않았음.

〔제 2 문〕 변론요지서

I. 피고인들의 성폭력범죄의처벌등에관한특례법위반의 점

1. 주위적 공소사실

(1) 합동범의 객관적 요건인 실행행위의 분담 인정 여부

특수강간죄는 합동범이므로 이를 인정하려면 객관적 요건인 현장에서의 실행행위의 분담(시간적, 장소적 접속성)이 인정되어야 합니다. 그런데, 증인 박철형의 증언에 의하면, 피고인 이영광이 있었던 벤치는 범행현장과 100m 이상 떨어져 있는 곳이고, 직접 범행현장을 볼 수도 없는 지점이므로 피고인들의 실행행위의 분담을 인정할 수 없습니다. 이와 내용이 다소 다른, 피고인들에 대한 검찰, 경찰의 피의자신문조서(수사기록 49쪽, 55쪽, 58쪽)는 뒤에서 보는 바와 같이 증거능력이 없고, 달리 피고인 이영광이 망을 보았다는 사실을 인정할 증거가 없습니다.

(2) 합동범의 주관적 요건인 공모 인정 여부

뒤에서 보는 바와 같이 강간에 대한 공모는 인정되지 않습니다.

(3) 소결론

따라서 피고인들의 행위는 합동성을 인정할 수 없어서 무죄입니다.

2. 예비적 공소사실

(1) 피고인들의 강간 공모 인정 여부

1) 증거능력이 없는 증거

피고인들의 검찰 피의자신문조서가 각각 자신의 범행에 대하여 증거능력이 있는지 살펴보면, 피고인들이 진정성립을 부인하고 이에 대하여 검사가 그 진정성립이나 특신상태를 증명한 바 없으므로 증거능력이 없고(형사소송법 제312조 2항), 이들 피의자신문조서가 각각 상피고인에 대하여

증거능력이 있는지 살펴보면, 원진술자의 공판정 진술이나 영상녹화물 등 객관적 방법에 의하여 진정성립이 증명된 바 없으므로 역시 증거능력이 없습니다(동조 4항).

피고인 황명철에 대한 경찰의 피의자신문조서는 피고인 황명철이 내용부인하였고, 피고인 이영광도 내용부인의 취지로 부동의하여 증거능력이 없습니다.

피고인 이영광에 대한 경찰의 피의자신문조서는 피고인 이영광이 내용부인하였고, 피고인 황명철도 내용부인의 취지로 부동의하여 증거능력이 없습니다.

증인 윤지숙의 법정진술 중 "이영광이 황명철에게 '윤지숙이 그년이 나와 끝내 헤어지려고 하니 못된 년이다. 남자 무서운 것을 알도록 남자에게 한 번 당해보아야 한다. 네가 알아서 하라.'고 말했다"는 진술 부분은, 피고인 아닌 윤지숙이 피고인인 황명철의 진술을 내용으로 하는 진술(전문진술)로서, 피고인 황명철에 대하여는 형사소송법 제316조 1항에 의하여, 피고인 이영광에 대하여는 동조 제2항에 의하여 증거능력 유무가 판단되어야 합니다. 생각건대, 이 전문진술은 원진술의 특신상태가 증명되지 않았거나(동조 1항), 원진술자(피고인 황명철)가 법정에 출석하여 진술할 수 있는 상황이므로(동조 2항) 각 증거능력이 없습니다.

2) 증명력 판단

가사 백보 양보하여 위에서 열거한 증거들 중 일부가 증거능력이 있다고 가정하면, 공모에 관한 증거자료의 최대한은 위 윤지숙의 증언내용이 될 것인데, 윤지숙의 증언내용을 그대로 인정하더라도 피고인 이영광이 피고인 황명철에게 했다는 말(남자 무서운 것을 알도록 남자에게 한 번 당해보아야 한다. 네가 알아서 해라)은 남성의 완력을 사용한 폭력행위를 의미하는 것으로 볼 수 있을지언정 강간범행을 의미한다고는 볼 수 없습니다.

나아가, 피고인 이영광이 '윤지숙을 혼내주어야 한다'고 말한 사실만으로는 공모사실을 인정하기에 부족하고, 윤지숙이 경찰진술조서 및 고소장에서 피고인들이 강간범행을 공모하였다고 한 진술은 추측에 불과하여 이 진술로써 공모사실을 인정할 수 없습니다.

(2) 주거침입 부분

1) 이 사건 범행 장소의 주거 해당 여부

증인 박철형의 법정진술에 의하면, 이 사건 범행 장소는 출입문이나 담장이 설치되어 있지 않고, 인근주민이 자유로이 통행하는 곳이므로 주거침입죄에서 침입행위의 객체인 건조물에 포함되는 위요지에 해당하지 않습니다.

2) 주거침입의 고의 유무

피고인 황명철의 법정진술, 증인 윤지숙의 법정진술, 경찰 피의자신문조서에 의하면 피고인 황명철은 피해자에게 피고인 이영광과 헤어졌는지를 확인하고, 호감을 얻기 위하여 호성빌라 공터로 들어갔고, 호성빌라 공터에 간 뒤에 비로소 강간의 범의를 일으켰으므로 주관적으로도 주거침입의 고의가 있다고 보기 어렵습니다.

(3) 피고인 황명철의 중지미수 여부

중지미수의 자의성 판단기준으로는 내부적 동기이면 자의성을 인정하는 객관설, 윤리적 동기일 것을 요구하는 주관설, 실행행위의 가능성 유무로 판단하는 프랑크의 공식, 자율적 동기를 요구하는 절충설의 견해대립이 있는데 객관과 주관 양 측면을 고려한 절충설이 타당합니다.

피고인 황명철의 법정진술, 증인 윤지숙, 박철형의 증언에 의하면, 피해자가 기지를 발휘하여 위기를 모면한 측면이 있지만, 동시에 피고인 황명철로서도 사회관념상 범죄수행에 장애사유가 없는데도 자율적으로 중지한 점이 인정되므로 자의성을 인정할 수 있습니다(대법원 1993. 10. 12. 선고 93도1851 판결도 같은 취지임).

(4) 소결론

따라서 피고인 황명철은 강간죄의 중지미수의 죄책을 질뿐이고, 피고인 이영광은 무죄입니다.

Ⅱ. 피고인 황명철

1. 횡령의 점

(1) 친족상도례 적용 여부

피고인의 법정진술, 경찰 작성의 피해자 황허당의 피의자신문조서에 의하면, 피고인과 피해자는 동거하지 않는 8촌 사이로 친족상도례가 적용되어 횡령사건은 친고죄에 해당합니다.

(2) 적법한 고소가 있었는지 여부

고소는 범인을 안 날로부터 6개월 이내에 제기해야 합니다. 이 사건 횡령 범행은 피고인이 피해자로부터 명의신탁 받은 이 사건 토지에 근저당권설정등기를 경료한 것으로, 피해자가 근저당권설정등기의 경료사실을 안 때가 범인을 안 날에 해당합니다. 피해자가 경찰에 제출한 등기부등본에 의하면, 피해자는 2010. 10. 18. 등기부등본을 발급받아 피고인의 횡령사실을 알았다고 봄이 상당합니다.

또한, 피해자가 수사기관에서 범죄사실을 진술하고 처벌을 원하는 의사를 표시한 것도 고소에 해당하므로, 피해자가 피고인을 고소한 시기는 수사기관에서 범죄사실을 진술하고 처벌을 원한 시기인 2011. 5. 28. 입니다. 그런데, 이때는 범인을 안 날로부터 6개월이 경과하였음이 역수(曆數)상 명백하므로, 위 고소는 적법하지 않습니다.

따라서, 횡령죄에 대하여 형사소송법 제327조 2호에 의하여 공소기각 판결을 해야 합니다.

2. 절도의 점

(1) 피고인 황명철은 법정에서 절도 범행을 자백하고 있으므로, 보강증거가 있어야 이를 유죄로 인정할 수 있습니다(형사소송법 제310조).

(2) 보강증거 유무

다이아몬드 반지 압수조서 중 피고인이 절도범행을 자백하였다는 진술이 있으나 압수 당시 사법경찰관이 피고인에게 진술거부권을 고지했음을 인정할 만한 증거가 없으므로 이 자백은 위법수집증거로서 증거능력이 없습니다. 가사 이 자백이 위법수집증거가 아니라고 가정하더라도 자백을 보강하는 증거는 자백과는 다른 독립된 증거여야 하는데 위 압수조서의 진술부분은 피고인의 자백을 청취한 내용에 불과하므로 보강증거가 될 수 없습니다.

다이아몬드 반지 압수조서는 사법경찰관이 성폭력범죄의처벌등에관한특례법위반 혐의로 피고인 황명철을 긴급체포한 상태에서, 위와 같은 자백을 듣고 성폭력범죄와 관련성이 없는 절도죄의 장물인 다이아몬드 반지를 영장 없이 압수하였으므로, 이는 형사소송법 제217조 1항이 정한 영장주의의 예외가 아니어서 법적근거가 없는 무영장 압수이며, 또 위 위법수집증거(자백)의 제2차 증거이므로 역시 증거능력이 없습니다.[10]

피해자 황허당의 경찰 진술조서는 위법하게 수집한 피고인의 자백 및 위법한 압수에 기초하여 얻은 제2차 증거로서 역시 위법수집증거에 해당합니다.[11] 따라서 위 증거들을 유죄를 인정하는 증거로 사용할 수 없고, 달리 보강증거가 없으므로 절도죄에 대하여 무죄판결을 하여야 합니다. –끝–

---

10) 다이아몬드 반지는 압수되었으나(압수목록 참조) 검사가 증거로 제출하지 않았으므로(증거목록 참조) 압수조서에 대하여 증거배척을 하면 충분하다.

11) 이 부분 변론에 대하여는 검사가 독립된 비오염원의 예외(독립된 증거원의 예외)를 주장할 여지가 있다.

〔제 3 문〕

변론요지서

Ⅰ. 피고인 김강철, 이　혁의 강도상해의 점

1. 쟁　　점

이 부분 공소사실에 대하여, 피고인 김강철은 경찰, 검찰과 이 법정에서 일관하여, 절도를 공모한 사실은 있으나 강도를 공모한 사실은 없으며 상피고인 이　혁이 절도 범행과정에서 공모 내용을 초과하여 강도상해의 범죄를 실행하리라고는 전혀 예상하지 못했다는 취지로 주장하고 있습니다. 또 피고인 이　혁은 검찰과 이 법정에서 강도 공모를 부인하고 피해자의 집에서 각목을 들고 피해자에게 휘두른 사실이 없다고 주장하고 있습니다.

2. 검사 측 증거의 증거능력 판단

사법경찰관이 작성한 이　혁의 피의자신문조서는 강도를 공모한 사실과 각목을 휘두른 사실을 자백하는 내용이지만 피고인 이　혁이 이 법정에서 내용부인하므로 피고인들 모두에 대하여 증거능력이 없습니다(형사소송법 제312조 3항).

사법경찰관이 작성한 현장검증조서 중 피고인 이　혁이 피해자 최찬경을 향하여 각목을 휘두르는 사진이 있지만(수사기록 제44쪽), 이 사진은 피고인 이　혁이 사법경찰관 앞에서 피의자신문을 받으면서 자백한 내용에 따라 범행을 재연한 것에 불과하므로 증거능력 판단에 있어서 검증조서와 일체로 판단할 것이 아니라 그 피의자신문조서와 같이 판단해야 할 것인데(대법원판례도 같음), 역시 피고인이 이 법정에서 내용부인하므로 증거능력이 없습니다(형사소송법 제312조 3항).

증인 김태희의 진술 중 최찬경이 증인에게 “강도가 각목으로 내리쳐 손바닥을 다쳤다"고 말하였다는 진술 부분은 전문진술(제316조 2항)인데, 원진술자인 최찬경이 공판정에 출석한 경우이므로 필요성(원진술자의 소재불명 등) 요건이 불비하여 증거능력이 없습니다.

의사 허 준이 작성한 진단서 중 "강도에게 각목으로 맞아 상처를 입었다고 함"이라고 기재된 부분은 피고인 아닌 자의 진술을 내용으로 하는 피고인 아닌 자의 진술로서 전문진술(형사소송법 제316조 2항의 형태)이며, 이 전문진술이 진술서(의사의 진단서는 형사소송법 제313조 1항의 진술서에 해당함)에 기재되어 법정에 제출된 경우이므로 재전문입니다. 이런 유형의 재전문은 '전문진술이 기재된 서면'으로서 대법원 판례에 의하면 증거능력을 부여받을 가능성이 있는 유형이지만, 그 요건을 분석하면 원진술자인 최찬경이 공판정에 출석하여 진술한 경우이므로 제316조 2항의 요건 중 필요성의 요건(원진술자의 소재불명 등)이 불비하므로 증거능력이 없습니다.

3. 증명력 판단

(1) 증거능력이 인정되는 검사 측 자료를 종합하더라도 공소사실을 인정하기에는 턱없이 부족합니다.

(2) 강도 공모 여부

피고인들은 사건 당일 피해자 최찬경의 집이 빈집인 줄 알았습니다. 피고인 김강철은 회장 비서실에 근무하는 애인 김태희에게서 피해자 최찬경이 미국으로 출국하는 날짜를 알아내어 그 날 밤을 범행일자로 잡았다고 진술하고, 피고인 이 혁도 김강철로부터 같은 취지의 설명을 듣고 "편안하게 절도를 할 수 있을 줄 알았다"고 진술합니다. 증인 김태희도 피고인 김강철이 사건 며칠 전 회장의 휴가계획과 비행기 출발시각을 문의하였으며, 회장의 집에 경비원이나 가정부가 없다는 사실도 피고인 김강철에게 알려준 사실이 있다고 증언하여 위 피고인들의 진술에 부합합니다.

그렇다면 피고인들은 이른바 '빈집털이'를 모의한 것이며 빈집털이는 근본적으로 강도죄의 폭행·협박의 대상인 사람이 범행현장에 존재하지 않아 강도의 구성요건이 실현될 수 없는 범죄유형입니다. 그러므로 피고인들은 강도를 공모한 것이 아니라 특수절도를 공모했다고 보아야 합니다.

김태희의 증언 중 피고인 김강철이 "뜻밖에 일이 커져버렸다"고 말하면서 범행을 인정했다는 부분(제316조 1항의 전문진술)은 원진술의 특신상태를 인정할 수 있어서 증거능력을 인정할 수 있으나 이는 강도상해죄의 공소사실을 뒷받침하는 증거가 아니라 강도를 모의하지 않았다는 피고인들의 주장을 뒷받침하는 자료로 해석되어야 합니다.

(3) 피고인 이 혁이 각목으로 피해자 최찬경을 가격하였는지 여부

피해자 최찬경은 경찰에서 피고인 이 혁이 각목으로 내리쳐 자신이 머리를 맞지 않으려고 손으로 막다가 손바닥에 상처를 입었다고 진술하였으나, 이 법정에서 변호인의 반대신문에 대하여 피고인이 각목을 먼저 집어 들었는지, 그 각목으로 피해자를 내리치려고 했는지에 대하여는 "잘 기억이 나지 않으며", "피고인과 증인이 서로 각목을 뺏으려고 한참 동안 서로 잡아당긴 사실이 있으며 그 과정에서 손바닥이 찢어진 것 같다"고 증언한 바 있습니다. 이 법정 증언은 경찰에서의 진술에 비하여, 보다 심층적인 신문에 응한 것이며, 반대신문과정에서 이루어진 것이므로 한층 더 신빙성이 높다고 보아야 할 것입니다.

그러므로 피고인 이 혁이 절도행위가 발각된 후 먼저 피해자를 가격하기 위하여 각목을 집어 들었다고 볼 근거가 빈약하며, 오히려 피고인 이 혁이 피해자에게 붙잡히지 않기 위해 주먹으로 피해자의 얼굴을 때리자 피해자가 넘어졌다가 일어난 후 정원용 장비 보관창고에서 각목을 집어 들고 피고인 이 혁을 내리치려고 하자 이 혁이 맞지 않으려고 각목을 붙잡았고 이어서 서로 각목을 뺏기지 않으려고 잡아당기다가 피해자가 각목의 날카로운 부분에 의하여 손바닥 열상을 입은 것으로 보아야 합니다. 각목의 날카로운 부분은 이 법정에서(제2회 공판기일) 재판부가 확인한 바 있습니다.

4. 피고인들의 책임 범위[12)]

(1) 피고인 이 혁

피고인 이 혁이 특수절도 범행 후 체포를 면탈할 목적으로 주먹으

12) 이 부분 변론은 "피고인에 대하여 범죄가 성립하는 한도에서는 변호인이 이를 인정하는 변론을 하는 것이 바람직하다고 전제함."이라는 문제의 조건에 따른 것이다. 보통 변론에서 공소장의 구성요건적 사실이 인정되지 않으면 '무죄'

로 피해자의 얼굴을 때려 넘어지게 하였으므로 이는 반항을 억압할 정도의 폭행에 해당하여 준강도의 책임을 질 수 있습니다. 그러나 이 과정에서 발생한 피해자의 상해부분에 대하여는 형법상의 책임주의에 따라 고의가 인정되면 강도상해죄가, 과실(예견가능성)이 인정되면 결과적 가중범인 강도치상죄가 성립할 것입니다.

살피건대, 앞서 검토한 사실관계와 같이 피해자가 각목을 집어 들고 피고인 이 혁을 내리치려고 하자 이 혁이 맞지 않으려고 각목을 붙잡았고 이어서 서로 각목을 뺏기지 않으려고 잡아당기다가 피해자가 각목의 날카로운 부분에 의하여 손바닥 열상을 입은 것으로 보아야 하는데, 각목을 뺏는 과정에서 각목의 날카로운 부분에 의하여 손바닥 열상을 입는 것은 이례적인 일이므로 상해에 대한 고의나 예견가능성이 없다고 보아야 합니다. 그러므로 피고인 이 혁의 형사책임은 준강도로 제한되어야 합니다.[13)]

변론을 하면 그것으로 충분하다. 그러나 피고인이 부분적으로 자백하고 그에 대한 증거자료도 충분하다면 '부분적인' 형사책임이 인정되는데, 시험에서는 이에 대한 평가를 하기 위하여 위와 같은 조건을 제시할 수 있다.

13) 만약, 피해자 최찬경이 먼저 절도 범인인 이 혁에게 중상을 입힐 정도로 과도한 폭력을 행사하고 이 혁이 이를 피하기 위하여 소극적 저항을 하는 과정에서 최찬경이 상처를 입었다면 준강도에도 해당하지 않는다고 변론해야 할 것이다. 다음 판례 참조.

대법원 1990. 4. 24. 선고 90도193 판결【강도상해, 절도, 절도미수,폭행치상】(일명 솥뚜껑 판례)

준강도죄의 구성요건인 폭행, 협박은 일반강도죄와의 균형상 사람의 반항을 억압할 정도의 것임을 요하므로, 일반적, 객관적으로 체포 또는 재물탈환을 하려는 자의 체포의사나 탈환의사를 제압할 정도라고 인정될 만한 폭행, 협박이 있어야만 준강도죄가 성립한다고 할 것인 바, 피고인을 체포하려는 피해자가 체포에 필요한 정도를 넘어서서 발로 차며 늑골 9, 10번 골절상, 좌폐기흉증, 좌흉막출혈 등 전치 3개월을 요하는 중상을 입힐 정도로 심한 폭력을 가해오자 피고인이 이를 피하기 위하여 엉겁결에 솥뚜껑을 들어 위 폭력을 막아내려다가 그 솥뚜껑에 스치어 피해자가 상처를 입게 되었다면 피고인의 위 행위는 일반적, 객관적으로 피해자의 체포의사를 제압할 정도의 폭행에 해당하지 않는다고 할 것이므로 준강도상해죄는 성립되지 않는다.

(2) 피고인 김강철

피고인 김강철의 고의(공모내용)는 특수절도이며, 상피고인 이 혁의 준강도 범행은 피고인 김강철에게는 초과실행입니다. 대법원 판례는 실행정범의 초과실행에 대한 다른 공범자의 형사책임에 대하여, 실행정범의 범행과정에서 발생한 초과실행 결과에 대하여 "전혀 예기하지 못했다고는 볼 수 없다"고 하여 실행정범과 동일한 형사책임을 지운 판시가 있습니다. 그러나 공범과 착오의 경우에는 위 판례를 유사사안에 무비판적으로 적용할 것이 아니라 구체적 사실관계를 놓고 형법상 책임주의의 관점에서 그 초과실행 부분에 대한 고의, 과실 유무를 검토하여 판단하여야 할 것입니다.

피고인 김강철은 빈집털이를 공모한 것이므로, 상피고인 이 혁의 준강도 범행에 대하여는 고의를 인정할 수 없습니다. 피고인이 '사람이 부재중인 상태'에서 범행하기 위하여 치밀하게 준비한 점을 고려하면 준강도 범행에 대하여는 그 구성요건적 결과발생의 가능성 인식이 없을 뿐 아니라 그에 대한 어떠한 인용이나 감수도 있었다고 볼 수 없습니다(인용설 또는 감수설). 그러므로 피고인 김강철의 형사책임은 특수절도로 제한되어야 합니다.

Ⅱ. 피고인 김강철

1. 공무집행방해의 점

공무집행방해죄는 공무원의 직무집행의 적법성을 요건으로 하는데, 경찰관 조재민 일행의 직무집행이 적법한지가 문제됩니다.

위 경찰관 일행은 당시 모두 사복차림이었고, 피고인에게 체포영장 집행을 한다는 고지도 하지 않았으며(공판기록 18쪽), 이른 아침에 세 명이 한꺼번에 피고인의 집 현관 안으로 들어가 가족이 보는 앞에서 피고인을 붙들려고 한 것이며, 피고인이 현행범이나 준현행범도 아닌 점 등을 종합하면 적법한 체포영장 집행업무라고 볼 수 없습니다. 이와 같이 위 경찰관들의 체포영장 집행 업무는 법령이 정한 방식과 절차를 준수하지 않은 중대한 흠이 있으므로 비록 이들이 당시 체포영장을 소지하고 있었더라도 적법성이 인정되기는 어렵습니다. 피고인은 이러한 경찰관들의 행위로 인하여 순간적으로 당황한 상태에서 이에 저항하기 위하여 골프채를 휘두른 것이므로(직접 가격하지는 않았음) 공무집행방해죄가 성립하지 않습니다(당시 조재민 경찰관의 팔에 멍이 든 사실이 있다고 하나 검사가 공소제기하지 않았으므로 불고불리의 원칙상 논외로 합니다).

2. 야간주거침입절도의 점

피고인은 2007. 3. 8. 서울남부지방법원에서 특정범죄가중처벌등에관한법률위반(절도)죄로 징역 1년6월, 집행유예 3년을 선고받고 확정되었는바(수사기록 52쪽), 이번에 기소된 2006. 8. 1.의 야간주거침입절도죄는 위 판결이 확정된 범죄와 같이 남의 주거에 들어가 금품을 절취하는 범죄유형이며 시기적으로도 근접하므로 판결이 확정된 범죄와 동일한 절도 상습성의 발로에 의한 것으로 보아야 하며, 이 경우 판례는 그 죄수관계를 일관하여 포괄일죄로 판시하고 있습니다.

그러므로 위 확정판결의 일사부재리 효력은 이번에 기소된 야간주거침입절도죄에 미치므로 이 부분에 대하여는 면소판결을 해 주시기 바랍니다(형사소송법 제326조 1호).

Ⅲ. 피고인 박전당

1. 주위적 공소사실(장물취득)에 대하여

피고인과 같은 전당포 영업자가 돈을 대여하고 물건을 전당잡는 행위(질권설정행위)는 전당잡는 물건에 대하여 사실상의 처분권을 획득하는 행위로서 장물취득죄에서의 취득행위라고 할 수 있습니다. 그러나 이 사건에서는 피고인이 장물을 취득할 당시 장물의 인식이 있는지가 쟁점입니다. 피고인은 다이아몬드 반지를 전당잡을 당시 김강철의 주민등록증을 확인하였고 은행의 과장 신분인 점도 확인하였으며 구입경위에 대한 설명도 들었으므로 전혀 의심하지 않았다고 주장하는데, 이러한 피고인의 주장을 반박할 만한 검사 측 자료가 없습니다. 장물취득죄에서 장물의 인식은 확정적 고의뿐 아니라 미필적 고의로도 족한 것이지만 이와 같은 사실관계에서는 피고인에게 미필적 고의도 인정하기 어렵습니다. 또한 피고인이 담보제공자의 신분을 확인하는 등 가능한 확인절차를 거쳤으므로 전당포영업자에게 요구되는 주의의무를 다했다고 볼 수 있습니다. 그러므로 피고인에게는 장물취득에 대한 고의 또는 업무상 과실을 인정할 수 없으므로 무죄를 선고하여 주시기 바랍니다.

2. 예비적 공소사실(장물보관)에 대하여

피고인이 5. 23. 저녁 김태희로부터 전화를 받고 다이아몬드 반지가 장물이라는 사실을 안 이후에도 소유자에게 반환하지 아니한 사실은 있으나, 대여금 채권 3,000만 원에 대한 담보로 다이아몬드 반지를 전당잡은 것이므로 다이아몬드 반지에 대한 질권자로서 이를 점유할 권원이 있는 때에 해당하므로 장물보관죄가 성립하지 않습니다(대법원 2004도6084 판결). 그러므로 이 부분에 대하여도 무죄를 선고하여 주시기 바랍니다. -끝-

〔제4문〕 변론요지서(요약형)

Ⅰ. 피고인 김토건의 특수강도교사

1. 증거능력 없는 증거들

사법경찰관이 작성한 피고인 이달수의 피의자 신문조서에는 피고인 김토건의 특수강도교사 내용이 기재되어 있습니다. 그런데 이에 대하여 원진술자인 피고인 이달수는 내용을 인정하나 당해 피고인인 김토건은 그 내용을 부인하므로 증거능력이 없습니다(형사소송법 제312조 3항, 당해피고인내용인정설).

증인 이칠수의 증언은 피고인 이달수가 증인에게 "피고인 김토건이 이달수에게 칼을 주면서 강도교사를 했다."라고 말했다는 내용인데, 이 증언은 피고인이 아닌 자의 진술이 피고인이 아닌 타인의 진술을 내용으로 하는 것이므로 전문증언(제316조 2항)입니다(피고인 이달수는 피고인 김토건에 대하여 당해피고인이 아닌 타인임. 판례). 전문증언은 필요성(소재불명 등)과 특신상태를 요건으로 증거능력을 가질 수 있는데 원진술자(피고인 이달수)가 법정에 출석해 있으므로 이 전문증언은 필요성 요건이 결여되어 증거능력이 없습니다.

(피고인 이달수의 법정진술에 대하여, 이른바 공동피고인의 법정진술의 증거능력에 관한 견해가 대립되나, 당해 피고인에게 반대신문권을 보장하는 것을 조건으로 증거능력을 인정하는 것이 다수의 견해이자 판례이며 당해피고인인 김토건의 변호인이 반대신문권을 행사하였으므로 증거능력이 있다고 전제합니다).

2. 피고인 이달수의 진술의 신빙성

검사 측 증거 중 증거능력이 있는 것으로는 검사가 작성한 피고인 이달수의 피의자신문조서와 이달수의 법정진술이 있으며, 검사의 공소사실은 이달수의 진술에 전적으로 의존하고 있습니다.

이달수의 진술의 핵심내용은 '김토건이 강도범행을 교사하면서 칼을 주었다'는 것인데 이 진술은 다음과 같은 이유로 신빙성이 없습니다.

첫째, 이달수는 범행도구에 대하여, '칼날 15센티미터, 손잡이 10센티미터인 주방용 식칼'이라고 진술하였으나(기록 22쪽, 35쪽), 피해자 박대우는 범행피해 당시 "칼을 펼칠 때 나는 '척' 소리에 무척 겁이 났다."라고 생생하게 증언하여 칼의 모양이 주방용 식칼과 다른, '접히는 칼'임을 분명히 표현하고 있습니다.

둘째, 이달수는 피고인 김토건이 일본에서 귀국하면서 인천공항에서 서울로 향하는 차 안에서 휴대용 서류가방에서 주방용 식칼이 든 봉투를 꺼내어 주더라고 진술하였습니다. 그러나 항공기 탑승 시 칼을 별도로 화물칸에 실어 부치지 않는다면, 휴대용 서류가방에 칼을 담고 공항검색대를 통과할 수는 없으므로 이달수의 주장은 경험칙에 어긋나는 주장입니다.

셋째, 상당한 재력을 가진 건설회사 사장이 대여금 1억 원을 받기 위하여 칼을 주면서 특수강도범행을 교사한다는 것도 일반의 경험칙에 어긋납니다.

넷째, 이달수는 죄책을 가볍게 하기 위해 피고인의 교사를 받았다고 허위 진술을 할 동기가 있으며, 그 전에도 김토건의 돈을 착복한 일이 있는(공소사실 2의 가항) 부도덕한 사람입니다. 이러한 점을 종합하면 이달수의 '칼'에 대한 주장은 신빙성이 없습니다.

3. 인정되는 사실의 형법적 의미(언어적 교사 여부)

피고인이 이달수에게 칼을 주지 않았더라도 말로써 범행을 교사했는지에 대하여 살펴봅니다. 피고인이 이달수에게 피해자의 집에 가서 돈을 받아오라고 말할 때, "순순히 말해서는 주지 않을 것이니 확실히 받아 오라."라고 말했다는 것은 피고인들의 진술이 일치합니다.

무릇 교사란 정범으로 하여금 특정한 범죄의 결의를 하게 하는 것이며, 이에 대한 고의(교사의 고의와 정범의 고의)가 있어야 합니다. 그러나 피고인이 한 말은 일반 사회 관념상 채무변제를 심하게 독촉하라는 의미로 해석할 수 있을지언정 채무자의 돈을 강취해 오라는 의미로 해석할 수는 없습니다. 그러므로 피고인의 위 말을 강도 범행(특수강도 또는 강도)의 교사로 볼 수 없으며 이 말을 근거로 고의를 인정할 수도 없습니다. 그 외에 피고인 김토건의 특수강도(또는 강도) 교사를 인정할 만한 다른 증거는 없습니다.

4. 소 결

그러므로 이 부분 공소사실은 합리적 의심 없는 정도의 증명에 이르지 못했으므로 무죄를 선고하여 주시기 바랍니다.

Ⅱ. 피고인 이달수

1. 횡령의 점

공소사실의 돈 4,000만 원은 피고인 김토건이 피고인 이달수에게 건설업체 공사계약담당이사인 최현대에게 전달하라고 준 돈인데, 이 돈의 성격은 기업체 이사의 업무에 관하여 부정한 청탁을 대가로 제공한 금품(배임증재죄에 제공된 재물)이므로 불법원인급여물입니다.

불법원인급여물에 대한 횡령죄 성부에 대하여, 긍정설은 이 경우에도 신임관계는 인정되며 범죄의 성부는 형법의 독자적 목적에 비추어 판단해야 한다고 하나, 불법원인급여의 경우 위탁자는 반환청구권을 상실하며 소유권마저 수탁자에게 귀속하여 수탁자는 이미 '타인의 재물을 보관하는 자'가 아니며, 민법상 반환의무 없는 자에게 형법이 형벌로써 반환을 강제하는 것은 법질서 전체의 통일을 깨트리는 결과가 되므로 부정설이 타당합니다(다수설, 판례).

그러므로 이 부분은 공소사실이 범죄를 구성하지 않는 경우에 해당하므로 무죄를 선고하여 주시기 바랍니다.

2. 성폭력범죄의처벌등에관한특례법위반(주거침입강간)

(1) 증거능력 없는 증거

검사가 제출한 물증인 이달수의 신발(압수조서도 마찬가지임)은 사법경찰관이 피고인을 특수강도죄로 긴급체포한 후 24시간 이내에 피고인의 집에서 영장 없이 압수한 것인바, 이 신발은 특수강도죄와는 관련성이 없으므로 형사소송법 제217조 1항이 정한 영장주의의 예외가 아니어서 결국 법적 근거가 없는 무영장 압수물이며, 또한 동조 제2항에 따라 사후영장을 청구하지도 않았으므로 어느 모로 보나 위법수집 증거이므로 증거능력이 없습니다.

검사가 제출한 감정서(신발과 족적의 일치)는 위 제1차 증거인 신발에 따른 제2차 증거이며, 제1차 증거수집과의 인과관계가 희석 · 단절될 만한 특별한 사정도 없으므로 독수의 과실이므로 증거능력이 없습니다(독수의 과실의 증거능력에 관한 대법원 전원합의체 판결의 취지).

(2) 피해자의 목격진술의 신빙성

피해자 정미희의 진술조서 내용은 사법경찰관이 피해자를 불러 피고인 1인만을 관찰하게 한 후 '범인이 맞다.'는 진술을 들은 것이므로 이른바 쇼업(show-up)방식에 의한 목격진술입니다.

이러한 방식은 목격자에게 경찰관이 제시하는 자가 범인이라는 암시 내지 선입견을 줄 수 있으므로 부적절한 방식입니다. 대법원도 쇼업 방식에 의한 목격진술의 증명력을 배척하면서 라인업(line-up)방식(용의자를 포함한 다수인을 동시에 목격자에게 제시하는 방식)을 택할 것과 그 과정에서의 유의사항을 판시한 바 있습니다[대법원 2008. 1. 17. 선고 2007도5201 판결, 성폭력죄의 처벌 및 피해자보호 등에 관한 법률위반(주거침입강간등)].

그러므로 피해자 정미희의 목격진술(진술조서 기재내용)과 그것과 연장선상에 있는 피해자의 법정진술은 모두 신빙성이 낮아 그 증명력을 배척하여야 합니다. 그 외에는 공소사실을 인정할 다른 증거가 없으므로 이 부분 공소사실은 합리적 의심 없는 정도의 증명에 이르지 못하였으므로 무죄를 선고하여 주시기 바랍니다.

3. 교통사고처리특례법위반의 점

(1) 횡단보도 보행자 보호의무 위반 여부

이 사건 교통사고의 피해자 조범생은 사고 당시 횡단보도 위를 도로교통법상 '차'인 자전거를 타고 진행하고 있었으므로 피고인은 교통사고처리특례법 제3조 2항 단서 6호의 횡단보도 보행자 보호의무를 위반했다고 볼 수 없습니다. 즉, 도로교통법 제27조 1항(보행자 보호)은 자전거에서 내려서 자전거를 끌고 통행하는 자를 보행자로 보고 있는바, 이의 반대해석상 자전거를 타고 진행하는 자는 보행자로 볼 수 없습니다.

(2) 반의사불벌죄

교통사고처리특례법 제3조 2항에 의하면 교통사고로 인한 업무상과실치상죄는 반의사불벌죄인데, 피고인이 피해자와 합의하여 피해자가 처벌을 원하지 않으므로(위에서 살펴본 바와 같이 단서규정에도 해당하지 않으므로) 공소기각 판결을 하여 주시기 바랍니다(형사소송법 제327조 6호).

4. 사기의 점

(1) 상습범은 포괄일죄

피고인의 공소사실과 이미 피고인이 확정판결을 받은 범죄사실은 같은 종류의 여러 범죄를 같은 상습성의 발현으로 범한 것이므로, 피고인은 상습범이며 피고인의 범행은 모두 포괄일죄에 해당합니다(다수설, 판례).

(2) 일사부재리 효력

이 사건 공소사실은 판결이 확정된 범죄사실과 포괄일죄 관계에 있으므로 일사부재리 효력의 객관적 범위에 들며, 또 판결이 확정된 범죄사실의 약식명령 선고일 이전의 범행이므로 일사부재리 효력의 시적 범위에 듭니다.

상습범의 경우 확정판결의 일사부재리 효력이 미치기 위해서는 확정판결이 상습범으로 처벌받은 경우에 한한다는 것이 대법원 판례이며(대법원 2001도3206 전원합의체 판결) 이에 대한 반대견해가 있으나, 이 사건의 경우는 대법원 판례에 의하더라도 일사부재리 효력이 미치는 경우입니다.

그러므로 검사의 이 부분 공소제기는 일사부재리의 원칙에 저촉되므로 면소판결하여 주시기 바랍니다(형사소송법 제326조 1호). -끝-

〔제4문〕 변론요지서(실무형)

Ⅰ. 피고인 김토건의 특수강도교사

1. 이 부분의 쟁점과 증거의 개요

이 부분 공소사실의 요지는 피고인이 상피고인 이달수에게 식칼을 주면서 피해자 박대우로부터 채권 1억 원을 받아오라고 교사하였다는 것입니다.

이에 반하여 피고인은 경찰의 피의자신문에서, 고향후배인 이달수가 3,000만 원을 빌려달라고 조르기에 피해자에게 가서 돈을 받아오면 그 돈 중에서 빌려주겠다고 하면서 피해자의 연락처 등을 가르쳐 준 사실이 있으며, 일본 출장 중 피해자가 원청으로부터 기성금을 수억 원 받는다는 사실을 알게 되어 일본에서 귀국할 때 인천공항에서 서울로 돌아오는 차 안에서 이달수에게 "박대우가 어제 아니면 오늘 공사 기성금을 받는 것으로 알고 있다. 순순히 말해서는 주지 않을 것이니 확실히 받아와라. 돈을 받아오면 그 중 일부를 빌려주겠다."라고 말한 사실이 있을 뿐이라고 진술하였으며 그 이후 검찰과 법정에서의 진술도 일관됩니다. 법정에서는 피고인이 이달수에게 한 말의 의미에 대하여 강제로라도 빼앗아 오라는 뜻이 아니라고 진술하였습니다.

그러므로 이 부분 공소사실의 쟁점은 과연 피고인이 이달수에게 식칼을 주었는지 여부와 피고인이 이달수에게 한 말이 그 전후사정을 종합할 때 어떤 형법적 의미를 가지는지가 될 것입니다.

이 부분 공소사실이 특수강도교사라는 중범죄임을 고려하면 검사가 제출한 증거는 공범관계인 상피고인 이달수의 진술에 지나치게 의존하고 있으며, 물적 증거가 없다는 것이 특징입니다. 아래에서는 각 증거에 대하여 그 증거능력과 증명력에 대하여 살펴보겠습니다.

2. 증거능력 없는 증거들

사법경찰관이 작성한 피고인 이달수의 피의자 신문조서에는 피고인 김토건의 특수강도교사 내용이 기재되어 있습니다. 그런데 이에 대하여 원진술자인 피고인 이달수는 내용을 인정하나 당해 피고인인 김토건은 그 내용을 부인하므로 증거능력이 없습니다(형사소송법 제312조 3항, 당해피고인내용인정설).

증인 이칠수의 증언은 피고인 이달수가 증인에게 “피고인 김토건이 이달수에게 칼을 주면서 강도교사를 했다.”라고 말했다는 내용인데, 이 증언은 피고인이 아닌 자의 진술이 피고인이 아닌 타인의 진술을 내용으로 하는 것이므로 전문증언(제316조 2항)입니다(피고인 이달수는 피고인 김토건에 대하여 당해 피고인이 아닌 타인임. 판례). 전문증언은 필요성(소재불명 등)과 특신상태를 요건으로 증거능력을 가질 수 있는데 원진술자(피고인 이달수)가 법정에 출석해 있으므로 이 전문증언은 필요성 요건이 결여되어 증거능력이 없습니다.

피고인 이달수의 법정진술이 당해 피고인인 김토건에 대하여 증거능력이 인정되는지(이른바 공동피고인의 법정진술의 증거능력 문제)에 대하여, 당해 피고인에게 반대신문권을 보장하는 것을 조건으로 증거능력을 인정하는 것이 다수의 견해이자 판례이지만 다음과 같은 유력한 반대견해가 있다는 점과 그 견해가 우려하는 점이 무엇인지는 이 사건의 사실인정에 있어서 재판부에서 깊이 검토할 필요가 있습니다. 즉, 공범자들은 대개 범죄의 성립여부나 양형 면에서 책임전가가 가능한 관계이므로 상대방에게 불리한 허위 진술을 의도적으로 할 위험이 있는 점, 공범자 아닌 공동피고인의 경우에는 증인적격이 인정되므로 반드시 선서한 후에 증인으로서 진술하여야 하는데(공동피고인의 증인적격에 관한 절충설, 대법원판례의 입장) 공범자인 공동피고인은 증인적격이 인정되지 않는다는 이유로(달리 표현하면, 증인신문을 할 수 없으므로 어쩔 수 없이 피고인으로서의 진술이라도 증거로 사용해야 한다는 필요성 때문에) 피고인으로서의 법정진술에 증거능력을 인정하는 것은 형평에 맞지 않는다는 점을 고려하면 공범인 공동피고인인 이달수의 법정진술에 증거능력을 인정하여 사실관계를 판단할 때는 특별히 신중을 기할 필요가 있습니다.

검사가 작성한 피고인 이달수에 대한 피의자신문조서도 전문법칙의 예외 요건을 갖추면 증거능력이 인정될 수 있지만(제312조 1항) 역시 공범자의 진술이므로 위 법정진술에 대한 판단과 같이 신중을 기해야 할 것입니다.

3. 피고인 이달수의 진술의 신빙성

검사의 공소사실은 이달수의 진술에 전적으로 의존하고 있으나 그 진술의 증명력(신빙성)은 극히 낮은 것입니다. 이달수의 진술의 핵심내용은 '김토건이 강도범행을 교사하면서 칼을 주었다'는 것인데 이 진술은 다음과 같은 이유로 신빙성이 없습니다.

첫째, 이달수는 범행도구에 대하여, '칼날 15센티미터, 손잡이 10센티미터인 주방용 식칼'이라고 진술하였으나(기록 22쪽, 35쪽), 피해자 박대우는 범행피해 당시 "칼을 펼칠 때 나는 '척' 소리에 무척 겁이 났다."라고 생생하게 증언하여 칼의 모양이 주방용 식칼과 다른, '접히는 칼'임을 분명히 표현하고 있습니다.

일단 칼의 모양에 관한 두 사람의 진술의 상이점은 단순히 표현력의 부족에 의한 것일 수는 없습니다. 주방용 식칼은 대개 단순한 구조의 1자로 된 모양입니다(본 변호인이 서울시내 남대문시장의 대형 칼 점포인 ○○상회에 가서 확인하여 보았으나 접는 형태의 주방용 식칼은 없었습니다[14]). 그리고 칼날 길이가 15센티미터이고 손잡이가 10센티미터이면 칼날이 더 길기 때문에 구조적으로 접히는 칼일 수 없습니다. 그러므로 피고인 이달수와 피해자 박대우가 표현하는 칼은 분명히 다른 칼이며 두 사람 중 한 사람은 허위진술을 한 것입니다.

피해자 박대우는 날이 밝은 아침에 범행을 당한 것으로 피해 경위를 생생하게 기억할 수 있는 상황이었으며, 이달수가 칼을 펼칠 때 나는 '척' 소리를 생생하게 증언하였습니다. 일반적으로 범죄 피해자는 범인이 꼭

14) 변호인이 확인을 한 경우의 변론. 식칼의 모양이 쟁점이 되는 이 사건에서, 변호인의 이러한 확인은 기본적인 변론준비라고 할 수 있다. 실무에서는 국내외 식칼 제조업체에 사실조회를 하거나 상품 팜플렛을 입수하여 제출할 필요가 있다.

잡히기를 염원하는 입장이어서 수사에 도움을 주기 위하여 피해 경위를 기억에 따라 정확하게 진술하려고 합니다. 피해자 박대우도 마찬가지여서 박대우가 칼에 대하여 허위진술을 할 아무런 이유가 없습니다. 그러므로 범행에 사용한 칼은 박대우의 진술대로 흔히 범행도구로 사용되기도 하는 일명 맥가이버 칼이라고 부르는 접이식 칼이라고 보아야 할 것입니다.

둘째, 이달수가 범행 당시 어떤 형태의 칼을 점퍼 안주머니에서 꺼내었다는 점은 이달수와 피해자 박대우의 진술이 일치합니다. 그렇다면 점퍼 안주머니에 들어갈 수 있는 칼이라면 피해자가 진술하는 바와 같이 접히는 칼이라고 보아야 할 것입니다. 이달수의 진술대로 길이 25센티미터의 주방용 식칼이라면, 그 길이나 날카로운 칼날이 드러나 있는 상태를 감안할 때 도저히 점퍼 안주머니에 소지할 수 없습니다.

셋째, 이달수는 범행에 사용한 식칼을 피해자의 집에서 나온 뒤에 길거리에 버렸는데 어디에 버렸는지 기억이 나지 않는다고 진술하였는데(수사기록 35쪽) 이는 상식에 반하는 주장입니다. 이 사건 범행일시는 2011. 11. 1. 09:00 경이며 피의자신문이 있는 날은 그 다음 날인 11. 2.인데 범행 도구를 버렸다면 하루 전의 일이며, 범행 당시 술에 만취했다는 등의 기억을 잘 할 수 없는 특별한 사정도 전혀 없습니다. 또, 사소한 소지품(경제적 가치도 없고, 특별한 의미도 없는 물품)을 버린 경우라면 혹 기억을 못할 수도 있겠지만 주방용 식칼은 사소한 소지품이 아니라 범행의 증거품이므로 버릴 때에도 주위의 시선을 의식하며 긴장하게 되어 더욱 잘 기억하게 될 것입니다. 그런데도 어디에 버렸는지 기억이 나지 않는다고 주장하는바, 이는 상식에 반하여 도저히 믿을 수 없는 주장입니다.

넷째, 이달수는 피고인 김토건이 일본에서 귀국하면서 인천공항에서 서울로 향하는 차 안에서 휴대용 서류가방에서 주방용 식칼이 든 봉투를 꺼내어 주더라고 진술하였습니다. 그러나 항공기 탑승 시 칼을 별도로 화물칸에 실어 부치지 않는다면, 휴대용 서류가방에 칼을 담고 공항검색대를 통과할 수는 없으므로 이달수의 주장은 경험칙에 어긋나는 주장입니다.

다섯째, 상당한 재력을 가진 건설회사 사장이 대여금 1억 원을 받기 위하여 칼을 주면서 특수강도범행을 교사한다는 것도 일반의 경험칙에 어긋납니다.

여섯째, 이달수는 죄책을 가볍게 하기 위해 피고인의 교사를 받았다고 허위 진술을 할 동기가 있으며(피고인이 범행을 교사하였다면 범행으로 인한 주된 경제적 이익이 피고인에게 귀속되므로 실행정범인 자신의 죄책이 가벼워진다고 생각할 수 있음), 또 자신의 채무변제가 급한 나머지 무리한 단독범행을 감행할 만한 동기가 있으며, 그 전에도 김토건의 돈을 착복하는 등(공소사실 2의 가항) 인격적으로 신뢰하기 어려운 사람입니다.

이러한 점을 종합하면 이달수의 '칼'에 대한 주장은 신빙성이 없습니다.

4. 부족증거

사법경찰관이 작성한 박대우의 진술조서는 이달수의 특수강도 범행에 대한 증거가 될 수 있을지언정 피고인의 특수강도교사를 증명할 만한 의미 있는 내용이 없으므로 부족증거에 불과합니다. 박대우의 진술에 의하여 피고인이 채권 추심을 위하여 이달수를 피해자의 집에 보냈다는 사실을 인정할 수 있지만, 이 사실은 피고인의 특수강도 교사라는 공소사실과는 법률적으로 무관합니다.

5. 인정되는 사실의 형법적 의미(언어적 교사 여부)

피고인이 이달수에게 칼을 주지 않았더라도 말로써 범행을 교사했는지에 대하여 살펴봅니다. 피고인이 이달수에게 피해자의 집에 가서 돈을 받아오라고 말할 때, "순순히 말해서는 주지 않을 것이니 확실히 받아 오라."라고 말했다는 것은 피고인들의 진술이 일치합니다.

무릇 교사란 정범으로 하여금 특정한 범죄의 결의를 하게 하는 것이며, 이에 대한 고의(교사의 고의와 정범의 고의)가 있어야 합니다. 그러나 피고인이 한 말은 일반 사회 관념상 채무변제를 심하게 독촉하라는 의미로 해석할 수 있을지언정 채무자의 돈을 강취해 오라는 의미로 해석할 수는 없습니다. 그러므로 피고인의 위 말을 강도 범행(특수강도 또는 강도)의 교사로 볼 수 없으며 이 말을 근거로 고의를 인정할 수도 없습니다. 그 외에 피고인 김토건의 특수강도(또는 강도) 교사를 인정할 만한 다른 증거는 없습니다.

6. 소　　결

그러므로 이 부분 공소사실은 합리적 의심 없는 정도의 증명에 이르지 못했으므로 무죄를 선고하여 주시기 바랍니다.

Ⅱ. 피고인 이달수

1. 횡령의 점

공소사실의 돈 4,000만 원은 피고인 김토건이 피고인 이달수에게 건설업체 공사계약담당이사인 최현대에게 전달하라고 준 돈인데, 이 돈의 성격은 기업체 이사의 업무에 관하여 부정한 청탁을 대가로 제공한 금품(배임증재죄에 제공된 재물)이므로 불법원인급여물입니다.

불법원인급여물에 대한 횡령죄 성부에 대하여, 긍정설은 이 경우에도 신임관계는 인정되며 범죄의 성부는 형법의 독자적 목적에 비추어 판단해야 한다고 하나, 불법원인급여의 경우 위탁자는 반환청구원을 상실하며 소유권마저 수탁자에게 귀속하여 수탁자는 이미 '타인의 재물을 보관하는 자'가 아니며, 민법상 반환의무 없는 자에게 형법이 형벌로써 반환을 강제하는 것은 법질서 전체의 통일을 깨트리는 결과가 되므로 부정설이 타당합니다(다수설, 판례).

그러므로 이 부분은 공소사실이 범죄를 구성하지 않는 경우에 해당하므로 무죄를 선고하여 주시기 바랍니다.

2. 성폭력범죄의처벌등에관한특례법위반(주거침입강간)

(1) 이 부분의 쟁점과 증거의 개요

이 부분 공소사실의 요지는 피고인이 밤에 피해자 정미희의 집에 들어가 피해자를 강간하려고 하다가 미수에 그쳤다는 것이며, 이에 대하여 피고인은 피해자의 집에 간 적도 없으며 피해자는 일면식도 없는 사람이라고 주장합니다.

이 부분 공소사실의 쟁점은 검사 측 증거인 피해자 정미희의 목격진술이 신빙성이 있는지, 피고인의 집에서 압수한 피고인의 나이키 신발과 족적 감정서가 증거능력과 증명력을 갖춘 증거인지 여부입니다.

(2) 나이키 신발과 족적 감정서

1) 증거능력의 문제

검사가 제출한 물증인 이달수의 신발(압수조서도 마찬가지임)은 사법경찰관이 피고인을 특수강도죄로 긴급체포한 후 24시간 이내에 피고인의 집에서 영장 없이 압수한 것인바, 이 신발은 특수강도죄와는 관련성이 없으므로 형사소송법 제217조 1항이 정한 영장주의의 예외가 아니어서 결국 법적 근거가 없는 무영장 압수물이며, 또한 동조 2항에 따라 사후영장을 청구하지도 않았으므로 어느 모로 보나 위법수집 증거이므로 증거능력이 없습니다.

검사가 제출한 감정서(신발과 족적의 일치)는 위 제1차 증거인 신발에 따른 제2차 증거이며, 제1차 증거수집과의 인과관계가 희석 · 단절될 만한 특별한 사정도 없으므로 독수의 과실이므로 증거능력이 없습니다(독수의 과실의 증거능력에 관한 대법원 전원합의체 판결의 취지).

2) 증명력의 문제

가사 견해를 달리하여 나이키 신발과 족적 감정서의 증거능력을 인정한다고 하더라도 다음과 같은 이유로 그 증명력(공소사실의 추인력)은 낮다고 보아야 합니다.

첫째, 나이키 신발은 대중화된 제품이며 같은 사이즈의 신발만 하더라도 부지기수로 시중에 판매되었을 것이므로 피해자의 집 창문 턱에 있는 신발 자국이 피고인의 나이키 신발의 바닥 무늬와 크기 면에서 일치한다고 하더라도 그것이 반드시 피고인의 신발에 의한 것이라고 단정할 수 없습니다.

둘째, 범행일(2011. 6. 1.) 이후 5개월이나 지나 신발을 압수하였는데 신발을 버리지 않고 통상적으로 사용하였다면 바닥 무늬가 좀 더 닳았을 것인데도 족적 감정서상 바닥 무늬가 일치한다는 감정결과는 납득하기 어렵고, 그 감정결과를 마모 정도를 무시하고 같은 문양의 제품을 의미하는 것으로 선해(善解)한다고 하더라도 여전히 족적 감정의 과학적 오류의 확률이 남아있습니다.

셋째, 피해자 정미희는 범행 당시 범인이 짙은 색 계통의 점퍼와 트레이닝 복 바지를 입고 있었다고 진술하였습니다. 사법경찰관이 피고인의 주거지를 수색하여 나이키 신발을 압수하였는데 이 때 위 '점퍼와 바지'는 피해자의 진술조서에 범인의 복장으로 잘 설명되어 있으므로 사법경찰관은 이 옷을 찾기 위해 주거지를 수색하였으나 발견하지 못하였다고 보는 것이 상식에 맞습니다. 그러므로 확인되는 객관적 사실은 사법경찰관의 수색 당시 위 '점퍼와 바지'는 피고인의 집에 없었고, 나이키 신발만 있었습니다. 만약, 피고인이 범인이어서 죄증을 인멸하기 위하여 위 '점퍼와 바지'를 버린 것이라면 마찬가지로 범행 당시 신었던 나이키 신발도 버렸어야 할 것입니다. 이처럼 피고인이 소지하고 있던 나이키 신발은 그 증거능력이 있다고 가정하더라도, 공소사실을 추인하기에는 논리적으로 뚜렷한 허점이 있어서 결국 증명력이 없다고 보아야 합니다.

(3) 피해자의 목격진술의 신빙성

1) 목격 상황

피해자는 침대 스탠드 보조등을 켜놓고 잠을 자던 중 피해를 당하였으므로 잠결에서 막 깨어난 후 극도의 공포와 경악 속에서, 그것도 침대 스탠드 보조등의 낮은 조명 속에서 피해자의 인상착의를 정확하게 인식하는 것은 거의 불가능에 가까울 것입니다. 그러므로 범인의 인상착의에 대한 피해자의 인식 정도는 대략적인 것으로서 비슷한 사람을 구별할 정도에는 이르지 못한다고 보아야 할 것입니다.

2) 시간의 경과

피해자 정미희가 피고인을 경찰서에서 목격하고 범인으로 지목한 날은 범행일로부터 5개월이 지난 시점입니다. 시간의 경과에 따라 사람의 기억은 흐려지는데 5개월은 상당히 긴 기간입니다.

3) 이 사건 범인식별절차의 문제점

사법경찰관이 피해자를 경찰서로 불러 피고인 1인만을 관찰하게 한 후 '범인이 맞다.'는 진술을 들은 것이므로 이른바 쇼업(show-up)방식에 의한 목격진술입니다. 이러한 방식은 목격자에게 경찰관이 제시하는 자가 범인이라는 암시 내지 선입견을 줄 수 있으므로 부적절한 방식입니다.

대법원도 쇼업 방식에 의한 목격진술의 증명력을 배척하면서 라인업(line-up)방식(용의자를 포함하여 인상착의가 비슷한 다수인을 동시에 목격자에게 제시하는 방식)을 택할 것과 그 과정에서의 유의사항을 판시한 바 있습니다[대법원 2008. 1. 17. 선고 2007도5201 판결, 성폭력죄의 처벌 및 피해자보호 등에 관한 법률위반(주거침입강간등)].

즉, 대법원이 제시하고 있는 유의사항은 ① 범인의 인상착의 등에 관한 목격자의 진술 내지 묘사를 사전에 상세히 기록화할 것, ② 용의자와 목격자 및 비교대상자들이 상호 사전에 접촉하지 못하도록 하여야 하며, ③ 사후에 증거가치를 평가할 수 있도록 대질 과정과 결과를 문자와 사진 등으로 서면화할 것을 제시하고 있습니다. 이에 더하여 ④ 목격자에게 다수의 용의자들 중에서 범인이 없을 수도 있음을 설명하는 것도 중요한 유의사항으로 포함하여야 할 것입니다.

그러므로 피해자 정미희의 목격진술(진술조서 기재내용)과 그것과 연장선상에 있는 피해자의 법정진술은 모두 신빙성이 낮아 그 증명력을 배척하여야 합니다.

(4) 소 결

그 외에는 공소사실을 인정할 다른 증거가 없으므로 이 부분 공소사실은 합리적 의심 없는 정도의 증명에 이르지 못하였으므로 무죄를 선고하여 주시기 바랍니다.

3. 교통사고처리특례법위반의 점

(1) 횡단보도 보행자 보호의무 위반 여부

이 사건 교통사고의 피해자 조범생은 사고 당시 횡단보도 위를 도로교통법상 '차'인 자전거를 타고 진행하고 있었으므로 피고인은 교통사고처리특례법 제3조 2항 단서 6호의 횡단보도 보행자 보호의무를 위반했다고 볼 수 없습니다. 즉, 도로교통법 제27조 1항(보행자 보호)은 자전거에서 내려서 자전거를 끌고 통행하는 자를 보행자로 보고 있는바, 이의 반대해석상 자전거를 타고 진행하는 자는 보행자로 볼 수 없습니다.

(2) 반의사불벌죄

교통사고처리특례법 제3조 2항에 의하면 교통사고로 인한 업무상과실치상죄는 반의사불벌죄인데, 피고인이 피해자와 합의하여 피해자가 처벌을 원하지 않으므로(위에서 살펴본 바와 같이 단서규정에도 해당하지 않으므로)

공소기각판결을 하여 주시기 바랍니다(형사소송법 제327조 6호).

4. 사기의 점

(1) 상습범은 포괄일죄

피고인의 공소사실과 이미 피고인이 확정판결을 받은 범죄사실은 같은 종류의 여러 범죄를 같은 상습성의 발현으로 범한 것이므로, 피고인은 상습범이며 피고인의 범행은 모두 포괄일죄에 해당합니다(다수설, 판례).

(2) 일사부재리 효력

이 사건 공소사실은 판결이 확정된 범죄사실과 포괄일죄 관계에 있으므로 일사부재리 효력의 객관적 범위에 들며, 또 판결이 확정된 범죄사실의 약식명령 선고일(발령일) 이전의 범행이므로 일사부재리 효력의 시적 범위에 듭니다.

상습범의 경우 확정판결의 일사부재리 효력이 미치기 위해서는 확정판결이 상습범으로 처벌받은 경우에 한한다는 것이 대법원 판례이며(대법원 2001도3206 전원합의체 판결) 이에 대한 반대견해가 있으나, 이 사건의 경우는 대법원 판례에 의하더라도 일사부재리 효력이 미치는 경우입니다.

그러므로 검사의 이 부분 공소제기는 일사부재리의 원칙에 저촉되므로 면소판결하여 주시기 바랍니다(형사소송법 제326조 1호). -끝-

〔제 5 문〕

보석허가청구서

Ⅰ. 공소사실의 요지(생략)

Ⅱ. 보석사유

피고인에게는 보석이 허가될 상당한 이유가 있습니다.

가. 피고인은 수사과정에서 시종일관 자신의 결백을 주장하고 있으며, 아래에서 밝히는 바와 같이 그 주장에는 상당한 이유가 있으므로 재판과정에서 피고인의 방어권을 충분히 보장하기 위하여 피고인이 석방될 필요가 있습니다. 또 현직 고성군수가 공직선거법 위반죄로 수사를 받고 있어 고성군수 보궐선거가 실시될 가능성이 있으며 피고인은 6. 2. 지방선거에서 해당 선거(고성군수 선거)에 출마하여 낙선한 자로서 그 보궐선거 출마를 준비하고 있으므로 재판 기간 중에도 일상생활을 정상적으로 영위할 필요성이 매우 높습니다.

나. 피고인은 누범에 해당하거나 상습범인 죄를 범하지 않았습니다.
피고인은 아무런 범죄 전력이 없는 사람입니다.

다. 피고인은 죄증 인멸이나 그 염려, 도망이나 그 염려가 있다고 믿을 만한 충분한 이유가 없습니다.
수사기관에서는 모든 가능한 증거자료를 확보한 상태이므로 증거인멸의 염려가 없고, 주소지에서 가족과 함께 거주해왔으며 보궐선거를 예상하고 준비하고 있는 상황이므로 도망의 염려도 전혀 없습니다.

다. 피고인은 주거가 분명합니다.
피고인은 장기간 계속하여 경남 고성군 동해면 일출리 330에 가족과 함께 거주하여 왔으므로 그 주거가 분명합니다.

라. 피고인은 피해자나 참고인에 대한 보복범죄의 염려가 전혀 없습니다.

피고인은 폭력전과가 전혀 없을 뿐 아니라, 고소인 김희갑이 고소한 사건에 관하여 고소인, 참고인 등 누구에게도 원한이 없고 결백을 충분히 입증할 수 있다고 믿고 있으며 피해자 이철호와는 합의하였으므로, 그 누구에게도 해를 가할 아무런 이유가 없습니다.

Ⅲ. 공소사실별 청구이유

1. 공직선거법위반과 명예훼손의 점(김희갑에 대한 허위사실 공표 부분)

(1) 피고인 주장의 요지

피고인은 공소사실을 일관되게 부인하면서, 선거유세에서 고성군의 채무 자체를 거론하지 않았으며, 피고인이 고성군의 채무가 별로 없다고 알고 있었는데 누구든지 쉽게 확인할 수 있는 사항에 대하여 선거후보자가 거짓말을 할 수는 없다고 주장합니다.

(2) 입증문제

1) 증거관계

가. 박명수 외 49명의 사실확인서

박명수 외 49명이 서명한 사실확인서가 있으나 이러한 방식의 사실확인서는 본질적으로 전문증거(제313조)일 뿐 아니라, 대개의 연명서명에 의한 사실확인서가 그 서류를 징구하는 측의 요청에 응하여 그 내용을 충분히 읽지 않고 서명하는 것이 보통인 점에 비추어보면, 이런 방식의 서면이 형사 사건의 증거로서 기능하기 위해서는 수사기관이나 법원에서 서명자 개개인을 환문하여 그 서명 경위와 경험적 사실에 관하여 진술을 들어야 할 것입니다. 아직 공판기일 이전이므로 이 사실확인서의 증거능력 유무는 알 수 없으나, 위에서 언급한 바와 같이 연명서명 서면의 문제점을 고려하면 보석 단계에서 증거자료로서 기능하는 것은 부적당하다고 하겠습니다.

나. 박명수, 정준하, 정형돈의 진술

박명수는 김희갑 후보의 자원봉사자로서 연설원이며, 정준하는 자원봉사자로서 수행원이며 또 고성군의 상하수도 관련 관급공사를 주된 사업내용을 하는 사람으로서 김희갑 후보의 고성군수 선거 결과에 사실상의 이해관계가 있다고 볼 수 있으며, 정형돈은 김희갑 후보의 선거사무원으로서 3촌의 친족관계(甥姪)에 있습니다. 이들은 모두 김희갑 후보를 적극적으로 지지하는 사람들인바, 아무런 객관적 자료가 뒷받침되지 않은 상태에서 피해자와의 친밀관계 또는 피고인과의 이해상반 관계에 있는 이들의 진술을 그대로 신빙하기는 어렵습니다. 또한, 이들의 진술은 비방연설의 주체(피고인이 하였는지, 피고인의 처가 하였는지)에 대하여 상호 모순됩니다.

다. 박명수의 수첩 내용

박명수가 작성하였다는 수첩의 기재 내용은 언제, 어디서, 누구의 연설에 대한 '대응 논리'를 기재하여 놓은 것인지가 불분명하며, 사후에 가필 내지 조작되었을 가능성도 배제할 수 없습니다.

2) 중요 정황

가. 피고인의 선거 유세 당시 고소하지 않았음

만약 고소인의 주장과 같이 피고인 측이 선거기간 내내 비방연설을 하였고, 고소인 측 선거운동원 여러 명이 들었으며, 고소인 측은 그 비방에 대하여 해명을 하기에 바쁠 정도였고, 고소인의 지지율이 하락하는 상황이었다면, 이 경우 고소인의 선거캠프는 가장 유효적절한 대책으로서 즉시 선관위나 사법당국에 고소 · 고발을 하였을 것입니다. 그런데도 아무런 법적 조치를 취하지 않았다는 것은 비방연설이 없었다고 볼 수 있는 유력한 정황입니다. 고소인 측은 당시 여론조사 결과가 피고인은 고소인의 경쟁상대가 되지 않는 것으로 나타나므로 대수롭지 않게 생각하고 고소 · 고발을 하지 않았다고 설명하지만(수사기록 24쪽), 5. 20.경 발생한 불법유인물 사건에서는 고소인 캠프의 선거사무장이 선관위를 직접 방문하여 피고인을 혐의자로 지목하며 즉시 신고한 점에 비추어 보면 설득력 없는 설명입니다.

나. 이 사건 고소와 보궐선거의 관계

이 사건 고소는 선거가 끝난 지 5개월 이상 지난 시점에 제기되었습니다. 아마도 김희갑 후보 측에서는 당선자인 이철호 후보가 공직선거법 위반 혐의로 수사를 받아 보궐선거가 실시될 가능성이 보이자 유일한 경쟁자인 피고인만 경쟁대열에서 낙오하면(즉, 공직선거법위반죄로 출마자격이 박탈되거나 유권자로부터 사실상 외면당하면) 보궐선거에서 김희갑 후보의 당선이 유력하다고 보고 이 사건 고소를 제기한 것으로 보입니다. 즉, 보궐선거의 선거구도와 밀접한 관련성이 있으므로 허위의 고소를 할 동기가 충분히 있습니다.

다. 선거 유세 당시 불법선거의 보고나 신고가 없었음

고성군 선거관리위원회의 사실조회회보에 의하면, 고성읍에 4명, 거류면에 2명의 선거부정감시단원이 있는데, 고성시장과 당동시장의 유세와 관련하여 특이사항을 보고한 사람은 없었으며, 불법선거운동 신고도 없었습니다. 군 단위 선거에서 5일장의 장날 유세는 후보자의 유세 활동이 집중되는 곳이므로 감시단원들 중 최소한 1명 이상은 현장에서 감시활동을 했다고 보아야 할 것이며 만약 공소사실과 같은 비방연설이 있었다면 특이사항 보고를 하였을 것입니다. 또, 유세 청중이 고성시장 유세는 250명, 당동시장 유세는 300명인데 공소사실과 같은 비방연설이 있었다면, 요즘과 같이 공명선거에 대한 국민적 의식이 높아진 선거환경에서는 청중 가운데 누군가는 경찰이나, 선관위에 신고를 하였을 것입니다. 그런데도 아무런 보고나 신고가 없었다는 것은 공소사실에 대한 유력한 반증으로 보아야 할 것입니다.

3) 소 결

형사재판에서 공소가 제기된 범죄사실에 대한 입증책임은 검사에게 있는 것이고, 유죄의 인정은 법관으로 하여금 합리적인 의심을 할 여지가 없을 정도로 공소사실이 진실한 것이라는 확신을 가지게 하는 증명력을 가진 증거에 의하여야 하므로, 그와 같은 증거가 없다면 설령 피고인에게 유죄의 의심이 간다고 하더라도 피고인의 이익으로 판단할 수밖에 없습니다(대법원 2006. 4. 27. 선고 2006도735 판결 등). 이 부분 공소사실에 대한 증거로는 고소인의 적극적 지지자들의 진술뿐이며, 그것도 상호 모순되며, 또 이에 대하여 합리적 의심을 가지게 하는 유력한 반증과 정황증거가 있으므로, 이 부분 공소사실은 무죄판결을 해야 할 사항입니다.

2. 정보통신망이용촉진및정보보호등에관한법률위반(명예훼손)의 점

(1) 창원지방검찰청 통영지청장 또는 통영지청 구성원에 대한 명예훼손 부분

1) 검찰의 명예를 저하시키는 사실의 적시가 없습니다

공소사실에 기재된 이 사건 문자메시지는 '통영지청에서 이기사를 구속하고 이군수를 조사하고 있다'는 내용으로 보일 뿐 '통영지청장 또는 통영지청 구성원(이하 검찰이라고 함)이 그와 같은 내용을 알린다'는 내용으로 볼 수는 없습니다. 또, 통영지청의 전화번호와 정확하게 일치하지 않는 점을 함께 고려하여 보면 '검찰이 그와 같은 내용을 알린다'는 사실이 곧바로 유추되지도 않습니다. 그러므로 이 사건 문자메시지에 의하여 검찰의 사회적 가치나 평가를 저하시키기에 충분한 구체적인 사실의 적시가 있다고 볼 수는 없습니다.

2) 전파가능성이 없습니다

현재까지 이 문자메시지를 받은 기자 중에서 이 내용을 보도한 기자는 없습니다. 그렇다면 전파가능성이 없어 공연성을 결하므로 명예훼손의 구성요건에 해당하지 않습니다. 대법원도 "통상 기자가 아닌 보통 사람에게 사실을 적시할 경우에는 그 자체로서 적시된 사실이 외부에 공표되는 것이므로 그때부터 곧 전파가능성을 따져 공연성 여부를 판단하여야 할 것이지만, 그와는 달리 기자를 통해 사실을 적시하는 경우에는 기사화되어 보도되어야만 적시된 사실이 외부에 공표된다고 보아야 할 것이므로 기자가 취재를 한 상태에서 아직 기사화하여 보도하지 아니한 경우에는 전파가능성이 없다고 할 것이어서 공연성이 없다고 봄이 상당하다."고 판결하고 있습니다(대법원 2000. 5. 16. 선고 99도5622 판결).

3) 명예훼손의 고의가 없습니다

피고인이 이 사건 문자메시지를 발송한 동기(보궐선거에 대한 이해관계)에 비추어 보면, 문자메시지 발송으로 인한 검찰의 명예훼손에 대하여는 그 인식도 의사도 없었으므로 고의를 인정할 수 없습니다. 그렇다면 검찰의 명예가 훼손된 점이 있다고 가정하더라도 '과실에 의한 명예훼손'에 불과한데 우리 형법은 명예훼손죄에 대한 과실범처벌규정이 없습니다.[15]

(2) 고성군수 이철호에 대한 명예훼손 부분

이 부분 공소사실은 반의사불벌죄인데, 공소제기 후 피해자가 처벌을 원하지 아니하므로(기록 56쪽) 공소기각 판결을 해야 할 사항입니다(제327조 6항).

3. 특정경제범죄가중처벌등에관한법률위반(배임)의 점

피고인은 이 사건 공소사실에 대하여 그 잘못을 인정하고 있습니다만, 그 형사책임이 특정경제범죄가중처벌등에관한법률위반(배임)에 해당하지는 않습니다. 즉, 이 사건 부동산처럼 근저당권설정등기가 경료되어 있는 경우에는 부동산 시가 상당액에서 피담보채권액 등을 뺀 실제 교환가치를 부동산 가액으로 하여야 합니다(대법원 2011. 6. 30. 선고 2011도1651 판결).[16]

고소인의 진술과 부동산등기부등본, 매매계약서에 의하면, 이 사건 부동산에는 매매계약 당일 기준으로 매도인 박노식의 대박저축은행에 대한 채무 삼억 오천만 원(원금 · 이자 합계액)에 대하여 근저당권설정이 되어 있음이 명백하므로 이 사건 부동산의 실제 교환가치는 부동산 시가 7억 원에서 3억 5,000만 원 정도를 뺀 3억 5,000만 원 정도라고 해야 합

---

15) 이 모의문제의 모델이 된 유사 사건에서 대법원은 위 청구이유 1), 2), 3) 중에서 1)의 이유만으로 무죄판결을 하였음.

16) 배임행위로 얻은 재산상 이익의 일정한 액수 자체를 가중적 구성요건으로 규정하고 있는 특정경제범죄 가중처벌 등에 관한 법률 제3조 제1항의 적용을 전제로 하여 이중매매 대상이 된 부동산 가액을 산정하는 경우, 부동산에 아무런 부담이 없는 때에는 부동산 시가 상당액이 곧 가액이라고 볼 것이지만, 부동산에 근저당권설정등기가 경료되어 있거나 압류 또는 가압류 등이 이루어진 때에는 특별한 사정이 없는 한 아무런 부담이 없는 상태의 부동산 시가 상당액에서 근저당권의 채권최고액 범위 내에서 피담보채권액, 압류에 걸린 집행채권액, 가압류에 걸린 청구금액 범위 내에서 피보전채권액 등을 뺀 실제 교환가치를 부동산 가액으로 보아야 한다(대법원 2011.6.30. 선고 2011도1651 판결).

니다.

그러므로 피고인에 대한 죄명은 특정경제범죄가중처벌등에관한법률위반(배임)이 아니라 단순 배임죄가 되며, 그 공소시효는 5년입니다(개정 전 형사소송법 제249조 1항 4호). 그러므로 이 부분 공소사실은 이중매매로 인한 소유권이전등기를 마친 2002. 10. 5.부터 5년이 경과한 2007. 10. 4. 그 공소시효가 완성되었으므로 면소판결을 해야 할 사항입니다(제326조 3호).

Ⅳ. 정상관계(생략)

Ⅴ. 보석조건에 관한 의견(생략)

Ⅵ. 결 어(생략)

〔제 6 문〕

변론요지서

Ⅰ. 피고인 김평산에 대하여

1. 강도살인, 현주건조물방화치사의 점

피고인 김평산과 상피고인 이칠성의 공모 내용은 복면을 하고 피해자의 집에 들어가 피해자를 힘으로 제압하고 금품을 강취하는 것이었습니다. 그러나 이칠성이 범행을 실행하는 과정에서 강도살인, 현주건조물방화치사죄를 저질렀는데 이는 피고인 김평산에게는 초과실행이므로 형법상의 (개별)책임주의에 따라 초과실행 부분에 대한 피고인 김평산의 고의 내지 예견가능성 유무를 가려 판단해야 합니다.[1)]

이 부분을 분석하면, 이칠성은 40세의 신체건장한 남자이고(특히 피고인은 이칠성이 괴력의 소유자라고 알고 있음. 수사기록 33면) 피해자는 70세의 노인이므로 강도 범행 과정에서 예상되는 피해자의 반항은 이칠성의 완력으로 제압할 수 있으며, 복면을 하였으므로 신원이 노출될 염려도 없어 신원을 은폐하기 위한 살인 등의 추가범행을 할 필요도 없으므로, 피고인으로서는 상피고인 이칠성이 특수강도 범행을 실행하는 과정에서 사람을 살해하거나 사망에 이르게 하는 데 대한 예견가능성이 없으며, 또 이에

---

1) - 답안 중에는 강도살인은 양적 초과, 현주건조물방화치사죄는 질적 초과라고 나누어, 전자는 공범의 초과실행으로 분석하고, 후자는 이러한 분석을 거치지 않고 곧바로 공범자는 전혀 책임지지 않는다고 한 것이 있었다. 그러나 공범자의 초과실행 부분이 질적 초과에 해당하는 범죄라고 하더라도 그 초과 부분에 대하여 피고인의 예견가능성이 인정되는 경우가 있을 수 있고 이런 경우에는 형사책임을 지게 되므로, 양적 초과, 질적 초과 모두 그 초과부분에 대한 고의 내지 예견가능성 유무를 논하여 결론짓는 것이 타당하다.
- 공동정범으로 공소제기되었으므로, 위와 같은 분석을 한 후 "기능적행위지배가 인정되지 않는다."고 변론할 수도 있다.

대한 미필적고의도 없습니다.[2)]

그러므로 상피고인 이칠성의 방화나 피해자의 사망에 대하여 피고인 김평산의 고의나 예견가능성을 인정할 수 없으므로 강도살인 내지 강도치사, 현주건조물방화치사죄가 성립하지 않습니다.[3)]

2. 살인의 점

(1) 개 요

이 사건에 대하여, 피고인이 살인 범행 당시 범행 현장에 있었고, 사건 발생 직후 범행 자백 내용의 진술을 한 바 있고, 이 진술을 들은 참고인들이 있으나, 피고인의 자백 내용의 진술은 그 신빙성에 의문이 제기되며, 공소사실에 대하여 합리적 의심을 제기하는 객관적 상황과 자료들이 있습니다.

(2) 증거의 증거능력 배제

검사가 작성한 피고인에 대한 피의자신문조서에는 피고인에게 불리한 간접사실들(피해자가 내연관계 청산을 요구했다, 차 안에서 심한 다툼을 하였다, 이 과정에서 이마에 상처가 났다)을 인정하는 취지의 진술이 기재되어 있습니다. 이 조서에 대하여 피고인이 이 법정에서 실질적 진정성립을 부인하였고, 검사가 수사관을 증인으로 내세워 실질적 진정성립을 증명하려고 하였으나 검찰 수사관의 증언은 형사소송법(이하 법명 생략) 제312조 2항의 '객관적 방법'에 해당하지 않으므로 결국 실질적 진정성립이 인정되거나 증명된 바 없어 이 조서는 증거능력이 없습니다.

사법경찰관이 작성한 참고인 손지창의 진술조서에 나타나는 털모자 등산객의 진술[4)](어떤 남자가 차량 트렁크에서 총을 꺼내어 운전석에 오르는 것

---

2) 피고인은 이 사건 강도 범행 중 이칠성이 사람을 상해할 가능성도 없다는 취지로 주장하나 강도 범행은 폭행 또는 협박을 수단으로 하므로 일반적으로 사람을 상해할 가능성을 배제할 수 없으므로 피고인의 주장은 법원이 받아들일 가능성이 낮다. 이 점에 대하여는 변론요지서에서 거론할 필요는 없다.

3) 만약 문제의 지시사항 내지 유의사항에서 "피고인의 범죄가 성립하는 범위 내에서는 이를 인정하는 변론을 할 것."이라고 하였다면 "피고인의 형사책임의 범위는 특수강도 미수에 그칩니다."라고 변론해야 할 것이다.

4) 이를 간략히 '사법경찰관이 작성한 참고인 손지창의 진술조서'라고 표현하기도

을 보았다)은 털모자 등산객의 진술을 내용으로 하는 손지창의 진술(제316조 2항의 전문진술)을 진술조서(제312조 4항)에 기재한 것이므로 재전문입니다. 대법원은 이러한 유형의 재전문(전문진술이 기재된 조서)의 증거능력을 인정하지만, 전문법칙 예외인정의 요건을 이중으로 충족하여야 합니다. 살펴보면, 제316조 2항의 요건 중, '원진술자(털모자 등산객)의 소재불명' 요건은 검사의 제2회 공판기일의 진술에 따라 충족된다고 하더라도, '원진술의 특신상태'의 요건은, 원진술자의 인적사항마저 특정되지 않았으며, 인적사항이 특정되기까지는 법원에 대하여는 가공의 인물에 불과하여 그의 목격 경위, 발언 동기, 발언 경위를 살펴 그 신빙성을 판단할 수 없으며, 검사로서도 원천적으로 원진술의 특신상태를 증명할 수 없으며 실제로 특신상태가 증명되지 않았습니다. 그러므로 증거능력이 없습니다.[5]

증인 손지창의 증언에 나타나는 털모자 등산객의 진술[6]은 제316조 1항의 전문진술인바, 위에서 살펴본 바와 같이 원진술의 특신상태가 증명되지 않았으므로 증거능력이 없습니다.

상피고인 이칠성의 법정진술(김평산이 "나한테 총이 있는데...."라고 지나가는 말처럼 말했다)은, 이칠성은 특수강도 범행에서는 공범이지만 '박봉순 살인'의 공소사실에 대하여는 공범이 아니므로 이른바 공범 아닌 공동피고인입니다.[7] 이 경우에는 증인적격이 있으므로(공동피고인의 증인적격에 관한 절충설. 다수설, 판례) 이칠성이 증인선서를 한 후 증언을 해야 증거능

하는데 정확하게는 본문처럼 표현하여야 한다.

5) - 손지창의 진술조서의 증거능력을 배척할 때, 제312조 4항의 요건 중 반대신문 기회보장의 요건이 미비함을 주장할 수 있다(기록 18면 참조).
- 이 부분 변론에 이어서 다음과 같이 원진술의 증명력을 다투는 예비적 변론을 하는 것도 좋다. 즉, "설사 위 원진술의 특신상태가 인정되어 진술조서의 증거능력이 인정된다고 하더라도, 원진술자(털모자 등산객)가 차량을 목격한 시점은 04:10 이전이며 당일 일출 시각은 05:19이며, 달이 없고 가로등도 없어서 어두우며, 등산로에서 차량까지는 상당한 거리가 있으므로 목격 내용을 그대로 신빙할 수 없습니다. 피고인이 트렁크에서 소주병을 꺼내는 장면을 목격한 것이거나 괴한을 목격한 것일 수도 있습니다."

6) 이를 간략히 증인 손지창의 증언이라고 표현할 수도 있다.

7) 형사소송법 교과서에 나오는 '공범 아닌 공동피고인'의 한 경우이므로 음미해보기 바란다.

력이 있습니다. 그러므로 이 부분 이칠성의 법정진술은 증거능력이 없습니다.

(3) 합리적의심을 제기하는 객관적 정황

1) 엽총 미발견

가. 피고인은 총기소지허가를 받은 사실이 없습니다(수사기록 36면). 그러나 총기소지허가를 받지 않은 사람도 불법적 경로로 총기를 소지할 가능성은 있으므로 총기소지허가 여부와는 별도로 다음과 같이 변론합니다.

나. 만약 피고인이 범인이라고 가정하면, 범행시각(4:10)부터 범행현장을 떠나는 시각(4:40으로 추정)까지 30분 동안 범행도구인 엽총을 은닉해야 합니다. 사법경찰관이 작성한 엽총 수색 보고에 의하면, 범행현장에서 반경 2km 이내의 범위를 수색하였는바, 엽총은 발견되지 않았습니다. 엽총 수색은 수색 인원, 수색 장소, 수색 장비 등에 비추어 충분히 이루어졌으므로 그 범위 내에서는 총이 없었다고 보아야 합니다. 엽총 수색에는 금속탐지기도 사용하였으므로 엽총을 땅에 파묻었을 가능성도 배제되어야 합니다.

피고인이 수색 범위 밖에 은닉하기 위해서는 최소한 왕복 4km의 산길을 이동하여야 하는데 이 거리는 술에 취하여 걸음이 비틀거리는 피고인이 30분 동안 이동할 수 없는 거리입니다(성인 남자의 보행 속도는 시간당 4km 정도임). 또, 산 속의 수목으로 인하여 수색하기 극히 곤란한 어떤 곳에 은닉할 가능성을 상상할 수 있지만, 이 경우에는 은닉하기 위하여 이동하는 과정에서 필연적으로 신체부위에 수풀에 긁힌 상처 등이 나타나야 하는데, 수사보고서에 의하면 피고인은 이마의 상처 이외에는 다른 상처가 없습니다(수사기록 34면). 그러므로 논리법칙 상 피고인이 엽총을 사용하여 범행을 하였을 가능성은 극히 희박하다고 보아야 하며, 제3의 인물(피고인이 주장하는 괴한)이 엽총으로 피해자를 살해하고 그 엽총을 들고 수색 범위 밖으로 이동하였을 가능성이 훨씬 높습니다.

2) 국립과학수사연구원 감정결과(손톱의 혈흔)

국립과학수사연구원의 감정결과에 의하면, 피해자의 손톱에서 피해자와 피고인의 혈액형이 아닌 제3자의 혈액형 O형이 검출되었습니다. 이 제3자의 혈흔은 피고인이 잠에서 깨어나기 전에, 피해자와 제3자의 어떤 형태의 몸싸움(갑자기 나타난 괴한의 위협이나 공격에 대한 피해자의 저항)의

가능성을 말해주는 과학적 증거입니다. 이 제3자의 혈흔은 "공터 옆 너럭 바위에 누워 잠깐 잠이 들었는데 갑자기 총소리가 나서 차 있는 쪽을 쳐다보니 어둠 속에서 사람들이 엉켜 있었다."라는 피고인의 주장을 뒷받침하며 제3자의 범행 가능성을 분명하게 보여줍니다. 한편, 피해자의 손톱에서 검출된 B형의 혈흔이 피고인의 것이라고 가정하더라도 이는 피고인과 피해자 사이의 손톱에 긁히는 정도의 신체적 접촉에 의하여 발생할 수 있으며(피고인은 피해자에게 다가갔을 때 "저에게도 손을 내 저어며 마지막 발악을 하더라."라고 하므로 이 과정에서 접촉될 수 있으며, 그 외 두 사람의 애정행각 과정에서 접촉될 수도 있음), 백보 양보하여 피고인과 피해자의 격렬한 다툼 과정에서 발생했다고 가정하더라도 '피해자와 제3자의 몸싸움'의 가능성은 그대로 남아 있습니다.

3) 피고인 이마의 열상

피고인 이마의 상처는 길이 5센티미터, 깊이 0.5센티미터 정도의 열상이므로, 여성인 피해자의 손톱에 의하여 발생한 것으로는 볼 수 없고[8] "남자 중 한 명이 엎어치기 식으로 저를 땅에 처박았다."라는 피고인의 주장(수사기록 31면)에 부합하는 것으로서, 제3자의 범행 가능성을 보여줍니다.

4) 범행동기의 부족

피고인과 피해자와의 격렬한 몸싸움의 근거가 전혀 없고, 피해자가 피고인에게 내연관계 청산을 요구했다는 근거도 없으므로 피고인에게는 살인이라는 중범죄의 동기가 없습니다.

(4) 증거의 증명력(신빙성) 배제

1) 자백의 신빙성 문제

사법경찰관 홍반장의 수사보고서와 임재범의 진술조서는 이 사건 발생 이후에 피고인이 "내가 사람을 죽였다."라고 말하는 것을 들었다는 것이며, 이 말을 한 사실은 피고인도 인정하고 있습니다.[9] 그러나 피고인은

---

8) 변론에서 이마의 상처에 대하여 피해자의 손톱에 긁힌 것으로 인정하면 매우 불리해진다. 격렬한 다툼은 우발적 살해의 동기가 된다. 그래서 피고인은 검사의 조사에서도 이 점을 인정하지 않았다고 하면서 검사작성 피의자신문조서의 실질적 진정성립을 부인하고 있는 것이다.

9) 수사보고서 상에 경찰관 홍반장이 "어디서 오는 길이냐." 등의 몇 개의 질문을 던지는데 이 질문을 하기 전에 진술거부권을 고지하지 않았다고 하여 이

당시 등산객에게는 ‘그렇게 말하면 경찰에 신고를 해줄 것 같아서’, 지구대장에게는 ‘당시 취중이고 저 때문에 박봉순이 죽어서 너무나 괴로워서’ 그런 말을 했다고 주장합니다. 피고인의 주장에 따르면 피고인의 말은 범행을 시인하는 취지의 말은 아니지만 객관적으로는 자백 취지의 말이므로 자백의 신빙성 차원에서 검토되어야 합니다.

생각건대 피고인의 주장대로 이 사건이 제3자의 범행이라면 피고인이 큰 형사책임을 지게 될 수도 있는 자백 취지의 말을 하는 것이 이례적인 것은 사실입니다. 그러나 제3자의 범행인 경우에 피고인은 충격적 사건을 막지 못하고 내연관계의 여성이 살해당하는 장면을 목격한 사람으로서, 사건 이후의 극도의 정신적 충격 상태, (내연관계를 맺은) 자기 때문에 사람이 죽었다는 도의적 책임감, 걸음이 비틀거리고 말을 횡설수설하며 입에서 술 냄새가 많이 날 정도의 주취상태(한상경의 진술서) 등 상황을 종합하면, 피고인이 진범검거를 위한 적절한 진술 등 정상적인 대처를 하지 못하고 횡설수설할 가능성이 있으므로, 피고인의 말(자백 취지의 말)은 자백으로서의 신빙성이 높다고 볼 수 없습니다. 또 피고인의 자백과 배치되는 객관적 상황(엽총 미발견, 피해자 손톱의 제3자의 혈흔)이 있으므로 더욱 그 신빙성이 높지 않습니다.

2) 윤계장의 증언, 홍반장의 수사보고서, 임재범의 진술

윤계장의 증언은 검사 작성의 김평산에 대한 피의자신문조서의 실질적 진정성립 증명을 위한 것으로서 그 증언 내용은 검사의 피의자신문조서 내용과 같으므로, 위 검사의 피의자신문조서가 증거능력이 없어 증거로 사용되지 않는 마당에 윤계장의 증언이 독자적인 증거가치를 가질 수 없습니다.

수사보고서를 위법수집증거라고 주장할 수 있다. 그러나 이 주장만으로는 충분한 변론이라고 할 수 없다. 이 수사보고서는 피고인이 증거동의하였으며, 수사보고서에 기재된 내용 자체를 이후 일절 다투지 않고 있기 때문이다. 위법수집증거에 대하여는 증거동의가 불가능하므로 이 증거동의가 효력이 있는지에 대하여 의문을 제기할 수 있다. 이론적으로 증거동의의 본질은 반대신문권 포기이며 동의의 대상은 전문증거에 한한다고 하지만, 증거동의 제도의 운용에서는 반대신문과는 관계없는 증거물에 대한 증거동의도 인정되는 등 이론적 일관성만을 추구하지는 않는다.

홍반장의 수사보고서와 임재범의 진술의 주된 취지는 '피고인으로부터 자백 취지의 말을 들었다'는 것에 불과하므로, 위에서 살펴본 바와 같이 자백의 신빙성을 인정할 수 없으므로 독자적인 증거가치를 가질 수 없습니다.

(5) 소결론

형사재판에서 공소가 제기된 범죄사실에 대한 입증책임은 검사에게 있는 것이고, 유죄의 인정은 법관으로 하여금 합리적인 의심을 할 여지가 없을 정도로 공소사실이 진실한 것이라는 확신을 가지게 하는 증명력을 가진 증거에 의하여야 하므로, 그와 같은 증거가 없다면 설령 피고인에게 유죄의 의심이 간다고 하더라도 피고인의 이익으로 판단할 수밖에 없습니다(대법원 2006. 4. 27. 선고 2006도735 판결 등). 이 부분 공소사실에 대한 증거들 중 일부는 앞서 본 바와 같이 증거능력이 없고, 가장 유력한 증거로 제시된 피고인의 자백 취지의 말도, 그 신빙성이 높지 않으며, 엽총 미발견과 피해자 손톱의 혈흔과 같이 제3자의 범행 가능성을 뒷받침하는 유력한 객관적 정황이 있으므로, 공소사실에 대하여 도저히 합리적 의심을 배제할 수 없으므로 무죄를 선고하여 주시기 바랍니다.

3. 도로교통법위반(음주측정불응)의 점

(1) 공소장일본주의 위반

공소장의 모두사실에 4회의 동종전과가 기재되어 있는바, 이는 법원으로 하여금 피고인이 음주운전의 습벽이 있으며 이 사건에 있어서도 피고인이 음주운전을 하였다는 선입견을 갖게 할 수 있으며, 이에 대하여 법원이 그 부분의 삭제를 명하는 등의 적절한 조치도 없었으므로 공소장일본주의에 반하여 위법합니다(다수설). 그러므로 공소기각 판결을 해야 합니다(제327조 2호).

(2) 음주측정거부에 해당하지 않음

1) 음주운전을 하였다고 인정할 사유가 없음

피고인은 저녁 식사를 하면서 술을 마셨지만 술을 다 깬 상태로 운전했으며 (운전 후) 산에서도 술을 마셨다고 주장하는바, 피고인의 승용차 뒷좌석에서 빈 소주병 2개가 발견되어 피고인의 주장에 부합합니다. 그러므로 피고인이 저녁 식사 후 청계산으로 차량을 운전할 당시 주취상태였다고 인정할 만한 사유가 없습니다.

2) 피고인은 경찰관으로부터 호흡측정을 요구받고 호흡측정기는 믿을 수 없어서 응하지 않았다고 주장하고, 의경 한상경의 진술도 이에 부합합니다. 호흡측정을 믿을 수 없다고 주장하는 경우에는 경찰관은 즉시 호흡측정기에 의한 측정절차를 생략하고 바로 혈액 측정으로 나아가야 한다고 보아야 하므로(대법원판례의 취지)[10] 경찰관이 30분 동안 반복적으로 호흡측정을 요구하는 데 불응한 것은 음주측정거부라고 볼 수 없습니다.

(3) 소결론

이 부분 공소사실에 대하여는, 공소기각 판결을 하거나 무죄를 선고하여 주시기 바랍니다.

Ⅱ. 피고인 이칠성의 절도에 대하여

피고인과 피해자는 4촌인 친족관계이므로 피고인의 절도죄는 상대적 친고죄입니다(형법 제328조 2항).[11] 그런데 피해자의 고소 없이 이 사건이 공소제기되고, 그 후 고소장이 법원에 제출되었으므로 이는 고소의 추완에 해당합니다.

고소의 추완에 대하여, 적극설 · 절충설이 있으나 다수설과 판례는 공소제기는 절차의 형식적 확실성이 강하게 요청되는 소송행위이므로 하자의 치유를 인정하지 않는 소극설의 입장이며 이 견해가 타당합니다. 결국 고

---

10) 대법원 2002. 10. 25. 선고 2002도4220 판결 [도로교통법위반]
운전자의 신체 이상 등의 사유로 호흡측정기에 의한 측정이 불가능 내지 심히 곤란하거나 운전자가 처음부터 호흡측정기에 의한 측정의 방법을 불신하면서 혈액채취에 의한 측정을 요구하는 경우 등에는 호흡측정기에 의한 측정의 절차를 생략하고 바로 혈액채취에 의한 측정으로 나아가야 할 것이고, 이와 같은 경우라면 호흡측정기에 의한 측정에 불응한 행위를 음주측정불응으로 볼 수 없다

11) 기록상, 피고인이 '피해자의 집에서 키우다시피 한 자'라고 해서 현재 동거친족(형법 제328조 1항)인 것은 아니다. 피의자신문조서에도 "누나 집에 놀러 갔다."라고 되어 있다.

소의 추완이 인정되지 않으므로 이 부분 공소제기는 공소제기절차의 법률 위반으로 공소기각 판결을 하여야 합니다(제327조 2호).[12] -끝-

12) 피고인은 수사기관에 '자수'하였다. 자수는 법률상 감경사유이다. 만약 공소기각 사유가 없다면 변론해야 한다.

〔제7문〕 변론요지서

Ⅰ. 살인의 점

1. 이 사건의 쟁점

피고인은 범행을 부인하는 바, 일부 자백진술의 증거능력, 가죽장갑의 착용자, 사체와 현장의 상황, 목격자의 진술의 신빙성 등이 이 사건의 쟁점입니다.

[또는, **1. 검사측 증거의 개요**

이 사건 공소사실에 부합하는 증거로는, 사법경찰관 작성의 제3회 피의자신문조서, 검사작성의 제1회 피의자신문조서, 이한량의 진술 등이 있습니다.]

2. 증거능력 없는 증거

사법경찰관 작성의 제3회 피의자신문조서는 피고인이 내용부인하므로 증거능력이 없습니다. 또 경찰 수사관들이 잠을 재우지 않고 신문하는 바람에 자포자기의 심정으로 임의성 없는 자백을 한 것이므로(17면) 증거능력이 없습니다.

검사작성의 제1회 피의자신문조서는 피고인이 조서의 실질적 진정성립은 인정하나, 경찰에서의 위법수사로 인하여 임의성 없는 자백을 한 후, 검찰에서도 그 연장선상에서 임의성 없이 진술한 것으로 보아야 하므로 증거능력이 없습니다.

3. 각 증거자료의 증명력

(1) 검은 가죽장갑

피 묻은 검은 가죽장갑은 이 사건에서 결정적 자료입니다. 이 검은 가죽장갑의 착용자가 이 사건의 범인일 가능성이 높습니다.

1) 이한량의 진술의 신빙성

피고인과 검은 가죽장갑을 연결 짓는 유일한 근거는 이한량의 진술입니다. 그런데 이한량은 참고인과 증인으로서 두 가지의 사실을 증언하였는바, 하나는 피고인과 피해자가 사건 전날 밤 피해자의 집에서 심한 언쟁을 하는 것을 집밖에서 들었다는 진술이고, 다른 하나는 심한 언쟁이 있는 직후 피고인이 검은 가죽장갑을 착용하고 있는 장면을 목격했다는 진술입니다. 그런데 이한량의 전자의 진술은 다음의 두 가지 자료에 의하면 명백히 사실에 반하는 진술로 보입니다. 즉, ① 홍순남의 진술(피고인이 범행전날 밤 다녀간 후 여동생인 피해자와 통화하였는데 피해자가 기분이 좋았고 피고인에 대하여 나쁜 말도 하지 않았다)과 ② 김농부의 진술(피고인이 다녀간 다음날 아침에 피해자가 매우 밝고 기분 좋아 보였다)에 의하면 이 사건 범행 전날 밤에 피고인과 피해자 사이에 다툼이 있지는 않았던 것입니다. 그러므로 동일인의 동일 시점의 청취 사실과 목격 사실에 관한 증언 중 하나가 명백한 허위라면 나머지 것도 신빙성이 없는 것으로 봄이 상당하므로, 피고인이 사건 전날 저녁 검은 가죽장갑을 착용하고 있는 것을 목격하였다는 이한량의 진술은 신빙성이 없습니다.

2) 경찰관의 소지품 수색 결과

피고인은 7. 31. 밤 11:00경 피해자의 집에서 나와 찜질방에 갔다가 성폭행혐의로 현행범 체포되어 서울강남경찰서에서 조사를 받은 사실이 있습니다. 당시 경찰관은 피의자의 소지품을 조사하였는데 피임기구, 소형녹음기, 지갑 이외에는 다른 소지품이 없었습니다(기록 27면). 이로써 범행현장의 검은 가죽장갑은 피고인과 전혀 무관한 것이 확인됩니다.

(2) 홍순남의 진술

홍순남은 피해자가 "그 남자(피고인)에게 돈 갚으란 말을 꺼내었더니 피고인이 탁자를 손으로 치면서 폭력적으로 변하였다."고 말하였다고 진술하였습니다. 그러나 이 피해자의 말은 이 사건 발생일로부터 약 한 달 전의 말이며, 홍순남의 "사건 전날 저녁 피해자가 기분이 좋았다"는 취지의 진술에 의하여, 범행동기에 관한 자료로서의 가치를 거의 상실했다고 보아야 합니다.[13]

---

13) 이 홍순남의 진술은 피고인의 범행동기(피해자와의 다툼과 피고인의 폭력성)

(3) 검사작성의 제1회 피의자신문조서

검사작성의 제1회 피의자신문조서가 증거능력이 없음은 앞서 본 바와 같고, 설사 그 증거능력이 인정된다고 하더라도, 다음과 같은 사유로 그 자백의 신빙성이 없습니다. 즉, 자백의 요지는 피고인이 안방에서 칼로 피해자의 가슴을 찔렀다는 것인바, 국립과학수사연구소의 감정결과 및 질의회신에 의하면 거실 벽에 나타나는 비산혈흔에 비추어 범인이 피해자의 가슴을 찌른 장소는 거실임이 명백하므로 피고인의 자백은 객관적 자료와 배치되므로 신빙성이 없습니다.[14)]

4. 피고인에게 유리한 자료, 객관적 정황

(1) 범행시각

거실 바닥의 핏방울 응고 상태와 국립과학수사연구소의 질의회신에 따라 역산하면 범행 시각이 최소한 8. 1. 9:45 이전이라고 보아야 합니다. 이는 피고인이 당일 아침 피해자의 집에 들어가기 전입니다. 이 범행시각은 제3자의 범행 가능성을 말해 줍니다.[15)]

또, 피고인이 10:00에 피해자의 집에 들어간 후 김농부에게 도움을 청하기까지 불과 10분의 시간이 있습니다. 이 시간은 경험칙상 양인간의 말다툼, 몸싸움, 살해로 상황이 악화되기에는 지나치게 짧은 시간입니다.

관련 자료가 될 수 있으므로 배척해야 함. 이 진술은 제316조 2항의 전문진술인데 원진술자인 홍순녀의 사망으로 증거능력을 구비하였으므로 증거능력은 다툴 수 없고 증명력을 배척해야 함. 이 대목에서 홍순남이 피해자의 유족이므로 피고인에 대하여 일부러 유리한 진술을 할 리 없다는 언급도 설득력이 있다.

14) 이 부분 변론은 자백의 신빙성을 다투는 변론(허위자백이라는 변론)이며, 자백은 가장 불리한 증거이므로 핵심 변론 중 하나임.
이 피고인의 자백과 관련한 가장 실패한 변론은 "피고인이 자백하였으나 이에 대한 보강증거가 없다"는 변론이다. 이런 방향으로 변론하였다가 보강증거가 하나라도 있으면 유죄판결로 직결된다. 이 기록에도 보강증거가 무수히 있다. 이런 변론방향이 매우 위험한 것임은 앞서 사실인정론(122쪽)에서 설명하였다.

15) 혈액 응고 시간을 들어서 "10시 이전의 범행이다."라고 하기보다는 "최소한 9:45 이전의 범행이다."라는 식으로 그 계산 내역을 보여주는 것이 정확하다.

(2) 피고인의 의복의 피

감정결과 및 질의회신에 의하면 칼에 찔려 대동맥이 파열되는 경우 범인의 의복에 비산혈흔(飛散血痕)이 발생할 가능성이 매우 높은데, 피고인의 상의와 하의에 나타나는 혈흔(증제1, 2호)은 비산혈흔이 아닙니다. 따라서 위 감정결과 및 질의회신은 '이미 칼에 찔려 사망한 피해자를 일으켜 안을 때 옷에 피해자의 피가 묻었다'는 취지의 피고인의 변소를 뒷받침하는 자료입니다.

(3) 피고인의 신체, 얼굴에 상처가 없음

피해자의 사체에는 팔과 손, 가슴부위에 칼에 찔린 상처가 있습니다. 이 중 치명적인 상처는 대동맥 파열이므로 가슴부위를 칼에 찔리기 전에 먼저 팔과 손에 상처를 입는 과정에서 피해자의 완강한 저항이 있었을 것이므로 범인의 신체에도 조금이나마 상처가 발생하는 것이 경험칙에 부합합니다. 그러나 피고인의 신체에는 전혀 상처가 없습니다.[16]

(4) 피고인의 지문 2곳, 정액의 혈액형

이 자료는 피고인이 자주 피해자의 집을 출입하는 관계였고 범행 전날에는 피해자와 동침하였다는 점을 나타낼 뿐이며, 피고인이 피해자를 살해하였다는 자료가 될 수 없습니다.[17]

5. 소　　결

따라서 이 사건 공소사실 중 살인의 점은 공소사실을 인정할 만한 증거가 없으므로, 형사소송법 제325조 후단에 의하여 무죄가 선고되어야 합니다.

16) 치명적인 상처는 대동맥 파열임. 그러므로 그 이전에 팔과 손에 상처를 입는 과정이 있음. 이 과정에서는 완강한 저항이 있었을 것 등을 언급하는 것이 논리적 설득력이 있음. 이런 언급을 하지 않고 단순히 "피해자가 저항을 하였을 것인데 피고인의 신체에 상처가 없다"는 변론은 부족한 변론임.

17) 피고인의 지문과 혈액형은 피고인에게 불리하게 해석될 수 있는 자료이므로, 이 부분에 대한 변론은 이 자료들을 범행과 논리적으로 연관지을 수 없음, 즉 다른 경과로 지문과 혈액이 존재할 수 있음을 설명(해명)하는 것임.

Ⅱ. 성폭력범죄의처벌등에관한특례법위반(공중밀집장소에서의추행)의 점

1. 이 사건의 쟁점

피고인은 피해자의 가슴을 만지려다가 실패에 그쳤다고 하므로 추행을 인정할 증거가 있는지 여부가 쟁점입니다.

[또는, **1. 검사측 증거의 개요**

이 사건 공소사실에 부합하는 증거로는 사법경찰관 작성의 성미나의 진술조서, 박보호의 진술조서, 박보호의 증언 등이 있습니다.]

2. 사법경찰관 작성의 성미나의 진술조서[18)]

성미나의 진술은 '자신이 잠들어 있는 사이에 피고인이 가슴을 만졌을 것이다.'는 취지로서, 추측에 불과한 내용이므로 추행 사실을 인정하기에 부족합니다.

3. 박보호의 증언 중 성미나의 진술 부분

이는 제316조 2항의 전문증언으로서, 당시 성미나가 술에 취한 상태에서 중년여성 손님의 참견을 막기 위하여 감정적으로 내뱉은 말로 보여 진실이 아닌 과장된 말을 하였을 가능성이 높으므로 원진술의 특신상태 요건을 구비하였다고 보기 어려우므로 증거능력이 없습니다.

설사 증거능력 요건을 충족한다고 하더라도, 성미나가 술에 취한 상태에서 중년여성 손님의 참견을 막기 위하여 감정적으로 내뱉은 말로 보이는 점, 앞서 본 바와 같이 성미나의 진술이 추측에 근거하고 있으므로 신빙성이 없습니다.[19)]

---

18) 이 진술조서에 대하여 피고인이 부동의하였으나, 성미나가 진술불능 상태이므로 제314조에 의하여 증거능력이 인정됨. 검사가 경찰에 성미나에 대한 소재수사지휘를 하여 소재탐지불능보고서가 들어왔으므로(기록 16면) 진술불능 요건이 충족되는 것으로 보아야 함.

19) "당시 성미나가 술에 취해 있었고, 중년여성 손님의 참견을 막기 위하여 감정적으로 내뱉은 말로 보여 진실이 아닌 과장된 말을 할 가능성이 높은 점" -

4. 박보호에 대한 진술조서 중 전문진술 부분

이 부분은 '전문진술이 기재된 조서' 형태의 재전문입니다. 대법원은 이러한 유형의 재전문의 증거능력에 대하여 전문법칙 예외인정의 요건을 각각 충족하면 인정할 수 있다고 합니다(이 경우 제312조 4항의 요건, 제316조 2항의 요건).

위 각 요건을 분석하면 박보호가 법정에서 진술조서의 진정성립을 인정하였으므로 전자의 요건은 충족하나, 전항에서 살펴본 바와 같이 원진술자인 성미나의 진술은 증거능력이 없거나 신빙성이 없으므로, 이 증거도 마찬가지로 증거능력이 없거나 신빙성이 없습니다.

5. 소 결

결국, 피고인의 진술은 성미나의 가슴을 만지려 하였으나 성미나가 잠에서 깨어나 만지지 못하였다는 것에 불과하여, 이 사건 범행은 미수에 그쳤다 할 것인데, 그 미수범 처벌규정 없으므로 무죄가 선고되어야 합니다.

이 점은 원진술(성미나가 가슴을 추행당했다고 말한 것)의 특신상태를 배척할 요소로 볼 수도 있고, 그 신빙성을 배척할 요소로 볼 수도 있음. 이 두 가지 설명이 모두 가능함.

〔제 8 문〕 변론요지서

Ⅰ. 특정범죄가중처벌등에관한법률위반(뇌물)의 점

1. 이 사건의 쟁점

피고인은 경찰에서부터 이 법정에 이르기까지 범행을 부인하는 바, 피고인이 일부 불리한 사실을 인정한 진술과 상피고인 이을남의 일부 진술, 조은숙의 진술, 수첩, 압수조서 등의 증거능력이 문제되며, 특히 뇌물을 공여하였다는 상피고인 이을남의 진술의 증명력(신빙성)이 핵심적 쟁점입니다.

[또는, **1. 검사 측 증거의 개요**

이 사건 공소사실에 부합하는 증거로는, 사법경찰관 작성의 피고인에 대한 피의자신문조서(일부 부합), 상피고인 이을남의 여러 형태의 진술, 조은숙의 진술, 수첩, 압수조서 등이 있습니다.]

2. 증거능력 없는 증거

사법경찰관 작성의 피고인에 대한 피의자신문조서에는 피고인이 2014. 5. 8. '란' 커피숍에서 이을남을 만난 사실이 있다고 기재되어 있으나 피고인이 내용부인하므로 증거능력이 없습니다. 피고인이 이 부분에 관하여 착오로 진술한 경위에 대하여는 검사작성 피의자신문조서에 잘 나타나 있습니다(수사기록 46면).

사법경찰관 작성의 상피고인 이을남에 대한 피의자신문조서(제1, 2회)에는 상피고인이 2014. 5. 8. 피고인에게 금 100만 원을 지급했다고 되어 있으나 피고인이 내용부인하므로 증거능력이 없습니다(형사소송법 제312조 3항, 내용인정의 주체에 관한 당해 피고인 내용인정설, 판례의 입장).

수첩과 압수조서는 사법경찰관이 2014. 7. 30. 14:00경 상피고인 이을남을 뇌물공여죄로 긴급체포한 후 24시간을 훨씬 초과한 같은 해 8. 1.

13:00경 동인의 사무실을 수색하여 영장 없이 긴급압수 한 것인데, 이는 무영장 압수(또는 긴급압수)의 요건(형사소송법 제217조 1항)을 충족하지 못하므로 수첩과 압수조서는 위법수집증거로서 증거능력이 없습니다.[20] 더구나 48시간 이내에 사후영장을 청구하지도 않았습니다(동조 2항).

검사작성의 상피고인 이을남에 대한 피의자신문조서 중 위 수첩을 제시하면서 신문하여 이을남으로부터 "피고인에게 돈 100만 원을 주었다."는 진술을 받은 부분은 위법수집증거에 기초한 제2차 증거(독수의 독과)이므로 증거능력이 없습니다.

조은숙의 진술서는 위 5. 8. 경 피고인과 상피고인 이을남이 함께 '란' 커피숍에 갔다는 내용이지만 이 진술서는 형사소송법 제312조 4항에 따라 조은숙이 법정에 나와 실질적 진정성립을 인정하여야 하는데,[21] 조은숙이 법정에 불출석하였으며 그 불출석 사유는 재미교포인 딸을 방문하기 위하여 미국 뉴욕시로 출국하여 귀국하지 않은 상태라는 것으로서 제314조의 소재불명의 요건에도 해당하지 않으므로 동조에 의하여도 증거능력이 인정되지 않습니다.[22]

3. 증명력 분석

(1) 100만 원 부분

1) 상피고인 이을남의 허위진술의 동기

100만 원 부분에 대하여 증거능력이 있는 증거로는 검사작성의 상피

---

20) 압수조서에 대하여는 증거목록상 증거동의로 표시되어 있으나, 위법수집증거에 대하여는 증거동의를 하였더라도 증거능력이 없다. 참고로, 변호인은 위법수집증거에 대하여는 증거 부동의를 해야 한다.

21) 이 진술서는 수사과정의 진술서이며, 사법경찰관 앞에서 참고인으로서 작성한 진술서이므로 제312조 5항에 의하여 제312조 4항의 진술조서와 같이 취급한다.

22) 조은숙의 진술서에 대하여, 검사가 소재수사지휘를 하여 소재탐지불능 취지의 보고서가 있으며, 조은숙은 미국 뉴욕시로 출국한 상태로서 미국 내 주소는 알 수 없으며, 조은숙의 노모는 조은숙이 2달 정도 후에 귀국할 예정이라고 하나 정확한 귀국일은 알 수 없는 점을 들어 제314조의 소재불명 요건을 충족한다고 볼 여지가 있다. 그러나 소재불명 요건을 엄격하게 해석하는 판례의 경향(이 책 81쪽)에 비추어 볼 때, 소재불명 요건을 충족하지 못하는 것으로 보이며 이렇게 변론하는 것이 타당하다.

고인 이을남에 대한 피의자신문조서와 이을남의 법정진술이 있으나 이을남에게는 허위진술의 동기가 있어서 그 진술의 신빙성이 낮습니다.

상피고인 이을남은 요양병원 건축허가 신청을 한 후 허가가 나지 않자 담당공무원인 피고인이 법적인 문제가 없는데도 허가를 해주지 않는다고 제멋대로 생각하며 악감정을 가지고 있는 사람으로서 허위진술의 동기가 있습니다. 또, 수사과정에서도 '피고인이 자신에게 섭섭하게 하였다'고 말하기도 하고 구청을 방문하여 담당공무원에게 행패를 부릴 정도로 공사(公私)를 구분하지 못하고 건전한 양식을 갖추지 못한 사람이므로 더더욱 사감(私感)에 따라 허위진술을 할 동기가 충분히 있습니다.

또한 돈 100만 원을 지급했다는 진술도 피고인에 대한 명예훼손죄로 조사를 받는 과정에서 처음으로 한 진술인 점에 비추어보면 보복 차원의 허위진술의 가능성도 있습니다.

2) 부족증거

상피고인 이을남이 서초구청 사무실에서 직원 10명가량이 듣고 있는 가운데 피고인에게 "이 나쁜 새끼, 거짓말쟁이"라고 소리친 사실이 있는데 이 말을 '뇌물을 받고도 허가를 해주지 않는 데 대한 항의'라고 해석할 수는 없습니다. 이을남은 피고인에게 욕설을 한 것에 불과하므로 이 욕설이 이 사건 '뇌물 수수' 관련 사실인정에 어떤 의미를 가질 수도 없습니다.

상피고인 이을남의 수첩이 증거능력을 가진다고 하더라도 '란'이라는 이름이 들어가는 음식점이나 술집 등 다른 가게들이 많이 있으므로 수첩에 기재된 '란'이 반드시 '란' 커피숍을 의미한다고 볼 수 없습니다.

3) 소 결

이 100만 원 부분에 대하여 신빙성이 낮은 상피고인 이을남의 진술 이외에는 아무런 증거가 없습니다.

(2) 2,900만 원 부분

1) 상피고인 이을남의 진술의 신빙성

상피고인 이을남은 위에서 살펴본 바와 같이 피고인에 대하여 허위진술을 할 동기를 가지고 있으며, 고향 후배인 박고소를 속이고 문서를 변조하여 거액을 편취하는 행태를 보이는 자로서 본시 말의 신빙성이 없는 자이며, 상피고인이 2014. 7. 30. 경찰에서 최초로 조사를 받을 때 100만

원 부분에 대하여는 진술하면서도 2,900만 원 부분에 대하여는 아무 언급이 없었다가 이날로부터 한참지난 9. 17. 검찰 조사 시에야 비로소 말한 점 등에 비추어 상피고인의 이 부분 진술은 신빙성이 없습니다.

2) 합리적 의심을 제기하는 객관적 정황

가. 지급 방법

100만 원 부분과 2,900만 원 부분은 밀접한 연관성이 있으므로 그 각 돈의 지급 방법도 상호연관성 속에서 경험칙 상 납득할 수 있는 방법이어야 합니다.

첫째, 만약 상피고인 이을남이 2014. 5. 7. 은행에서 인출한 3,000만 원이 피고인에게 지급한 돈이라면 그 다음 날인 5. 8. 100만 원을 지급할 때(이을남의 주장) 2,900만 원도 함께 지급했을 것이며 이것이 경험칙입니다. 특별히 100만 원과 2,900만 원을 나누어 지급해야 할 만한 납득할 만한 사정이 보이지 않습니다.

둘째, 만약 상피고인 이을남이 수첩에 메모한 '100만 원'이 피고인 김갑동에게 지급한 뇌물을 의미한다면 이보다 훨씬 더 큰 금액인 2,900만 원 지급에 대하여도 당연히 메모를 남기는 것이 경험칙이라고 보아야 할 것인데 이에 대한 메모는 전혀 없습니다.

셋째, 민원인이 아무런 사전 약속도 없이 출근하는 공무원을 길에서 기다렸다가 만난다는 것은 경험칙상 이례적인 것이며, 그렇게 만난 공무원이 출근 시간대인 09:00경 자신이 근무하는 청사 부근 길에서 민원인으로부터 거액의 뇌물을 수수한다는 것, 뇌물이 든 쇼핑백을 들고 청사로 들어간다는 것은 뇌물수수 범죄의 은밀성에 비추어볼 때 경험칙에 명백히 반합니다.

나. 돈의 사용처

상피고인 이을남은 2014. 9. 5. 부산지방법원에서 도박죄로 벌금 100만 원을 선고받은 사실이 있는 바, 2014. 5. 7. 은행에서 인출한 3,000만 원은 전과범죄사실에 기재된 도박 또는 다른 도박행위에 탕진했을 가능성이 있습니다.[23]

---

23) 문제 기록에는 이을남의 도박죄의 범죄사실이 나타나지 않지만 전과기록 만으로도 '도박 탕진 가능성' 변론은 가능하다. 실무에서는 김갑동의 변호인은

3) 부족증거

상피고인 이을남의 금융거래내역 중 동인이 2014. 5. 7. 신안은행 법조타운지점에서 3,000만 원을 인출한 기록이 있으나 이는 인출에 관한 자료일 뿐 그 돈의 사용처에 관한 자료가 아니며, 공소사실과 다른 사용처가 의심되는 이 사건에서는 공소사실을 입증하는 증명력 있는 증거가 될 수 없습니다.

4. 결　론

형사재판에서 공소가 제기된 범죄사실에 대한 입증책임은 검사에게 있는 것이고, 유죄의 인정은 법관으로 하여금 합리적인 의심을 할 여지가 없을 정도로 공소사실이 진실한 것이라는 확신을 가지게 하는 증명력을 가진 증거에 의하여야 하므로, 그와 같은 증거가 없다면 설령 피고인에게 유죄의 의심이 간다고 하더라도 피고인의 이익으로 판단할 수밖에 없습니다(판례). 이 부분 공소사실에 대한 증거들 중 일부는 앞서 본 바와 같이 증거능력이 없고, 가장 유력한 증거로 제시된 이을남의 진술도 신빙성이 없으며 그 외에 공소사실에 대하여 합리적 의심을 제기하는 객관적 정황이 있으므로 형사소송법 제325조 후단에 의하여 무죄를 선고하여 주시기 바랍니다. -끝-

---

이을남의 도박죄의 범죄사실에 대하여 확인할 필요가 있다. 확인하는 방법은, 사건이 상소심에 계속 중인 경우에는 사건 기록이 법원에 있고 판결이 확정된 경우에는 사건 기록이 검찰청 보존계에 있는데, 법원에 문서송부촉탁신청서를 제출하면 된다.

〔제 8 문〕 검토의견서

Ⅱ. 사문서변조, 변조사문서행사, 사기의 점

1. 사실관계

(1) 핵심쟁점

위 죄명들에 공통하는 핵심쟁점은 피고인이 고소인 박고소 명의의 차용증의 차용금액란에 "6억 원"이라고 기재한 것이 고소인의 위임범위를 벗어난 것인지 여부임.

(2) 피고인의 주장

피고인은 고소인으로부터 6억 원 차용을 위임받았다고 주장하면서 범행 부인.

(3) 증거관계와 의견

- 고소인 박고소와 황금성의 진술, 금융거래내역에 비추어 보면 위임범위는 3억 원임.

- 피고인은 5억 5,000만 원 전액을 박고소에게 송금했다고 진술하였다가, 금융자료를 근거로 추궁당한 후 3억 원은 송금하고 2억 5,000만 원은 현금을 인출하여 직접 전달했다고 진술하는 등 일관성이 없으며, 피고인의 금융거래내역상으로도 2억 5,000만 원을 인출한 기록이 없음.

- 사실관계에 관한 피고인의 주장은 법원에서 인정받기 어려움.

2. 사문서변조, 변조사문서행사

- 문서 작성권한의 위임을 받은 자가 그 위임범위를 초과하여 백지부분(금액란)을 보충하는 것은 변조가 아닌 위조에 해당함(판례[24]).

24) 대법원 2006. 9. 28. 선고 2006도1545 판결 [사문서위조·위조사문서행사]

문서의 위조라고 하는 것은 작성권한 없는 자가 타인 명의를 모용하여 문서를

– 적용할 죄명은 사문서위조, 위조사문서행사임. 공소장변경의 필요성이 없는 경우이므로 검사가 공소장변경을 하지 않더라도 법원이 직권으로 유죄판결할 것으로 예상됨.

3. 사 기

– 기망과 처분행위: 피고인이 위조사문서를 행사하면서 위임범위를 속인 것은 기망행위에 해당하며, 황금성이 송금한 것은 처분행위에 해당함.

– 피해자(합의의 대상): 이 사건은 금원 편취 사건이므로 피해자는 박고소가 아닌 황금성임. 박고소에 대한 배임죄 성립 여부는, 피고인의 위조사문서행사행위로 인하여 민법상 표현대리가 성립하지 않으므로 박고소는 대리관계의 본인으로서의 책임을 지지 않음. 그러므로 박고소에 대한 배임죄가 성립하지 않으며 박고소는 피해자가 아님.

– 피해액: 피해자 황금성이 피고인의 기망행위를 알았다면 전액을 대여하지 않았을 것이므로 피해액은 5억 5,000만 원임.

– 적용할 죄명은 특정경제범죄가중처벌등에관한법률위반(사기)임. 공소장변경의 필요성이 있는 경우이므로 검사가 공소장변경을 하고 법원이 동 죄명으로 유죄판결할 것으로 예상됨.

Ⅲ. 폭력행위등처벌에관한법률위반(집단·흉기등협박)의 점

1. 사실관계

(1) 핵심쟁점

이 부분의 핵심쟁점은 등산용 칼의 휴대에 대한 피고인의 고의 여부임.

작성하는 것을 말하는 것이므로 사문서를 작성함에 있어 그 명의자의 명시적이거나 묵시적인 승낙 내지 위임이 있었다면 이는 사문서위조에 해당한다고 할 수 없을 것이지만, 문서 작성권한의 위임이 있는 경우라고 하더라도 그 위임을 받은 자가 그 위임받은 권한을 초월하여 문서를 작성한 경우는 사문서위조죄가 성립하고, 단지 위임받은 권한의 범위 내에서 이를 남용하여 문서를 작성한 것에 불과하다면 사문서위조죄가 성립하지 아니한다고 할 것이다.

(2) 피고인의 주장

피고인은 낡은 등산용품을 모두 버리기 위하여 등산용 칼을 등산용 배낭에 넣어서 가지고 나왔으며, 범죄현장에서 등산용 칼은 인식하지도 못하였다고 하면서 범의 부인.

(3) 증거관계와 의견

- 등산용 칼은 실제로 등산배낭과 함께 버려진 상태로 발견되었으며, 달리 등산용 칼 휴대에 대한 범의를 인정할 자료 없음.

- 흉기 휴대가 인정되지 않으므로 폭처법위반죄는 불성립하고 협박죄만 성립.

(4) 협박죄

협박죄는 공소시효가 5년인바, 범행일인 2009. 2. 3.부터 5년이 도과한 2014. 10. 17. 공소제기되었으므로 면소판결이 예상됨.

Ⅳ. 명예훼손과 모욕의 점

1. 주위적 공소사실(명예훼손죄)

- 명예훼손죄는 사람의 사회적 평가를 저하시킬만한 구체적 사실의 적시를 구성요건으로 하는바, 공소사실의 경우는 사실의 적시가 없는 경멸의 의사표시, 즉 욕설에 불과함.

- 이 부분에 대하여는 형사소송법 제325조 전단의 무죄가 예상됨.

2. 예비적 공소사실(모욕)

- 모욕죄는 친고죄인데 고소인 김갑동은 공소제기 후인 2014. 12. 18. 고소장을 작성하여 법원에 제출하였는바(수사기록 49면 고소장), 친고죄는 기소 이후의 고소의 추완은 허용되지 않으며 비친고죄로 공소제기되었다가 친고죄로 공소장변경된 경우도 동일함(판례)[25].

- 이 부분 공소사실은 공소제기의 절차가 위법하여 무효인 때에 해당하므로(제327조 2호) 공소기각판결이 예상됨. -끝-

---

25) 대법원 1982. 9. 14. 선고 82도1504 판결 [강간 등] 참조.

사항색인

[ㄹ]

[ㅁ]

[ㅂ]

[ㅅ]

저자약력

차정인(車正仁)

부산대학교 법과대학 졸업
부산대학교 대학원 졸업(법학석사)
부산대학교 대학원 졸업(법학박사)
제28회 사법시험 합격
사법연수원 수료(18기)
창원지검 검사
대구지검상주지청 검사
서울남부지검 검사
변호사
제49회 사법시험 2차 시험위원(형사소송법)
제52회 사법시험 2차 시험위원(형사소송법)
제1회 변호사시험 시험위원(형사법 기록형)
제20대 국회의원선거구획정위원
현재 부산대학교 법학전문대학원장
영남형사판례연구회 회장

저 서

「차정인의 열린법정」(도서출판 불휘)

논 문

공판중심주의 실현방안 연구(박사학위 논문) 등

수 상

독서문화상 대상(대통령표창), 문화관광부
우수강의교수상(Best Teaching Professor Award), 부산대학교

제3판
형사소송실무[기록형 형사법]

2012년 8월 30일 초 판 제 1 쇄 발행
2017년 6월 10일 제 3 판 제 2 쇄 인쇄
2017년 6월 20일 제 3 판 제 2 쇄 발행

저 자 차정인
발행인 이명재·이종은
발행처 **신 조 사**
서울특별시 마포구 독막로 295 삼부골든타워 212호
전 화 (02) 713-0402 FAX (02) 713-0403
등 록 1994. 7. 4, 제17-179호(倫)
E-mail: sinjosa@sinjosa.co.kr http: //www.sinjosa.co.kr

정가 37,000 원 ISBN 979-11-86377-01-7